GEORG THEUNISSEN

# Wege aus der Hospitalisierung

# Autorinnen und Autor

MILLY ASSMANN, geb. 1957, Dipl.-Lehrerin für Kunsterziehung und Deutsch, berufsbegleitendes Studium Geistigbehindertenpädagogik an der Martin-Luther-Universität Halle-Wittenberg, seit 1995 Leiterin eines Heilpädagogischen Wohnheims, Lehrbeauftragte für die Fachrichtung Geistigbehindertenpädagogik am Institut für Rehabilitationspädagogik, FB Erziehungswissenschaften der Martin-Luther-Universität Halle-Wittenberg.

CLAUDIA HOFFMANN, geb. 1971, Dipl.-Pädagogin, Studium der Erziehungswissenschaft mit Schwerpunkt Rehabilitationspädagogik in Halle, seit 1997 wissenschaftliche Mitarbeiterin am Lehrstuhl Geistigbehindertenpädagogik des Institus für Rehabilitationspädagogik, FB Erziehungswissenschaften der Martin-Luther-Universität Halle-Wittenberg. Arbeits- und Forschungsschwerpunkt: Enthospitalisierung, Trauerarbeit und Sterbebegleitung.

GEORG THEUNISSEN, geb. 1951, Dr. päd. Univ.-Prof., seit 1994 Ordinarius für Geistigbehindertenpädagogik am Institut für Rehabilitationspädagogik, FB Erziehungswissenschaften der Martin-Luther-Universität Halle-Wittenberg, Lehr- und Forschungsgebiete: Enthospitalisierung, ästhetische Praxis und pädagogische Kunsttherapie bei Menschen mit geistiger Behinderung, Empowerment und Heilpädagogik, Verhaltensauffälligkeiten/ psychische Störungen bei Menschen mit geistiger Behinderung.

GEORG THEUNISSEN

# Wege aus der Hospitalisierung

Mit Beiträgen von
Milly Aßmann und
Claudia Hoffmann

Psychiatrie-Verlag

Die Deutsche Bibliothek – CIP-Einheitsaufnahme
**Theunissen, Georg: Wege aus der Hospitalisierung :**
Empowerment in der Arbeit mit schwerstbehinderten Menschen /
Georg Theunissen. – Bonn : Psychiatrie-Verl., 1999
ISBN 3-88414-231-3

Psychiatrie-Verlag im Internet: http://www.psychiatrie.de/verlag

© der 4. völlig neubearbeiteten und erweiterten Auflage
Psychiatrie-Verlag gGmbH, Bonn 1999
Umschlaggestaltung: markus lau-hintzenstern, Berlin
Satz: Marina Broll, Dortmund
Druck: Koninklijke Wöhrmann, Zutphen, Niederlande

# Inhalt

# IV Das Modell des Empowerment

# V Die Methoden des Empowerment

# VI Praxis der Enthospitalisierung im Zeichen des Empowerment

# Vorwort

Der Text der ersten drei Auflagen des Buches *Wege aus der Hospitalisierung* wurde vor etwa zehn Jahren verfasst. Er dokumentiert die Entwicklung auf dem Gebiet der Enthospitalisierung geistig behinderter Menschen in der BRD. Seitdem hat sich im Bereich der Behindertenarbeit viel getan. Zum einen haben heute die Rechte und Sichtweisen Betroffener stärkeres Gewicht – Menschen mit Behinderungen und ihre Angehörigen gelten als Experten in eigener Sache. Zum anderen stehen wir seit der Wende mit der Situation institutionalisierter Menschen mit geistiger und schwerer Behinderung in Ostdeutschland vor einer neuen Herausforderung. Daher wurde eine grundlegende Überarbeitung dieses Buches notwendig.

Als erstes hat die Darstellung des psychiatrischen Modells neue Konturen erhalten, indem am aktuellen Stand der Fachdiskussion anknüpfend unterschiedliche Positionen traditioneller und sozialpsychiatrischer Provenienz berücksichtigt wurden. Völlig neu geschrieben habe ich die Konzeption der Behindertenpädagogik, die unter dem aus dem angloamerikanischen Sprachraum importierten Stichwort *Empowerment* (Selbst-Ermächtigung, Selbst-Befähigung Betroffener) für die Praxis der Enthospitalisierung und insbesondere für die Arbeit mit geistig- und schwerstbehinderten Menschen aufbereitet wurde. Ein solcher Entwurf lag bislang für den deutschsprachigen Raum nicht vor. Bei dem Konzept des Empowerment handelt es sich um eine verheißungsvolle Angelegenheit, die in Form einer neuen Theorie und Praxis in der Sozialarbeit und Gemeindepsychologie schon deutliche Spuren hinterlassen hat und die auf dem besten Weg ist, auch in der Behindertenhilfe und Heilpädagogik einen Paradigmenwechsel herbeizuführen.

Wie schon in den vorausgegangenen Auflagen nimmt auch in der Neuauflage die Praxis breiten Raum ein. Neben drei bekannten Fallgeschichten, die vor dem Hintergrund der Empowerment-Philosophie neu ausgewertet und reflektiert sowie durch eine Nachuntersuchung im Jahr 1998 ergänzt wurden, habe ich drei neue Beispiele aufgenommen, die wegweisenden Charakter haben und Impulse für die Behindertenarbeit setzen können: eine Kasuistik, an der ich den Ansatz einer »verstehenden« Diagnostik und Entwicklungsförderung als methodisches Paradigma der Empowerment-Praxis erläutere; ein gruppenbezogenes Beispiel aus der Empowerment-Arbeit, das Chancen und Möglichkeiten einer Selbstvertretungsgruppe mit schwerstbehinderten Menschen aufzeigt sowie ein Theaterprojekt mit schwerstbehinderten Menschen, welches die Kompetenzperspektive als handlungsbestimmendes Moment von Empowerment sichtbar werden lässt.

In dem Zusammenhang gilt mein besonderer Dank Claudia Hoffmann und Milly Assmann, die sich mit diesen Beispielen kompetent in die Neuauflage eingebracht haben.

Um einen logisch-stringenten Aufbau und angemessenen Buchumfang beizubehalten, mussten angesichts der Neuerungen und Erweiterungen in Theorie und Praxis einige Kapitel gekürzt, modifiziert oder auch herausgenommen werden. So wurde zum Beispiel auf die Darstellung der Ausgliederungsprozesse geistig behinderter Menschen aus der Psychiatrie verzichtet und stattdessen die aktuelle Diskussion um eine »neue Institutionalisierung« und Fehlplazierung schwerstbehinderter Menschen in Pflegeeinrichtungen aufgegriffen. Der Stand der Enthospitalisierung in Deutschland soll in einer eigens dafür vorgesehenen Schrift dokumentiert werden.

Im Endeffekt ist somit ein neues Buch entstanden, das – so hoffe ich – sowohl ein Standardwerk für Theorie und Praxis als auch – wie bisher – eine Fundgrube und ein Wegweiser zeitgemäßer und zukünftiger Behindertenarbeit sein kann. Es entspricht dem Wunsch vieler Leserinnen und Leser, Fachbücher in einer verständlichen Sprache vorzulegen. Dem habe ich versucht Rechnung zu tragen, weshalb auch die aus den alten Arbeiten übernommenen Teile noch einmal sprachlich revidiert wurden.

Mein Dank gilt allen, die das neue Buchprojekt ideell, fachlich und konsultativ unterstützt haben: insbesondere Chefarzt Prim. Dr. Albert Lingg, Dr. Wolfgang Plaute, Dr. Melitta Stichling, Claudia Hoffmann, Matthias Dieter und Grit Neubauer sowie Birgit Garlipp, Dr. Christian Bradl und Hanna Rosahl-Theunissen. Besonders bedanken möchte ich mich bei meinem ehemaligen Kollegen Waldemar Hesse, der mir in seiner Funktion als Werkleiter der Rheinischen Heilpädagogischen Heime Langenfeld und Düsseldorf wissenschaftliche Aktenstudien, Hospitationen, Gespräche mit Mitarbeiterinnen und Mitarbeitern sowie Begegnungen mit Menschen, die als hospitalisiert und schwerstbehindert gelten, ermöglichte. In diesem Zusammenhang danke ich allen Betroffenen für die freundliche Aufnahme, für das große Entgegenkommen, die engagierte Gesprächsbereitschaft und die Anteilnahme. Ebenso gilt mein Dank allen an den beiden Gruppenprojekten beteiligten Personen aus dem Heilpädagogischen Wohnheim der Lebenshilfe Halle in Sachsen-Anhalt. Bedanken möchte ich mich darüber hinaus schließlich bei Frau Brigitte Ehrhardt und Christiane Schmidt für die mühevollen Schreib- und Korrekturarbeiten sowie bei Matthias Dieter für die Durchsicht des neuen Manuskriptes. Dem Psychiatrie-Verlag danke ich für das große verlegerische Interesse sowie für die unkomplizierte Zusammenarbeit.

*Georg Theunissen*
*Halle, August 1998*

# I Die Hospitalisierung
## schwerstbehinderter Menschen

# Zum Personenkreis

In der vorliegenden Arbeit geht es um geistig behinderte Menschen, die als hospitalisiert und/oder schwerstbehindert bezeichnet werden.[1]

Als *hospitalisiert* gelten Menschen, wenn sie unter einer »isolierenden Sozialisation« und insbesondere unter Bedingungen einer »totalen Institution« (Goffman) Verhaltens- und Erlebensweisen entwickelt haben, die von einem Beobachterstandpunkt aus als auffällig wahrgenommen und beschrieben werden (z.b. Formen eines sogenannten aggressiven Verhaltens, selbstverletzende Verhaltensweisen, Tics, zwanghaftes Verhalten, Stereotypien, extreme Rückzugstendenzen, Kommunikations- und Kontaktprobleme, sexuelle Auffälligkeiten, Neigung zur Sucht, psychotische Tendenzen). Wenngleich es sich bei diesen Auffälligkeiten um zweckmäßige Bewältigungsformen handelt, die es aus der Lebensgeschichte und konkreten Situation heraus zu verstehen[2] gilt, trifft man immer wieder auf damit verknüpfte Hospitalisierungseffekte,[3] die insbesondere eine »erlernte Bedürfnislosigkeit«, eine »erlernte Hilflosigkeit« (Seligman) sowie Formen einer »beschädigten Identität« signalisieren. Gerade diese Phänomene stellen eine Herausforderung für die behindertenpädagogische Arbeit dar, und es wäre ein Kunstfehler, sie im Rahmen von sogenannten Enthospitalisierungsprogrammen zu vernachlässigen.

Geistig behinderte Menschen, die wir als hospitalisiert bezeichnen, haben in der Regel eine Anstaltskarriere durchlaufen. Nicht selten wurden sie aus unterschiedlichsten Gründen, insbesondere sozialer Art (z.B. Fehlen geeigneter gemeindenaher Wohnformen und mobiler, familienentlastender Hilfsdienste; Schwere der Behinderung und häusliche Überforderung in der alltäglichen Pflege und Begleitung; ärztliche Empfehlung; familiale Notsituation; Broken-home-Situation), in psychiatrischen Ein-

---

1 Die Anmerkungen befinden sich auf den Seiten 282 ff.

richtungen, klinisch organisierten Verwahr- oder Großanstalten, Pflege-, Alten- oder Feierabendheimen untergebracht, wo sie in der Regel als »Stiefkinder« der Psychiatrie und Heilpädagogik ein erbärmliches Dasein – ohne angemessene Alltagsbegleitung und Förderung – fristen mussten. Heutzutage wird diese Form der Unterbringung als eine Abschiebepraxis betrachtet, gelten doch Menschen mit geistiger Behinderung in psychiatrischen Einrichtungen, großen Versorgungsanstalten, Pflege-, Alten- oder Feierabendheimen als fehlplaziert.

Epidemiologischen Erhebungen zufolge können wir davon ausgehen, dass der Anteil schwerstbehinderter Menschen an diesem Personenkreis, der als fehlplaziert gilt, sehr hoch ist (70-80%). Obwohl sich in jüngster Zeit Stimmen mehren, auf derlei Etikettierungen wie überhaupt auf den Begriff der geistigen Behinderung zu verzichten, kommen wir in dem Zusammenhang nicht umhin Aspekte zu benennen, die uns dazu veranlassen, Menschen als *schwerstbehindert* zu bezeichnen. Über alle Differenzierungen und unterschiedliche Bewertungsmaßstäbe hinweg lassen sich sechs *Problembereiche* nennen, die mit einer Hospitalisierung und (schweren) geistigen Behinderung in Verbindung gebracht werden:

- Hospitalisierungssymptome bei lern- oder leicht geistig behinderten Menschen – häufig in Verbindung mit einer sozialen Hintergrundproblematik (Milieuschäden, Verwahrlosung, Obdachlosigkeit);
- Schwerste Formen einer intellektuellen (kognitiven) Beeinträchtigung (Menschen, die sich auf einem sehr frühen sensomotorischen Entwicklungsniveau bewegen);
- Schwere körperliche Beeinträchtigungen und/oder Sinnesschädigungen im Zusammenhang mit einer stark reduzierten Lernbasis (sogenannte Intensivbehinderte);
- Massive Verhaltensauffälligkeiten (Hospitalisierungssymptome) im Zusammenhang mit einer schweren kognitiven Beeinträchtigung;
- Umfängliche autistische Verhaltensweisen (frühkindlicher Autismus) bei einer unterstellten stark reduzierten Lernbasis;
- Chronische Krankheiten (Anfallsleiden, Herzinsuffizienz, Psychose) bei einer schweren kognitiven Beeinträchtigung.

Diese Einteilung darf freilich nicht als ein starres Schema missverstanden werden, da wir es häufig mit Problemüberlappungen und Verknüpfungen zu tun haben. Insofern dient sie nur der Verdeutlichung der breiten Palette möglicher Probleme und Aspekte, wodurch sichtbar wird, dass ohne »verstehende« Aufbereitung der individuellen Lebensgeschichte, der Lern- und Ausdrucksbasis, des Gesundheitszustandes (einschließlich Syndromanalyse), der aktuellen Handlungskompetenz und Stärken sowie der subjektiven Bedürfnis- und zukünftigen Interessenlage keine differenzierten Folgerungen für eine angemessene Behindertenarbeit gezogen werden können.

Bei Betrachtung der Problembereiche stellen wir fest, dass insbesondere Menschen, bei denen schwere kognitive Beeinträchtigungen und ausgeprägte Formen einer Mehrfachbehinderung dominieren, in starkem Maße von der Hilfe ihrer Mitmenschen abhängig sind. Deshalb spricht HAHN (1981) von einem »Mehr an sozialer Abhängigkeit«, das sich auf alle Lebensbereiche erstrecken kann und zugleich die Gefahr einer Überversorgung, Verdinglichung und totalen Fremdbestimmung in sich birgt. Hinzu kommt eine grundsätzliche Schwierigkeit, die individuellen Bedürfnisse, Interessen, Stimmungen, subjektiven Befindlichkeiten, Wirklichkeitswahrnehmungen und -konstruktionen der Betroffenen adäquat zu entziffern und subjekthaft zu erschließen. Dies hängt insbesondere damit zusammen, dass Menschen, die als schwerstbehindert gelten, zumeist Probleme haben, sich sprachlich zu verständigen und daher oft auf unkonventionelle Weise wie z.b. über Mimik, Gestik oder Körperkontakt zu kommunizieren versuchen. Überdies wird ihnen nicht selten ein im Vergleich zu nichtbehinderten Menschen geringeres Maß an Aktivität, Initiative oder Eigendynamik nachgesagt, wodurch sich die Gefahr erhöht, dass individuelle Wünsche oder Bedürfnisse verkannt werden und Dialoge und Entwicklungsprozesse entgleisen (LINGG & THEUNISSEN 1997, 80 ff.). Ein damit verknüpftes Problem neben dem Verlust adäquater Erfahrungen ist die Entwicklung eines mangelnden Vertrauens in die eigenen Ressourcen und Leistungen, da erfolgreiches Handeln, welches auch durch die Umwelt positive Bestätigung erfährt, seltener ist. Außerdem entstehen zusätzliche Probleme motivationaler, psychischer und sozialer (interaktionaler) Art (BARBER 1994, 52f.), wie mangelndes Urvertrauen.

In der Vergangenheit machten sich allerdings auch Umkreispersonen oftmals erst gar nicht die Mühe, die Bedürfnisse und Bekundungen schwerstbehinderter Menschen zu erforschen – und das nicht nur aus einer tiefen Verunsicherung oder Hilflosigkeit oder aus Zeitmangel heraus, sondern mit der festen Überzeugung, dass »hier sowieso nichts (mehr) zu machen sei«. Dieser nihilistischen Position war schon zu Beginn der 80er Jahre HAHN (1983, 136f.) deutlich entgegengetreten, indem er aufzuzeigen versuchte, dass Menschen mit schwerer geistiger Behinderung ihr Autonomiebedürfnis häufig durch ein Verhalten zum Ausdruck bringen, das *wir* als auffällig betrachten und allzu leicht missverstehen. Mit anderen Worten: Verhaltensweisen, die für uns als normabweichend oder gar »pathologisch« gelten, können für einen Betroffenen sehr wohl zweckmäßig und sinnvoll sein sowie ein Stück Selbstbestimmung zum Ausdruck bringen. Daher sollten wir grundsätzlich negative Etikettierungen und entwertende Personbeschreibungen vermeiden und einer systemisch-verstehenden Sicht (THEUNISSEN 1997 a; insbesondere auch Kapitel VI) den Vorzug geben. Wir sollten wissen und uns vor Augen halten, dass Behinderung kein personinhärentes Merkmal, sondern immer ein soziales, durch die Um- oder Bezugswelt mitkonstruiertes Phänomen ist.

Insofern sollte auch die obige Benennung von Problembereichen durchaus kritisch gesehen werden, da sie sowohl Wechselbeziehungen mit der sozialen und materiellen Umwelt ausblendet als auch den Blick für Menschenstärken, individuelle Kompetenzen, positive Botschaften und Entwicklungspotentiale versperrt und damit dem »vollen Menschsein in dem ›Ganzen‹ der Welt« (Portmann) nicht entspricht. Daher macht es Sinn, wenn GOLL (1994, 135) – quasi kontrapunktisch zur fachlichen Gepflogenheit – in Anlehnung an WOLFENSBERGER (1988) Heart-Qualities (Aufrichtigkeit, Freundlichkeit, Echtheit, Vertrauen, Liebe, Freude an einfachen Dingen des Lebens) als positive Eigenschaften von Menschen mit geistiger Behinderung hervorhebt und den Rahmen der professionellen (heilpädagogischen) Hilfe in doppelter Hinsicht vorzeichnet: Begleitung und Förderung des Individuums *und* soziale Arbeit in gesellschaftlichen Bezugsfeldern (environment), um auf der Basis von Integration und Inklusion (Zugehörigkeit) wechselseitige Anpassungsleistungen im Sinne tragfähiger sozialer Interaktionen zu fördern.

Alles in allem stellt sich somit die Frage, ob es überhaupt Sinn macht, Menschen mit Begriffen wie »geistig behindert«, »schwerstbehindert« oder ähnlichem zu etikettieren. Aus der Betroffenen-Perspektive wie auch aus fachwissenschaftlicher Sicht sollten derlei Begriffe möglichst vermieden werden. Wenn wir dennoch darauf zurückgreifen, so geschieht dies aus rein pragmatischen Gründen und der Verständigung halber, denn es erscheint uns zum gegenwärtigen Zeitpunkt noch wichtig, deutlich zu machen, dass das Spektrum spezifischer Probleme bei hospitalisierten und/oder schwerstbehinderten Menschen sehr breit sein kann.

Genauso wenig würde es Sinn machen, frühkindliche Hirnschädigungen, klinische Syndrome, Trisomie 21 etc. als spezifische Entwicklungsvoraussetzungen zu leugnen (JANTZEN 1998). Dies gilt auch für »isolierende« Hospitalisierungserfahrungen oder für traumatisierende Erfahrungen (Frühgeburten usw.), die die Beziehungen zur Umwelt beeinflussen.

# Zur Geschichte

Wirft man einen Blick in die Geschichte über den Umgang mit schwer behinderten Menschen (KIRMSSE 1911; 1922; JOSEF 1967; MEYER 1973; MERKENS 1982), so ist zunächst festzustellen, dass es schwerstbehinderte Menschen wohl in allen Kulturen gegeben hat. Allerdings ist die Skizzierung eines historischen Rückblicks dadurch erschwert, dass verschiedenste Bezeichnungen für diesen Personenkreis – Idioten, Besessene, Missgestalten, Blöde, Krüppel, Mondkälber, Narren, Kretins, Tollen, Wechselbälger, Fallsüchtige – verwendet und zumeist mit Phänomenen des »Wahnsinns«, des »Irreseins«, des »Anomalen« sowie der Armut vermischt wurden, so dass es heute kaum möglich ist, Menschen mit schwerer geistiger Behinderung »genau auszumachen« (SPECK 1979, 57; MEYER 1973, 18; SCHRÖDER 1983, 17). Wohl aber gibt es genaue Beschreibungen über den Umgang mit diesen Menschen, der mit ihrer Stellung in der Gesellschaft beziehungsweise in der jeweiligen Kultur oder Epoche eng verknüpft ist. Wie keine andere Randgruppe der Gesellschaft waren diese Menschen in der Vergangenheit abhängig von dem, was in den unterschiedlichen Zeiträumen als Mensch-Sein, lebenswert oder sinnhaft definiert wurde, und wie kaum eine andere Gruppe bekamen sie gesellschaftliche Umwälzungen, religiöse Auffassungen, weltanschauliche, politische oder kulturelle Veränderungen so unmittelbar zu spüren.

## Von der Antike bis zum 18. Jahrhundert

Im antiken Griechenland war es beispielsweise Gepflogenheit, dass körperlich oder geistig behinderte Kinder, deren Seelenhaftigkeit in Frage gestellt wurde, in Schluchten geworfen oder anderweitig umgebracht wurden (KIRMSSE 1922, 84). Die Entscheidungsbefugnis über Leben und Tod dieser Menschen oblag damals den Philosophen (SCHADEWALDT 1969,

31 f.), die auf dem Hintergrund der »auf äußere und innere Harmonie gerichteten Idealvorstellungen« (MERKENS 1982, 299) das Erziehungsrecht und die Lebensberechtigung denjenigen absprachen, die diesem platonischen Leitbild nicht entsprachen (auch NOWAK 1984, 57). Nur selten gab es behinderte Menschen, die gesellschaftlich anerkannt waren, wie zum Beispiel blinde Seher. Diese Menschen gehörten dann in der Regel zur privilegierten Schicht beziehungsweise herrschenden Klasse (JANTZEN 1974, 39).

Aus dem alten Rom wird berichtet, dass »Narren« (z.b. kleinwüchsige »Idioten«) als Spielzeug zum Gespött des Publikums verkauft oder verschenkt wurden. Es gab aber auch die Ansicht Senecas, lern- und geistig behinderte Menschen seien zu Hause aufzunehmen, um ihnen eine »menschenwürdige Behandlung zukommen zu lassen« (KIRMSSE 1911, 3f.; 1922, 85).

Solche unterschiedlichen Haltungen gegenüber besonders hilfsbedürftigen Menschen lassen sich auch in der Folgezeit beobachten. Zum einen wurden behinderte Menschen, Arme oder psychisch kranke Personen immer wieder als unheilträchtig und gemeinschaftsbelastend wahrgenommen, als *Dämonen* gefürchtet, getötet oder ausgesetzt, zum anderen kam es gelegentlich zu Verehrung, Betreuung oder Duldung dieser Menschen durch ihre Familienangehörigen in der Annahme, dass diese Personen als »Wesen unter dem besonderen Schutz Gottes« (DISSELHOFF 1857, 5) stehen und dazu auserwählt seien, alle Sünden der Familien auf sich zu nehmen und abzubüßen.

In den ersten Jahrhunderten nach Christus wurden erste institutionelle Bemühungen um bedürftige, schwache, arme, psychisch kranke oder behinderte Menschen sichtbar, indem als Zeichen der Barmherzigkeit oder Frömmigkeit Klöster, Hospitäler oder kirchlich geführte Zufluchtsstätten eigens für diese Personen gegründet wurden (JOSEF 1967, 48 ff.; RÖPER 1976, 25, 33; KASPAR 1979, 134). Allerdings konnten durch diese von der Kirche oder ihren Ordensträgern initiierten Maßnahmen, die zum Teil auch in gemeinsamen Anstrengungen mit dem Staate realisiert wurden, die Aussetzungen von schwer körperlich und geistig behinderten, schwachen oder notleidenden Kindern noch nicht beseitigt werden (auch RÖPER 1976, 15). Die meisten leicht geistig behinderten Menschen verblieben in den bäuerlichen Großfamilien (GASTAGER 1973, 81).

Um 1500 kam es erneut zu einer gegenläufigen Entwicklung oder, wie es Josef (1967, 52) treffend bemerkt, zu »Entgleisungen und Verirrungen«, die damit zusammenhingen, dass die Kirche in einer Zeit sozialer Kämpfe und politischer Spannungen (Bauernkriege, Reformation) an Einfluss verlor und als Mittel zu ihrer Machterhaltung die Inquisition oder Folter einsetzte, in deren Fänge Hexen, »Missgebildete«, »Wahn- oder Blödsinnige« gerieten. Zur Begründung solcher Maßnahmen hieß es, dass »Missbildungen« das Werk des Teufels oder ein Racheakt von dämonischen Mächten oder Hexen seien, die ihre Kinder heimlich gegen normalgeborene austauschen würden (KIRMSSE 1922, 87f.), und dass aus der Vereinigung von Teufel oder Dämon mit Menschen oder Hexen »Wechselbälge« entstünden. Berühmt geworden sind Luthers »Tischreden«, in denen Wechselbälge als »Söhne des Satans«, deren Tötung »ein Gott wohlgefälliges Werk« (KIRMSSE 1911, 9) darstelle, bezeichnet werden (KIRMSSE 1922, 86; SCHRÖDER 1983, 25f., BACHMANN 1986).

In der Folgezeit wurde in verstärktem Maße wieder an der *Ausgrenzungspraxis durch institutionelle Versorgung* angeknüpft. »Wahn- oder Blödsinnige« wurden aus der Gesellschaft verbannt und gemeinsam mit Kriminellen, Armen, Arbeitslosen, Bettlern oder Landstreichern (SCHRÖDER 1979, 9) als Objekte der städtischen Gesundheits- oder Armenfürsorge in kirchlichen Asylen, Armen-, Findel- und Waisenhäusern oder in öffentlichen Arbeitsanstalten, Gefängnissen, ausbruchssicheren Schelmen- oder Narrentürmen, in Zucht-, Irren- oder Tollhäusern untergebracht. Dort lagen sie nicht selten »in gemauerten und vergitterten Gewölben eingekerkert auf Schmutz und Stroh [...], von Neugierigen gereizt und vom Tollmeister gepeitscht« (MÖNKEMÖLLER 1903, 43; MEYER 1973, 21; BLASIUS 1980, 20f.; SCHRÖDER 1983, 27). Dieses Vorgehen diente keineswegs einem »Heilzweck« (MÖNKEMÖLLER 1903, 38), sondern ausschließlich der »Strafe« (ebd.) und dem »Schutz der Öffentlichkeit« (MEYER 1973, 23; auch HELLER 1925, 439).

Im Unterschied zu der Versorgung stark hilfebedürftiger und schwerbehinderter Menschen wurden Personen mit Lern- oder leichter geistiger Behinderung (Schwachsinnige) zumeist von den Großfamilien mitgetragen und als »Dorftrottel« von der Bevölkerung geduldet (SCHRÖDER 1983, 27). Erst im Zeitalter der Aufklärung (auch Kap. IV) kam es mit der Auflösung der feudalistischen Ständegesellschaft sowie infolge eines Bevölkerungszuwachses und einer Arbeitsüberlastung vieler Familien zu einer vermehrten Unterbringung auch dieses Personenkreises in Zucht-, Korrektions- oder Arbeitshäusern (hierzu auch DÖRNER 1969, 185f.; SCHRÖDER 1983, 27). Während Menschen mit leichter Behinderung (Schwachsinnige) in erster Linie zur Zwangsarbeit herangezogen wurden, um der Gesellschaft »nicht mehr zur Last zu fallen« (HELLER 1925, 439), stand bei den schwerer behinderten (stark »Blödsinnigen«) oder psychisch kranken Personen die Ausrottung des »Bösen« oder »Verkehrten« im Menschen im Vordergrund der Anstaltspraxis. Schließlich galten diese Personen von Natur aus als »sündig«, »verkehrt« oder vom »bösen Geist besessen« (ebd. 438). Auf dem Hintergrund dieser Ansicht kam es im Absolutismus - einem Zeitalter »massiver Repression« (BLASIUS 1980, 21) – zur Erfindung und Anwendung zahlreicher »Foltermethoden«, um die Betreffenden zu »erziehen«, zu »bändigen«, zu »disziplinieren« oder für eine Weile »auszuschalten«. Die Palette der Zwangsmittel und -praktiken reichte von Fixiergurten, Handfesseln, Zwangsjacken, Maulkörben über Fußschellen, Fußklötzen, Beinketten bis hin zu Drehmaschinen, Drehbetten, Käfigen, Zwangsstuhl, Zwangsschaukel, Peitschenhieben, Isolierzellen, Essens- oder Schlafentzug, Glüheisen, Brechmittel oder Tauchkörben (SCHRÖDER 1983, 40 ff.; auch JACOBI 1834, 177 ff.).

Diese Zwangsmittel wurden bis zum 19. Jahrhundert in fast sämtlichen öffentlichen Narren-, Zucht- oder Aufbewahrungshäusern genutzt, aber auch in kirchlichen Anstalten, Armen- oder Rettungshäusern kam der Zwangserziehung, vor allem bei den Pietisten, durch Strafe, körperliche Züchtigung mit Rutenschlägen, Anwendung von Zuchtbänken oder »Bärenkästen« große Bedeutung zu (RÖPER 1976, 102, 105, 115; auch THEUNISSEN 1980, 24f.).

Zu Beginn der Aufklärung hatte sich ein strenger »*Normalitätsbegriff*« etabliert (DÖRNER 1969). Alle »Abweichler« – gemeint waren damit sogenannte verwahrloste, arme, schwer erziehbare, kriminelle, psychisch kranke, behinderte und von »naturhaft« bösartige »Elemente«, bei denen eine »ordentliche Erziehung« (v. Rohden) versagt hatte und die aufgrund einer »Blödheit« als »seelenlos« galten (Kant zitiert nach GERHARDT 1911, Sp. 1459) – sollten zwecks »Bewahrung vor Müßiggang oder Verderben sowie zur Überwindung von Charakterfehlern« (A.H. Francke) in privaten Rettungshäusern oder öffentlichen Zucht- bzw. Korrektionsanstalten (zwangs-)eingewiesen und unter strenger Überwachung und körperlicher Züchtigung erzogen werden (auch KIRMSSE 1911, 20; JANTZEN 1982, 31).

### Vom 19. Jahrhundert bis zum 1. Weltkrieg

Eine Wende auf dem Gebiete der institutionellen Versorgung psychisch kranker und behinderter Menschen trat ein, als sich zu Beginn des 19. Jahrhunderts eine von medizinisch-naturwissenschaftlichen Denkmodellen geleitete »neue« Disziplin – die *Psychiatrie* – etablierte, welche eine »dem damaligen Wissensstand angepasste Wissenschaftlichkeit« (KEUPP 1974, 124) versprach und die bisherige »Schwachsinnigen- und Fürsorgeerziehung« mit einem begrifflichen und methodischen Handlungsapparat zu systematisieren versuchte (MEYER 1973, 9, 30 ff.). Etwa zur gleichen Zeit war es auch schon zu ersten »heilpädagogischen« Konzepten und Maßnahmen gekommen (z.b. durch Itard, Milde, später Seguin, Saegert, Kern, Haldenwang, Rösch, Guggenbühl oder Georgens und Deinhardt),[4] die ein Interesse an der Erziehung behinderter Menschen signalisierten und eine Differenzierung der Behinderungsformen[5] beförderten, die auch von der sich entwickelnden Psychiatrie aufgegriffen wurde (DÖRNER 1969, 190, 192f.). Anstelle der Toll- und Zuchthäuser alter Prägung entstanden nun neben den Irrenhäusern Taubstummen-, Blinden-, Idioten- oder Schwachsinnigenanstalten mit Unterrichts- und Arbeitsangeboten und in der zweiten Hälfte des 19. Jahrhunderts zusätzlich öffentliche Hilfsschulen (MÖNKEMÖLLER 1903, 260 ff.).

Bei den Anstaltsgründungen waren zum einen »fundamentale christliche Impulse« (SPECK 1979, 58; 1984, 164f.; MEYER 1973, 70) bedeutsam. Besonders im »philantropisch-caritativen Bereich« (HELLER 1925, 447f.) entstand eine Haltung, die in starkem Maße vom Gedanken der Nächstenliebe sowie der Selbstlosigkeit und Aufopferung bestimmt war (SCHRÖDER 1983, 35), wenngleich hierbei Formen der Zwangserziehung sowie der »pragmatisch-klerikale Moralismus« (JANTZEN 1982, 31) weitgehend unangetastet blieben (auch RÖPER 1976, 184 ff.). Zum anderen spielten humanitäre und soziale Gesichtspunkte in Verbindung mit pädagogischen Heilungsabsichten (im medizinischen Sinne) eine Rolle, die sich vor allem durch die zunehmende Industrialisierung und der damit verknüpften Auflösung der Großfamilien und Landflucht ergaben. Die wirtschaftliche Entwicklung hatte zur Folge, dass in noch weitaus stärkerem Maße als bisher behinderte, schwache oder hilfebedürftige Menschen nicht mehr familiär versorgt werden konnten (BLASIUS 1980, 76; DÖRNER & PLOG 1985, 466). Überdies kam es zu einer wachsenden Verelendung großer Teile der Arbeiterklasse, worunter die heranwachsende Generation in starkem Maße zu leiden hatte. Einige Heilpädagogen, zum Beispiel GEORGENS und DEINHARDT (1861, IV, 351 ff., 276; 1863, 505, 570), hatten das »ökonomische Elend«, den »Pauperismus«, »die Verkümmerung und Entartung« sowie die »Not« weiter Teile der Jugend als ein gesellschaftliches Problem erkannt und klammerten den sozialen Faktor in ihrer Theorie und Praxis der »Idiotenerziehung« keineswegs aus, doch blieb ihr pädagogischer Humanismus gleichermaßen wie Seguins sozialistisch orientiertes Konzept[6]

(1912) bis in die unsrige Zeit hinein »faktisch wirkungslos« (JANTZEN 1982, 31, auch KIRMSSE 1914, 239; MEYER 1973, 93).

Aus der Reihe der Anstaltsgründungen wird in der einschlägigen Literatur (GERHARDT 1911; JOSEF 1967, 64; MEYER 1973, 63 ff., 74 ff.; KASPAR 1979, 133) oft Guggenbühls Initiative paradigmatisch herausgestellt, der – wie einige andere Anstaltsleiter (z.B. Helferich zit. n. MEYER 1973, 135) – von einer Heilung (im medizinischen Sinne) und Bildungsfähigkeit der »schwachsinnigen« oder »idiotischen« Kinder zumindest anfangs voll überzeugt war. Vorrangiges Ziel seiner Arbeit war es geistig behinderte Menschen zu »brauchbaren« Mitgliedern der Gesellschaft zu erziehen (auch SPECK 1979, 63). Guggenbühl hatte schon in der Anfangsphase seines Schaffens über großartige Erziehungserfolge (im Sinne »vollständiger Heilungen«) bei »idiotischen« Kindern und Jugendlichen berichtet, allerdings soll er damit – so MEYER (1973, 109, 138) – stark übertrieben haben (auch JOSEF 1967, 64). Manche Erfolge seien eher darauf zurückzuführen, dass sich in den meisten Anstalten unter den damaligen »Schwachsinnigen« ein hoher Anteil an lernbehinderten, milieugeschädigten oder verhaltensauffälligen Kindern und Jugendlichen befand (MEYER 1973, 139), der »geheilt, erwerbsfähig und brauchbar für's Leben gemacht« werden konnte (PROBST zit. n. ebd., 138). Doch auch Guggenbühl vertrat die Ansicht, dass der »ausgeprägteste Grad der Geistesschwäche« unheilbar und therapeutisch nicht zugänglich sei (MEYER 1973, 76, 106). Ebenso wenig wurde bei Erwachsenen mit geistiger Behinderung eine Heilungschance oder Besserung in Erwägung gezogen (ebd.). In der Regel zog man eine deutliche *Demarkationslinie zwischen Jugendlichen und Erwachsenen* (so auch GEORGENS & DEINHARDT 1861, 361; 1863, 21, 31, 243f.). Folglich zählten schwerstbehinderte Menschen wie auch Erwachsene mit geistiger Behinderung zu dem »traditionellen Klientel« der noch bestehenden Armen-, Zucht- oder Aufbewahrungshäuser. Ältere »Idioten schweren Grades« fanden oft den »Weg unter die Obhut der Irrenanstalt« (MÖNKEMÖLLER 1903, 260) oder wurden in neu errichteten Pflegeanstalten zusammen mit »unheilbaren Idioten« separiert. Dass die Zustände in diesen Einrichtungen im Unterschied zu den oben genannten Heilanstalten weiterhin extrem menschenunwürdig waren, geht aus mehreren schockierenden Berichten hervor, die SCHRÖDER (1983, 27f.) zusammengetragen hat.

Auf dem Hintergrund der *Unterscheidung in heilbare und unheilbare Idioten* wurden zu Beginn des 19. Jahrhunderts von psychiatrischer Seite erste *Einteilungen des* »Blödsinns« vorgenommen. So legte zum Beispiel REIL

(1803, 413 ff.), mit dessen Arbeit »man gemeinhin die deutsche Psychiatrie beginnen lässt« (DÖRNER 1969, 216), eine Klassifikation vor, die bis zum heutigen Tag als Dreiteilung der geistigen Behinderung (Oligophrenie-Konzept) in der Psychiatrie und Heilpädagogik deutliche Spuren hinterlassen hat.

»Der erste Grad ist am schwersten zu bestimmen, weil er eine Demarkationslinie zwischen gesundem Menschenverstand und anfangendem Blödsinn voraussetzt, die nicht so leicht gefunden werden kann [...] Der mittlere Grad ist von beiden Endpunkten gleich weit entfernt. Der Kranke ist nicht ganz sinnlos, sondern fasst noch die einfachsten Begriffe, doch er ist zu den gemeinsten Geschäften unfähig, wenn sie nicht ganz mechanisch abzumachen sind [...] In dem äußersten Grade des Blödsinns [...] fehlen alle Wahrnehmungen der Sinne, weil sie stumpf sind, oder die Seele keinen ihrer Eindrücke beachtet. Der Kranke hört ein wildes Geräusch, aber überall keinen verständlichen Ton, weil er nicht imstande ist, einen aus der Menge auszuheben, ihn auf seine Ursache zurückzuführen, und dadurch seine Bedeutung einzusehen. Er sieht eine unordentliche Zusammenstellung von Farben und Gestalten, von welchen er keine besonders unterscheidet. Seine Seele ähnelt einem Spiegel, in welchem sich ein totes Bild der Welt abprägt. Er ist ohne Begriffe, Urteile, Gefühle, Leidenschaften, also auch ohne Triebe und Willen. Selbst die Gefühle des Hungers, Durstes und Schmerzes sind stumpf und werden dunkel vorgestellt. Der Kranke bewegt sich entweder äußerst träge oder gar nicht, geifert, lässt jedes Glied in der Lage liegen, in welche man es bringt, und es herunterfallen, wie die Schwere es leitet, wenn es aufgehoben wird. Kurz, er lebt zwar, weil er vegetiert, aber außer dieser ganz allgemeinen Funktion des Organismus, durch welche er vor Auflösung geschützt wird, ist weiter kein Charakter der Tierheit vorhanden.«

Auf der Grundlage dieser Dreiteilung forderte REIL (1803, 468) eine scharfe institutionelle Trennung zwischen Irrenanstalten für »Heilbare« und Aufbewahrungsanstalten für »Unheilbare«, »hoffnungslose Fälle« (im Sinne des dritten Grades des Blödsinns). Diese Anstaltstypen wurden aber nur vorübergehend realisiert, zum Beispiel durch Jacobi, dem Gründer der ersten rheinischen Provinzial-Irrenanstalt in Siegburg (KASTNER 1977, 38). Schon bald wurden in der zweiten Hälfte des 19. Jahrhunderts die Ausgaben für Pflege- oder Aufbewahrungsanstalten als unrentabel erachtet (ebd., 102), überdies hatte man fließende Übergänge (RICHARZ 1844) zwischen heilbaren und unheilbaren Irren erkannt und festgestellt, dass sich »humane« Bestrebungen in den Pflegeeinrichtungen nicht realisieren ließen. Somit versuchte man gegen Ende des 19. Jahrhunderts diesen »verhängnisvollen Rückschritt« (MÖNKEMÖLLER 1902, 157) zumindest ansatzweise zu überwinden, indem zum Beispiel im Rheinland auf dem Hintergrund von über tausend fehlenden Plätzen in den bestehenden Irrenhäusern und einer besonderen Fürsorgepflicht der Behörden allen »anstaltspflegebedürftigen« psychisch kranken und behinderten Menschen gegenüber (OBEKE 1898, 795; BONSMANN 1925, 115f., 120; WIEHL 1925, 129) mehrere kombinierte Einrichtungen,[7] sogenannte *Heil- und Pflegeanstalten* (die heutigen Rheinischen Landeskliniken), innerhalb weniger Jahre geschaffen wurden (WIEHL 1925; BALTZER 1925; LVR 1962 a, 8 ff.; ausführlich BRADL 1991). Das Neue an diesen Einrichtungen war, dass nun erstmalig der »Heilgedanke in das System der Aufbewahrung« hineingetragen wurde (BLASIUS 1980, 39f.). Allerdings wurde durch diese Anstalten keineswegs der gesamte Bereich der institutionellen Versorgung geistig behinderter oder psychisch kranker Menschen abgedeckt (KASTNER 1977, 130). Zwar gab es in den einzelnen Anstalten unterschiedliche Abteilungen (ebd., 107) für verschiedene »Krankheitsformen«, so zum Beispiel für bettlägerige, unreinliche, hilflose Kranke oder für «unreinlich Lärmende und Tobsüchtige« mit geringen Heilungschancen (ebd., 58), doch wurden die »chronisch kranken Pfleglinge« oder »unheilbaren Irren« nur dann aufgenommen, wenn Platz vorhanden war (BLASIUS 1980, 70). Dies galt auch für die Gruppe der Epileptiker, die man am liebsten der Privatmildtätigkeit überließ und für die man bevorzugt kirchlich geführte Anstalten suchte. Allerdings kamen viele dieser Menschen schließlich »doch meist als geistige Wracks in die Irrenanstalt« (MÖNKEMÖLLER 1903, 255). Die große Mehrheit der »Idioten schweren Grades« wie aber auch zum Teil andere »Schwachsinnige«, »Krüppel« oder »fallsüchtige Idioten« – die sogenannten »sozialen und intellektuellen Nullen« (GRIESINGER 1872, 285) – wurden weiterhin in Siechen- oder Bewahranstalten, Pflegeheimen und Nothospitälern versorgt (MÖNKEMÖLLER 1902, 157; KASTNER 1977, 131 ff.). An dieser Stelle sollte nicht unerwähnt bleiben, dass ein großer Teil dieser Menschen, insbesondere die Personen mit schwerer geistiger und mehrfacher Behinderung, aufgrund der hygienischen Zustände in den Pflege- oder Aufbewahrungsanstalten, den Epidemien (Cholera) sowie der unmenschlichen Behandlung recht früh verstarben (ebd., 189; MÖNKEMÖLLER 1903, 157; ZIEHEN 1902, 567; VOGT 1906, 363; KASTNER 1977, 75).

Wirft man einen Blick auf die Versorgung und Betreuung in den damaligen Anstalten, so lässt sich sagen, dass die Unterschiede – auch mit Blick auf die verschiedenen Anstaltstypen (psychiatrische Einrichtungen,

Behindertenanstalten) im Prinzip gering waren (MÖNKEMÖLLER 1903, 239; BLASIUS 1980, 58). Obwohl die Kritik an den Fesseln, Ketten oder Foltermethoden massiv war (SCHROETER 1897, 23, 38; SNELL 1897, 13f.; MÖNKEMÖLLER 1903, 113; RICHARZ zit. n. KASTNER 1977, 86), standen nach wie vor Zwangspraktiken wie körperliche Züchtigungen oder die Anwendung von Drehstühlen, Zwangsfütterung, Zwangsduschen oder Maulkörben auf der Tagesordnung (WIEHL 1925, 139). Auch hatte sich die Zahl der Isolierzellen »für unruhige und tobsüchtige Kranke« erheblich erhöht (ebd., 140; KASTNER 1977, 123). Überdies gewann die medikamentöse Behandlung vor allem in den Heil- und Pflegeanstalten zunehmend an Bedeutung (MÖNKEMÖLLER 1903, 113; KASTNER 1977, 62f., 74f., 129).

In fast allen größeren Anstalten waren Menschen mit geistiger Behinderung, psychischer Störung oder Anfallsleiden »getrennt nach dem Grade der Pflegebedürftigkeit, der Bildungsfähigkeit und nach dem Alter auf verschiedene Abteilungen verteilt« (WIEHL 1925, 170; vgl. auch MÖNKEMÖLLER 1903, 241). Während es für den Personenkreis der »heilbaren Irren« und »bildungsfähigen Schwachsinnigen« Arbeitsangebote gab (SNELL 1897, 16f.; LAQUER 1906, 325, 333 ff.; SCHOLZ 1927, 160 ff.; MÖNKEMÖLLER 1903, 270; WIEHL 1925, 167), wurden die schwerstbehinderten Menschen bloß pflegerisch versorgt (WIEHL 1925, 170). Ebenso kam für diesen Personenkreis ein betreutes Leben in kleinen Häusern für zehn bis zwölf Personen – eine Idee, die sich leider aus ökonomischen Gründen nicht durchsetzen konnte – oder eine von der Provinzial-Verwaltung im frühen 20. Jahrhundert unterstützte Familienpflege nicht in Betracht (SNELL 1897, 33; MÖNKEMÖLLER 1903, 231; WIEHL 1925, 155; BLASIUS 1980, 145, 149, 151). Somit konnte MÖNKEMÖLLER (1903, 333) kritisch resümieren, dass sich »alles in allem« auf dem Gebiete der Versorgung »unheilbarer Irrer« oder »bildungsunfähiger Idioten« weiterhin »ein erschütterndes Bild menschlichen Elends« bot, welches ein »trauriges Eingeständnis« dafür war, »wie unendlich wenig damals für die Unglücklichsten der Unglücklichen getan wurde«.

Allerdings war zwischenzeitlich im Lager der Psychiatrie durchweg ein Interesse für »unheilbare Irre«, »Schwachsinnige« und auch »Idioten« entstanden (GRIESINGER 1861; MÖNKEMÖLLER 1903, 239); dieses Augenmerk galt aber weniger der institutionellen Betreuung als vielmehr der wissenschaftlichen Erforschung des Schwachsinns, die in den Laboratorien oder Universitätskliniken betrieben wurde (SOMMER 1906; 1907). Im Zuge dieser Forschungsarbeiten setzte sich allmählich die Lehrmeinung durch, geistige Behinderung »nicht mehr als Folge von Sünde oder von Erbschuld«, sondern als einen krankhaften Prozess anzusehen und dementsprechend als »Körperkrankheit« zu studieren und zu beurteilen (JANTZEN 1982, 39; DÖRNER & PLOG 1985, 470; KASTNER 1977, 94). Damit aber wurde zugleich der soziale Einflussfaktor ausgeblendet – ein Aspekt, der für die institutionelle Betreuung geistig behinderter Menschen erhebliche Nachteile mit sich brachte. Aufgrund der Biologisierung und »Pathologisierung« geistiger Behinderung wurden nun nämlich die »Bettenpflege« Betroffener wie auch der »therapeutische Nihilismus« naturwissenschaftlich-medizinisch legitimiert (BLASIUS 1980, 95). Deshalb konnte SCHOLZ in einem vom Deutschen Verein für Psychiatrie preisgekrönten »Leitfaden für Irrenpfleger« noch 1927 (in der 21. Auflage, 108f.) unangefochten über den Personenkreis der Schwerstbehinderten schreiben:

> »Zahlreich sind [...] die Grade der Hemmung, mannigfaltig die Abstufungen, denen wir bei diesen Stiefkindern der Natur, den Geistesschwachen, hinsichtlich des Umfangs ihres geistigen Horizonts begegnen können. In den schwersten Fällen stehen diese Unglücklichen tiefer, man möchte sagen, als das Tier, und erweisen sich schon von frühester Jugend an unfähig, auch das Allereinfachste zu begreifen. Kaum vermögen sie oftmals die Sprache zu erlernen. Ihre Äußerungen sind nur blödes Stammeln, und es fehlt jede Fähigkeit der Bildung höherer Begriffe und der Verarbeitung von Sinneseindrücken. Unreinlich, eine Qual für die ihrigen, vegetieren sie dahin bis ein früher Tod sie wohl erlöst, was aber keineswegs immer der Fall ist, denn bei guter Fürsorge können selbst diese Zerrbilder von Menschtum zu Jahren gelangen. Die geistigen Mängel dieser tiefstehenden Idioten erkennt auch der Laie sofort als Krankheitszeichen an.«

Aufgrund des Rückzugs einiger Ärzte aus den Anstalten in die Forschung (MEYER 1973, 142, 145), hatten in der zweiten Hälfte des 19. Jahrhunderts häufig pädagogisch motivierte Theologen die Leitung der Idiotenanstalten inne, die die Auffassung vertraten, dass lern- und geistig behinderte Menschen in erster Linie heilpädagogisch betreut werden müssten. Kurz vor 1900 wurde aber »eine ärztliche Kommission für Idiotenforschung und Idiotenfürsorge« gebildet (HELLER 1925, 15; DANNEMANN 1911 a), um der Politik deutlich zu machen, »dass für die Idiotenanstalten ausnahmslos ärztliche Leitung und staatliche Aufsicht zu verlangen sei« (ebd., Sp. 1465; LAQUER 1907, 463, 475; STROHMAYER 1911, Sp. 1239f., 124; MÖNKEMÖLLER 1903, 264). Da der preußische Staat weitgehend der Forderung der Psychiater entsprach, trat in der Folgezeit ein Wandel in vielen Idioten- und Pflegeanstalten ein, indem immer mehr Ärzte an die Spitze dieser Einrichtungen gestellt wurden (MÖNKEMÖLLER 1903, 268). Dadurch erfolgte in noch stärkerem Maße in Theorie und Praxis eine Angleichung der Idiotenanstalten an die psychiatrischen Heil- und Pflegeeinrichtungen (ebd., 239).

Was war, so könnte man fragen, zu Beginn des 20. Jahrhunderts nun von dem ursprünglich heilpädagogischen oder christlichen Impetus in den Idiotenanstalten noch geblieben? Nahezu sämtliche Anstalten hatten jetzt einen festen Platz im System sozialer Kontrolle durch die Psychiatrie, nur wenige kirchliche Häuser konnten sich den Einflüssen durch das psychiatrische Denk- und Handlungsmodell etwas entziehen. Ferner wurde dieser von KLEVINGHAUS (1972, 22f.) konstatierte Rückschritt, der unter anderem darin bestand, dass »das pädagogische Element auf die Anstaltshilfsschule zurückgedrängt wurde« (SPECK 1979, 61; ZIEGLER 1912; SCHENK 1913), von einigen der »wichtigsten Figuren der deutschen Heilpädagogik« (JANTZEN 1982, 24), so beispielsweise von HELLER (1925), geradezu befördert: Nach Heller war »in schweren Fällen von Idiotie« (479) – zum Beispiel bei »schweridiotischen« Kindern, die seiner Meinung nach »keine Spur geistigen Lebens« zeigten (30), »weder Aufmerksamkeit noch Gedächtnis« besaßen (300), »nicht dressurfähig« waren (300), »bei denen die primitivsten Triebe und Instinkte kaum zur Entwicklung« gelangten (30), die »durch keine Bewegung irgendeine psychische Regung« verrieten, die in der Regel »körperlich unterentwickelt« und daher von »kurzer Lebenszeit« waren (23) und bei denen die einzige Regung zumeist der »Nahrungstrieb« war (23) – »jede pädagogische Wirksamkeit vergeblich« (479). Deswegen gehöre dieser Personenkreis der »Bildungsunfähigen« (27, 454) gleichermaßen wie die »versorgungsbedürftigen Asylisten« (481) »unter ausschließlich ärztliche Aufsicht« (479) in Pflegeanstalten, die »bereits bestehenden Irren- oder Siechenhäusern angegliedert« werden sollten (479).

Gleichermaßen nihilistisch wurde auch im Rahmen des preußischen Krüppelfürsorgegesetzes argumentiert (1920, 158); das Gesetz sah vor, dass alle »Siechen und Unheilbaren«, bei denen die Anwendung teurer Apparate »nur einen sehr bescheidenen Erfolg« versprach, aus rein ökonomischen Gründen in Pflegeeinrichtungen untergebracht werden sollten. Welche Konsequenzen dies für die Betroffenen hatte, wird von ULBRICH (1921, 132) recht plastisch herausgestellt:

»Die deutschen Krüppelheime und die Kindersiechenhäuser bieten eine traurige Heerschau der armen belasteten Wesen, die mit trüben Augen, laufenden Ohren, verklebter Nase, verkrümmten Gliedern und eiternden Fisteln dasitzen, einer Schuld büßend, wofür sie keine Verantwortung tragen. Viele von ihnen haben Klein- oder Wasserköpfe, Turmschädel, Sattelnasen, Henkelohren, angefressene Zähne, ekelhafte Ausschläge und andere Schäden. Nicht selten paart sich mit der körperlichen Gebrechlichkeit geistige und seelische Minderwertigkeit. Viele dieser Kinder werden zu ihrem Glück nicht alt, sondern sinken für den Lebenskampf untauglich in ein frühes Grab. Andere jedoch müssen leben und sich durch Jahrzehnte hindurchquälen, in lichtlose Dunkelheit gehüllt und mit Schmerzen und Qualen behaftet, welche die Kunst der Ärzte vergeblich zu lindern sucht.«

Die Situation, in der sich im frühen 20. Jahrhundert die große Mehrheit schwerstbehinderter Menschen befand, wurde zur Zeit des Ersten Weltkrieges noch einmal besonders problematisch, als einige Anstalten als Kasernen oder Lazarette benutzt wurden, so dass ein Teil der Anstaltsbewohner anderweitig verlegt werden musste (LVR 1962 b, S. 14; KASTNER 1977, 150 ff.). Unter diesen Umständen ließ sich im gesamten Anstaltsbereich »eine ordnungsmäßige Pflege und Trennung der Geisteskranken (und geistig Behinderten, G.T.) nicht mehr durchführen« (WIEHL 1925, 125, 171).

## Eugenik und Euthanasie im Hitlerfaschismus

Bereits Ende des 19. Jahrhunderts hatte sich eine verhängnisvolle Entwicklung angebahnt, über die wir angesichts der neuen Euthanasiedebatte (THEUNISSEN 1997b) ausführlicher berichten möchten.

Es ist unbestritten, dass bestimmte gesellschaftliche, wissenschaftliche und geistige Strömungen der Tötung (schwerst-)behinderter Menschen im Hitlerfaschismus den Weg geebnet haben. Einige wichtige Lehren und Wegbereiter sollen kurz genannt sein:

### Nietzsches Theorie des »Herrenmenschen«

Schon Platon ging davon aus, dass nur der »schöne Mensch«, das harmonisch gestaltete Individuum auch klug, begabt, stark, vollkommen und mächtig sei. Folgerichtig waren körper- oder geistig behinderte Menschen nichts wert und durften getötet werden. Dieser Geringschätzung behinderter oder auch schwer kranker, pflegebedürftiger alter Menschen begegnen wir später auch bei Nietzsche, der mit seinem Werk »Also sprach Zarathustra« (1883) eine Lehre vom »Übermenschen« verkündete, die wegbereitend für die nationalsozialistische Propaganda und rassistisch-naturalistische, heroistische Kultur war. Der Über- oder Herrenmensch ist für Nietzsche ein höheres, geläutertes Wesen, dessen »Herrenmoral« sich zum Recht des Stärkeren bekennt. Dies bedeutet zugleich eine rigorose Abwertung alles Schwachen: »Der Übermensch liegt mir am Herzen, der ist mein Erstes und Einziges, – und nicht der Mensch: nicht der Nächste, nicht der Ärmste, nicht der Leidenste, nicht der Beste [...] Werdet hart gegen alle Kraftlosen, Kranken und Knechte, gegen alle heillos Mittelmäßigen und Minderwertigen« (251) lässt Nietzsche Zarathustra sagen. Ähnlichen Ansichten begegnen wir auch in A. HITLERS »Mein Kampf« (1942, 276, 422, 434, 453), in dem Nietzsches Vision und das griechische Schönheitsideal rassenideologisch aufgegriffen werden.

## Utilitarismus

Mit dem Zeitalter der Aufklärung, dem Kampf des Bürgertums gegen den Feudaladel und der Industrialisierung der Wirtschaft wurde im europäischen Sprachraum eine utilitaristische Kultur entwickelt, die bis heute wirksam ist: Es zählt nur die Nützlichkeit des Einzelnen auf der Basis eines kompromisslosen Leistungsprinzips, nicht aber die menschliche Existenz an sich, die Einmaligkeit und Einzigartigkeit menschlichen Lebens.

Die Ausrichtung menschlichen Handelns nach utilitaristischen (marktwirtschaftlichen) Gesichtspunkten (GOULDNER 1974, 81 ff.) führte seit dem 19. Jahrhundert zu einer scharfen Trennung zwischen brauchbaren und unbrauchbaren Mitgliedern der Gesellschaft, die sich ihrerseits in ein effektives Wirtschafts- und ineffektives (kostenintensives) Sozialsystem spaltete (DÖRNER 1988, 65 ff.). Geistig und schwerstkörperbehinderte Menschen galten weitgehend als unbrauchbar. Folglich hing ihr »Schicksal« von dem ab, was der Staat bereit war, an sozialer Hilfe (Fürsorge) zu investieren. An dieser sozialen Abhängigkeit hat sich bis heute nichts geändert. Besonders bedrohlich wird sie für alle Betroffenen, wenn in Zeiten wirtschaftlicher Krisen soziale Hilfen oder Leistungen gestrichen werden oder wenn ökonomische Motive und egoistisch-utilitaristische Interessen eine Säkularisierung bewirken und humane Aufgaben pervertieren, verkommen oder verkümmern lassen. Für den Nationalsozialismus galten alle diese Faktoren. Durch Kosten-Nutzen-Analysen sollte die Sinnlosigkeit der Fürsorge für alle unbrauchbaren Menschen, die als »Ballastexistenzen« galten, unterstrichen werden (BINDING & HOCHE 1920, 55).

## Malthusianismus, Sozialdarwinismus und Rassedenken

Der Malthusianismus geht auf den Sozialforscher T. Malthus (1766-1834) zurück, der die These vertrat, dass die menschliche Verelendung auf das Anwachsen der Bevölkerung zurückzuführen sei, für die es auf Dauer nicht genügend Nahrung gebe. In kriegerischen Auseinandersetzungen und Seuchen sah er einen natürlichen Ausgleich. Darüber hinaus erhob er die Forderung nach Enthaltsamkeit, Spätheirat, Kinderlosigkeit und Freigabe der Abtreibung bzw. einer Geburtenverhütung. Diese Ideen, die mit der utilitaristischen Ideologie eng verwoben sind, spielen später auch in der *sozialdarwinistischen Selektionstheorie* eine zentrale Rolle, die eine »Korrektur« des menschlichen Zusammenlebens nach Mustern der Natur propagierte. In Deutschland fand der Sozialdarwinismus insbesondere durch den Biologen E. Haeckel (1906) Verbreitung, der die darwinistische Lehre mit rassistischem Gedankengut bereicherte und die Vorherrschaft des deutschen Volkes abzuleiten versuchte. Damit war der Schritt zum Rassedenken und zur Rassenhygiene getan. Sterilisation, Heiratsverbot und Impfzwang wurden als probate Mittel zur Reinhaltung der Rasse und Vermeidung von Schwachsinn bzw. zur Verhütung von behinderten Menschen betrachtet, wobei der wichtigste Adressat der erbbiologischen Auslesemaßnahmen die armen und niedrigen Schichten der Gesellschaft waren. Gefordert wurde dieser Gedanke der Eugenik insbesondere durch Ploetz (1895) und Schallmayer, der in seiner Arbeit »Vererbung und Auslese« (1918), zu der A. Krupp einen Preis gestiftet hatte, schreibt:

> »Allmählich müssen die Grundlehren (der Vererbungsbiologie, G.T.) populär werden, und dann wird sich auch die Einsicht siegreich durchsetzen, dass nicht Milieueinflüsse, sondern Auslesebedingungen den belangreichsten Einfluss auf die [...] Entwicklung der Erbqualität einer Bevölkerung ausüben, und dass wir diese Auslesebedingungen [...] erheblich in eugenischer Richtung modifizieren können. Als untüchtig haben nicht etwa nur pathologische Anlagen zu gelten, sondern auch schwache Begabungen, die ebenfalls als ungenügende Anpassungen an die [...] bestehenden Anforderungen der Daseinskonkurrenz anzusehen sind.« (360)

Ferner sei auf Jost (1895) und Mann (1920; 1922) verwiesen, die eine antireligiöse Haltung einnahmen und die Auffassung vertraten, dass die »Erlösung« der Menschheit von »unheilbar Kranken« oder »wertlosen« Individuen eine Tat der »Barmherzigkeit« (tödliches Mitleid) sei.

### Karl Binding und Alfred Hoche

Der nachhaltigste Einfluss auf die Vernichtung »lebensunwerten« Lebens im Hitlerfaschismus ging zweifellos vom Leipziger Strafrechtler K. BINDING und vom Freiburger Psychiater A. HOCHE aus, die zu den profiliertesten Gelehrten ihrer Zeit gehörten. In ihrer Schrift »Die Freigabe der Vernichtung lebensunwerten Lebens« (1920) urteilen sie über den Personenkreis der schwer geistig behinderten Menschen:

> »Sie haben weder den Willen zu leben, noch zu sterben. So gibt es ihrerseits keine beachtliche Einwilligung in die Tötung, andererseits stößt diese auf keinen Lebenswillen, der gebrochen werden müsste. Ihr Leben ist absolut zwecklos, aber sie empfinden es nicht als unerträglich. Für ihre Angehörigen wie für die Gesellschaft bilden sie eine furchtbar schwere Belastung. Ihr Tod reißt nicht die geringste Lücke.« (32f.)

An anderer Stelle beklagen sie, dass der durchschnittliche Jahresaufwand von 1.300 Reichsmark für einen »Idioten« viel zu hoch sei; die Kostenersparnis durch eine Vernichtung dieser Menschen veranschlagen sie mit zehn Millionen Mark. Unverhüllt wird von den Autoren die Tötung dieser »Ballastexistenzen« propagiert. Im Unterschied zu Jost wird das »Prinzip der Erhaltung fremden Lebens« nicht nur bei »unheilbar Kranken«, sondern auch bei schwer geistig oder körperbehinderten Kindern aufgegeben und außer Kraft gesetzt. HOCHE lässt das Mitleidsmotiv nicht mehr gelten. Mitgefühl sei ein »unausrottbarer Denkfehler«, denn: »Wo kein Leiden ist, ist auch kein Mit-Leiden« (49).

### Psychiatrisierung der Behindertenfürsorge und präfaschistoides Denken in der Heilpädagogik

Unserem historischen Rückblick ist zu entnehmen, dass schon Ende des 19. Jahrhunderts die Heilpädagogik und damit auch die Versorgung schwerstbehinderter Menschen zusehends »psychiatrisiert« wurde, was zur Folge hatte, dass caritative, diakonische und humanistisch-pädagogische Ansätze zurückgedrängt wurden. Stattdessen kam es zu einer verhängnisvollen Ehe zwischen der schon existierenden utilitaristischen Theorie der Heilpädagogik (Erziehung Behinderter zur ökonomischen Brauchbarkeit) und dem medizinisch-psychiatrischen Modell, welches auf der Basis der utilitaristisch präformierten Differenzierung zwischen »brauchbaren« und »unbrauchbaren« behinderten Menschen ein ausgesprochen negatives, nihilistisches Bild von geistig und schwerbehinderten Personen verbreitete und für sich in Anspruch nahm, durch eugenisch-präventive Maßnahmen und therapeutisch-disziplinierende Praktiken das Problem der »bildungsunfähigen« und »minderwertigen Elemente« kostensparend für die Gesellschaft zu lösen. Damit fand eine enge Anlehnung an den Sozialdarwinismus statt.

Die Medizinierung der Heilpädagogik wurde von wichtigen Repräsentanten der deutschsprachigen Heilpädagogik unterstützt und gefordert. Unschwer lassen sich eugenische Ansichten in den einschlägigen Fachzeitschriften der Behindertenfürsorge von 1910-1933 nachweisen, was belegt, dass viele Heilpädagogen oder Hilfsschullehrer an der Eugenikdebatte beteiligt waren (BERNER 1984 a, b; RUDNICK 1985). Dies gilt auch später für die Euthanasiediskussion zur Zeit des Nationalsozialismus (RUDNICK 1985, 73 ff., 147; 1990); so wird zum Beispiel 1935 in der Zeitschrift für Krüppelfürsorge von MEINHOF die Ansicht vertreten, dass »alle Schwächlinge«, die »Ballast für die anderen« seien und nicht ihre Fähigkeiten »im Dienst der Allgemeinheit stellen« könnten, »nach Möglichkeit abzuschütteln« seien (75).

Anscheinend gab es nur wenige Stimmen innerhalb des heilpädagogischen Lagers, die sich gegen dieses verhängnisvolle Denken wandten (KLEVINGHAUS 1972, 74 ff., 82f.). Einwände gab es beispielsweise von HANSELMANN (1920, 127f.), der ein »unwertes« Leben als ein »krankes« und damit als ein auf Pflege und »besondere Schutzmaßnahmen« angewiesenes Leben auszulegen versuchte. Auch BRUNGER hatte bereits 1921 auf einer Konferenz der Vorsteher evangelischer Idiotenanstalten eindringlich empfohlen, sich für Aktionen »gegen Verbreitung des Gedankens über die Freigabe der Vernichtung lebensunwerten Lebens« einzusetzen (zit. n. Zeitschrift für die Behandlung Schwachsinniger 1921, 105).

Ausführliche Darstellungen über die Vernichtung »lebensunwerten« Lebens im Nationalsozialismus bieten insbesondere die Arbeiten von KLEE (1985) und RUDNICK (1990). Wir können hier nur einen knappen Überblick geben:

Nur wenige Monate nach der Machtergreifung durch das Hitlerregime wurde am 14. Juni 1933 vom deutschen Reichstag das »Gesetz zur Verhütung erbkranken Nachwuchses« verabschiedet, mit dem die Zwangssterilisation bei »angeborenem Schwachsinn«, Epilepsie, »manisch-depressivem Irresein«, Schizophrenie, erblicher Blindheit und Taubheit, körperlicher Behinderung und Alkoholismus legalisiert wurde. Man schätzt, dass zwischen 1933 und 1945 weit über 300.000 Menschen Opfer dieser Maßnahmen geworden sind, wobei sich die Aktionen nicht nur auf schwerstbehinderte Personen, sondern später auf viele Fürsorgezöglinge,

Hilfsschüler oder Menschen mit leichter geistiger Behinderung erstreckten (RUDNICK 1990). Für die Zwangssterilisierung wurde mit mehreren Propagandafilmen, in denen behinderte Menschen als »Monster« und »unnütze Esser« vorgeführt wurden, öffentlich geworben. Ohne die enge Verflechtung von staatlichen Behörden, Parteiapparat und Wissenschaft, die sich von Anfang an stark in den Dienst der Obrigkeit stellten und vorzüglich benutzen ließen, wäre der Umfang dieser Maßnahmen kaum möglich gewesen.

Während der 30er Jahre wurde der Ruf nach Euthanasiemaßnahmen immer lauter. Neben dem Sozialdarwinisten A. Ploetz und dem Philosophen E. Bergmann, der schon 1933 den »Menschenkehrricht der Großstädte [...] beiseitegeschaufelt« wissen wollte (zit. n. STROOTHENKE 1940, 113), stellte. F. Lenz, ein bedeutsamer Exponent der Rassenhygiene, die These auf: Je mehr Euthanasie bei Kindern, desto weniger Sterilisierung (ebd., 112; RUDNICK 1985, 16f.). Darüber hinaus wurde die Medizin zusehends unfähig, zwischen staatlichen und individuell-menschlichen Interessen zu differenzieren. Das bedeutete, dass es immer weniger um die Gesundheit des Einzelnen als vielmehr um die »Volksgesundheit« ging. Vor diesem Hintergrund wird verständlich, dass nur wenige Ärzte protestierten, als bereits 1933 vielen Anstalten mit »Ballastexistenzen« oder »geistig Toten« (BINDING & HOCHE), die Verpflegungsgelder gekürzt wurden. Ebenso wenig gab es Protest, als dann am 18. August 1939 die Meldepflicht für »missgestaltete und idiotische Kinder« eingeführt wurde. Dieser Erlass führte dazu, dass in der Folgezeit in 21 »Kinderfachabteilungen« an verschiedenen Heilanstalten ca. 5.000 Kinder getötet wurden (EHRHARDT 1965, 32). Diese als »Heilbehandlung« getarnte Maßnahme wurde bis Ende des Krieges durchgeführt und in der Schlussphase auch auf Erwachsene mit schwerer geistiger Behinderung ausgedehnt.

Das verhängnisvollste Euthanasieprogramm war freilich die Aktion T 4. Vorbereitet wurde sie im Juli 1939 mit der Einrichtung der Dienststelle Tiergartenstraße 4 in Berlin und dem Aufbau von drei Tarnorganisationen: der »allgemeinen Stiftung für Anstaltswesen«, die für die Mitarbeiter der Tötungsanstalten zuständig war (hierzu wurden sechs Heilanstalten angepachtet und mit Gaskammern ausgestattet: Grafeneck, Brandenburg, Bernburg, Hartheim, Sonnenstein und Hadamar); der »Reichsarbeitsgemeinschaft Heil- und Pflegeanstalten«, die Meldebögen für die Begutachtungen verschickte und der »Gemeinnützigen Krankentransportgesellschaft«, die für sämtliche Transporte zuständig war. Im Oktober 1939 wurden die ersten Meldebögen zur Erfassung verschiedener Krankheiten

wie Schizophrenie, Epilepsie, »Schwachsinn jeder Ursache«, senile Erkrankungen, Encephalitis, Lues, Huntington oder andere »neurologische Endzustände« sowie »krimineller Geisteskranker« (KLEE 1985, 93) verschickt.
Anscheinend schöpfte zunächst kaum ein Anstaltsleiter Verdacht, viele gaben ihre tüchtigsten Bewohner, also auch die leicht geistig behinderten Personen als »Schwächlinge« an, um sie für ihre Anstalt zu erhalten. Dies aber stellte sich alsbald als ein Trugschluss heraus. Sämtliche »Schwächlinge« wurden unter dem Vorwand einer »besseren Heilbehandlung« verlegt. Der Ort der Verlegung blieb geheim. Nach der Unterbringung in einer Durchgangs- oder Beobachtungsanstalt erfolgte der Abtransport in eine der sechs äußert streng bewachten Tötungsanstalten. Insgesamt kamen im Rahmen der eineinhalb Jahre dauernden Aktion T 4 ca. 71.000 Menschen durch die Vergasung mit Kohlenmonoxyd ums Leben, vor allem Behinderte, Anfallskranke, »kriminelle Psychopathen«, Sittlichkeitsverbrecher, Homosexuelle wie aber auch psychisch auffällige Juden.

Am 24. August 1941 wurde die Aktion T 4 eingestellt. Ausschlaggebend dafür waren vor allem Beschwerden und Strafanzeigen aus der Bevölkerung sowie öffentliche Proteste der beiden Kirchen. Eine herausragende Stellung nahm der katholische Bischof von Münster ein, Graf von Galen, als er am 3. August 1941 von seiner Kanzel aus die Vernichtung »lebensunwerten« Lebens öffentlich anprangerte.

Insgesamt betrachtet kam der Widerstand der Kirchen freilich viel zu spät, hatten sie doch lange Zeit die nationalsozialistische Bewegung – insbesondere ihren Kampf gegen die Gottlosen und den Bolschewismus – bejaht (KLEE & PETRICH 1990a). Einige Einrichtungen der Inneren Mission und der Diakonie hatten sogar den Vernichtungsaktionen wissentlich zugearbeitet (z.B. Scheuern an der Lahn; hierzu KLEE & PETRICH 1990 a; KLEE 1985, 268 ff.).

Trotz des offiziellen Stopps der Aktion T 4 ging die Ermordung in den Tötungsanstalten jedoch inoffiziell weiter. In den ehemaligen Gasmordanstalten fand nun eine von der T 4-Zentrale aus gesteuerte sogenannte »wilde Euthanasie« statt, indem behinderte, psychisch kranke Menschen und (an Tuberkulose) erkrankte KZ-Häftlinge mit Überdosen von Medikamenten (z.B. durch Morphium, Barbiturate oder Luminal-Cocktails) getötet wurden oder sich durch einen allmählichen Nahrungsentzug zu Tode hungern mussten. Wie viele behinderte Menschen dadurch ermordet wurden, lässt sich nicht genau angeben. Die Schätzungen reichen bis zu 100.000 Menschen (RUDNICK 1990). Diese zweite Phase der Euthanasieaktionen (z.B. Tötung durch systematische Unterernährung) wurde auch auf andere größere Anstalten ausgedehnt wie Irsee/ Kaufbeuren, Meseritz-Obrawalde und Eglfing-Haar (KLEE 1985, 429 ff.). Zugleich wurde der Großteil der Vergasungsanlagen aus den Tötungsanstalten mit dem dazugehörigen Personal nach Osteuropa verlagert. Insofern kann die T 4-Aktion als »Vorläufer« der Vergasung von Juden ab 1941 mit Zyklon B verstanden werden.

Diese knappen Ausführungen über die Vernichtungsaktionen »lebensunwerten Lebens« können das Leid der Betroffenen, die gesamte Brutalität, Unmenschlichkeit und den Schrecken nur erahnen lassen. Die bislang anskizzierte Geschichte der Separierung, Ghettoisierung und unmenschlichen Behandlung institutionalisierter schwerst-behinderter Menschen findet zweifelsohne im Euthanasieprogramm des Nationalsozialismus ihren erschreckenden Höhepunkt. Treffend sind SCHRÖDERS (1983, 59) Worte hierzu: »Die Geschichte unserer Behindertenarbeit ist gekennzeichnet durch Brutalitäten und Ummenschlichkeiten, für die wir ein Stück Verantwortung und Kollektivschuld mitzutragen haben«.

## Die Nachkriegszeit

Nach 1945 bot sich in den meisten Anstalten für psychisch Kranke oder behinderte Menschen ein katastrophaler Zustand: Zum einen hatte sich mit Ende des Krieges die Versorgungslage in den Einrichtungen des Reiches immer mehr verschlechtert, das Gros der Patienten war abgemagert, klagte über Hunger und sammelte oftmals Essensreste aus den Mülltonnen (GRAF 1983, 13). Zum anderen waren viele Anstalten oder Anstaltsgebäude vernachlässigt, zerstört und mit Flüchtlingen belegt (KASTNER 1977, 170), so dass eine menschenwürdige Versorgung und geordnete Unterbringung psychisch kranker und geistig behinderter Menschen nicht möglich war. Zunächst fehlte es an Geldern, die verkommenen oder zerstörten Gebäude wieder herzurichten, so dass »improvisiert« werden musste (KLEINE 1962, 99), um »den rasch ansteigenden Bettenbedarf zu decken« (MÜLLER & SCHEUERLE 1962, 7). Ein Teil der privaten und öffentlichen Einrichtungen konnte sich überhaupt »nicht mehr vom Schlag durch den Krieg und die Nachkriegsjahre erholen« (KASTNER 1977, 167).

In den 50er Jahren versuchte man sowohl in der BRD als auch in der DDR an der Anstaltspraxis vor 1933 anzuknüpfen, was für schwerstbehinderte Menschen alles andere als förderlich war. Zwar begann mit der Einführung des Chlorpromazins die *Ära der Pharmakotherapie* (Psychiatrie-Enquete 1975 a, 62), doch würde diese immer eifriger betriebene Behandlung mit Neuroleptika wie der Rückgriff auf Schockbehandlung und Zwangsmethoden oftmals unkritisch betrieben. Ebenso wenig profitierten schwerstbehinderte Menschen von der sich entwickelnden Arbeitstherapie, die von Simon in den 20er Jahren bereits in Gütersloh eingeführt worden war (KLEINE 1962, 87f., 92, 103; Psychiatrie-Enquete 1975 a, 61). Auch am Begriff der »Bildungsunfähigkeit« oder »fehlenden Bildbarkeit« wurde bedenkenlos festgehalten, was zur Folge hatte, dass viele geistig behinderte Kinder – nicht nur solche mit schwerer Behinderung – »schulbefreit« waren oder aus Hilfsschulen ausgeschult wurden (SPECK 1979, 68; 1984, 21).

Eine deutliche Verbesserung der Betreuung geistig behinderter Menschen trat in der BRD erst durch die Gründung der Elternvereinigung *Lebenshilfe* (1958) ein, die sich für den Begriff der »geistigen Behinderung« einsetzte und der das Verdienst gebührt, dass in der Folgezeit Horte, Tagesstätten, Frühförderungszentren, Wohnheime, Schulen und Werkstätten geschaffen wurden. Allerdings ging diese Entwicklung am Personenkreises der erwachsenen geistig Behinderten sowie der Schwerstbehinderten nahezu spurlos vorbei. In der DDR konnten keine vergleichbaren Elterninitiativen wachsen (THEUNISSEN & GARLIPP 1996b; METZLER, WACHTEL & WACKER 1997, 56f.), so dass hier weiterhin die Medizinierung des Systems der Rehabilitation (Behindertenhilfe) und insbesondere die Psychiatrisierung schwerstbehinderter Menschen handlungsbestimmend waren.

Während die Unterbringung dieses Personenkreises in der DDR immer eindeutig geregelt war (THEUNISSEN & GARLIPP, 364), herrschte in der BRD in den 50er Jahren weitgehend Unklarheit darüber, was mit der steigenden Anzahl an schwerstbehinderten Kindern, denen dank fortschreitender Erkenntnisse auf dem Gebiete der ärztlichen Therapie »ein Überleben [...] in größerem Umfange [...] als früher« möglich wurde (MÜLLER & SCHEUERLE 1962, 22, 40), geschehen sollte. Zunächst einmal ging man davon aus, dass – wie in der DDR – psychiatrische Einrichtungen, Pflegeheime oder Pflegestationen großer Behindertenanstalten das Richtige seien. Daher fand zumeist auf Drängen der Ärzte eine entsprechende (möglichst frühzeitige) Einweisung statt (MÜLLER & SCHEUERLE 1962, 22, 41).

Insgesamt stieg damit der prozentuale Anteil geistig behinderter Menschen an den hospitalisierten psychisch Kranken »von 21,6 v.H. im Jahre 1936 auf 28,6 v.H. im Jahre 1960« (ebd., 19); 1960 waren »allein in den sechs Rhein. Landeskrankenhäusern 3.013 Kranke wegen Schwachsinns hospitalisiert« (ebd., 29), so dass es zu einer drastischen Überbelegung kam, an der sich in der Folgezeit kaum etwas änderte (40f.), schließlich wurde von Seiten des Landschaftsverbandes (MÜLLER & SCHEUERLE 1962, 40f.) die »Hospitalisierung Oligophrener« als »notwendig« (41) erachtet. Eine Ursache dieser »extremen Überbelegung« geistig behinderter Menschen in der Psychiatrie (Psychiatrie-Enquete 1975 a, 62; FINZEN & SCHÄDLE-DEININGER 1979, 10) ergab sich damals aber auch aus der Tendenz einiger freier oder privater Behinderten- und Pflegeeinrichtungen (z.B. aus dem Bereich der anthroposophischen Camphill-Bewegung), sich besonders schwierigen, »erethischen«, »torpiden« und »bildungsunfähigen Schwachsinnigen« durch Abschieben in psychiatrische Krankenhäuser zu entledigen.[8]

Unter der Überbelegung, die mit »erheblichen Personalschwierigkeiten« einherging (MÜLLER & SCHEUERLE 1962, 50; KLEINE 1962, 102), hatten vor allem schwerstbehinderte Kinder (die heutigen hospitalisierten Erwachsenen) zu leiden, von denen ein beträchtlicher Teil »notdürftig [...] auf zu eng belegten Abteilungen für Erwachsene« untergebracht war (MÜLLER & SCHEUERLE 1962, 47). So war die Lebenssituation Betroffener keineswegs günstiger als in der Vorkriegszeit – auch nach 1945 hatte sich sowohl in der west- als auch in der ostdeutschen Universitäts- und Anstaltspsychiatrie die Differenzierung von Patienten in »heilbare und unheilbare Fälle« fortgesetzt. Insofern wurden in beiden Staaten schwerstbehinderte Menschen selektiert, abgeschoben und isoliert – eine Praxis, die bis Ende der 70er Jahre Gepflogenheit war.

Bevor wir jedoch näher auf die Enthospitalisierungsbewegung in den 80er und 90er Jahren eingehen, möchten wir unseren historischen Rückblick beenden und die wichtigsten Traditionslinien des »psychiatrischen Modells« aufzeigen, aus deren Kritik sich die Reform der Behindertenpädagogik entwickelte.

# II Das psychiatrische Modell

Versucht man die der zuvor anskizzierten Versorgung schwerstbehinderter Menschen zugrundeliegende psychiatrische Ideologie zu entschlüsseln, so stößt man über alle Differenzierungen hinweg auf fünf zentrale Symptome:

- Biologistisch-nihilistisches Menschenbild
- Individualistisch-disziplinierendes Behandlungsprinzip
- Arbeits- und beschäftigungstherapeutischer Fehlansatz
- Totale Institution
- Politische Botmäßigkeit und Alibifunktion

Unser Rückblick in die Geschichte lässt unschwer erkennen, dass die Versorgung schwerstbehinderter Menschen von einem biologistischen Nihilismus nachhaltig durchdrungen war (auch LINGG & THEUNISSEN 1997, 27ff.). Gutachterliche Aussagen, auf die wir im Rahmen von Aufbereitungen insbesondere älterer »Krankengeschichten« stießen (z.B. Kap. VI; auch LINGG 1998), sind ein eindeutiger Beleg dafür: Psychiatrisch und/oder pflegerisch institutionalisierte Menschen mit schwerer geistiger Behinderung gelten in der überwiegenden Zahl der Fälle als »bildungsunfähig«, »kommunikationsunfähig«, »lernunfähig« und »total pflegebedürftig«. Daher sei jeder Versuch unzweckmäßig oder nicht lohnenswert, Betroffene heilpädagogisch zu betreuen und zu fördern[9] (auch MOSER 1971, 85).

Zur Rechtfertigung dieser denunzierenden, menschenverachtenden Aussagen wird in der Regel auf eine schwere Hirnschädigung, also auf einen absolut feststehenden Defekt verwiesen (ZIEHEN 1902; 1915), der – so die klassische Lehrmeinung – den Betroffenen jede Möglichkeit nehme, sich menschlich zu entwickeln und sich selbst zu verwirklichen (LUTZ 1961, 156f.; WUNDERLICH 1970, 55f.). Dementsprechend konstatiert MOSER (1971, 83) im Anschluss an Auswertungen von Krankengeschichten geistig behinderter Menschen eine Defektorientierung:

> »[...] dass der untersuchende Arzt sich oft auf die Beschreibung des Intelligenzdefektes konzentrierte und die weiteren Störungen, die zur jeweiligen Hospitalisation geführt hatten, in hohem Maße mit dem Intelligenzmangel in Zusammenhang brachte. Da der letztere gewöhnlich als irreversibel betrachtet werden musste, ergab sich in vielen Fällen fast von selber eine relativ düstere Prognose und eine entsprechende Resignation in Bezug auf therapeutische Maßnahmen.«

Bei diesem Verständnis von schwerer geistiger Behinderung gelten fast alle Ausdrucks- und Verhaltensweisen als Zeichen einer Krankheit, als »abartig« oder »abnorm« und im Falle psychischer Störungen nicht selten auch als Hinweis auf einen sich im Inneren des Menschen vollziehenden pathologischen (Abbau-)Prozess (ZIEHEN 1915; SCHULTE & TÖLLE 1977, 287f.; TÖLLE 1982, 205).[10] Geistige Behinderung ist im Lichte dieser Argumentation eine ausschließlich individuelle (Krankheits-)Kategorie, ein persönliches, unveränderliches und somit hinzunehmendes Schicksal.

Diese Pathologisierung geistiger Behinderung impliziert, dass bei der Ursachenforschung nur biologisch gedacht und schlussgefolgert wird; dazu kommt eine Praxis, die sich durch soziale Blindheit disqualifiziert.

Das biologistisch-nihilistische Menschenbild, welches sich insbesondere durch die Sprache verrät – »bei dem kann man nichts (mehr) machen« – ebnet den Weg für eine rein pflegerisch dimensionierte Versorgung und therapeutische Praxis, die psychiatrisch-neurologisch gesehen nur in der Manipulation des defekten biologischen Trägermaterials liegen kann. Spielten früher in diesem Zusammenhang Zwangsmaßnahmen, -methoden und -mittel eine wichtige Rolle (SCHRÖDER 1983), so sind es heute in erster Linie Neuroleptika, auf die zur Disziplinierung und Sanktionierung (»Ruhigstellung«) Betroffener in der traditionellen Psychiatrie (gerne) zurückgegriffen wird. Dabei ist man nicht selten bemüht, die Vergabe von Neuroleptika auch biologisch zu begründen, was letztlich aber nur belegt, dass Auffälligkeiten oder psychische Störungen bei geistig behinderten Menschen weithin als personinhärente Merkmale betrachtet werden. Sozialisations- und Entwicklungsgeschichten, soziale Faktoren – insbesondere institutionelle Bedingungen – werden als ein zentraler Bezugspunkt für therapeutische Arrangements völlig ausgeblendet. Sie gehen in das therapeutische Denken und Handeln kaum ein – gilt doch einzig und allein der Betroffene als »gestört«. Die Dialektik und implizite Wechselbeziehung von Individuum und Umwelt – beispielsweise in einer Institution – bleibt bei dieser »täterorientierten« Problemsicht und therapeutischen Praxis völlig außer Acht.

Während die Betreuung schwerstbehinderter Menschen ganz im Zeichen eines therapeutischen Nihilismus stand, sollten demgegenüber geistig behinderte Menschen, die als »debil« galten, durch Arbeiten diszipliniert und therapiert werden (LÄNGLE 1971, 59) und zugleich einen wirtschaftlich verwertbaren Beitrag zum Nutzen der Gesellschaft leisten. »Größtes Gewicht« wurde dabei auf eine »wertschaffende und nicht spielerische Beschäftigung« (KLEINE 1962, 87) gelegt. Man achtete darauf, »dass nur die wirklich Bettdürftigen tagsüber im Wachsaal lagen, alle anderen aber, soweit sie dazu auch nur einigermaßen imstande waren, mit irgendeiner nutzbringenden Arbeit beschäftigt wurden« (92).

Die Palette der Arbeitsangebote war zunächst sehr breit, sie reichte von teilweise stupiden Handarbeiten wie Kleben, Flechten, Falten oder Knüpfen über Holz-, Land- und Gartenarbeiten, Tierpflege, Putzen, Papier auflesen bis hin zu hauswirtschaftlichen und handwerklichen Tätigkeiten, die als Bestandteil eines Selbstversorgungssystems der Anstalten sinnstiftend und nicht selten auch identitätsstiftend waren.

Später, etwa seit den 30er Jahren, gab es in vielen psychiatrischen Anstalten Bestrebungen, den Arbeitsbereich als *Arbeitstherapie* (Simon) umzugestalten. Mit Blick auf Fließbandverfahren der Großindustrie hatte nun die Serienherstellung von Werkstücken Priorität. Entsprechende Arbeitsangebote sollten den gestörten beziehungsweise herabgesetzten Einzelfunktionen jedes arbeitsfähigen Patienten zugute kommen und zur Kompensation von Intelligenzmängeln oder »motorischer Minderbegabung« beitragen. Anscheinend hatte man aber »die Grenzen des Simon´schen Systems, das ganz nach dem Prinzip der Erziehung der Nützlichkeit aufgebaut ist« (LÄNGLE 1971, 59), alsbald erkannt. »Durch die strengen Forderungen Simons, der Einzelne habe sich ganz der Umwelt unterzuordnen und die Tätigkeit des Kranken habe sich auf das rein Nützliche zu beschränken, lief das Anstaltsleben Gefahr, ein zunehmend starres, unpersönliches Gepräge anzunehmen« (ebd.). Bemängelt wurde insbesondere die Ignoranz des »(psycho-)therapeutischen Prinzips« (OTTO 1971, 45 ff.):

> »Die Definition des Begriffes Therapie schließt in sich, dass jede wirkliche Therapie aktives Handeln ist [...] Dem Arzt kommt es zwar zunächst nicht auf den wirtschaftlichen Wert der geleisteten Arbeit an, jedoch ist es therapeutisch wichtig, dass die Arbeitskraft nach Möglichkeit auch nützlich verwertet wird damit die Pfleglinge das Gefühl haben, dass die von ihnen verlangte Arbeit einen Zweck hat. Nur so werden sie zur Arbeit auch eine geistige Beziehung erlangen. Denn ein erster Grundsatz einer gesunden Logik ist, dass das, was man tut, auch einen Sinn und Zweck hat. Schon deshalb ist die Beschäftigung der Pfleglinge mit nutzlosen Dingen ganz verkehrt, weil sie niemals imstande sein kann, den Pflegling zu fordern, und gerade das wollen wir mit unserer Therapie erreichen. Geradezu ein Fehler wäre es, einem Pflegling eine Beschäftigung in der Richtung seiner krankhaften, abwegigen Gedankengänge oder Verirrungen zuzuweisen.«

Demnach birgt eine rein nach industriellen Gesichtspunkten konzipierte Arbeitstherapie die Gefahr, institutionalisierte Menschen noch zusätzlich zu hospitalisieren und zu belasten, anstatt Entfremdung aufzuheben, psychische Gesundheit zu fördern und einen Beitrag zur Persönlichkeitsentwicklung zu leisten.[11]

Aus der Kritik am arbeitstherapeutischen Fehlansatz ist dann im Laufe der vergangenen Jahre die *Beschäftigungstherapie* als ergänzendes Angebot hervorgegangen, die »im Rahmen einer umfassenden Milieutherapie dem modernen psychiatrischen Krankenhaus ein lebendiges, der Persönlichkeit des einzelnen Patienten angepasstes Gepräge geben« sollte (LÄNGLE 1971, 60; auch JANZ & HILLERS 1971, 132). Allerdings ist es dazu im Rahmen der Versorgung schwerstbehinderter Menschen in der Psychiatrie nie gekommen. Denn im Mittelpunkt der Beschäftigungstherapie standen nur sogenannte *produktorientierte Arbeiten* wie Hand- oder Holzarbeiten, Werken, Basteln oder künstlerisches Gestalten, denen jeweils ein bestimmtes Maß an Können und Arbeitsfähigkeit unterlegt wurde. »Die Beschäftigungstherapie selbst enthält immer auch unschöpferische, zweckgebundene, also *arbeitstherapeutische* Komponenten, zum Beispiel die Knüpf- und Webetechnik, also die Handfertigkeiten, ohne die nichts Künstlerisches oder Handwerkliches geschaffen werden kann und bestimmte Arbeitsgänge, wie sie etwa beim Flechten von Bastzöpfen, beim Herstellen von Bastkörben in größeren Mengen, Holzarbeiten und ähnlichem benötigt werden« (JANZ & HILLERS 1971, 131). Das bedeutete, dass nur geistig behinderte Menschen, denen eine sogenannte Werkreife, Kenntnisse im Umgang mit Material, Symbolverständnis sowie spezifische Fähigkeiten und Fertigkeiten zur Herstellung von Objekten attestiert wurden, überhaupt in den Genuss der Beschäftigungstherapie kommen konnten. Dies betraf letztlich nur wenige Personen mit geistiger Behinderung, so dass insgesamt gesehen die große Mehrheit hospitalisierter schwerstbehinderter Menschen kaum von diesem Angebot profitierte. Daher sprechen wir von einem beschäftigungstherapeutischen Fehlansatz.[12]

Unsere bisherigen Ausführungen lassen den Schluss zu, dass das traditionelle psychiatrische Modell zu einer Anstaltspraxis verleitet, die schwerstbehinderten Menschen jegliche Bürgerrechte und Ansprüche auf ein menschenwürdiges Leben, insbesondere auf Kommunikation, Sozialkontakt und Inklusion, auf Entscheidungs- und Handlungsautonomie, auf Verfügung und Kontrolle über die eigenen Lebensumstände, auf Freiheit, gesellschaftliche Integration und kulturelle Partizipation, auf personale Wertschätzung und Achtung der Intimsphäre, auf assistierende Hilfen und Bildung sowie auf Selbstverwirklichung durch sinnerfülltes Tun vorenthält. Eine derartige Praxis ist nach GOFFMAN (1972) charakteristisch für eine »totale Institution«. Hierunter versteht Goffman »geschlossene«, von der

Außenwelt abgetrennte, isolierte Einrichtungen, die als Stätten der Fremdbestimmung, Verdinglichung, Dehumanisierung und Freiheitsberaubung
Prozesse hochgradiger Isolation (JANTZEN 1979; 1980, 131) auslösen und
begünstigen sowie für Identitätsbeschädigungen und Hospitalisierungssymptome (JERVIS 1978, 131) haftbar gemacht werden können. Die Anzahl entsprechender Belege ist unüberschaubar. Hier sei nur BLATT (1974,
21) erwähnt, der in scharfer Abgrenzung zur traditionellen Sicht, die die
psychosozialen Auffälligkeiten als unvermeidliche Folgeerscheinung schwerer geistiger Behinderung oder als Ausdruck eines »völligen Schwachsinns«
auszulegen pflegt (BLEULER 1949, 420), Verhaltensweisen wie Beißen,
Schlagen, Sich-selbst-Verletzen, Haare-Reißen, Einnässen, Einkoten,
Ruminieren, Wippen, Kopfwackeln oder Onanieren als Ausdruck eines für
die betroffene Person zweckmäßigen Problemlösungsmusters begreift,
welches aus der jeweiligen Lebenssituation, aus der subjektiven Wahrnehmung und Verarbeitung sowie der Verfügbarkeit individueller Bewältigungsstrategien (Coping) und sozialer Ressourcen resultiert. Nach JANTZEN
(1980, 141) ist ein Leben unter isolierenden Bedingungen[13] ein fruchtbarer Boden für inadäquate Wahrnehmungstätigkeiten und Verlust an
Realitätskontrolle. »Die versuchte Realitätskontrolle ist aus der Logik der
Biographie des handelnden Individuums heraus hochzweckmäßig, ist die
adäquate Anwendung seiner Handlungspläne, Perspektiven und Fähigkeiten in der isolierenden Situation und trotzdem zugleich hemmend, wenn
nicht die äußeren Bedingungen der Situation geändert werden«. Dies gilt
zum Beispiel für die Gestaltung einer anregenden, »passenden« und
autonomiefördernden Lebenswelt gleichermaßen wie für die Art und Weise,
»wie man Patienten in psychiatrischen Krankenhäusern versorgt« (BAR-
TON 1974, 14).

Eine totale Institution ist vor diesem Hintergrund alles andere als ein
Ort zum Leben. Allein ihre Organisationsstruktur – gekennzeichnet durch
eine unantastbare Hierarchie von oben nach unten (GOFFMAN 1972, 45,
49) – befördert nicht nur bei Mitarbeitern an der Basis Entmündigung und
»Burn out«, sondern sie bleibt auch für die betroffenen Bewohnern nicht
folgenlos: »Wo eine gestaffelte Autorität und diffuse, ungewohnte und strikt
überwachte Vorschriften vorhanden sind, können wir erwarten, dass die
Insassen (psychisch kranke oder behinderte Menschen, G.T.) [...] in per-
manenter Angst vor einer Übertretung der Regeln und vor den Folgen,
die diese zeitigt, leben [...] (denn es drohen ihnen massive Sanktionen,
G.T.)« (ebd. 1972, 49, 337f.). Als Reaktion darauf »entfremdet sich der
Insasse häufig bis zu einem gewissen Grade der bürgerlichen Gesellschaft,

was sich manchmal darin ausdrückt, dass er nicht bereit ist, die Klinik zu verlassen. Diese Entfremdung kann sich unabhängig von der Art der Krankheit (Behinderung, G.T.) entwickeln, die zur Einlieferung des Patienten (behinderten Menschen, G.T.) führte; sie bildet eine Nebenwirkung der Hospitalisierung, die häufig für den Patienten und seine persönliche Umgebung mehr Bedeutung gewinnt, als seine ursprünglichen Schwierigkeiten« (ebd.). Ferner lässt sich nach GOFFMAN (ebd., 78) schlussfolgern, dass starre Anstaltsordnungen, zentrale Versorgungsleistungen sowie Rituale wie die Ausgabe der Krankenhausmahlzeiten die Anstaltspraxis wesentlich stärker prägen als etwa Konzeptionen im Interesse und aus der Sicht Betroffener. Das belegen auch BARTONS (1974, 19 ff.) Beobachtungen, dass Schwestern Patienten hindern, ihre Betten selbst zu machen oder sich selbst zu waschen oder zu baden, die geradezu typisch für eine am traditionellen psychiatrischen Modell orientierte »totale« Pflegepraxis sind.

Dass das psychiatrische Modell Dimensionen gesellschaftlicher Macht und Herrschaft prägnant widerspiegelt, ist nicht nur aus soziologischer Sicht (GOFFMAN 1972), sondern auch im Lager der Sozialpsychiatrie (JERVIS 1978, 12) unstrittig:

»Der Patient wird von Personen im weißen Kittel empfangen und Entkleidungs- und Unterwerfungsriten unterzogen, die mit pseudotechnischen Gründen gerechtfertigt werden. Sehr oft trägt auch der Anstaltsportier einen weißen Kittel, obwohl es dafür keinerlei hygienische Rechtfertigung geben kann: Es handelt sich einfach um eine Uniform und soll daran erinnern, dass, wer hier befiehlt und einschließt im Namen der Wissenschaft handelt. Die dem Patienten vorbehaltene Behandlung, vor allem, wenn er in eine geschlossene Abteilung zwangseingewiesen wurde, ist ein Weg der Depersonalisation, der aktiven Degradierung, der Aufhebung seiner psychologischen Würde, oft der reinen psychischen Gewalt [...] Zusammengefasst erweist sich die Irrenanstalt als ein bürokratisches und pseudowissenschaftliches Universum, eine Bewahranstalt, wo der Arzt unumschränkte Macht hat, für die es keine Kontrolle gibt und das allgemeine Ziel bei der Verwaltung des Kranken ist Disziplin und Ruhe.«

Dieses selbstkritische Fachverständnis führt zu der Frage nach dem funktionalen Stellenwert der Psychiatrie für ein gesellschaftliches System. Die Antwort aus dem Lager der traditionellen Psychiatrie ist eindeutig: Nach WEITBRECHT und GLATZEL (1979, 150; auch WEITBRECHT 1973, 188) sei es Aufgabe der psychiatrischen Anstalt, den Staat vor allen »Asozialen«, allen

»nutzlosen« Mitgliedern, die eine Belastung für die Gesellschaft darstellen, zu schützen, so zum Beispiel vor psychisch Kranken, vor von Verwahrlosung Bedrohten oder verwahrlosten Individuen, vor schwerstbehinderten Menschen sowie vor »leicht Schwachsinnigen«, bei denen »es sich je nach Temperament bei männlichen Jugendlichen um arbeitsscheue Bummler und Landstreicher, um Gelegenheitsdiebe, aber auch um [...] Handlanger bei schweren Verbrechen«, bei weiblichen Heranwachsenden um »Prostituierte« handele (ebd.). Diese Dienstleistung wird insbesondere von totalitären Staaten gerne in Anspruch genommen, aber auch bei uns ist der systemaffirmative Charakter und implizite »Handlangerdienst« der traditionellen Psychiatrie unstrittig (BLASIUS 1980, 90 ff.). KEUPP und BERGOLD (1971, 111) konstatieren in dem Zusammenhang eine augenfällige »Verflochtenheit psychiatrischen Denkens mit gesamtgesellschaftlichen Ideologien«, die sich unter anderem darin zeigt, dass nicht nur Unterschichtsangehörige gegenüber Oberschichtsangehörigen (HOLLINGSHEAD & REDLICH 1974), sondern auch Menschen mit geistiger Behinderung gegenüber nichtbehinderten Personen weitaus schlechter psychiatrisch versorgt werden. Dadurch, dass dieses soziale Selektionsprinzip in der traditionellen Psychiatrie verschleiert und unangetastet bleibt, gerinnt es zu einem Apologeten bestehender sozialer Ungerechtigkeiten und damit zur Ideologie.

# Kritik und Persistenz

Diese Denkfigur wurde spätestens Ende der 60er Jahre in den westlichen Industrienationen durch eine »antipsychiatrische« Bewegung, die mittlerweile als *Sozialpsychiatrie* oder demokratische (Gemeinde-)Psychiatrie in die Fachgeschichte eingegangen ist, tiefgreifend erschüttert (SZASZ 1960; 1961; BASAGLIA 1974; 1981; JERVIS 1978; HÄFNER 1969; DÖRNER 1969; FINZEN 1985, 30ff.). In der DDR gab es mit den »Rodewischer Thesen« (1963) und den »Brandenburger Thesen« (1974) ähnlich motivierte Initiativen (SPÄTE, THOM & WEISE 1982, 120 ff., 171 ff.), die jedoch die Eignung der »traditionellen psychiatrischen Denkfigur« im Hinblick auf geistig behinderte Menschen nicht in Frage stellten und darüber hinaus das »Desinteresse der politisch und ökonomisch herrschenden Kräfte« (107) in Bezug auf Vorschläge zur Verbesserung der psychiatrischen Versorgung nicht brechen konnten, so dass wesentliche Reformen zu einem viel späteren Zeitpunkt einsetzten (L.d.P. 1991; METZLER, WACHTEL & WACKER 1997, 103). Aber auch in der BRD fand die Auseinandersetzung mit der Psychiatrisierung geistig behinderter Menschen erst in den späten 70er Jahren statt; in den neuen Bundesländern hat sie vielerorts gerade einmal begonnen (HOFFMANN 1998; THEUNISSEN & GARLIPP 1996b).

Wichtige Impulse für Reformen gingen in der BRD von der Psychiatrie-Enquete (1975) aus, die eine Ausgliederung geistig behinderter Menschen aus psychiatrischen Einrichtungen, eine Abkehr vom klassischen psychiatrischen Modell und eine Hinwendung zu behindertenpädagogischen Konzepten empfahl (BRADL/STEINHART 1996; LINGG & THEUNISSEN 1999). So kam es in den 80er Jahren an einigen Orten der BRD zu einer bemerkenswerten Neubestimmung der Arbeit mit hospitalisierten schwerstbehinderten Menschen, die unter anderem auch ein neues fachliches Verständnis über geistige Behinderung und Verhaltensauffälligkeiten hervorgebracht hat (THEUNISSEN 1997a).

Vor diesem Hintergrund liegt die Annahme eines Einstellungswandels in der Psychiatrie gegenüber Menschen, die als geistig (schwer) behindert gelten, nahe. Davon aber kann leider bis heute nicht die Rede sein. Die Psychiatrie hat erst ansatzweise auf die Veränderungen und die neue Sichtweise reagiert. Gerade dadurch aber bestehen erhebliche Irritationen und eklatante Widersprüche, die nicht nur Missverständnisse und Unbehagen bei den ihr zugeordneten Hilfsdisziplinen wie der psychiatrischen Krankenpflege, der Beschäftigungstherapie sowie der Physiotherapie befördern, sondern auch die interdisziplinäre Verständigung und Kooperation mit Pädagogik, Psychologie und Psychotherapie beeinträchtigen. Mit Blick auf die gesellschaftliche Funktion und Rolle der Psychiatrie als Definitionsmacht und Instanz sozialer Kontrolle sind diese intra- und interdisziplinären Widersprüche auch politisch bedeutsam, da sich konservativ-restaurative Kräfte nach wie vor auf das traditionelle Gedankengut berufen können, welches einige, selbst neuere Lehrbücher der Psychiatrie noch heutzutage verbreiten. Daher hat die Auseinandersetzung mit der Psychiatrie über schwere geistige Behinderung nichts an Aktualität verloren.

Im Folgenden haben wir mehrere Aussagen zusammengestellt, die die Wirksamkeit der psychiatrischen Orthodoxie belegen.[14]

Beginnen wir mit der neubearbeiteten 15. Auflage des Lehrbuches der Psychiatrie von E. u. M. Bleuler (1983). Dort wird in traditioneller Manier von Schwachsinn (Oligophrenie) gesprochen, wenn Aussagen über geistig behinderte Menschen anstehen. Ferner wird die klassische Einteilung des Personenkreises in »Debile, Imbezille und Idioten« übernommen:

> »Die höchsten Grade des Schwachsinns bezeichnet man als *Idiotie*. Idioten lernen nicht oder nur mangelhaft sprechen und nehmen vom Schulwissen nichts auf. [...] *Imbezille* können sprechen und eignen sich das elementarste Schulwissen an. Unter Anleitung können sie einzelnen einfachen Arbeiten nachgehen. Als *Debilität* bezeichnet man den leichtesten Grad des Schwachsinns. Debile eignen sich mit Mühe noch eine Primarschulbildung an. Unter einfachen Verhältnissen können sie selbstständig ihr Brot verdienen. Vor intellektuellen und sozialen Durchschnittsforderungen versagen sie aber [...] Immerhin kann man in den meisten Ländern mit beinahe 5 Prozent Schwachsinnigen unter den Kindern im Schulalter rechnen, wenn man die Debilen mitzählt. Wegen Schwachsinns unschulbar sind bis gegen 1 Prozent aller Schulkinder [...] Manche teilen die Schwachsinnsgrade nach der Höhe des Intelligenz-Quotienten ein: Idiotie unter 50, Imbezillität 50-70, Debilität 70-90« (588). Psychopathologisch betrachtet ist es »selbstverständlich, dass

die Oligophrenen keiner feineren Gefühlsabstufung fähig sind; [...] Sexuelle Gefühle und Triebe sind verschieden ausgeprägt. Oft erscheinen sie gegenüber der Norm vermindert, ja fehlend [...] In anderen Fällen ist ein ausgeprägter Sexualtrieb durch Ängstlichkeit und scheues Wesen gehemmt; es kann dann zu häufiger Onanie kommen. In wieder anderen Fällen tritt der Sexualtrieb in roher und hemmungsloser Art in Erscheinung. Uneheliche Geburten oder Absinken in Prostitution sind bei schwachsinnigen Mädchen häufiger als bei Vollsinnigen; allerdings braucht die gesteigerte Sexualität nicht immer darin Schuld zu sein, vielmehr können sich auch Verführbarkeit und mangelnde Bildung sittlicher Begriffe im selben Sinne auswirken [...] Der Gang der Idioten ist, wenn überhaupt möglich, plump, täppsig; die Kranken haben nicht gelernt, bei ruhiger Haltung nur die notwendigen Muskeln zu brauchen; sie wackeln, tappen zu stark auf; [...] Die schwersten Idioten sind vollständig hilflos. Sie liegen oder sitzen herum wie kleine Kinder; regelmäßig sind sie unrein. Je nach dem Temperament spielen sie oder sind ungebärdig, schreien, schlagen sich oder irgendetwas in der Umgebung [...] Erethische Idioten sind schwierige Kranke, besonders wenn sie noch fähig sind herumzugehen. Sie fassen alles an, beschmutzen, zerstören aus Unaufmerksamkeit und absichtlich [...] Männliche Idioten necken und streiten sich leicht, auch wenn sie gar keine Feindschaft haben.« (592 ff.)

Wir stellen fest, dass hier unmissverständlich ein statisches, ausgesprochen negatives und nihilistisches Bild vom geistig behinderten Menschen gezeichnet wird. Im Unterschied zu den meisten anderen Quellen wird sogar noch ein weiter Maßstab von »Idiotie« (IQ unter 50!) angelegt, der an frühere Zeiten (um 1900) erinnert, in denen »Idiotie« als Oberbegriff für geistige Behinderung benutzt wurde. Dass gerade dadurch Fehlinterpretationen und verhängnisvollen Schlussfolgerungen für die Praxis Vorschub geleistet wird, liegt auf der Hand. So wird zum Beispiel noch 1983 eine »Schulbildungsunfähigkeit« für diesen Personenkreis behauptet, obwohl schon in den 70er Jahren in der Bundesrepublik eine *Schulpflicht für alle*[15] eingeführt worden war (SPECK 1993, 31).

Aber auch neuere Lehrbücher der Psychiatrie haben diesen bildungspolitischen Aspekt noch in keiner Weise zur Kenntnis genommen. So behauptet zum Beispiel MÖLLER in seinem Leitfaden für Klinik und Praxis (1994, 366), dass bei »Idiotie [...] absolute Bildungsunfähigkeit« bestehe. Geistig Behinderte mit dem IQ unter 20 seien »gänzlich unfähig, [...] Anforderungen oder Anweisungen zu verstehen oder sich danach zu richten«; deswegen sei ständige Pflege, Aufsicht und »Überwachung« nötig (366).

Auch Naske (1987, 85) konstatiert in dem von Friedmann und Thau herausgegebenen Leitfaden der Psychiatrie bei »Idiotie [...] eine absolute Bildungsunfähigkeit«. Ebenso weiß Frank (1993, 188) in seinem »Kurzlehrbuch Psychiatrie« nichts anderes zu berichten: »Idiotie: Schwerste Form des Schwachsinns mit völliger Bildungsunfähigkeit«. Hier bestehe »völlige Pflegebedürftigkeit und Unfähigkeit, selbst einfachste Verrichtungen ohne fremde Hilfe durchzuführen« (189); und nur »bei beschränkt Bildungsfähigen« seien pädagogische Maßnahmen angesagt. Einer gleichgelagerten Auffassung begegnen wir bei Huber (1994, 553): »Bei den schweren Oligophrenien [...] besteht völlige Bildungsunfähigkeit sowie Pflege- und/ oder Anstaltsbedürftigkeit«; Andreasen und Black (1993, 389) schreiben: »Menschen mit IQ's in diesem Bereich (unter 20, G.T.) werden als nicht trainierbar angesehen und machen fast immer eine Versorgung in Pflegeheimen erforderlich, womit in der Regel zu einem relativ frühen Zeitpunkt begonnen wird.« Auch Ebert (1995, 344), der »Oligophrenie [...] als eine in der frühen Entwicklung manifestierende, stehengebliebene oder unvollständige Entwicklung der geistigen Fähigkeiten« bezeichnet, ist davon überzeugt, dass »bei der schwersten Intelligenzminderung [...] die Betroffenen so gut wie unfähig (sind, G.T.), Aufforderungen oder Anweisungen zu verstehen oder sich danach zu richten [...] Sie benötigen ständig Hilfe und Überwachung.« Das meint ebenfalls Haring (1996), der bei geistig behinderten Menschen die Bildungsfähigkeit »herabgesetzt oder aufgehoben« (50) sieht. »Etwa 1 Prozent aller schulpflichtigen Kinder« – so Haring (1989, 211; auch 1996, 216) – »können wegen Oligophrenie nicht eingeschult werden [...] Bis zu einem IQ von 50 können partielle Begabungen durch Schule und Ausbildung noch gefördert werden. Unterhalb dieser Grenze ist die organische Schädigung bestimmend, die Störung lässt sich durch pädagogische und medizinische Maßnahmen nicht mehr beeinflussen. Es bleibt nur noch die Pflege der Kranken.«

Eine weitere gern gelesene Einführung von Vetter (1995) bewegt sich in ähnlichen Bahnen. Unstrittig ist dabei stets die Klassifikation von geistiger Behinderung als »psychische Krankheit«[16] (auch Bohnsack 1991, 63), wobei zum Beispiel Huber (1994, 397, 553) und Vetter (1995, 50 ff.) die »Oligophrenien« unter der Kategorie »abnorme Varianten seelischen Wesens« einordnen. Sieht man einmal davon ab, dass eine solche Begrifflichkeit Menschen mit geistiger Behinderung völlig entwertet, wird durch dieses Festhalten am Krankheitsbegriff[17] unmissverständlich zum Ausdruck gebracht, dass geistige Behinderung in erster Linie Sache des Arztes sei. Folgerichtig stellt unter anderem Bauer (1973, 171) fest:»Mit der Diagnose Oligophrenie (Schwachsinn) ist der Arzt vor die unabwendbare Aufgabe gestellt, für einen derart geistig behinderten Menschen einen Lebensplan zu entwerfen.«Vermutlich geht es Repräsentanten der psychiatrischen Orthodoxie auch heute noch um eine »Nachgeordnetheit« der (Heil-)Pädagogik gegenüber der Medizin. Dieser Auffassung (auch ISSERLIN 1923, 11; STUTTE 1978, 495) wird aber nicht nur aus pädagogischer Sicht, sondern auch aus sozialpsychiatrischer unmissverständlich widersprochen: »Eltern und Experten erleben staunend, was an Selbstständigkeit, Selbstbestimmung und lebenspraktischer Gestaltungsmöglichkeit selbst bei schwerer behinderten Menschen möglich ist. Neue Lebensperspektiven haben sich (durch pädagogische Förderung, G.T.) aufgetan [...] Ein ausschließlich an hirnorganisch-defektologischen Kriterien orientiertes Verständnis von geistiger Behinderung ist weder fachlich noch rechtlich weiterhin vertretbar. Geistige Behinderung ist eine zwar besondere, aber grundsätzlich gesunde Form menschlicher Seinsweise. Die Gleichbewertung von geistiger Behinderung mit Geisteskrankheit (Psychosen) ist nicht mehr haltbar. Dieser Paradigmawechsel muss sich vor allem in Fachkreisen, insbesondere auch im Bereich der Psychiatrie, durchsetzen.« (KREBS 1988, 170, 179)

# Moderne Betrachtungen geistiger Behinderung in der Psychiatrie

Dass die Entwertung und Defizitorientierung geistig behinderter Menschen bis heute in der Psychiatrie breiten Raum einnimmt, ist ebenso unstrittig wie die Tatsache, dass es in der Vergangenheit durchaus intradisziplinäre Kritik daran gegeben hat. Daher stoßen wir innerhalb der Psychiatrie auf zwei unterschiedliche Tendenzen, die anscheinend unversöhnlich gegenüberstehen und keine Verständigung zulassen: An dem einen Ende des Spektrums stehen Repräsentanten der psychiatrischen Orthodoxie, deren fachliches Interesse für Menschen mit geistiger Behinderung ausgesprochen gering zu sein scheint; am anderen Ende stehen Mediziner insbesondere aus dem Lager der Sozialpsychiatrie und Pädiatrie, die sehr wohl die hier aufgezeigte Problematik erkannt haben (JERVIS 1978; KREBS 1980; 1988; GAEDT 1981; 1987; DEGKWITZ 1982; NEUHÄUSER 1990; 1995; LEMPP 1990; 1987; HOFER 1991; STAFFORD-CLARK & SMITH 1991; STEINHAUSEN 1993; DÖRNER & PLOG 1994; LINGG & THEUNISSEN 1997).

Wirft man einen Blick auf die Literatur, so fällt zunächst einmal das Bemühen auf, geistige Behinderung nicht als bloße medizinische Kategorie darzustellen. Einige Arbeiten üben scharfe Kritik an dem bisher geläufigen Vokabular, indem sie Begriffe wie Debilität, Imbezillität und Idiotie verwerfen und damit Anschluss suchen an die neuere (behindertenpädagogische) Terminologie und Klassifikation (SPECK 1993, 39 ff.). Im Unterschied zur psychiatrischen Orthodoxie wird in der überwiegenden Zahl der genannten Schriften geistige Behinderung als soziale Kategorie begriffen. Diese theoretische Einsicht ist heute in der internationalen Fachdiskussion nicht mehr wegzudenken. Darauf weisen STAFFORD-CLARK und SMITH (1991, 199) zurecht hin: »Ungeachtet der Entwicklung in der Medizin und der vielen medizinischen Ursachen ist das eigentliche Problem sozialer Art«. Allein aus diesem Grunde sollten pädagogisch geprägte Ansätze Sozialer Arbeit Priorität haben (ebd. 199; DEGKWITZ 1982, 157; NEUHÄUSER 1995, 323 ff.; TÖLLE 1996, 315). Daher folgen DÖRNER und PLOG (1994) sowie JERVIS (1978, 413f.) uneingeschränkt der (behindertenpädagogischen) These von der prinzipiellen Lern- und Entwicklungsfähigkeit geistig behinderter Menschen: »Kein Schwachsinniger (Mensch mit geistiger Behinderung, G.T.) ist von der Möglichkeit zu lernen ausgeschlossen. Bei den am schwersten benachteiligten Kindern wird es sich darum handeln, einfache Reaktionen auf die Umgebung sowie die elementarsten emotionalen Beziehungen, Konditionierungen und Reaktionen auf wiederholte Reize auszubilden und zu entwickeln. Bei sehr vielen anderen liegt das zu erreichende Ziel in der Kontrolle der physiologischen Bedürfnisse und dem Erwerb der größtmöglichen Autonomie«.[18] Für DÖRNER und PLOG (1994, 19) gibt es »praktisch keine untere Grenze mehr für Entwicklungs- und Förderungsfähigkeit und damit für die Bildungsfähigkeit der Behinderten«. Nicht mehr zeitgemäß ist allerdings die Schlussfolgerung, die sie daraus für die Bildungssysteme ziehen. Ihrer Ansicht nach sollten Sonderschulen nur bis zum IQ von 60 in Betracht gezogen werden, für alle anderen Menschen mit geistiger Behinderung seien Tagesstätten geeignetere Orte des Lernens (ebd., 91). Sieht man von dieser Ungereimtheit einmal ab, so enthält ihr Programm die wesentlichsten Bestimmungsmerkmale moderner Behindertenarbeit: Verkleinerung bis hin zur schrittweisen Auflösung großer sozialer Systeme; Aufbau eines gemeindenahen differenzierten Wohnangebots; Dezentralisierung und Regionalisierung; Prinzip der kleinen Wohngruppe – und dies alles unabhängig von der Schwere einer geistigen Behinderung: »Insbesondere bei Schwerbehinderten ist es ebenso schwierig wie notwendig, auch die geringsten Ansätze dafür zu sammeln und auszubauen, dass der Behinderte seine Lebensbedingungen kontrolliert, und dass er Teilnehmer und Träger menschlicher Gesellschaftlichkeit im wirtschaftlichen, kulturellen und sozialen Bereich wird – innerhalb ebenso wie außerhalb einer Einrichtung« (84).

Die Leitprinzipien der Normalisierung und gesellschaftlichen Integration spielen auch bei JERVIS (1978) und NEUHÄUSER (1995) eine wichtige Rolle: »Ziel der Bemühungen muss es sein, möglichst früh eine gute Integration im gegebenen sozialen Umfeld zu erreichen« (321). Hierzu bedarf es eines flächendeckend ausgebauten Systems an frühen und mobilen Hilfen wie Früherkennung, Frühbehandlung, Frühförderung, Beratung sowie familienentlastende Dienste (ebd.; auch STEINHAUSEN 1993, 58 ff.). Während Jervis, Dörner und Plog in ihren Schriften einen pädagogischen Optimismus an den Tag legen, warnt allerdings DEGKWITZ (1982, 155) vor allzu großer Euphorie und Reformfreudigkeit. Ihm ist es um ein besonnenes Vorgehen im Rahmen der Entflechtung psychiatrischer Einrichtungen zu tun, damit schwerstbehinderte Menschen nicht (wieder) als »Stiefkinder« der Psychiatrie aus dem Netz der (pädagogischen) Rehabilitation herausfallen. Dieser Argumentation können wir grundsätzlich folgen. Sie widerspricht dabei keineswegs dem Grundanliegen von DÖRNER und PLOG (1994), die davon ausgehen, dass ein gemeindeintegriertes Fortschrittsprogramm für Menschen mit geistiger Behinderung nur dann gedeihen kann, wenn die Gesellschaft bereit ist, geistig behinderte Personen als Nachbarn anzunehmen, ihre Individualität zu akzeptieren und ihnen die gleichen Rechte und Chancen einer Lebensverwirklichung wie jedem anderen Bürger zuzugestehen. Aus diesem Grunde setzen sie sich kritisch mit der gesellschaftlichen Benachteiligung Behinderter durch Vorurteile, Stigmatisierungen und Etikettierungen auseinander, die sie durch den psychiatrisch-orthodoxen Normanwendungsprozess geprägt sehen. Vor dem Hintergrund der These, dass »jemand nicht behindert *ist,* sondern behindert *wird«* (68), suchen sie Anschluss an neuere Definitionsansätze geistiger Behinderung, die ein Doppelkriterium exponieren:

> »Geistige Behinderung besteht a) in einem Defizit der Kapazität der Aneignung gesellschaftlich vorgeformter Bedürfnisse und Fähigkeiten [...] b) aus Alltagsstrategien, mit denen der Behinderte ein mehr oder weniger selbstbehinderndes Verhältnis zu seiner Behinderung sucht, also ein Selbstwertgefühl zu entwickeln versucht, und die wir ganz unsinnigerweise ›Verhaltensstörungen‹ nennen. Von außen betrachtet wirkt sich dies als Mangel der Reifung, des Lernens und/oder der sozialen Anpassung aus. Schwerpunktmäßig zeigt sich dies beim Kleinkind als Reifungs-, beim Schulkind als Lern- und beim Erwachsenen als Anpassungsstörung.« (70)

Auch STEINHAUSEN (1993, 49) und NEUHÄUSER (1995, 321) orientieren sich an diesem Doppelkriterium, um geistige Behinderung nicht auf das Konstrukt der Intelligenz einzuengen, sondern um mit dem Begriff des »adaptiven Verhaltens« über die intellektuelle Beeinträchtigung hinaus den Blick auf Lebenbewältigungsstrategien, lebenspraktische Fertigkeiten oder soziale Kompetenzen zu lenken. Dieses neue Verständnis von geistiger Behinderung innerhalb der Psychiatrie ist unbedingt als Fortschritt zu werten. Denn die Orientierung am Doppelkriterium kann im Einzelfalle bedeuten, dass bei optimaler Förderung das Etikett »geistig behindert« im Erwachsenenalter zum Verschwinden gebracht beziehungsweise obsolet werden kann. »Ein Schulkind kann als praktisch bildbar (geistig behindert) eingestuft werden, während der Erwachsene später nach erfolgreicher beruflicher Integration nicht mehr zu diesem Personenkreis gehört« (NEU-HÄUSER 1995, 322). Für DÖRNER und PLOG wird in diesem Zusammenhang das Stigma »geistig behindert« weitgehend überflüssig. Wichtiger als jede »Defizitdiagnostik« und Klassifikation sei eine »verstehende Sichtweise«, die die Verhaltens- und Erlebensweisen eines als geistig behindert etiket-tierten Menschen als »Ausdruck von Selbsthilfe« (83) im Sinne situations-adäquater Bewältigungsmuster positiv konnotiert (hierzu Kap. VI). Des-wegen seien bei der Feststellung eines individuellen Förder- oder Unterstützungsbedarfs insbesondere Stärken, Bedürfnisse sowie Entwicklungspotentiale zu beachten. Dieser Argumentation folgt auch NEUHÄUSER (1995, 323), wenn er der sonderpädagogischen Förder- oder Prozessdiagnostik gegenüber der psychiatrisch-psychologischen Defizit- und Selektionsdiagnostik den Vorzug gibt.

# Dual-diagnosis
## Fortschrittsprogramm oder neue Pathologisierung?

Den vorausgegangenen Ausführungen ist zu entnehmen, dass es innerhalb der Psychiatrie und Medizin durchaus Tendenzen gibt, geistige Behinderung zu entpathologisieren und als eine wesentliche Herausforderung für die Pädagogik anzuerkennen. Diesen steht die traditionelle psychiatrische Denkfigur quasi kontrapunktisch gegenüber. Darüber hinaus gibt es in jüngster Zeit Bestrebungen, nicht nur die klassische Oligophrenie-Konzeption über Bord zu werfen, sondern auch das Verhältnis von geistiger Behinderung und psychischer Störung (Verhaltensauffälligkeit) neu zu bestimmen. So werden mittlerweile Verhaltensauffälligkeiten und psychische Störungen bei geistig behinderten Menschen nicht mehr unmittelbar (unkritisch) einem klinischen Behinderungsbild zugeschrieben, sondern als Erscheinungsformen betrachtet, die *zusätzlich* zu einer geistigen Behinderung auftreten können (GAEDT u.a. 1993; LOTZ & KOCH & STAHL 1994; LINGG 1995). Mit dem aus dem anglo-amerikanischen Sprachraum importierten Begriff der »Dual-diagnosis« (Doppeldiagnose: geistig behindert und psychisch gestört) soll dies ausdrücklich betont werden (FLETCHER & MENOLASCINO 1989; FLETCHER 1993; DOSEN 1990; 1993; 1997a; 1997b; MATSON & BARRETT 1993; CREWS u.a. 1994). Diese Sicht ist zweifellos als ein Fortschritt zu bewerten, signalisiert sie doch innerhalb der Psychiatrie ein Umdenken, insofern Emotionen und psychische Befindlichkeiten geistig behinderten Personen zugestanden werden und kein Zweifel mehr daran gelassen wird, dass bei geistig behinderten Menschen im Prinzip die gleichen psychischen Störungen oder Verhaltensauffälligkeiten wie bei Nichtbehinderten auftreten können.

Auf Grund zahlreicher einschlägiger Untersuchungen (LOTZ & KOCH 1994) kann davon ausgegangen werden, dass das Risiko, psychische Störungen zu entwickeln, bei Menschen mit geistiger Behinderung weitaus größer ist als bei nichtbehinderten Personen. In Anbetracht chronischer Stresssituationen, belastender Lebensereignisse und hirnorganischer Störungen wird angenommen, dass Menschen mit geistiger Behinderung vulnerabler als andere Personen sind und schon bei geringfügigen alltäglichen Anforderungen oder Konflikten zu panikartigen Reaktionen beziehungsweise psychosozialen Auffälligkeiten neigen. Ob es zu einer schweren Krise mit Verhaltensproblemen kommt, hängt davon ab, wie der einzelne die jeweilige Situation wahrnimmt, bewertet und bewältigt. Geistig behinderten Menschen wird nachgesagt, dass sie – oft bedingt durch Schwierigkeiten, sich verbal zu verständigen oder mit emotionalen Inhalten adäquat umzugehen (ROJAHN, RABOLD & SCHNEIDER 1995) – psychische Krisen, soziale Konflikte, über- oder unterfordernde Situationen häufig auf einem sehr einfachen, unmittelbar stressreduzierenden Niveau abzuwehren, zu bewältigen und zu kompensieren versuchen (LINGG & THEUNISSEN 1997, 70 ff.). In der Regel bevorzugen sie ein Verhalten, das für sie kontrollierbar und ihnen vertraut ist. Diese Erkenntnis ist nicht nur zum Verständnis von Verhaltensauffälligkeiten, sondern auch für das Arrangement von Therapiemaßnahmen von besonderem Interesse. Allerdings sollte man aus diesem *Vulnerabilitätskonzept,* in dem das Zusammmenspiel biologisch-konstitutioneller, lern- und entwicklungsspezifischer, psychischer, sozialer und lebensweltbezogener Faktoren beleuchtet und aufbereitet wird (auch WARNKE 1994), noch keine prinzipielle psychiatrische oder psychotherapeutische Behandlungsbedürftigkeit schlussfolgern, da sich die meisten auffälligen Verhaltensweisen durch eine lebensweltbezogene behindertenpädagogische Arbeit weitgehend kompensieren, (auf)lösen oder bewältigen lassen (GROMANN-RICHTER 1991; WEDEKIND u. a. 1994; THEUNISSEN 1997h; DÖRNER 1998; DALFERTH 1998).

Genau an dieser Stelle setzt unsere Kritik an, die wir gegenüber einer unkritischen Rezeption des Konzeptes der »Dual-diagnosis« geltend machen: Zum einen ist geistige Behinderung keine Diagnose oder Krankheitskategorie (KREBS 1988), weshalb der Begriff für eine Entpathologisierung der Arbeit mit geistig behinderten Menschen (DÖRNER & PLOG 1994) kontraproduktiv ist. Zum anderen lässt sich nachweisen, dass das konzeptionelle Raster des traditionellen »psychiatrischen Modells« nicht verlassen wird, wenn in Analogie zu organmedizinischen Pathologievorstellungen eine Vielzahl von Verhaltensauffälligkeiten als Hinweis auf einen krankhaften Prozess interpretiert werden: »Viele Verhaltensstörungen haben eine organische Grundlage [...] Es gibt immer mehr Anhaltspunkte dafür, dass auffälliges Verhalten in vielen Fällen auf eine zugrunde liegende psychische Krankheit zurückzuführen ist« (DAY 1993, 79f.). Diese Übertragung des medizinischen Krankheitsverständnisses in den Bereich der Rehabilitation hat weitreichende Wirkung. So kommt für DAY bei einer breiten Palette von Verhaltensproblemen (1997, 226) »oft nur eine psychiatrische Betreuung« (1993, 80, 90) für geistig behinderte Menschen in Frage, und diese am besten in sub-regionalen, größeren Spezialkliniken für geistig behinderte Menschen (1997, 218 ff.). Gerade diese Auffassung ist aber fachlich betrachtet höchst umstritten. Einerseits steht sie der sozialpsychiatrischen und behindertenpädagogischen Position entgegen, eine stationäre psychiatrische Unterbringung geistig behinderter Menschen mit Verhaltensauffälligkeiten soweit wie irgend möglich zu vermeiden (auch DOSEN 1997a), andererseits ignoriert und entwertet sie die theoretischen Einsichten und positiven Erfahrungen in der behindertenpädagogischen Arbeit, die aufzeigen, dass es auch im Falle von psychischen Störungen bei Menschen mit geistiger Behinderung sehr wohl Alternativen (Fachambulanz; mobile psychosoziale Krisenintervention; intensiv betreute therapeutische Wohngruppe) zur herkömmlichen klinisch-stationären Versorgung geben kann (STÖBER & ZUTAUTAS-DAMIJONATIS 1995; MOSER 1996; CROME & MOSER 1996; LINGG & THEUNISSEN 1997, 123; DOSEN 1997b). Insofern besteht die Gefahr, dass das Konzept der »Dual-diagnosis« trotz positiver Implikationen zu einem Roll-Back in der Behindertenhilfe führen kann. Die Ausführungen von DAY (1993; 1997), TUINIER & VERHOEVEN (1993) sowie Entwicklungen auf dem Gebiete der biologischen Psychiatrie (PAM 1990) lassen darauf schließen, zumal die Frage nach der Psychopathologie, die orthodox oder auch sozialpsychiatrisch beantwortet werden kann (REISS 1993; LINGG 1995; LINGG & THEUNISSEN 1997, 28 ff.), so offen bleibt.

An dieser Stelle sei erwähnt, dass es keine sichere psychiatrische Zuordnung psychisch auffälliger (z.B. psychotischer) Phänomene bei geistiger Behinderung gibt, weshalb typische klinische Bilder (Syndrome) und psychiatrische Diagnosen nur unter Vorbehalt aufgestellt werden sollten (auch GAEDT 1987b, 119 ff.; MOSS 1997, 53f.). Nicht selten macht es anstelle einer Etikettierung (z.B. »antisoziale Persönlichkeitsstörung«) mehr Sinn, Verhaltensprobleme bei Menschen mit geistiger Behinderung systemisch-verstehend aufzubreiten, wie es unter anderem TOMM (1992) und WATZLAWICK u.a. (1969) für die allgemeine Psychiatrie und HENNICKE (1994) und ROTTHAUS (1993) für die interdisziplinäre Arbeit mit psychisch gestörten, geistig behinderten Menschen angedacht haben. Mit Hilfe der systemischen Sicht ließe sich zugleich eine Brücke schlagen zu jenen Positionen in der Psychiatrie und Behindertenpädagogik, denen es um ein entstigmatisiertes, subjektzentriertes Verständnis geistiger Behinderung sowie um Enthospitalisierung und Deinstitutionalisierung (THEUNISSEN 1998a) zu tun ist.

# III Das Ende der Hospitalisierung?

# Zum Stand der Enthospitalisierung

Unser einführender Ausflug in die Geschichte der Behindertenhilfe (Kap. I) zeigt auf, dass seit dem Zeitalter der Moderne schwer geistig behinderte Menschen, die als bildungsunfähig betrachtet und behandelt wurden, in Pflegeabteilungen sogenannter Idiotenanstalten, Siechen-, Pflege- oder Armenhäusern wie auch in psychiatrischen Heil- und Pflegeanstalten ein erbärmliches, menschenunwürdiges Dasein fristen mussten. Alles in allem war das fachliche und gesellschaftliche Interesse an diesem Personenkreis ausgesprochen gering, weshalb es nicht verwundern kann, dass die Nazis leichtes Spiel hatten bei der »Vernichtung lebensunwerten Lebens« – lieferte ihnen doch die Heilpädagogik (HELLER) selbst die Argumente.

In der Nachkriegszeit wurde an dem Modell der Pflegeanstalt nahtlos angeknüpft. Auf Grund fehlender Behinderteneinrichtungen kam es dabei zu einer vermehrten Unterbringung geistig behinderter Menschen in psychiatrischen Anstalten, die als »Auffangbecken« für alle diejenigen behinderten Menschen galten, welche nicht (mehr) zu Hause oder anderweitig untergebracht werden konnten. Darauf waren die psychiatrischen Anstalten weder vorbereitet, noch war diese Entwicklung, die in den späten 60er Jahren ihren Höhepunkt erreichte, in ihrem Sinne.

Angesichts inhumaner Lebensbedingungen geriet die Psychiatrie als Theorie und Praxis zunehmend in Kritik, was in den 70er Jahren zu einer fachlichen Neubestimmung und zu Veränderungen führte. Die wohl wichtigste Schrift war die *Psychiatrie-Enquete* (1975, 17, 23 f, 28, 232f.), die bis heute nichts an Aktualität eingebüßt hat. Unmissverständlich heißt es in dieser Schrift, dass die Versorgung psychisch Kranker und erwachsener geistig Behinderter getrennt werden muss.

»Geistig Behinderte leben in psychiatrischen Krankenhäusern überwiegend nur deshalb, weil andere beschützende Wohnangebote für sie fehlen [...] Geistig Behinderte bedürfen in erster Linie einer heilpädagogisch-soziotherapeutischen Betreuung, die ihnen in der Regel in hierfür geeigneten Einrichtungen außerhalb des Krankenhauses angeboten werden sollte.«

Nordrhein-Westfalen war eines der ersten Bundesländer, die auf diese Empfehlung reagierten, auch weil der Anteil psychiatrisch untergebrachter geistig behinderter Menschen in diesem Bundesland sehr hoch war (ebd., 17). Mit der Bildung der *Heilpädagogischen Heime* im Rheinland (HPH) und der *heilpädagogischen Abteilungen* in Westfalen-Lippe wurden zwei flächendeckende Reformen vollzogen, die bis heute für viele andere Bundesländer, insbesondere für Ostdeutschland, Vorbildfunktion haben (THEUNISSEN 1995; HOFFMANN 1998). Ein zentrales Leitprinzip der Reform im Rheinland ist die Dezentralisierung der Institutionen durch Schaffung von Außenwohnungen oder Außenwohngruppen – und dies unabhängig von der Schwere der Behinderung. Gerade das ist ein wesentlicher Unterschied zu den Integrationsbemühungen traditioneller Großeinrichtungen, die Außenwohngruppen in der Regel nur für Menschen mit leichter geistiger Behinderung, seelischer Behinderung oder Lernbehinderung in Betracht ziehen. Im Gegensatz zum Rheinland wurde in Westfalen-Lippe auf die »Übergangslösung ›HPH‹« verzichtet; stattdessen wurden die Kliniken aufgefordert, durch selbstinitiierte Enthospitalisierungsmaßnahmen alle bislang fehlplazierten Menschen mit geistiger Behinderung in Wohneinrichtungen freier oder privater Träger zu (re)integrieren (MOSER 1996; DÖRNER 1998).

In Bremen kam es gegen Ende 1988 zur völligen *Auflösung* der Klinik Kloster Blankenburg (GROMANN-RICHTER 1991). Diesem Auflösungsprozess ging eine Vereinbarung der Hansestadt Bremen mit drei gemeinnützigen Trägern der Behindertenhilfe voraus, die sich bereit erklärt hatten, einen Versorgungsauftrag für jeweils 50 geistig schwerbehinderte Menschen aus Blankenburg in bestimmten Bremer Stadtbezirken zu übernehmen.

Ebenso wurden in Hessen 1988 die Behindertenabteilungen der staatlichen psychiatrischen Krankenhäuser als *Heilpädagogische Einrichtungen* (HPE) aus den Kliniken herausgelöst und mit dem Auftrag verselbstständigt, sich innerhalb der nächsten 15 Jahre aufzulösen bzw. weithin überflüssig zu machen (THEUNISSEN 1988; WEDEKIND u. a. 1994). Sowohl in Bremen als auch in Hessen hat man die Enthospitalisierung in regionale Verbundsysteme eingebunden, die differenzierte Wohn- oder Arbeitsangebote aufweisen und mit sozialpsychiatrischen beziehungsweise psychosozialen Diensten kooperieren.

Einzelne Enthospitalisierungsprojekte gab es dann auch in Westberlin (SEIFERT 1997, 210 ff.) sowie in anderen Ländern der BRD (HÖSS & GOLL 1986; REUTHER-DOMMER & DOMMER 1997).

Die meisten Länder der BRD haben aber erst recht spät auf die Psychiatrie-Enquete reagiert. Erst vor kurzem haben das Saarland, Rheinland-Pfalz und Bayern eine systematische Ausgliederung »fehlplazierter« Menschen mit geistiger Behinderung aus den psychiatrischen Landeskliniken ins Auge gefasst und zum Teil auch schon vollzogen (DALFERTH 1988); in Baden-Württenberg wurden die ehemaligen Langzeitstationen mit geistig behinderten Menschen in heilpädagogische Wohnheime umetikettiert. Insgesamt gesehen galten 1975 cirka 18.000 Menschen mit geistiger Behinderung als »fehlplaziert« (Psychiatrie-Enquete 1975, 17). Gut zwanzig Jahre später liegen genaue Zahlen nicht vor, doch können wir Schätzungen zufolge von cirka 7.000 »fehlplazierten« Personen ausgehen, wenn wir nicht nur die staatlichen Psychiatrien, sondern auch psychiatrische Krankenhäuser oder Pflegeheime in freier oder privater Trägerschaft berücksichtigen.

Dass die großangelegten Reformen im Rheinland, in Hessen, Bremen und Westfalen-Lippe[19] weithin *positive Ergebnisse* erbracht haben, belegen zahlreiche Schriften. So resümieren WEDEKIND und Mitarbeiter (1994, 273) in ihrem Forschungsbericht über die Reformen im Rheinland und in Hessen:

> »Für geistig behinderte Menschen mit ganz unterschiedlicher Ausprägung der Behinderung hinsichtlich der Schwere und bezüglich Verhaltensauffälligkeiten sind verschiedenartige Wohnmöglichkeiten innerhalb und außerhalb der HPH/HPE entstanden. Es gibt keine Wohnform, bei der ein ehemaliger Bewohner der psychiatrischen Kliniken prinzipiell wegen Ausprägung seiner Behinderung ausgeschlossen wäre. Es ist gelungen, auch für schwerstbehinderte und schwer verhaltensauffällige Bewohner eine Lebensperspektive außerhalb der Heime zu erschließen.«

Darüber hinaus kommen die Autoren zu dem Schluss, dass gemeindeintegrierte Außenwohngruppen für viele ehemals hospitalisierte Menschen mit geistiger Behinderung ein weitaus höheres Maß an Lebensqualität bedeuten.[20] Auch die Bremer Enthospitalisierungsmaßnahme wird im Rahmen von Begleitforschungen günstig beurteilt:

»Die neu geschaffenen Verbundsysteme haben sich als tragfähig erwiesen. Keine Bewohnerin und kein Bewohner kehrte dauerhaft in die Langzeitpsychiatrie zurück. Die alltagspraktischen und auch die sozialen Fähigkeiten vor allem der schwerer behinderten Personen haben nach der Entlassung deutlich zugenommen. Die Tagesabläufe haben sich ein Stück weit normalisiert. Die Kontakte zum Lebensraum außerhalb der Wohneinrichtung sind vielfältig, vom Einkaufen bis zu Urlaubsreisen.« (JAHNS 1994, 111; auch KRUCKENBERG/FABIAN/HENNING 1994)

Selbstverständlich gibt es auch einige Probleme, die nicht unerwähnt bleiben sollen. Zum Beispiel fehlen noch angemessene Arbeits- oder Beschäftigungsangebote für viele Menschen mit schwerer geistiger und mehrfacher Behinderung, die in den Wohneinrichtungen der HPH oder HPE leben. Ferner gilt die Zusammenarbeit mit Angehörigen als unbefriedigend. Als ausbau- und verbesserungsbedürftig werden auch Angebote in Supervision oder Praxisberatung für Mitarbeiter in den neuen Wohneinrichtungen angesehen. Ungelöste Probleme gibt es in dem Zusammenhang vor allem im Bereich der Krisenintervention und bei Fragen des Umgangs mit geistig behinderten Menschen, die als massiv verhaltensauffällig oder hochgradig hospitalisiert gelten. Als unzureichend wird dabei häufig die Kooperation mit sozialtherapeutischen und psychosozialen (psychotherapeutischen) Diensten erlebt – ein Problem, welches anscheinend für viele Regionalstrukturen symptomatisch ist. Dies hängt unter anderem damit zusammen, dass sich viele Dienste noch nicht auf mobile Hilfen wie Beratung oder Therapie für Erwachsene mit geistiger Behinderung und deren Bezugspersonen eingestellt haben.

Was die neuen Länder betrifft, so haben wir es hier im Prinzip mit einer vergleichbaren Entwicklung wie in Westdeutschland zu tun. 1990 galten etwa 9.000 Menschen mit geistiger Behinderung in psychiatrischen Einrichtungen, Krankenhäusern, Pflege-, Alten- oder Feierabendheimen als falsch untergebracht. Heute gehen wir noch von etwa 7.000 »fehlplazierten« Personen in den neuen Ländern aus (HOFFMANN 1998).

Vor dem Hintergrund spektakulärer (Zeitungs-)Berichte über inhumane Zustände in großen Versorgungseinrichtungen wurde schon kurz nach der Wende ein Gutachten über die Lage der Psychiatrie in den neuen Ländern in Auftrag gegeben (L.d.P. 1991), welches unmissverständlich die Enthospitalisierung und gesellschaftliche Integration aller dort lebenden Menschen mit geistiger Behinderung empfiehlt. Damit knüpft dieses Gutachten nahtlos an Grundzügen moderner Sozialpsychiatrie und

Behindertenarbeit an, die aus den Reformen der letzten 30 Jahre hervorgegangen sind. Kernstück der Empfehlung ist die regionale, wohnortintegrierte oder -nahe Versorgung geistig behinderter Menschen in möglichst kleinen, differenzierten Wohneinrichtungen, die einem *rehabilitativen Verbundsystem* netzwerkartig angeschlossen sein sollten. Von den neuen Ländern hatte sich Brandenburg als erstes dem Regionalisierungsprinzip verschrieben, inzwischen ist es auch erklärte Absicht des Sozialministeriums des Landes Sachsen-Anhalt, ein regional vernetztes Rehabilitationssystem aufzubauen[21] (KUPPE 1998; auch HOFFMANN 1998).

Damit die Enthospitalisierung gelingen kann, bedarf es sogenannter *Regionalkonferenzen*, auf denen Vertreter der kommunalen Behindertenhilfe, der Einrichtungen und Kostenträger gemeinsam Konzepte entwickeln, abstimmen, koordinieren, realisieren und evaluieren. Wichtig ist es, dass hierbei die einzelnen Dienstleistungserbringer Autonomie- oder Omnipotenzbestrebungen zurückstellen und sich ganz dem Interesse der in einer eng umschriebenen Region lebenden Menschen mit geistiger Behinderung verpflichten. Mit Blick auf die neuen Länder wird dazu in dem schon erwähnten Gutachten eine eindeutige Position bezogen:

> »Wenn jetzt wie in den alten Bundesländern freie Träger in dieses Aufgabenfeld einsteigen, so verstehen sie in der Regel ihre Freiheit meist auch als die Freiheit, sich die Aufgabe selber zu wählen, statt sich in eine regionale Versorgungsverpflichtung einbinden zu lassen [...] Für geistig behinderte Menschen muss ein eigenes Versorgungsnetz aufgebaut werden, für das dieselben Prinzipien gelten sollten wie in der Versorgung psychisch Kranker und Behinderter: Wohnortnahe, differenzierte, abgestufte Hilfen im Rahmen regionaler Versorgungsverpflichtung – statt angebotsorientierte Hilfen mit der Konsequenz der Konzentration von schwerst- und mehrfachbehinderten und Problempersonen in überregionalen Großeinrichtungen.« (L. d. P. 1991, 34, 40)

Insgesamt betrachtet steht das Regionalisierungsprinzip für eine *moderne Behindertenarbeit*, die einer traditionellen Institutionalisierung geistig schwer- und mehrfachbehinderter Menschen in großen Einrichtungen[22] überlegen ist. Nur so kann zum Beispiel dem Wunsch oder auch Recht geistig behinderter Menschen auf ein gesellschaftlich integriertes Leben weitgehend Rechnung getragen werden. Im Rahmen kleiner, gemeindeintegrierter Wohngruppen können Formen personaler Kommunikation besser hergestellt und auch Beziehungen zu Angehörigen besser aufrechterhalten werden. Erfahrungen zeigen auf, dass die Bereitschaft der Bevöl-

kerung, mit behinderten Menschen in Kontakt zu treten, bei einer kleinen, überschaubaren Wohngruppe größer ist als bei einer Anstalt. Die örtliche Nähe verhindert einen tiefen Bruch des behinderten Menschen mit
seiner vertrauten Lebenswelt. Er kann in »seiner« Stadt wohnen und leben, ausgehen, einkaufen, an kulturellen Veranstaltungen teilnehmen,
Besuche abstatten wie auch häufiger besucht werden. Durch die örtliche
Nähe lassen sich auch Übergänge wie der Wechsel von der Familie in die
Wohngruppe günstiger als in einer fern abgelegenen Anstalt gestalten.

Alles in allem tun daher Träger der Behindertenhilfe gut daran, sich diesem Regionalisierungskonzept zu verschreiben. Damit kommen zugleich
aber auch neue Aufgaben auf die gemeindenahen Wohneinrichtungen zu,
die sich auf die Aufnahme und Alltagsbegleitung geistig schwerst- und
mehrfachbehinderter Menschen einstellen müssen. Es ergibt sich die
Notwendigkeit, pädagogische und soziotherapeutische Konzepte zu entwickeln und umzusetzen (LINGG & THEUNISSEN 1997; THEUNISSEN 1997a),
die sich für eine Krisenintervention und Problembewältigung vor Ort wie
auch zur Prävention von Verhaltensauffälligkeiten eignen. Dabei sind *psychiatrische und psychotherapeutische Hilfen* aus dem System der rehabilitativen
Versorgung für Menschen mit geistiger Behinderung und Verhaltensauffälligkeiten (schweren Hospitalisierungsschäden) nicht wegzudenken. Vor
allem bei Menschen, die mit einer »Dual-diagnosis« etikettiert werden,
müssen pädagogische, medizinische und psychotherapeutische Hilfen
Hand in Hand gehen. Geistig behinderte Menschen mit Verhaltensauffälligkeiten können von medizinischen (psychiatrischen) oder auch psychotherapeutischen (psychologischen) Angeboten aber nur dann profitieren, wenn diese ebenfalls lebensweltbezogen ausgerichtet und angelegt sind
(LINGG & THEUNISSEN 1997). Gilt das Prinzip der »wohnortnahen Versorgung« *aller* Menschen mit geistiger Behinderung, so genügt es nicht, wenn
nur überregionale Großeinrichtungen spezielle Fachdienste für psychosoziale Hilfen bereithalten. Vielmehr müssen auch in einer eng umschriebenen Region – im Rahmen eines gemeindeintegrierten
Wohnverbundsystems – solche Dienste verfügbar sein. Wegweisend könnte diesbezüglich das von uns vorgeschlagene Konzept einer *Anlauf- oder
Kontaktstelle* für geistig behinderte Erwachsene, Eltern, Angehörige sowie
Mitarbeiter oder Mitarbeiterinnen aus Behinderteneinrichtungen sein, die
sich Unterstützung bei der Bewältigung psychischer Krisen oder psychosozialer Probleme wünschen (ebd., 110ff.; THEUNISSEN 1997a, 94ff.). Ein
solches Angebot sollte in erster Linie *mobile psychosoziale Hilfen* offerieren,
also Konfliktberatung, spezielle pädagogische Fachberatung, Psychothe-

rapie, psychiatrisch-neurologische Untersuchung und Therapie, Krisenintervention in Wohneinrichtungen, Werkstätten oder auch in Familien sowie Angehörigen- oder Elternarbeit. Diskutiert wird in dem Zusammenhang häufig die Frage nach *Kriseninterventionsplätzen*. So gibt es beispielsweise Vorschläge, in eng umschriebenen Regionen auch *intensiv betreute Wohngruppen*[23] einzurichten, die eine Notfallversorgung sicher stellen können (hierzu auch LINGG & THEUNISSEN 1997). Ein derartiges Angebot, welches mit der genannten Anlauf- und Kontaktstelle für Beratung und Therapie verbunden werden könnte (und sollte), wäre zugleich eine Alternative für eine stationäre Versorgung geistig behinderter Menschen mit Verhaltensauffälligkeiten in psychiatrischen Kliniken oder vergleichbaren Großeinrichtungen.[24]

# Eingliederungshilfe contra Pflege

Den vorausgegangenen Ausführungen ist unschwer zu entnehmen, dass *nur* im Rahmen einer *Eingliederungshilfe* eine angemessene Behindertenarbeit im Interesse und zum Wohle von Menschen, die als geistig schwerst- und mehrfachbehindert sowie als verhaltensauffällig gelten, geleistet werden kann. Andernfalls würde man den Betroffenen das Bürgerrecht auf Partizipation am gesellschaftlichen Leben vorenthalten und gegen das neue Benachteiligungsverbot im Grundgesetz (Art. 3 Abs. 3 Satz 2 GG) verstoßen. Deshalb erhalten zum Beispiel alle ehemals psychiatrisch untergebrachten Menschen mit geistiger Behinderung, die heute in den Heilpädagogischen Heimen im Rheinland leben, Eingliederungshilfe – und zwar unabhängig von der Pflegebedürftigkeit oder der Schwere der intellektuellen Beeinträchtigung. Demgegenüber gibt es seit Einführung der Pflegeversicherung politische Bestrebungen, Abteilungen großer Anstalten oder Wohnheime, in denen schwerstbehinderte Personen leben, als Pflegeeinrichtungen umzuwandeln, um den Sozialhaushalt der Länder zu entlasten.[25]

Dass schwerstbehinderte Menschen zum Teil in sehr hohem Maße pflegebedürftig sind, möchten wir nicht in Abrede stellen. Daher ist es nicht unredlich, wenn Sozialhilfeträger Leistungen der Pflegeversicherung in Anspruch nehmen möchten, um Gelder einzusparen. Schließlich ist ja die Pflegeversicherung nicht zuletzt zur Entlastung der Sozialhaushalte eingeführt worden (FRANK u.a. 1994, 1f.; HAUG 1995, 5). Betroffen machen uns vielmehr die Hintergründe und Einstellungen, die zu dem Interesse geführt haben, Wohneinrichtungen der Behindertenhilfe in Pflegeeinrichtungen umzuwandeln oder Menschen mit schwerer geistiger und mehrfacher Behinderung wieder in Pflege- oder Altenheimen unterzubringen.[26] So lassen zum Beispiel die Kooperationsprobleme[27] zwischen den Sozialhilfeträgern und Pflegekassen im Hinblick auf eine Finanzierung der im Rahmen der Eingliederungshilfe anfallenden Pflegeleistungen den Schluss zu, dass das gesellschaftspolitische Interesse für ein menschenwürdiges Leben für Menschen mit schwerer geistiger und mehrfacher Behinderung letztlich gering ist.

Es drängt sich der Verdacht auf, dass schwerstbehinderte Menschen auf einen lästigen Kostenfaktor reduziert werden, deren Wohl in erster Linie davon abhängt, was die Gesellschaft bereit ist, an Fürsorge (Hilfe) zu investieren. Anscheinend geht es der gegenwärtigen Sozial- und Gesundheitspolitik nicht um Fachlichkeit bei der Begründung des Unterstützungsbedarfs für Betroffene. Nicht die Frage nach einem menschenwürdigen Leben unter dem Primat größtmöglicher Selbstbestimmung und eines »least restrictive environment« steht im Mittelpunkt der Diskussion, sondern der Versuch, die Standards Lebensqualität und angemessene Unterstützung so eng zu bemessen, dass das Kriterium »bedarfsbezogen« durch »billig« ersetzt wird. Dass dabei ein Mensch mit schwerer geistiger Behinderung wieder als reiner Pflegefall betrachtet wird, widerspricht nicht nur den Grundsätzen einer zeitgemäßen Behindertenarbeit,[28] sondern entspricht auch einem konservativen Roll-Back, das an vergangen geglaubte Zeiten einer inhumanen Verwahrung in Heil- und Pflegeanstalten erinnert. Aus der Geschichte der Behindertenhilfe wissen wir, dass Pflegeeinrichtungen für schwerstbehinderte Menschen als »letzte« Institutionen des Gesundheitswesens »die Gefahr in sich tragen, abgehängt, verlassen und isoliert zu werden, so dass sie zu Stätten der Dehumanisierung werden können« (SPECK 1987, 25).

Diejenigen, die das Rad der Geschichte zurück zu drehen versuchen, wollen von alledem wenig wissen. Stattdessen bringen sie die sich immer stärker etablierende *Pflegewissenschaft*[29] in die Diskussion, die anscheinend eine Konzeption moderner Pflegepraxis sowie eine Modellierung von Pflegeheimen zu liefern verspricht, die als Ort zu leben nicht mit den früheren Pflegeasylen oder Aufbewahrungsanstalten für Menschen mit schwerer geistiger Behinderung vergleichbar seien.[30] Möglicherweise finden nach modernen Grundsätzen konzipierte Pflegeheime bei nichtbehinderten älteren und pflegebedürftigen Menschen Zuspruch, für (geistig) schwerstbehinderte Menschen sind sie jedoch völlig ungeeignet und als Lebensort aufs Schärfste abzulehnen. Überdies sind »nach den heutigen Vorstellungen von Gemeinwesenintegration und Normalisierung der Lebensbedingungen [...] diese Betreuungsformen eindeutig überholt« (KLICPERA & GASTEIGER-KLICPERA 1997, 270). Die Gründe dafür sind vielschichtig, fünf zentrale seien genannt:

1. Die von der Pflegewissenschaft postulierten Theorien einer ganzheitlichen Pflege sowie der implizite Versuch, sich von der Medizin zu lösen, ändern nichts an der Tatsache, dass sich Pflegeheime in ihrer Organisation und Struktur bis heute am Modell Krankenhaus orientieren. Dementsprechend haben wir es mit einer hierarchisch-autoritären zu tun, mit zentral organisierten Dienstleistungen, mit einer Standard- und Rundumversorgung in wesentlichen Bereichen des alltäglichen Lebens, mit einer Verbürokratisierung im Zeichen der Leistungskontrolle, mit einem klinisch geprägten Lebensmilieu sowie mit starren Alltagsregeln und -abläufen, die den Betroffenen weithin vorgegeben werden und ihnen keine Möglichkeiten der Mitbestimmung oder Mitgestaltung bieten. Von einem häuslichen Wohnen, einem Leben so normal wie möglich, kann man da nicht sprechen. Geistig behinderte Menschen, die in solchen Einrichtungen leben, wird das Recht auf Wohnen[31] im Endeffekt vorenthalten – und das wiederum verstößt gegen das neue Benachteiligungsverbot.

2. Der von der Pflegewissenschaft modellierte Begriff einer »ganzheitlich-dynamischen Pflege« findet im Rahmen der Pflegeversicherung kaum Beachtung. Sie operiert vielmehr mit einem »statischen Pflegebegriff«,[32] der sich in starkem Maße an einer Grundpflege orientiert und zum Beispiel Maßnahmen zur beruflichen und sozialen Eingliederung sowie zur Förderung von Kommunikation wie auch zur »erstmaligen Vermittlung von Fähigkeiten« (LACHWITZ 1996, 84f.) – nämlich Bildung – weitgehend ausklammert. Hinzu kommt, dass unter dem Deckmantel von Qualitätskontrolle die Pflegeversicherung eine strenge Festschreibung der Pflegeprozesse als Regelsysteme mit abrechenbaren Ist- und Soll-Zuständen (GROND 1992, 23) befördert. Indem marktwirtschaftliche Maßstäbe, die den Faktor Zeit bei individuell maßgeschneiderten Pflegeleistungen anlegen, als Bemessungsgrundlage zur Anwendung kommen, ist die Gefahr eklatant, dass die Beziehungsgestaltung versachlicht und letztlich der Betroffene verdinglicht wird. Der Sorge für sein seelisches Wohlbefinden wird kaum Rechnung getragen, individuelle Wünsche oder Bedürfnisse kommen zu kurz und Hilfen zur persönlichen Lebensgestaltung finden kaum Beachtung, sozialintegrative (Freizeit-)Angebote wie auch eine Vermittlung von Außenkontakten im Dienstleistungspaket bleiben ausgespart und so bleibt kein Raum für Spontaneität und Kreativität zur Sicherung von Lebensentwürfen und autonomer Alltagsgestaltung.

3. Wenngleich die Pflegewissenschaft sich einem modernen Pflegebegriff

verschrieben hat, produziert sie theoretische und konzeptionelle Modelle, die der Realisierung einer »ganzheitlichen« und bedürfnisorientierten Pflege deutlich im Wege stehen. Fragwürdig und problematisch ist ihre Orientierung an der *Bedürfnispyramide* oder Bedürfnishierarchie nach MASLOW (1977), nach der Prioriäten der Pflege festgelegt werden[33] (ZGOLA 1989, 31; TREBERT 1993, 6; ARETS u.a. 1996, 5). Die Hierarchisierung der Pflegeziele birgt die Gefahr in sich, dass »höhere« Bedürfnisse aus Kostengründen dekapitiert werden.[34]

4. Das von der Pflegewissenschaft favorisierte Konzept der ganzheitlichen Pflege impliziert nicht selten einen *Methodeneklektizismus*, der vor dem Hintergrund eines funktionsorientierten Therapie- oder Förderverständnisses die notwendigen Verknüpfungen zwischen den verschiedenen erforderlichen Hilfen ausblendet (z.B. GROND 1993; TREBERT 1993; im Gegensatz hierzu BIENSTEIN/FRÖHLICH 1994). So vermissen wir häufig ein Gesamtkonzept, wie wir es mit dem von uns beschriebenen Ansatz der lebensweltbezogenen Behindertenarbeit (THEUNISSEN 1997a) noch anskizzieren werden. Dass geistig schwerst- und mehrfachbehinderte Menschen zum Teil in starkem Maße pflegebedürftig sind, ist unstrittig. Diese Pflegebedürftigkeit macht den Betroffenen jedoch nicht zum Pflegefall, sondern sie ist lediglich *ein* zu berücksichtigendes Moment im Rahmen einer Alltagsbegleitung, dem am ehesten durch eine »Ganzheitlichkeit der Hilfen« (LACHWITZ 1996, 10), durch eine enge Verschränkung von praktisch-pflegerischer und dialogisch-pädagogischer Assistenz entsprochen werden kann. »Ganzheitlichkeit heißt, dass die Hilfe nicht schematisch einer Vielzahl von Fachkräften überantwortet wird, sondern möglichst in der Hand einer Fachkraft bleibt, die den umfassenden Auftrag der Eingliederungshilfe durchführen kann und als Bezugsperson des geistig behinderten Menschen anerkannt ist« (ebd., 10). Gerade diese Form der Assistenz ist in Einrichtungen im Sinne der Pflegeversicherung nicht vorgesehen. Hinzu kommt, dass die (Gesamt)-Verantwortung für pflegerische Hilfen nur in den Händen von Krankenschwestern oder (Alten-)Pflegern liegen soll. Dadurch aber werden die Prioritäten falsch gesetzt, ja auf den Kopf gestellt.

5. Indem Pflege zum Leit- oder Oberbegriff der Alltagsarbeit deklariert wird, ist die *Gefahr der Blickverengung für eine angemessene Lebensbegleitung*, wie sie sich im Rahmen der Eingliederungshilfe darstellt, eklatant. Dies gilt sowohl für Freizeit- und Bildungsangebote zur Persönlichkeitsentwicklung und Teilnahme am Leben in der Gemein-

schaft als auch für spezielle Angebote psychosozialer Lebenshilfe (z.B. Einzelarbeit im Zusammenhang mit Verhaltensauffälligkeiten). Diese lassen sich weder unter dem Begriff der Pflege, wie ihn die Pflegeversicherung versteht, noch unter dem von der Pflegewissenschaft favorisierten »ganzheitlichen« Pflegebegriff subsumieren. Pädagogischtherapeutische Maßnahmen oder Angebote psychosozialer Hilfen zur Auflösung von Verhaltensauffälligkeiten sowie zur Förderung psychischer Gesundheit (Prävention) haben in Konzeptionen, wie sie die Pflegeversicherung vorschreibt, keinen Platz; aber auch die fortschrittlichen Pflegetheorien sind nicht für den Umgang mit geistig behinderten Menschen, die zusätzlich als verhaltensauffällig gelten, konzipiert. Das allein bedeutet, dass behindertenpädagogische Konzepte die Grenzen der Pflegemodelle weit überschreiten. Pflege ist somit nur *ein* Bereich der Alltagspraxis, sie kann Bildung nicht ersetzen, die sich auf das *Recht auf Persönlichkeitsentwicklung* bezieht. Dieses Grundrecht gilt unabhängig von einer Pflegebedürftigkeit. Ein pflegedimensionierter Ansatz verleitet dazu, dieses Recht zu verkennen und den betreffenden Menschen nicht mehr in seiner *Bildsamkeit* und *Potentialität* wahrzunehmen. Durch die Priorisierung des Pflegebegriffs könnte die Tatsache, dass geistig schwerst- und mehrfachbehinderte Menschen lern- und bildungsfähig sind, wieder leicht aus dem Blick geraten oder erst gar nicht mehr in Betracht gezogen werden. Daher sollte an einer auf (Selbst-)Bildung hin angelegten lebensweltorientierten Alltagsbegleitung als Leitkonzeption für die Behindertenhilfe gegenüber einem (reduktionistischen) Pflegeansatz unbedingt festgehalten werden. Fassen wir zusammen: Die Enthospitalisierung schwerstbehinderter Menschen kann nur im Rahmen der Eingliederungshilfe gelingen. Konzeptionen unter dem Leitbegriff der Pflege haben demgegenüber weder Integration noch Emanzipation zum Ziel, daher können sie perspektivisch auch nicht gesellschaftliche Inklusion und sozio-kulturelle Partizipation behinderter Menschen garantieren. Sie bergen die Gefahr, Betroffene zu benachteiligen und damit dem Grundrecht auf Persönlichkeitsentwicklung zu widersprechen. Wenngleich kürzlich, nicht zuletzt auf Druck der Spitzenverbände der Freien Wohlfahrtspflege und der Behindertenverbände, (»Stellungnahme ...« 1997) einige Nachverbesserungen erzielt werden konnten wie zum Beispiel die Aufhebung der Nachrangigkeit der Eingliederungshilfe gegenüber der Pflegeversicherung (HESSE-SCHILLER 1996, 48), kann von einer Entwarnung längst noch nicht die Rede sein, da eine deutliche Entlastung der Sozialhilfeträger nicht erkennbar ist (LACHWITZ 1998, 13).

Unbehagen stiftet zum Beispiel die in jüngster Zeit diskutierte Idee, in Wohneinrichtungen der Behindertenhilfe von der Pflegeversicherung finanzierte Pflegeplätze einzustreuen oder in Pflegeheimen auch Leistungen der Eingliederungshilfe anzubieten (hierzu auch »Rechtsdienst der Lebenshilfe« 3/1997).[35] Beide Modelle schreiben eine personelle Zuständigkeit anerkannter Pflegekräfte für Dienstleistungen bei betroffenen geistig behinderten Menschen fest, die fachlich betrachtet keinen Sinn macht und die die behindertenpädagogische Arbeit entwertet. Außerdem dominiert bei diesen Mischkonzeptionen, die keinesfalls als Kompromisslösung missverstanden werden sollten, der Begriff der Pflege, was im Endeffekt entsprechende Konsequenzen im Hinblick auf Wohnansprüche und -möglichkeiten, Tagesstrukturierung und Alltagsbegleitung hat (ebd., 95). Hinzu kommt, dass die Eingliederungshilfe in Pflegeeinrichtungen nach § 27 BSHG gewissermaßen als eine »draufgesattelte« Zahlung für Hilfen in besonderen Lebenslagen gewährt werden soll (»Stellungnahme ...« 1997, 103). Damit aber wird sie nur als eine freiwillige Leistung der Sozialhilfeträger betrachtet, so dass behinderte Menschen oder ihre gesetzlichen Vertreter, die sich auf solche Angebote einlassen, möglicherweise eines Tages das Recht auf Eingliederungshilfe einklagen müssen.[36]

Damit bleibt festzuhalten, dass schwerstbehinderte Menschen, die nicht für sich selber sprechen können, eine starke und überzeugende Lobby, ja eine offensive kompromisslose Parteinahme durch Angehörige, Professionals und Freunde benötigen, um nicht wieder gesellschaftlich abgeschoben, isoliert und aufbewahrt zu werden. Dies spricht – wie wir noch sehen werden – für Empowerment.

# IV Das Modell des Empowerment

Die folgenden Ausführungen greifen Abhandlungen, Theorieentwürfe und Überlegungen auf, die ich in den letzten Jahren verstreut dargestellt und diskutiert habe (THEUNISSEN 1989a; 1992; 1993a; 1997a, 1997b; 1997f; 1998b; 1998c; 1998d; THEUNISSEN & PLAUTE 1995). Sie stellen den Versuch dar, wesentliche Grundzüge der von mir favorisierten Ansätze abstrahierend zusammenzufassen und zu einer praxisanregenden theoretischen Grundlegung weiterzuentwickeln.[37] Dabei handelt es sich um einen Entwurf, der zum Nachdenken, zur Besinnung und zu einem vertieften Studium angesprochener Fragen anregen soll.

# Sozialphilosophische Traditionslinien moderner Heilpädagogik

Seit geraumer Zeit werden hedonistisch geprägte Entfaltungswerte wie Selbstbestimmung, Autonomie, Selbstverwirklichung, individuelles Glück, Individuation, Freiheit oder Emanzipation zum Programm menschlichen Lebens erkoren. Traditionelle Pflichtnormen (Gehorsam, Treue, Ehrlichkeit, Zuverlässigkeit, Sparsamkeit, Höflichkeit, Achtung, Nächstenliebe) wie auch Werte sozialdemokratischer Programmatik – etwa soziale Gerechtigtkeit, Brüderlichkeit oder Solidarität – sind dagegen kaum mehr gefragt.

Dieser *Wertewandel* hat mittlerweile auch die Behindertenhilfe erfasst (zusammenfassend THEUNISSEN & PLAUTE 1995, 15ff., 51ff.). Vor allem Menschen mit Körperbehinderungen oder Sinnesschädigungen treten offensiv für ein selbstbestimmtes Leben ein. Ebenso gewinnt »der Begriff Selbstbestimmung als handlungsleitende Idee in der Geistigbehindertenpädagogik zunehmend Bedeutung« (SEIFERT 1997, 39).

In einer solchen Situation, in der Selbstbestimmung zur »neuen« Leitnorm allen Handelns erhoben wird, werden kritische Rückfragen notwendig, die sich auf das Begriffsverständnis und die pädagogischen Implikationen beziehen.

## Aufklärung und Selbstbestimmung

Wenngleich die Idee der Selbstbestimmung schon seit über 500 Jahren besondere Aufmerksamkeit erfährt, kann die Aufklärung als wichtigster Traditionsstrang betrachtet werden. KANT definiert sie so (1968, 53):

>»Aufklärung ist der Ausgang des Menschen aus seiner selbstverschuldeten Unmündigkeit. Unmündigkeit ist das Unvermögen, sich seines Verstandes ohne die Leitung eines anderen zu bedienen. Selbstverschuldet ist diese

Unmündigkeit, wenn die Ursache derselben nicht am Mangel des Verstandes, sondern der Entschließung und des Mutes liegt, sich seiner ohne Leitung eines anderen zu bedienen. Sapere aude! Habe den Mut, dich deines eigenen Verstandes zu bedienen! ist also der Wahlspruch der Aufklärung.«

Um mündig zu werden, das heißt um Lebensautonmie, Selbstbestimmung, Lebensglück oder Emanzipation als freier Bürger verwirklichen zu können, bedarf es nach KANT neben der Kritik und Veränderung gesellschaftlicher Verhältnisse – so zum Beispiel der autoritären Kirche und der despotisch-absolutistischen Staatsmacht – vor allem auch der Erziehung. Denn »der Mensch kann nur werden durch Erziehung. Er ist nichts, als was die Erziehung aus ihm macht« (ebd., 1964, 697f.).

Diese »Kernideen der Aufklärung« (KLAFKI) spielen im 18. Jahrhundert im gesamten europäischen Sprachraum eine prominente Rolle und markieren den *Ursprung der Moderne*. Durch »rationale Aufklärung« erscheinen alle individuellen und gesellschaftlichen Probleme lösbar und eine Höherentwicklung der gesamten Menschheit im Sinne eines ökonomischen, kulturellen und sittlichen Aufstiegs möglich. Wegweisend war das *Vertrauen in die Kraft der menschlichen Vernunft*, dem aber mit der Überbetonung der Ratio (Verstandeskräfte) ein *einseitiges Menschenbild* zugrunde lag. Dagegen hatte sich seinerzeit schon SCHILLER (1795) gewandt, dem es mit seiner Ästhetik und Bestimmung des Menschen als »spielendes Wesen« um eine allseitige Entwicklung (Bildung) des Menschen, seiner geistigen, sinnlichen und körperlichen Kräfte, zu tun war (X, 39f., 62).

Mit der Überbetonung der Ratio stoßen wir auf die Negativseiten der Aufklärung, die es insbesondere mit Blick auf Menschen, die als schwerstbehindert gelten, zu reflektieren gilt. Denn die durch die Aufklärung beförderte Entwicklung auf dem Gebiete der Behindertenhilfe, so zum Beispiel die Gründung zahlreicher Behindertenanstalten im späten 18. und 19. Jahrhundert, korrespondierte weithin mit dem aufklärerischen, pädagogisch-philosophischen Gedanken der Machbarkeit des Menschen *durch planmäßige Erziehung*. In Anbetracht der im Aufklärungskonzept angelegten impliziten Gleichschaltung von Vernünftigkeit, Mündigkeit, Autonomie, persönlicher Leistungsfähigkeit und Nützlichkeit (im Sinne wirtschaftlicher Brauchbarkeit) kam es alsbald zu einem Ausschluss und zu einer Entwertung all jener Menschen, die die Kriterien der Erziehung im Sinne der Aufklärung nicht erfüllen konnten. Unser Beitrag über zur Geschichte der Versorgung schwerstbehinderter Menschen (Kap. I) beschreibt die Folgen dieser *Selektionsethik und Ausgrenzungspraxis*, welche bis in die

Gegenwart hinein auf die gesellschaftliche Einstellung und den Umgang mit schwerstbehinderten Menschen spürbar sind. Daher hat HAEBERLIN (1996b, 250) recht, wenn er kritisch vermerkt, dass die »rationalistische Machbarkeitsideologie in aufklärerischer Tradition [...] bis heute ihren Beitrag an die Verhinderung von Solidarität mit den nach Normen klassischer Bildungstheorie ›Nicht-Bildbaren‹ und nach den Normen gesellschaftlichen Nutzens ›Nicht-Brauchbaren‹« leistet.

Hinzu kommt eine weitere folgenschwere Entwicklung, die durch die Aufklärung maßgeblich befördert wurde. Mit der Betonung des auf Freiheit hin angelegten Subjekts und eines sich selbst zu bildenden, für das eigene Glück selbst verantwortlichen Menschen wurde nämlich die menschliche Autonomie absolut gesetzt. Das aber bereitete einem *utilitaristisch geprägten libertären Individualismus* den Weg, der heute weitverbreitet zu sein scheint (BECK 1996) und insbesondere die sozialen Gemüter heftig erregt. Für FROMM (1976, 37) dokumentiert er die *Perversion der Selbstbestimmung*, nämlich einen »Haben-Modus«, der das »Selbst« konstituiere und soziale Beziehungen regle: »Ich bin, was ich habe und was ich konsumiere«. Charakteristisch für diese Erscheinung sind:

- ein Autonomiestreben, das antisoziale Züge, soziale Kälte und Verantwortungslosigkeit, die Aushöhlung des Gemeinsinns und der Solidargemeinschaft, soziale Ungleichheit, Not und Elend befördert;
- eine deutliche Entfremdung des Menschen vom Menschen;
- eine Geringschätzung der Sittlichkeit zugunsten der Wertschätzung eines rein rationalen Kalküls und der Rechtfertigung einer ethischen Maxime ganz im subjektiven Interesse;
- eine immer größer werdende Kluft zwischen Wohlhabenden, Herrschenden, gesellschaftlich Mächtigen und Vorwärtsdrängenden auf der einen Seite und Menschen in gesellschaftlich marginaler Position, Armen, Kranken, Behinderten, sozial benachteiligten oder unterprivilegierten Gruppen auf der anderen Seite;
- eine anthropozentrische, utilitaristisch-hedonistische Denkweise und Lebenspraxis, die Momente wie Leistung, Tüchtigkeit, Wettbewerb, Erfolg, Rationalität, Herrschaft, Macht, Überlegenheit und Gewinnmaximierung als handlungsbestimmend betrachtet.

Wenngleich Kant mit seinem Autonomiekonzept zu dieser (Fehl-)Entwicklung maßgeblich beigetragen hat, dürfen wir sie ihm dennoch nicht anlasten. Immerhin war er von der formalen Gleichheit der Rechte aller Bürger ausgegangen, wenngleich er mit seinem autonomen Moralsystem (dem kategorischen Imperativ) jegliche kollektiven Vorgaben für die Vorstellung eines humanen »guten Lebens« strikt ablehnte und damit die sozialen Maximen der Aufklärung (Brüderlichkeit) aufs Spiel setzte (TAYLOR 1993). Kants Irrtum war es anzunehmen, dass dem Wesen des Menschen ein Gewissen als »die sich selbstrichtende moralische Urteilskraft« (SPECK 1993, 82) einverleibt sei. Es war ihm aber auch nicht um ein Konzept der Selbstbestimmung im Sinne einer »Verabsolutierung des Selbst« (ebd.), einer selbstherrlichen Verfügungsmacht über den Menschen oder gar einer reinen Selbstbezüglichkeit zu tun.[38] Dies wäre mit dem kategorischen Imperativ, der eine kritische Reflexion erfordert – überlege dir, ob das, was du tust, alle tun sollten –, unvereinbar. Insofern stoßen wir bei Kant durchaus auf eine sozial angelegte Form menschlicher Selbstbestimmung, die sowohl der eigenen Persönlichkeitsentfaltung als auch der Glückseligkeit anderer dienen sollte. Diese Idee wurde aber in der Folgezeit pervertiert, so dass heute Selbstbestimmung als ein individualistisches, egoistisches, antisozial geprägtes Phänomen in Erscheinung tritt.

Gerade das bereitet uns große Sorge. Denn die Auswüchse und Implikationen einer rein selbstbezüglichen Selbstbestimmung sind uns hinlänglich bekannt. Indem sie als »individualistische Kategorie« dem sozialen Ganzen antithetisch gegenübersteht, erzeugt und perpetuiert sie zugleich Machtkonzentration, Herrschaftsverhältnisse, Abhängigkeiten und gesellschaftliche Ungleichheiten. Nicht selten wird in diesem Zusammenhang auf das *Leistungsprinzip als Legitimationsbasis* verwiesen, welches als wesentliches Verteilungsprinzip für gesellschaftliche Positionen, Vorteile und Herrschaft fungiert. Damit aber werden zugleich Konkurrenzkämpfe, Wettbewerbs- und Verdrängungsprozesse befördert, die sich ausschließlich am Eigeninteresse und individuellen Erfolg orientieren, so dass andere Momente menschlichen Seins und menschlichen Lebens, zum Beispiel »Heart-Qualities« wie Liebe, Formen sozialer Kommunikation und Geselligkeit, Spiel und ästhetische Kulturbetätigung, kaum eine Chance erhalten, sich zu verwirklichen. Wertgeschätzt werden nur jene Begabungen, Fertigkeiten, Leistungen und Energien, die zum individuellen Erfolg beitragen. Menschen, die weniger leisten, werden dementsprechend entwertet und denunziert. Ihr Schicksal hängt weitgehend von dem ab, was die Gesellschaft – repräsentiert durch privilegierte gesellschaftliche Mächte – bereit ist, an Sozialleistungen (Fürsorge) zu gewähren. Kosten-Nutzen-Kalkulationen spielen hierbei eine entscheidende Rolle. Vor dem Hintergrund dürfen wir annehmen, dass das gesellschaftliche Interesse an der sozialen Wohlfahrt begrenzt ist, wenn keine wirtschaftlich verwertbaren Erfolge (Gegenleistungen) zu erwarten sind. Dies gilt vor allem für Menschen mit schwerer geistiger und mehrfacher Behinderung, die volkswirtschaftlich gesehen einen lästigen Kostenfaktor darstellen – eine Position, der sich die Nazis verschrieben hatten, die vom utilitaristischen Standpunkt aus die Tötung von »Ballastexistenzen« als legitim betrachteten.

Einer ähnlichen Argumentation begegnen wir heute bei SINGER (1994), der sich als konsequenter Verfechter der Selbstbestimmungsidee auf der Basis eines *Präferenz-Utilitarismus* zwar von den Nazis abzugrenzen versucht (THEUNISSEN 1997b, 38ff.), im Endeffekt aber keine moralischen Einwände gegen die Tötung geistig schwerstbehinderter Menschen hat, weil es sich hier nicht um schützenswerte Personen handle. Dass Singer kein Einzelgänger ist, sondern das »legitimiert, was faktisch existiert« (THIMM/DÜRKOPF/RUF 1990, 364), macht die gegenwärtige Lebenswert-Diskussion sichtbar (ausführlich in THEUNISSEN 1997b). Sie zeigt auf, dass Vertreter der utilitaristischen Philosophie und einer »rationalen Ethik« Lebewesen nur dann eine moralische Wertigkeit zuschreiben, wenn sie über ganz bestimmte Eigenschaften verfügen, so zum Beispiel über Empfindungsfähigkeit, Überlebensinteresse, Rationalität, Selbstbewusstsein, Zeitgefühl, Selbstkontrolle, Sinn für Zukunft, Kommunikationsfähigkeit, Neugier oder auch die Fähigkeit, mit anderen Beziehungen zu knüpfen. In je höherem Maße ein Lebewesen solche Eigenschaften besitzt, um so höher wird sein Wert erachtet. Unter Berufung auf Kant und Locke definiert Singer diese Eigenschaften zugleich als *Kriterien des Personseins* (hierzu THEUNISSEN 1997b, 18ff.). Vor diesem Hintergrund schlussfolgert er, dass Menschen, bei denen derlei Fähigkeiten (noch) nicht zu beobachten seien, zwar zur Gattung »homo sapiens« zählten, aber keinen Personen-Status hätten. Dies gelte insbesondere für Embryonen, Feten, Neugeborene, geistig (schwerst-) und mehrfachbehinderte Menschen wie auch für ältere, unheilbar kranke Menschen. Daher sei »die Tötung eines behinderten Säuglings nicht moralisch gleichbedeutend mit der Tötung einer Person. Sehr oft ist sie überhaupt kein Unrecht« (SINGER 1994, 244).

Im Unterschied zu den Nazis wird die Euthanasie geistig schwerst- und mehrfachbehinderter Menschen zwar nicht zum Programm erklärt, aber als Möglichkeit und Ausdruck eines *selbstbestimmten* Handelns in Betracht gezogen. Singers »Bioethik verspricht Rationalität, aber auch Glücksoptimierung und individuelle Freiheit in einer Welt, in der es kein allgemein anerkanntes Weltbild mehr gibt. Jeder soll entscheiden können, ob sein Leben lebenswert ist oder lebensunwert« (WUNDER 1994, 26). Allerdings wird ignoriert, dass jene Menschen, die nicht für sich selber sprechen können, dem Interesse der Selbstbestimmung anderer weitgehend hilflos ausgeliefert sind. So werden zum Beispiel Selbstbestimmung und individuelles Glück der Eltern höher bewertet, als die Autonomie und das Recht auf Persönlichkeitsentwicklung ihres schwerstbehinderten Säuglings.

>»Wenn es den Eltern überlassen bleibt, für das überlebende Kind zu sorgen, sollte man es letztlich auch den Eltern überlassen, über sein Leben oder seinen Tod zu entscheiden. Wir vertreten diese Meinung nicht, weil wir glauben, Eltern besäßen irgendwelche absoluten oder natürlichen Rechte, über ihre Kinder zu verfügen, sondern weil niemand besser als sie in der Lage ist, alle relevanten Interessen gegeneinander abzuwägen [...] Es ist nichts Unsittliches daran, wenn Eltern ihre eigenen Interessen berücksichtigen.« (KUHSE & SINGER 1993, 239)

Freilich ist der Vorschlag, das Selbstbestimmungsrecht von Eltern zu stärken, nicht unredlich. Problematisch ist allerdings die Gefahr des Missbrauchs, wenn eine Interessenabwägung jenseits eines Moralsystems, das die Würde und das Lebensrecht *aller* Menschen respektiert, stattfindet (auch HOERSTER 1995, 43ff.). Im Lichte der Argumentation Singers erscheint zum Beispiel die den Eltern zugestandene Selbstbestimmung als Maxime eines hedonistischen Individualismus, da Momente wie individuelles Lebensglück, Leistung, Nützlichkeit oder private Interessen gegenüber dem Wert des anderen an sich eindeutig priorisiert werden.

### Basale Anthropologie und ästhetisches Denken

An dieser Stelle möchten wir nun PORTMANNs *Basale Anthropologie* (1970; 1973) ins Gespräch bringen, die wir sowohl als ein Gegenmodell zur utilitaristischen Philosophie und »Rationalen Ethik«, als auch als eine ethische Orientierungshilfe für eine zeitgemäße Arbeit mit schwerstbehinderten Menschen betrachten (ausführlich in THEUNISSEN 1997b).

Portmann zufolge ist es eine eklatante Schwäche utilitaristisch-hedonistischer Denkweisen und rationaler Ethikkonzepte, auf die sich heute die Technik, naturwissenschaftliche oder auch humangenetische Forschung weithin stützen, menschliches Werden und Sein wie auch (andere) Erscheinungen der Natur einzig und allein funktional, im Lichte einer Nützlichkeit bis hin zu einer ökonomischen Verwertbarkeit, zu deuten. Denn dadurch werde man der »besonderen Seinsweise lebendiger Gestalten« (1970, 15, 55, 71ff.) in keiner Weise gerecht. Zum einen gebe es nämlich eine »Innerlichkeit« *lebendiger Gestalten*, indem »Lebewesen in der Welt als Subjekte auftreten, [...] als relativ autonome Zentren des Handelns in ihre

Umgebung eingreifen und in ihr sich einrichten« (15). Diese Innerlichkeit gilt schon für einzellige Wesen, für Polypen oder Formen, die kein eigentliches Nervensystem besitzen; bringt man sie in einen veränderten Rhythmus von Tag und Nacht, so wird diese Veränderung im Lebewesen registriert und es stellt seinen bisherigen Rhythmus auf die neuen Zeitverhältnisse ein. Um Missverständnissen vorzubeugen, betont Portmann, dass die Verwendung des Wortes »Subjekt« nicht an ein bewusstes Ich gebunden sei, sondern bereits unabhängig von Bewusstseinsvorgängen benutzt werde. Mit dieser Definition führt er uns zu einer weiteren Eigenart lebendiger Gestalten, die er als »*Selbstdarstellung*« (44, 55, 73) beschreibt. Mit dem Begriff des »Selbst« will Portmann auf *sinnliche Phänomene* aufmerksam machen, die wesenhaft zu allem Lebendigen gehören und nicht einer »puren Zweckmäßigkeit« (85) unterliegen, sondern über die Prozesse bloßer Selbst- und Arterhaltung hinaus den »Sinn des Lebens« (165) ausmachen. Selbstdarstellung als Eigenschaft lebendiger Gestalten bezeichnet damit keine lebenserhaltende Funktion, sondern führt uns zu *zweckfreien* Merkmalen, die tief in das Reich des Ästhetischen reichen und den *Eigenwert einer Lebensform* ausmachen.

> »Da sind zum Beispiel Seesterne und Seeigel oder Seeanemonen, Quallen, die zu solcher Besinnung anregen können. Niemand hat bisher versucht, die Mannigfaltigkeit im farbigen Erscheinungsbild dieser Tierformen in der Richtung besonderer Anpassung zu erklären. Ihre zuweilen recht farbenfrohe Erscheinung ist weder Schutzfarbe noch Mittel des Artenerkennens [...] Ich wähle eine schöne, schöngefärbte Seeanemone mit vielen Fühlern, wie wir sie oft in Schauaquarien finden [...] Der suchende Blick (entdeckt) eine Stufenfolge von Musterungen in streng geometrischer Ordnung, ornamental wirkende Gebilde, die keinerlei funktionellen Wert zeigen, sondern lediglich Ausdruck einer für diese Art charakteristischen inneren Struktur sind, Ausdruck einer besonderen Bauart und gar nichts anderes, nichts Nützliches!« (34f.)

Eine herausragende Bedeutung in diesem kurz skizzierten Ansatz – genauere Ausführung in THEUNISSEN 1997b, 63ff. – hat die *Ästhetik*. Sie gilt als *Vehikel zum Verstehen von Lebenswirklichkeit* und öffnet uns den Blick und die Möglichkeit für eine reichhaltigere Wahrnehmung und Beziehung zur Welt.

Einem ähnlichen Standpunkt begegnen wir heute bei WELSCH (1990), der in Affinität zu Portmann *anästhetische Tendenzen* in der kulturell-gesellschaftlichen Wirklichkeit *als Gegenwartsproblem*[39] aufzuzeigen versucht. Er verweist hier auf die Uniformierungsprozesse durch neue Technologien wie die Gentechnik und durch die modernen Kommunikationsmedien, die die Wahrnehmung und Deutung von Welt verändern bis hin zur Empfindungslosigkeit. Daher sei ein »aisthetisches Erkennen« (WELSCH 1990, 68) vonnöten, mit dem Mensch und Welt sowie die impliziten Beziehungen zueinander neu und prospektiv gedacht werden können. Gemeint sind hierbei nicht nur »schlichte Beobachtungen«, Inspirationen, Imaginationen und Sinnvermutungen, sondern auch reflexive Analysen und Gegenstandsbetrachtungen. Insofern ist es Welsch bei seinem Konzept des *ästhetischen Denkens* um die *Verschränkung sinnlicher und reflexiver Wahrnehmung* zu tun:

> »Schon von der einfachsten sinnlichen Wahrnehmung gilt, dass reflexive Strukturen in sie eingebaut sind, und zumal bei emphatischen Wahrnehmungen ist offenkundig, dass sie von sich aus Reflexionen anstoßen und einer solchen Fortsetzung auch bedürfen. Daher bedeutet das Votum für ein ›ästhetisches Denken‹ keineswegs ein simples Plädoyer für Empfindung, Gefühl, Affekt und dergleichen – jedenfalls solange nicht, wie man diese Phänomene noch traditionell als im Schema einer Gegenüberstellung zu Reflexion, Gedanke, Begriff denkt [...] Ausgeschlossen sind der strikte, reflexionsfeindliche Intuitismus einerseits und der vermeintlich wahrnehmunsunabhängige Logizismus andererseits.« (ebd., 54f.)

Dieses Programm einer Ästhetik ist konstruktiv, wegweisend und in doppelter Hinsicht bedeutsam: Zum einen kommt es der *Allseitigkeit und Verwirklichung des Menschseins* entgegen, wenn der Mensch nicht einzig und allein als »Homo faber« begriffen wird, als ein gefühlsarmer, nüchtern flacher Menschentypus, der sich gegen spontanes Erleben abschirmt und nur das intellektuelle und technische Denken und Handeln als wertvoll und typisch menschlich erachtet. Vielmehr erscheint der Mensch im Lichte der »basalen Anthropologie« als ein »spielender«, insofern Spiel im Sinne von SCHILLER (1795) als eine »ästhetische Kategorie« begriffen wird (THEUNISSEN 1997b, 108ff.), die sich durch die Dialektik von Sinnlichkeit und Vernunft konstituiert, so dass polyästhetische, nämlich sinnenreiche und reflexive Weltbegegnungen statthaben können (auch WELSCH 1996, 24ff.).[40]

Zum anderen ergeben sich gerade dadurch Chancen, *unvoreingenommen und offen dem Anderen zu begegnen*, d.h. Mensch und Natur nicht nur in utilitaristischen Denkmustern, sondern auch jenseits des Nützlichkeitsprinzips in ihrer Innerlichkeit zu erfassen, ihre Selbstdarstellung wertzuschätzen und in ihrem So-Sein anzuerkennen. Dieses unvoreingenommene ästhetische Sich-Einlassen auf lebendige Gestalten oder Wirklichkeit verlangt letztlich einen bedingungslosen Respekt vor der Einzigartigkeit, Einmaligkeit und Eigenart des anderen.

Daher vermag das ästhetische Denken inspirierend und fruchtbar zu sein für die Arbeit mit schwerstbehinderten Menschen, bei der wir uns nicht selten weniger an der kognitiven Logik und motorischen Handlungsebene denn an Emotionen, der non-verbalen Ausdrucks-, Empfindungs- und Erlebenssphäre kurzum an basalen ästhetischen Qualitäten zu orientieren haben (auch KLEINBACH 1994). Das aisthetische Sich-Einlassen auf den Anderen verträgt sich nicht mit Etikettierungen, Vorurteilen, Typisierungen, selektiver Wahrnehmung, statischen Diagnosen, unreflektierten (heimlichen) Alltagstheorien, einem statischen Begabungsbegriff oder Persönlichkeitsmodell. Ebenso wenig ist es mit einer Fixierung auf individuelle Symptome, Defizite, Defekte, Störungen oder Auffälligkeiten kompatibel, weil dadurch der Andere in seiner Ganzheit nicht erschlossen werden kann. Aisthetisches Wahrnehmen befördert somit ein moralisches Handeln, dem es nicht um Macht und Überlegenheit zu tun ist, sondern das den Anderen in seinem Selbstzweck und in seiner Potentialität zu erschließen und anzuregen versucht. Indem es Individualität, die Eigenlogik anderer Lebensformen sowie ihr Eigenrecht zu beachten und zu bewahren versucht, leistet es zugleich einen Beitrag zur Sensibilität und Toleranz für Pluralität und Differenz, Vertrautheit und Fremdheit, Ähnlichkeit und Verschiedenheit sowie einen »Widerstand gegen eine ›kommunikative‹ Verflachung und Vereinheitlichung« (WELSCH 1990, 162; auch 1996, 58ff.).

An dieser Stelle merken wir, dass die Theorie des ästhetischen Denkens (Welsch) in enger Korrespondenz mit der basalen Anthropologie (Portmann) zugleich *postmodern*[41] ist, indem sie sich von *einseitigen* Wirklichkeitskonstruktionen – sowohl »vom Primat der Logik« als auch »von der Monokultur des Sinns« (WELSCH 1990, 82) – verabschiedet, »und stattdessen eine(r) originäre(n) Vielzahl wirklicher und möglicher Welten, Sinngestalten und Lebensformen« (155) Anerkennung und Wertschätzung zollt. Und nur ein solcher Ansatz vermag der *Idee von Gerechtigkeit* – einem der Kerngedanken der Aufklärung – näherzukommen, da er im Unterschied zur konservativen Politik nicht »der Herrschaftsmaschinerie verhaftet bleibt« (WELSCH 1996, 128) und auch nicht unter dem Gleichheitspostulat Differenzen zum Verschwinden bringt (Gleichmacherei), sondern – und das ist das Wesentliche – einer »*Gerechtigkeit gegenüber dem Heterogenen*«, d.h., einer Gerechtigkeit, die »für alle da sein muss« (WELSCH 1991, 239), Rechnung zu tragen versucht.

Neben dieser Gemeinsamkeit von basaler Anthropologie und ästhetischem Denken als methodische Instrumente der Postmoderne besteht zugleich eine augenfällige Affinität zur aktuellen *Tiefenökologie*,[42] die – ähnlich wie Portmann – allen lebendigen Gestalten, also auch den nichtmenschlichen Naturwesen, einen Eigenwert attestiert (Taylor 1997; Devall 1997). Im Unterschied etwa zu Singers »umweltgerechter« (Bio-) Ethik (1994, 343ff.) wird der Wert nicht-menschlichen Lebens nicht an einem »Überlebensinteresse« oder einer »Empfindungsfähigkeit« festgemacht (Taylor 1997, 80ff.). Stattdessen habe – so Attfield (1997, 127) – jedes Lebewesen »sein eigenes Wohl«, das heißt »einen Wert für sich selbst – [...] einen intrinsischen Wert« (Rescher 1997, 180). »Dieser Wert ist oftmals künstlerischer oder ästhetischer Natur, und er ist es immer, wenn wir eine natürliche Entität auf der ihr angemessenen Beobachtungsebene oder in ihrem ökologischen Umfeld betrachten« (Rolston 1997, 270). An anderer Stelle vermerkt Rescher (1997, 193) C. Hardshorne (1974, 72) zitierend: »Keine Lebensform sollte als ein bloßes Mittel angesehen werden, als etwas, das bloß nützlich ist. Alle Formen sind in sich selbst wunderschön und auch gut. Hier stimme ich mit Schweitzer gegen Kant.«

Dieser Standpunkt – und da hat Singer recht (1994, 357ff.) – entzieht sich zweifelsohne einer rationalen Beweisführung; es ist nicht überzeugend, wenn der gesamten nicht-menschlichen Natur Moralität zugeschrieben wird, da sie nur bedingt als Modell oder Vorbild für menschliches Handeln und damit als ethisch »gut« bewertet werden kann (hierzu Birnbacher 1997; Rolston 1997). Wenngleich diese tiefenökologische Ausgangsposition also schwer zu begründen ist, so ist sie doch grundlegend für einen *biotischen Egalitarismus* (Attfield), nachdem alle Organismen, nichtmenschliche Lebewesen wie auch menschliches Leben als gleichwertig, weder höher- noch geringerwertig angesehen werden (Taylor 1997, 93ff.). Damit wird unmissverständlich gegen die vorherrschende anthropozentrische Ethik Postition bezogen, das Konzept der Superiorität der Menschen gegenüber anderen Lebewesen zurückgewiesen und eine *biozentrische Ethik* vertreten, »die die (Ich-Du-)Identität zwischen Mensch und nicht-menschlicher Natur hervorhebt« (Devall 1997, 32) und den Menschen als integralen Bestandteil der Natur betrachtet.

Für Protagonisten der Postmoderne dürfte diese revolutionäre tiefenökologische Position auf den ersten Blick ausgesprochen sympathisch wirken, sie ist aber in ihrer Reichweite begrenzt und hat keine überzeugenden Antworten parat, wenn es um konkrete Fragen ihrer Umsetzung geht (Attfield 1997, 126ff.; Rescher 1997, 183). Ein biotischer

Egalitarismus ist zwar leicht zu fordern, aber nur schwer in der Praxis einzulösen, wenn seine These ernst genommen wird, dass alles Leben gleichwertig und damit zu achten und zu erhalten ist. Und sie ist alles andere als harmlos, wenn Überlegungen und Maßnahmen zum Erhalt der nichtmenschlichen Natur *und* des menschlichen Lebens anstehen, das zwar nicht entwertet, aber – im Falle schwerster geistiger und mehrfacher Behinderung – als hochgradig normabweichend und damit letztlich geringerwertig betrachtet wird. So hält zum Beispiel Devall (1997, 34) »eine drastische Reduzierung des Bevölkerungswachstums des *homo sapiens* durch humane Geburtenkontrollprogramme« für notwendig, um ein optimales Verhältnis von Mensch und Natur (wieder)herzustellen beziehungsweise dauerhaft zu sichern. Dieses Argument scheint zunächst plausibel zu sein, aus behindertenpädagogischer Sicht müssen wir ihm aber mit Vorsicht begegnen, da die geforderte Geburtenkontrolle keineswegs garantiert, dass das postulierte Egalitätsprinzip auch mit Blick auf menschliches Leben berücksichtigt wird. Die Diskussion in der Tiefenökologie hinterlässt auf jeden Fall entsprechende Zweifel (Attfield 1997, 120f.), wenn nicht-menschliche Wesen im Hinblick auf Wohlergehen oder Lebenswert mit schwer missgebildeten oder entwicklungsgestörten Menschen verglichen und verrechnet werden. Denn diese Argumentation impliziert im Endeffekt eine Abstufung der jeweiligen Entwicklungshöhe und könnte damit zu einer Selektionsethik verleiten, wie sie zum Beispiel von Singer »umweltgerecht« vertreten wird.

Mit dieser skeptischen Betrachtung postmoderner Tiefenökologie möchten wir uns nun mal Portmanns Ansatz zuwenden, dem es ebenfalls um Achtung vor dem nicht-menschlichen Leben, um Naturschutz und um Bewahrung des Lebens, das wir nicht selber geschaffen haben, geht. Während die radikale tiefenökologische Sicht auf den Egalitarismus setzt, räumt Portmann – und dies ist der wesentliche Unterschied – dem Menschen eine biologische Sonderstellung ein, indem er ihn einerseits in seiner »Beziehung zum Ganzen der Welt« (1970, 154) definiert, und ihm andererseits vor dem Hintergrund seiner biologischen Ausstattung Freiheit und Weltoffenheit, die Fähigkeit zur Reflexion und Transzendenz attestiert (hierzu auch Böhme 1993, 75), die ihn zugleich zur Weltverantwortung, ja zu einer *biozentrischen Verantwortungsethik* verpflichtet. Auf Grund dieser Besonderheit hält Portmann (1973, 331) im Unterschied zu Taylor (1997, 101ff.) eine »höhere Bewertung« menschlichen Lebens für gerechtfertigt. Zugleich warnt er jedoch davor, diese etwa als eine »Abwertung des tierischen Lebens« misszuverstehen.

Im Gegenteil: Sein Ansatz der basalen Anthropologie legt nahe, auch nicht-menschliches Leben explizit wertzuschätzen. Gerade das sei das Problem der anthropozentrischen Ethik, die die »geistige Überlegenheit« des Menschen gegenüber nicht-menschlichen Lebens ausspielt (1970, 350f.) und zu bedenklichen Entwicklungen auch auf dem Gebiete der »Menschenzüchtung« geführt habe (hierzu THEUNISSEN 1997b, 61). Gerade vor dem Hintergrund der geistigen Überlegenheit des Menschen verbiete sich eine rücksichtslose Naturausbeutung oder -zerstörung, ebenso wenig dürfe der Eigenwert menschlichen Lebens durch Humangenetik aufs Spiel gesetzt werden. Auf Grund seiner biologischen Sonderstellung müsse der Mensch Verantwortung tragen, dazu sei er als einziges Lebewesen ausgestattet und aufgerufen. *Selbstverantwortung, soziale Verantwortung gegenüber dem menschlichen Leben und öko-soziale Verantwortung gegenüber der nicht-menschlichen Natur – kurzum: Verantwortung gegenüber dem »Ganzen der Welt«* – so lautet dementsprechend Portmanns Programm einer *biozentrischen Ethik* (THEUNISSEN 1997b, 74f.). Theoretischer Bezugspunkt ist die basale Anthropologie mit ihrem Plädoyer für ein ästhetisches Denken, weil sie allein als Verstehen der natürlichen Umwelt zu fördern, die Verabschiedung von der utilitaristisch geprägten Lebensphilosophie anzuregen sowie den impliziten Prozess der Anästhetisierung und Technologisierung von Welt aufzubrechen vermag.

### Biozentrische Verantwortungsethik und postmoderne Legitimationsprobleme

Die Bedeutung dieser anthropologisch geprägten biozentrischen Ethik in konkreten Zusammenhängen bewusst zu machen, klar zu machen, dass eine sinnerfüllte Zukunft des Menschen letztendlich davon abhängen wird, ob er zu einem harmonischen Einklang mit der Umwelt findet und lernt, ökologisch und sozial verantwortungsbewusst zu handeln, betrachtet PORTMANN allerdings zu Recht als »eine unserer schweren Aufgaben [...] – eine der schwersten Aufgaben der Erziehung in der Gegenwart« (1970, 337).

Ob sie gelingt, hängt zum einen von den gesellschaftspolitischen Strukturen ab und zum anderen von den pädagogischen Verhältnissen. Erziehung (Bildung) kann nicht von gesellschaftlichen Mächten losgelöst betrachtet werden, und es besteht die Gefahr, dass sie vom Supersystem der Ökonomie kontrolliert und damit ihrer kritischen Potenz beraubt sowie in ihrer notwendigen Entfaltungsmöglichkeit blockiert wird. Insofern kann, und nicht selten besteht ein Veränderungsbedarf der Rahmenbedingun-

gen (politische Emanzipation), um pädagogische Praxis überhaupt fruchtbar werden zu lassen. Zugleich lassen sich Erziehungsziele wie auch ästhetische Wahrneh-
mungs- und Denkprozesse nicht einfach in aufklärerischer Manier eintrich-
tern. Es können pädagogischerseits nur entsprechende (sinnenreiche)
Angebote gemacht und Lern- und Erfahrungssituationen arrangiert werden, die den Einzelnen gegenüber nicht-menschlichen und menschlichen
Lebensformen sensibilisieren und zur Bereitschaft bewegen, Verantwortung
für die Natur und gegenüber dem »Ganzen der Welt« (Portmann) zu übernehmen. Wie nämlich PORTMANN (1970; 1973) aus biologisch-anthropo-
logischer Sicht, wie MATURANA und VARELA (1987) aus neurobiologischer
und systemischer Sicht und wie auch PIAGET (1975a) aus entwicklungs-
psychologischer Sicht dargelegt haben, ist der Mensch von früh an *Akteur
seiner Entwicklung,* das heißt er ist so angelegt, dass er sich als
autopoietisches System selbst reguliert und organisiert. Dieses Grundprin-
zip der Autopoiesis gilt für alle lebendigen Gestalten.

Angesichts der »primären Sozialnatur« (Portmann) des Menschen spielt
dabei die Gestaltung des *pädagogischen Verhältnisses* eine prominente Rolle. Es sollte im Buberschen Sinne dialogisch sein, da nur auf der Grundlage einer vertrauensvollen Begegnung Selbstgestaltungsprozesse (Emanzipation) im Sinne des Verantwortungsprinzips fruchtbar werden können:

> »Echte Verantwortung gibt es nur, wo es wirkliches Antworten gibt. Antworten
> worauf? Auf das, was einem widerfährt, was man zu sehen, zu hören, zu
> spüren bekommt. Jede konkrete Stunde mit ihrem Welt- und Schicksalsgehalt,
> die der Person zugeteilt wird, ist dem Aufmerkenden Sprache. Dem Aufmer-
> kenden; denn mehr als dessen bedarf es nicht, um mit dem Lesen der einen
> gegebenen Zeichen anzuheben [...] Dem Augenblick antworten wir, aber wir
> antworten zugleich für ihn, wir verantworten ihn. Ein neu erschaffenes
> Weltkonkretum ist uns in die Arme gelegt worden; wir verantworten es. Ein
> Hund hat dich angesehen, du verantwortest seinen Blick, ein Kind deine
> Hand ergriffen, du verantwortest seine Berührung, eine Menschenschar regt
> sich um dich, du verantwortest ihre Not.« (BUBER 1954, 147ff.)

Diese Worte signalisieren worauf es ankommt: Auf die pädagogische Unterstützung der Selbstbestimmungsfähigkeit des Menschen, ohne dabei die
Sensibilisierung für das »Ganze der Welt« (Portmann) – für das Soziale und
Ökologische – zu vernachlässigen. In diesem Sinne vertreten wir ein *sozial
geprägtes Autonomiekonzept,* dem es um die Entwicklung von Autonomie,
sozialer Verantwortung, Solidaritätsfähigkeit, Kooperations- und

Demokratiefähigkeit sowie ökologischer Verantwortung und Handlungsfähigkeit zu tun ist. Damit werden hohe Erwartungen an eine biozentrische Verantwortungsethik geknüpft, die durch Erziehung begründet und befördert werden soll. Dies ist, zugegeben, noch keine ausreichende Antwort auf die anskizzierten Probleme eines biozentrischen Egalitarismus, wohl aber der erste Schritt, um Unklarheiten oder Widersprüchen zu begegnen.

Aber auch Portmann zufolge genügt es nicht, nur einer auf Lebensautonomie hin angelegten emanzipatorischen Erziehung zu verantwortlichem, umweltgerechtem Handeln zu vertrauen, wichtig sei eine Orientierung an ethischen Grundprinzipien, die eine »wertgeleitete« pädagogische Praxis auszeichnet (für die Heilpädagogik HAEBERLIN 1996a; 1996b). Hierzu werden von Portmann aus seiner basalen Anthropologie Basisnormen für Natur- *und* Menschenschutz abgeleitet und gerechtfertigt, die wir an anderer Stelle (THEUNISSEN 1997b, 89) aufgegriffen und als *ethische Leitprinzipien für die behindertenpädagogische Arbeit*, insbesondere mit Blick auf schwerstbehinderte Menschen, aufbereitet haben.

Der Rückgriff auf Basisnormen als Handlungsmaximen zur Lösung sozialer und ökologischer Probleme klingt angesichts der Notwendigkeit menschlichen Zusammenlebens und Überlebens plausibel. Schwieriger zu beantworten ist dagegen die Frage nach der Auswahl, inhaltlichen Begründung und Festsetzung ethischer Grundprinzipien, die nach HABERMAS (1988) nur durch einen »Diskurs im herrschaftsfreien Raum« erschlossen werden können.

Die Legitimationsprobleme im Hinblick auf Auswahl, Präferenz, (In-) Kommensurabilität verschiedener Diskursarten, Konstellation des Teilnehmerkreises, Konstituierung und Durchführung von Diskursen dürften weithin bekannt sein. Hinzu kommt der sozialphilosophische Disput um die Frage, ob Diskurse auf *Konsensbildung* zielen *oder Dissens* aufkommen lassen sollten. Während Habermas unter Wahrung einer grundlegenden Ausdifferenzierung verschiedener Wertsphären (z.B. von Wissenschaft, Moral- und Rechtstheorie, Kunst und Literatur, Moral) davon ausgeht, dass ihre Geltungsansprüche, Wahrheitsfragen, Geschmacksfragen oder Fragen der Gerechtigkeit grundsätzlich im Diskurs auf Verständigung, Integration und Konsens überprüfbar und verhandelbar sind, lehnt LYOTARD (1989; 1994), sein philosophischer Widerpart, jegliche Vermittlungs- oder Versöhnungsstrategie, die Suche nach Verständigung, Ganzheit oder einem Universalitätsanspruch ab. Ein solches Konzept sei für die Moderne typisch gewesen, es müsse aber heute nicht zuletzt auf Grund seines despotischen und totalitären Charakters als gescheitert betrachtet werden. Die gegenwärtige gesellschaftliche Situation sei von der Auflösung und Verselbstständigung allgemeingültiger, ursprünglich als einheitsstiftend konzipierter Leitideen (z.b. Emanzipationstheorie der Aufklärung; Fortschrittsgläubigkeit; mathematisch-naturwissenschaftliche Wirklichkeitsdeutung; Gottesbezug) gekennzeichnet. LYOTARD (1994) spricht vom Ende der großen, legitimierbaren Meta-Erzählungen. Es gäbe auch keine Gewähr mehr für Verbindlichkeiten von Abmachungen, für das Beachten von Regeln oder für eine Wirkung von Vorbildern (hierzu auch FISCHER 1993; DANFORTH 1997).

»Damit soll nicht gesagt sein, dass sie gar nicht mehr vorhanden wären und nicht für manchen weiterhin Orientierung geben und Engagement freisetzen könnten – dergleichen wird Lyotard nur von Kritikern mit Lektüredispens unterstellt –, sondern es geht ausschließlich darum, dass diese Meta-Erzählungen keine *allgemeine* Verbindlichkeit und Legitimationskraft mehr besitzen. Und das wird schwerlich zu bestreiten sein. Entscheidend ist dabei nicht, dass ihre Inhalte antiquiert wären, sondern dass ihre Form hinfällig wurde.« (WELSCH 1991, 172)

Insofern sei der Glaube an Einheitsvisionen illusionistisch; große, übergreifend angelegte Ideen oder Gestaltungsideale seien nicht mehr glaubwürdig, und sie könnten auch nicht mehr überzeugend begründet und legitimiert werden. Eine Versöhnung zwischen den verschiedenen Wertsphären sei daher unwahrscheinlich, aber auch nicht mehr anzustreben, da kein Diskurs einem anderen übergeordnet werden dürfe. Daher scheide der Konsens als Diskursziel aus.

Das sei aber kein Verlust oder beklagenswerter Zustand (auch WELSCH 1991, 175f.), sondern die diagnostizierte (Werte-)Pluralität solle als *Befreiung und Chance* begriffen werden, Diskurse *neu* zu denken. Anstelle des Einheitsdenkens und des Konsensbestrebens habe der Dissens zu treten, der eine *Theorie der Gerechtigkeit* sei (LYOTARD 1994, 106ff., 190ff.), weil er für (Werte-)Pluralität, für das Eigenrecht des Differenten eintrete und auf die Respektierung und Bedeutung unterschiedlicher Sinn- und Anspruchswelten sowie auf »kleine Erzählungen« (1994, 122; 1995, 157) achte. Damit wende sich Lyotard entschieden gegen jegliche Dominanz eines Einheitskonzeptes, welches aus postmoderner Sicht die Gefahr der Verabsolutierung eines Partikularen impliziere und damit »unweigerlich mit der Unterdrückung anderer Partikularitäten verbunden« sei (WELSCH 1991, 181). Gerade das aber sei für eine Demokratie abträglich. Postmodernes Denken sei dagegen »wesentlich ethisch grundiert« (ebd., 7) und »grunddemokratisch« (182), insofern ihr Interesse »der prinzipiellen Anerkennung der Differenz und Vielheit« gelte. »Und erst unter der Bedingung solch grundsätzlicher Pluralität macht Demokratie eigentlich Sinn« (ebd., 182). LYOTARDS Vision einer »Gerechtigkeit für alle«, die im *Widerstreit* (1989) ausgetragen und gelebt werden soll, bedeutet im Endeffekt keine völlige Verabschiedung von der Aufklärung,[43] sondern eine veränderte, nämlich postmoderne Version, die »Gerechtigkeit und Politik im letzten anders denken (würde, G.T.) als Kant: Nicht als Formen, zusammenstimmend zu machen, sondern als Weisen, mit unaufhebbarer Nicht-Zusammenstimmung, gleichwohl noch ›gerecht‹ und förderlich umzugehen« (WELSCH 1991, 247).

Diesen Grundgedanken Lyotards hat Welsch näher beleuchtet und noch weiterentwickelt. Er sieht die Perspektive einer entwickelten (demokratischen) Gesellschaft nicht in der Einebnung von Pluralität oder Integration, »sondern in der Divergenz unterschiedlicher Lebensentwürfe und Handlungsformen« (57). Ein solches Konzept habe – wie es Kritiker[44] nicht selten behaupten – mit Beliebigkeit oder einem trivialen »anything goes« (FEYERABEND) nichts zu tun (ebd., 41), weil an der Idee der Gerechtigkeit festgehalten würde, deren inhaltlicher Kern »der Respekt vor den Menschenrechten« sei (LYOTARD in REESE-SCHÄFER 1995, 158, auch 65).[45]

Wenngleich Welsch Lyotards Konzeption schätzt,[46] erscheint ihm sein Bekenntnis zu einer »absoluten Differenz«, die keine Übergänge zulässt, zu überzogen und einseitig (WELSCH 1991, 255ff.). Die Konzeption einer radikalen Heterogenität impliziere nicht nur Gerechtigkeit oder Freiheitsgewinn, sondern auch notwendige Konflikte, die eine »Verschärfung von Problemlasten« (7) nach sich ziehen. Daher könne man sich nicht mit der bloßen Feststellung von Widersprüchen sowie mit einem Plädoyer für Heterogenität begnügen; entscheidend sei auch die Suche nach Lösungen, insbesondere die Frage nach dem Umgang mit Pluralität, um zu einer Idee *und* Praxis der Gerechtigkeit zu gelangen. Welschs Interesse gilt daher insbesondere auch dem Umgang mit Pluralität, Differenzen, Konfliktzonen, Grenzen oder Übergängen, die sich aus der Kontingenz der Vielheit ergeben. Mit der »transversalen Vernunft« hat er hierzu ein eigenes Konzept entwickelt, das »Pluralität als Vernunftform« (296) auf drei Ebenen zur Geltung bringen soll: »In Reflexionen über die Verfasstheit der Rationalitätsformen und die Möglichkeit von Übergängen; in der Praxis solcher Übergänge; als Medium der Konfliktaustragung zwischen heterogenen Ansprüchen« (304). Wenngleich diese philosophische Konzeption von einem postmodernen Grundgerüst ausgeht, steht sie der Idee des

Ganzen nicht antithetisch gegenüber, sondern hält an dem formalen Charakter der Totalität wie auch an Kooperationsformen fest (ebd., 274f., 312f.). Eine »Einheitsform« und integrative Momente seien zur Wahrung von Pluralität unverzichtbar, weil ansonsten eine »Gefahr des Atomismus, der zusammenhanglosen Pluralität« bestünde (63, 167). In dem Sinne seien Pluralität und Ganzheit kompatibel: »Keine Heterogenität ohne Gemeinsamkeit und keine Spezifität ohne Generalität« (288). Und an anderer Stelle schreibt WELSCH: »Allein ein Denken der Pluralität vermag der Struktur des Ganzen wirklich gerecht zu werden« (63).

## Individualismus und Kommunitarismus – postmodern vermessen

Die Diskussion um Anerkennung und Wertschätzung von Pluralität und Differenz spielt freilich nicht nur in der sozialphilosophischen Theorie beziehungsweise auf Diskursebene eine prominente Rolle, sondern sie hat längst auch das konkrete *Alltagsleben* erfasst, wo sie zu einer fruchtbaren Verunsicherung geführt hat.

Der philosophische Disput um Dissens- oder Konsensmodelle korrespondiert auf der gesellschaftlichen Ebene mit der Auseinandersetzung um einen libertären Individualismus, um postmodern ausgelegte Freisetzungsprozesse auf der einen Seite und der kommunitaristischen Wiederentdeckung der sozialverantwortlichen Gemeinschaft.[47] Diese beiden Erscheinungen werden nicht selten antithetisch, kontrapunktisch oder gar unversöhnlich gegenübergestellt (GRÖSCHKE 1995; STARK 1996, 62), so dass eine Verständigung zwischen beiden Positionen unmöglich erscheint.

Was die *Individualisierung* (BECK 1986, 115ff.) betrifft, die mit einem utilitaristischen Wirtschaftsliberalismus eng verbunden ist, so sind zunächst einmal Errungenschaften zu nennen (hierzu zusammenfassend auch HERRIGER 1997, 36ff.), welche nicht zuletzt durch die Aufklärung befördert wurden. Dazu zählen insbesondere:

- die Herauslösung und Freisetzung der Menschen aus historisch vorgegebenen, traditionellen Lebensformen, Herrschafts- und Versorgungszusammenhängen sowie Milieubindungen (BECK 1986, 116, 206);
- die Deklaration der »freien Persönlichkeitsentfaltung« sowie des Selbstbestimmungsrechts als oberste Norm;
- die Pluralisierung von Lebensstilen und Priorisierung der individuellen Freiheit des Menschen gegenüber kollektiver oder staatlicher Vereinnahmung;

- die Modernisierung und Demokratisierung verschiedenster Lebensbereiche (z.B. auf dem Gebiete der beruflichen Arbeit, Bildung, Geschlechterbeziehungen, des Zusammenlebens);
- die Pluralisierung und Liberalisierung des gesellschaftlichen Lebens durch Erweiterung von Toleranzspielräumen und Erosion traditioneller Normen und Konventionen zugunsten von Selbstentfaltungswerten;
- die »Entgrenzung von Politik« (ebd., 304) durch Stärkung von Bürgerrechten und einer basisdemokratisch orientierten politischen Kultur (Bürgerbewegungen, Volksabstimmung, Bürgerentscheid).

Diesem *Gewinn an Emanzipation* stehen zugleich Probleme gegenüber, die Beck, der diese Entwicklungen im Kontext gesellschaftlicher Rahmenbedingungen reflektiert, dazu veranlasst haben, von »riskanten Freiheiten« (BECK & BECK-GERNSHEIM 1994) zu sprechen. Damit soll das ambivalente Gesicht der Individualisierung – und einer falsch verstandenen Postmoderne – hervorgehoben werden, welches der Autor in seiner Analyse der »Risikogesellschaft« (1986) präzise gefasst hat.

In ähnlicher Weise argumentiert auch KEUPP (1988), wenn er die Freisetzungsprozesse als »riskante Chancen« für die Subjektentwicklung in der Gegenwart konstatiert.

»Ein individualisiertes Leben zu leben bedeutet, existentiell verunsichert zu sein. Existentiell verunsichert zu sein, bedeutet nicht notwendigerweise, unter dieser Existenzweise zu leiden. Es bedeutet ebenso wenig, dieses Leben zwangsläufig zu genießen. Ein individualisiertes Leben ist ein ›zur Freiheit verurteiltes‹ Leben: [...] Der individualisierte Mensch ist nicht nur selber ständig in Wahl- und Entscheidungssituationen gestellt, sondern auch mit immer neuen Plänen, Entwürfen und Entscheidungen anderer Menschen konfrontiert, welche seine Biographie mehr oder weniger nachhaltig tangieren. Diese biographischen Freisetzungen zeigen sowohl einen Gewinn an – den Gewinn an Entscheidungschancen, an individuell wählbaren (Stilisierungs-)Optionen – als auch einen Verlust – den Verlust eines schützenden, das Dasein überwölbenden, kollektiv und individuell verbindlichen Sinn-Daches.« (HITZLER und HONER 1994, 307)

Zur Kehrseite der Individualisierung zählen zum Beispiel:
- der Verlust an Sicherheit stabiler Handlungsorientierungen und Zusammengehörigkeitserfahrungen;
- die Gefahr der Überforderung des Einzelnen angesichts eines Supermarktangebots an Sinn-Normen, Werte auszuwählen und Entscheidungen zu treffen sowie Pluralität und Differenz auszuhalten;

- die durch das »Ich-zentrierte Weltbild« (BECK) beförderten Risiken des (beruflichen) Scheiterns;
- die Anonymisierung nachbarschaftlichen Zusammenlebens sowie die Auflösung von vertrauten Bezügen (auch Nachbarschaftshilfen);
- die Zunahme »sozialer Ungleichheit« und Armut (BECK 1996, 143) durch Herrschaft und Konzentration von Kapital der »erfolgreichen« Akteure, Reichen und Besitzer von Monopolen;
- die durch rücksichtslose Naturausbeutung bedingten Gefährdungen des Lebens von Pflanze, Tier und Mensch;
- ein »freigesetztes Machbarkeitsdenken« (BECK), welches völlige Natur- und damit auch »technische Subjektbeherrschung« (BECK) zum Ziele hat.

Hinzu kommen die schon eingangs erwähnten, durch die liberale Marktwirtschaft begünstigten Erscheinungen der Technologisierung und Anästhetisierung gesellschaftlichen Lebens, die insbesondere auch von Vertretern der Postmoderne (WELSCH 1991, 215ff.) kritisch gesehen werden, da sie uniformierend sind und eine dem Pluralitätsgedanken zuwiderlaufende Monokultur erzeugen.

Eine weitere Gefahr, die mit der Individualisierung und utilitaristischen Lebensphilosophie einhergeht, ist die Vernachlässigung des sozialen Faktors, der durch eine nicht selten überhöhte, am eigenen Vorteil orientierte Ausrichtung menschlichen Handels am »Haben-Modus« (Fromm) in Verbindung mit hedonistischen Entfaltungs- und Freiheitswerten weithin verdrängt wurde.

Gerade mit diesem Problem haben sich unlängst Sozialphilosophen insbesondere aus dem angloamerikanischen Sprachraum befasst, denen es um einen *Kommunitarismus als Gegenprojekt zum libertären Individualismus* zu tun ist (BELLAH u.a. 1987; HONNETH 1992; WALZER 1990; ETZIONI 1994a; 1994b). Wenngleich die Kommunitarismus-Bewegung ähnlich wie die Individualismus-Apologetenschaft kein einheitliches Gepräge aufweist, wird über alle Grenzen der unterschiedlichen Positionen hinweg – etwa von einem katholischen Kulturkonservatismus bis hin zu einem grün gefärbten Sozialliberalismus – das utilitaristisch gestützte uneingeschränkte Freiheitsstreben in Verbindung mit einem ausgesprochen geringen Sozialinteresse mit Sorge betrachtet. Eine Erosion des Gemeinschaftssinns als Grundlage eines »guten« Zusammenlebens wird befürchtet. Die Kritik der Kommunitarier richtet sich dabei insbesondere gegen die Auswüchse der Individualisierungstendenzen sowie gegen die Überhöhung des Freiheitsprinzips, nicht aber prinzipiell gegen den (amerikanischen) Liberalismus, dessen Erscheinungen (Menschenrechte; Freiheits- und Gleichheitsidee;

Rechtsstaatlichkeit und Demokratieprinzip, Marktwirtschaft) nicht in Abrede gestellt werden (hierzu auch TÖNNIES 1996, 14f.).

Das »Unbehagen an der Moderne« (TAYLOR 1995) bezieht sich im Wesentlichen auf Folgeprobleme: auf einen rücksichtslosen Egoismus, auf eine Ellbogen-Mentalität, eine Fragmentierung von Gemeinschaft und auf eine Loslösung von Bindungen, kurzum auf eine »*atomistische Individualisierung*«, die ebenso wie eine therapeutisch-psychologisch gestützte Pflege eines hedonistisch-esoterisch anmutenden »Kults der Innerlichkeit«, mangelndes Sozialbewusstsein, fehlende Sozialverantwortung sowie eine Entsolidarisierung der Gesellschaft befördere. Damit haben die Kritiker unseres Erachtens zweifellos recht. Ihr Plädoyer für eine neue Wiederbelebung von kommunitären Werten wie Solidarität, gemeinsame Verantwortung, gegenseitige Achtung und Hilfe, Liebe und Du-Bezogenheit, demokratische Partizipation, Sinn und Interesse für Gemeinschaft ist nachvollziehbar. Denn diese Topoi, die im übrigen auch auf Grund der Sozialnatur des Menschen anthropologisch begründbar sind, gelten als *Grundbedingungen* für menschliches Zusammenleben unter demokratischen Verhältnissen.

> »Der Antrieb dafür ›kann nur aus einem Gefühl von Solidarität kommen, dass die allgemeine Verpflichtung zur Demokratie übersteigt und mich mit jenen anderen, meinen Mitbürgern, verbindet‹ [...] Ohne (gegenseitigen, G.T.) Respekt bliebe es unverständlich, warum das Gemeinwesen die Bürgerrechte gemeinschaftlich verteidigt. Wenn auch nur eine regional, ethnisch, sprachlich oder wie immer bestimmte Gruppe von Bürgern Anlaß zur Annahme hat, dass ihre Interessen übergangen werden oder dass sie diskriminiert wird, ist die Demokratie in Frage gestellt« (TAYLOR 1993, 14, 18; zit. n. KEUPP 1994, 8).

In diesem Sinne ist es den Kommunitariern um die Revitalisierung eines aktiven, basisdemokratisch ausgerichteten Gemeinwesens zu tun, wobei ETZIONI (1972, 159; 1994a; 1994b) auf das griechische Ideal der Polis zurückblickt, wenn er für Bürgerinitiativen und Selbsthilfeprojekte wirbt. Die *Wiederentdeckung der »aktiven Gemeinschaft«* sollte aber nicht die ursprüngliche Bedeutung einer Gemeinde wiederaufleben lassen. Wenngleich es sich hierbei um ein lebendiges Netzwerk aus verschiedenen Subsystemen (Familien, Schule, Kirche, Gemeindeverwaltung, Arbeitsstätten, Krankenstation [...]) handelte, in dem räumliche Nähe, gemeinsame Kultur, Vertrautheit, unmittelbare Beziehung, personifizierte Institutionen, enge Kooperation und Kommunikation herrschten, war nämlich die Basis dieses frühen Gemeindesystems nicht durch einen freiwillig eingegangenen sozialen Zusammenschluss, sondern durch räumliche Nähe und »durch den Druck der äußeren Not garantiert« (JEGGLE 1983, 48). Aus der Geschichte der Armen-, Behinderten- und Randgruppenfürsorge wissen wir, dass die Gemeinden keineswegs nur ein Asyl für Benachteiligte und Verfolgte, für Kranke und Behinderte waren, sondern dass sie auch kaltherzig und unerbittlich gegen Außenseiter vorgingen (ebd., 48). Damit unterhielt die Gemeinde einen gut funktionierenden Kontroll- und Überwachungsapparat.

Eine solche *selektionistische und separatistische Tendenz* verbirgt sich nicht selten auch unter Kommunitarismus-Projekten, die von fundamentalistischen, religiös-totalitär geprägten Gruppen vorgetragen werden. Das hat KEPEL (1996) am Beispiel des muslimischen Kommunitarismus scharfsinnig herausgearbeitet. In der Tat eignet sich der Kommunitarismus für ideologische Vereinnahmungen, weshalb er insbesondere auch im konservativen und rechten Lager der Politik besondere Beachtung gefunden hat (hierzu auch REESE-SCHÄFER 1996, 8ff.). Dabei werden zumeist *Verkürzungen* und einseitige Auslegungen kommunitaristischen Denkens bewusst in Kauf genommen. »Dies ist dann der Fall, wenn die positiven Folgen der Freisetzungsprozesse von sozialen Zwängen, Normen und sozialer Kontrolle, die prinzipiellen Gestaltungsmöglichkeiten individuellen und sozialen Lebens, zugunsten abstrakter und wiederum normativer gemeinsamer Werte (z.B. Nationalgefühl, Primat der traditionellen Familienstrukturen) aufgegeben werden sollen (etwa MCINTYRE 1987)« (STARK 1996, 70). So lassen sich zum Beispiel unter dem Deckmantel des Kommunitarismus ein Abbau des Sozialstaates rechtfertigen wie auch Strukturen sozialer Ungerechtigkeit, Benachteiligung oder Chancenungleichheit perpetuieren.[48]

Eine solche *wertkonservative Grundhaltung* gesteht letztlich auch ETZIONI ein, wenn er in Bezug auf Vorbehalte gegenüber den »volunteerism« (Freiwilligen-Engagement) schreibt: Diese beruhen auf der Vorstellung, »beim volunteering handele es sich um eine Art Mildtätigkeit der Reichen, um deren schlechte Gewissen zu beruhigen. Der Kommunitarismus hebt jedoch das Prinzip der Gegenseitigkeit hervor: Menschen helfen einander. [...] Auch sind die Armen in mindestens demselben Maße wie die Reichen bereit, untereinander zu teilen und sich gegenseitig zu helfen. [...] Im übrigen betrachte ich aber auch mildtätige Gesten oder auch nur Großzügigkeit nicht als verwerflich« (1994b, 23f.). Und an anderer Stelle schimmert sein rückwärts gewandtes Denken durch, was er durch eine augenfällige verkürzte soziale Problemanalyse dokumentiert:

»Familie, Schule und Nachbarschaft – alle drei Grundfesten der Gesellschaft befinden sich seit den 60er Jahren in einem Verfallsprozess. Die Folge ist eine Mischung aus sozialer Anarchie und moralischem Rückzug, die sich in wachsender Kriminalität, verstärktem Drogenmissbrauch sowie mangelnder Arbeits- und Lernmoral widerspiegelt. Die Kommunitaristen betrachten es als notwendig, dass diese Fundamente eine Erneuerung erfahren.« (ebd., 26)

Wenngleich hier die meisten Kommunitarier den Begriff der »Familie« im Sinne eines ehelosen Zusammenlebens weiter fassen als Protagonisten einer konservativ-christlichen Familienpolitik, sind derlei Ausführungen einem Neokonservatismus zweckdienlich, dem es im Endeffekt nicht um die Herstellung oder Sicherung einer lebendigen Demokratie mit entsprechenden Mitbestimmungs- und Mitgestaltungsmöglichkeiten geht, sondern vielmehr um ein neoautoritäres, kommunitär etikettiertes Konzept, welches die gegenwärtigen gesellschaftlichen Verhältnisse (kapitalistische Marktwirtschaft; rücksichtslose Naturausbeutung; Reichtumverteilung im Interesse herrschender Mächte) unangetastet lässt.

Dagegen wenden sich zu Recht einige kritische Sozialphilosophen wie TAYLOR (1988; 1993), HONNETH (1992), DUBIEL (1994) und auch HABERMAS (1985), deren Gesellschaftskritik und Kommunitarismus-Konzepte dem Ideal der Aufklärung, der Einlösung der Menschenrechte in einer »gerechten Gesellschaft« verpflichtet bleiben. Ihre scharfe *Kritik am Neokonservatismus* sowie an totalitär anmutenden Kommunitarismusentwürfen trifft sich an der Stelle durchaus mit dem von einigen Theoretikern der Postmoderne artikulierten Misstrauen gegenüber uniformitätserzeugenden Ganzheitsversionen (WELSCH 1991, 159ff.).

Somit fällt unsere Beurteilung des Kommunitarismus recht kritisch aus. Sein grundsätzliches Anliegen stellen wir aber nicht in Frage – im Gegenteil: seine Diagnose eines Defizits sozialer Werte ist unstrittig und ernst zu nehmen. Nur möchten wir vor einer unreflektierten Übernahme kommunitärer Entwürfe warnen. In diesem Zusammenhang sollte nicht unerwähnt bleiben, dass das von den Kommunitariern vielbeschworene Solidaritätspostulat in aller Regel aus einer Position der Überlegenheit (Stärke) formuliert wird. Daher sollte immer auch explizit auf die anthropologische Kategorie der »Kooperation«[49] Bezug genommen werden, die im übrigen schon in den Schriften BUBERS (1962) angelegt ist, auf die ETZIONI gerne verweist. Folgt man BUBER (1965, 79), so kann die Verwirklichung kommunitärer Werte nur unter Bedingungen gedeihen, die ihre Gestaltung ohne massive Einschränkungen individueller Freiheiten ermöglichen. Hierzu sind die Schaffung und Sicherung liberaler Verhältnisse erforderlich, was im Endeffekt bedeutet,»kommunitäre Ansätze vor dem Hintergrund der Pluralität der Postmoderne zu verorten, also die Politik der Divergenz mit der Politik der Kohärenz zu vereinen. Der Katalysator kann dabei allerdings nicht die Herstellung von Harmonie sein, sondern die Auseinandersetzung mit divergenten Lösungen und die Lebbarkeit von Konflikten« (STARK 1996, 71).

Diese Vorstellung einer den Eigen-Sinn von Werten erhaltenden *Verschränkung von kommunitärer Praxis und autonomer Lebensentfaltung* korrespondiert mit der von Welsch angedachten postmodernen Gerechtigkeitstheorie, die es nicht bei einem bloßen»Widerstreit« (Lyotard) belassen will, sondern ebenfalls akzeptable Lösungen bei der Austragung von Konflikten oder Differenzen anstrebt, ohne dabei die Verschiedenheit der Diskurse einzuebnen. Welschs Ansatz der»transversalen Vernunft« stellt mit eigenen Worten eine Einheitsform dar,

»die nicht bloß formale Gemeinsamkeiten zwischen Lebensformen verständlich, sondern auch eine materiale Kooperation ihrer möglich macht und die das so tut, dass sie dabei nicht wieder stillschweigend eine Totalisierung einführt und der konventionellen Dialektik von Einheit – der Sistierung des Vielen, um dessen Produktivität es doch ginge – erliegt. Der Konzeption transversaler Vernunft könnte unter Gegenwartsgesichtspunkten ein beträchtliches Lösungspotential zukommen.« (1991, 312f.)

Dieses gilt es im Alltagsleben umzusetzen, und dazu können Anregungen aus der Kommunitarismus-Debatte sehr wohl weiterhelfen.

# Die Theorie des Empowerment

An dieser Stelle möchten wir nun unter dem Stichwort *Empowerment*[50] einen dritten Entwurf vorstellen, der sich in der Diskussion um Postmoderne, Individualisierung und Kommunitarismus sowohl in theoretischer (normativer) als auch in handlungspraktischer Hinsicht – mit Blick auf die behindertenpädagogische Arbeit – als ein *synthetisierendes Projekt* und damit als ein weiterreichendes, verheißungsvolles Modell herausgebildet hat (RAPPAPORT 1985; STARK 1996, 72ff.).

## *Begriffsklärung*

Dem Begriff Empowerment begegnen wir zum ersten Mal in der amerikanischen Bürgerrechtsbewegung der schwarzen Minderheitsbevölkerung, die gegen die Diskriminierung und Segregation ethnischer Minderheiten mit kollektiven Aktionen des gewaltfreien Widerstandes für soziale und politische Teilhabe kämpfte (hierzu HERRIGER 1997, 18ff.). Die Philosophie und Praxis dieser Selbst-Ermächtigungskampagne für eine bessere Lebenszukunft in einer demokratischen Gesellschaft war ohne Zweifel auch für andere soziale Bewegungen und Projekte Vorbild, die Empowerment als ein *politisches Programm* ausweisen. Wenngleich wir es hierbei mit unterschiedlichsten Initiativen (z.B. Frauen-, Ökologie-, Friedens-, Behinderten-, Kommunitarismus-, Sozial- und Gesundheitsbewegung) zu tun haben, eines ist ihnen gemeinsam: Der Versuch, durch direkte Mitsprache, Mitgestaltung und Kontrolle auf ihre unmittelbaren Lebensumstände Einfluss zu nehmen, insbesondere auch auf Politik und Gesellschaft mit ihren »riskanten« Erscheinungen und Problemen.

Folgt man den Ausführungen BECKs (1986, 311ff.), so hat sich vor diesem Hintergrund zwischenzeitlich ein »tiefgreifender *Systemwandel des Politischen*« vollzogen, und zwar in doppelter Weise:

»zum einen (a) in dem Machtverlust, den das zentralisierte politische System im Zuge der *Durchsetzung und Wahrnehmung von Bürgerrechten* in den Formen einer *neuen politischen Kultur* erfährt; zum anderen (b) in den sozial strukturellen Veränderungen, die mit dem Übergang von der Nichtpolitik zur *Sub*politik verbunden sind – eine Entwicklung, in der die bisherige ›Friedensformel‹ – technischer gleich sozialer Fortschritt – ihre Anwendungsbedingungen zu verlieren scheint« (ebd., 311).

Auch die *modernen Selbsthilfe-Bewegungen*[51] (z.b. im Gesundheits- und Sozialbereich; Selbsthilfe-Initiativen von Eltern behinderter Kinder) haben zu dieser demokratischen Entmachtung und Entlegitimierung von Politik beigetragen. Mit Anti-Diskriminierungskampagnen, mit Programmen gegen entmündigende Staatsfürsorge oder Behindertenpolitik sowie mit selbstorganisierten Unterstützungssystemen und integrativen Rehabilitationsangeboten knüpfen sie an den Empowermentansatz an. Eng verbunden mit dieser politischen Dimension ist eine *lebensweltbezogene Empowerment-Perspektive*, indem Menschen, die sich am Rande der Gesellschaft erleben und befinden, ihre eigenen Stärken und Kompetenzen entdecken und nutzen, um schwierige Lebenssituationen und Belastungen ihres Alltags in eigener Regie und Kraft individuell oder auch gemeinsam zu bewältigen (KEUPP 1992, 149; STARK 1996, 107f.; HERRIGER 1997, 13ff.). Das Sich-Bewusstwerden und die Selbst-Aneignung von Lebensgestaltungskräften dient dabei im wesentlichen dem Ziel, Verfügung und Kontrolle über die eigenen Lebensumstände und Zukunftsperspektiven (wieder-)zu gewinnen, um ein möglichst unabhängiges, selbstbestimmtes Leben verwirklichen zu können.

In der Hinsicht können wir zunächst einmal festhalten, dass Empowerment eine Philosophie und Praxis bezeichnet, die als ein *gesellschaftskritisches Korrektiv* mehr Menschlichkeit, Gerechtigkeit, Lebensqualität und eine lebendigere Demokratie zum Ziel hat. Damit korrespondiert der Begriff mit dem Konzept »*reflexiver Modernisierung*« (BECK), das den Konflikt mit politischen und gesellschaftlichen Mächten nicht scheut. Diese Auseinandersetzungen sowie das implizite Bemühen um akzeptable Lösungen geschehen in der Selbstorganisation und Selbstregie Betroffener, die sich als *Experten in eigener Sache* weder von parteinehmenden Sympathisanten oder »Aufklärern« akademischer oder professioneller Provenienz noch von den zuständigen Instanzen sozialer Kontrolle unter staatlicher, freier oder privater Trägerschaft (z.B. Verbändewohlfahrt) vereinnahmen lassen wollen.

In diesem Sinne ist die Empowerment-Philosophie und -praxis schon seit einigen Jahren in der amerikanischen Sozialarbeit, Gemeindepsychologie und Behindertenhilfe nicht mehr wegzudenken. Im deutschen Sprachraum dagegen ist das Konzept erst seit kurzem »ein neues Fortschrittsprogramm für die soziale Arbeit geworden, das mit liebgewonnen Gewißheiten der helfenden Profession bricht und der psychosozialen Praxis neue Zukunftshorizonte eröffnet« (HERRIGER 1997, 7). In der Behindertenhilfe und Heilpädagogik hat die Diskussion um Empowerment gerade erst begonnen, auch wenn sich schon deutliche Einflüsse des Konzepts in Theorie und Praxis bemerkbar machen (WEISS 1992; 1997; THEUNISSEN & PLAUTE 1995; THEUNISSEN 1997a; 1997c; 1998a; HÄHNER u.a. 1997).[52] Daher werden wir im folgenden das Empowerment-Konzept behindertenpädagogisch zu buchstabieren versuchen, das wirs als wegweisend und zukunftsträchtig betrachten.

Zuvor soll jedoch nicht unerwähnt bleiben, dass Empowerment mittlerweile zu einem *Modewort* geworden ist, welches nicht nur einen kritisch-konstruktiven Arbeitsbegriff in der Sozialarbeit oder Rehabilitation bezeichnet, sondern auch in ganz anders gelagerten Arbeitszusammenhängen, etwa in der Betriebswirtschaft und Betriebspsychologie, verwendet wird. So sollen zum Beispiel durch gezielte kommunikationspsychologische Trainingsprogramme Grundqualifikationen flexiblen Rollenverhaltens – Einfühlungsvermögen, Rollendistanz, Selbstvertrauen – sowie Strategien der Selbstdurchsetzung und Selbstbehauptung eingeübt werden, um (als Führungskraft) betriebliche Anforderungen, Konkurrenzsituationen, Macht- oder Verteilungskämpfe besser meistern zu können (auch HERRIGER 1996a, 297; ZIMMERMAN 1990). Dass eine so verstandene Empowerment-Strategie *systemaffirmativen Charakter* impliziert und die ursprüngliche gesellschaftskritische Bedeutung des Konzepts pervertiert, ist unschwer zu erkennen. Insofern können sich unter dem Stichwort des Empowerment durchaus problematische Ansätze[53] verbergen, die eine *scharfe Abgrenzung* verlangen. Dieser Schritt ist um so wichtiger, wenn man bedenkt, dass es keine einheitliche Definition und Theorie des Empowerment gibt (hierzu HERRIGER 1997, 11f.), weshalb der Begriff in der augenfälligen Gefahr steht, ideologisch missbraucht zu werden und zu einer bloßen Leerformel zu gerinnen.

*Fehlentwicklungen* ergeben sich zum einen dort, wo Empowerment unter der Flagge der libertären Individualisierung benutzt wird. Denn Kompetenz-Trainingsprogramme oder psychologische Schulungen für Führungskräfte lassen »die individuelle Verantwortlichkeit für die eigene soziale

Situation allzuleicht zu einer zynischen, weil modernisierten und verdeckten, Variante des ›blaming the victim‹ (die Opfer sind für Leid selbstverantwortlich, G.T.) verkommen [...] Zudem kann diese Sichtweise durchaus als Entschuldigung für eine Reduzierung sozialstaatlicher Aktivitäten herhalten« (STARK 1996, 72; auch YEO 1993, 231). Indem Risiken der Modernisierung wie vor allem auch der immer massiver werdende Sozialabbau als unabänderliches Schicksal in Kauf genommen werden, verkehrt sich letztlich ein Projekt, das ursprünglich aus einem gemeinschaftlichen Interesse und solidarischen Handeln hervorgegangen ist, in ein Konzept der Entsolidarisierung und atomisierten Ellbogengesellschaft.

Zum anderen darf Empowerment auch nicht kommunitaristisch verkürzt werden, indem etwa die Interessen einer Gemeinde den Lebenszielen eines Individuums übergeordnet sowie den einzelnen Mitgliedern verordnet, ja aufoktroyiert werden. Ein solches Konzept trägt totalitäre Züge und steht dem Selbstbestimmungsgedanken des Empowermentansatzes entgegen. Überdies sind auch Kommunitarismus-Projekte ideologieanfällig, was das jüngste Interesse insbesondere der konservativen Politik und der ihr nahestehenden Wohlfahrtsverbände an ehrenamtlicher Tätigkeit in sozialen Arbeitsfeldern sichtbar werden lässt. Dass es hierbei nicht selten um verbrämte Versuche geht, Sozialausgaben einzusparen, ist ebenso wenig von der Hand zu weisen wie das Bestreben, Einfluss- und Kontrollmöglichkeiten im Sozialbereich über freiwillige und professionelle Helfer (Bundesgenossen) der ihr zugewandten Verbändewohlfahrt weithin zu sichern[54] (auch HAUCH 1998). Gerade dies aber ist für ein Empowermentkonzept, das das Selbstmanagement kritischer Lebenslagen in individueller und gemeinschaftlicher Hinsicht beschreibt, kontraproduktiv, weil im Endeffekt die Interessen übergeordneter Instanzen oder mächtiger Verbände den Rahmen abstecken, in denen sich Selbsthilfe-Gruppen oder Bürgerinitiativen bewegen dürfen.

Um konzeptionelle Verkürzungen und Vereinnahmungen[55] zu vermeiden, ist es wichtig, die Grundwerte und das Menschenbild von Empowerment zu beschreiben, da dann sichtbar wird, dass das Konzept individuelle Lebens- und Selbstverwirklichungsansprüche in kommunitärer Bezogenheit und sozialer Verantwortung zu denken verspricht.[56]

## Menschenbild

Ausgangspunkt der Empowerment-Philosophie[57] ist die Kritik an der in der sozialarbeiterischen, psychosozialen, therapeutischen, rehabilitativen oder heilpädagogischen Praxis weitverbreiteten Gepflogenheit, Menschen, die sich in gesellschaftlich marginaler Position befinden (sozial benachteiligte, unterprivilegierte Gruppen; alleinerziehende Frauen; psychisch Kranke; behinderte Menschen; Eltern behinderter Kinder) ausschließlich im Lichte von Mängeln, Schwächen, Defiziten, Inkompetenzen, von Hilflosigkeit, Ohnmacht, Hilfe-, Belieferungs- oder Anweisungsbedürftigkeit wahrzunehmen und zu behandeln. Theoretischer Bezugsrahmen dieser *Defizitorientierung* ist die Ideologie des traditionellen psychiatrisch-medizinischen Modells, die – wie schon eingangs (Kap.II) erwähnt – bis heute in der sozialen Arbeit, Behindertenhilfe und Heilpädagogik wirksam ist (auch HERRIGER 1997, 68f.; HÄHNER 1997b, 126f.).

Stattdessen gründet das Menschenbild der Empowerment-Philosophie auf einem tiefen Vertrauen in Stärken, Kompetenzen oder Fähigkeiten jedes Einzelnen, indem die biologisch angelegte Aktualisierungstendenz als positive Antriebskraft für menschliche Entwicklung und Entfaltung aufgefasst wird. Diese Grundannahme, die sowohl mit ROGERS (1973; 1981) Konzept der Persönlichkeit als auch mit Portmanns basaler Anthropologie[58] korrespondiert, ist von WEICK u.a. (1989) in einem wegweisenden Beitrag (hierzu DE JONG & MILLER 1995, 729) als »strengths model« für den Bereich der sozialen Arbeit aufbereitet worden.

> »Eine *Stärkenperspektive* (kursiv, G.T.) gründet sich auf Würdigung der positiven Attribute und menschlichen Fähigkeiten und Wege, wie sich individuelle und soziale Ressourcen entwickeln und unterstützen lassen [...] Alle Menschen haben eine Vielzahl von Talenten, Fähigkeiten, Kapazitäten, Fertigkeiten und auch Sehnsüchte [...] Die Präsenz dieser Kapazitäten für erhöhtes Wohlbefinden muss respektiert werden [...] Kontinuierliches Wachstum entsteht durch die (An-)Erkennung und Entwicklung von Stärken [...] Menschen wachsen nicht durch Konzentration auf ihre Probleme – im Gegenteil, dadurch wird das Vertrauen in die eigene Fähigkeit, sich auf selbstreflektierende Weise zu entwickeln, geschwächt.« (WEICK u.a. 1989, 352f.)

Eine mit diesem Stärkenmodell (auch HERRIGER 1997, 73ff.) verknüpfte normative Grundüberzeugung ist die *Selbstbestimmungsfähigkeit* des Menschen (WEICK & POPE 1988), die Annahme, dass Menschen die Fähigkeit haben zu bestimmen, was für sie selbst am besten ist. Selbstbestimmung, Autonomie oder auch menschliche Freiheit gehören wesenhaft zum Menschsein und lassen sich sowohl biologisch als auch anthropologisch begründen. Schon eingangs wurde darauf hingewiesen, dass wir es dabei stets mit einer *relativen Autonomie* zu tun haben, da sich die selbstorganisierenden und -regulierenden Prozesse nur durch aktive Beziehungen zur Umwelt vollziehen (PORTMANN 1970, 90, 98f.). Und je »passender« die Korrespondenz der Selbst-Struktur mit der Umwelt ist, desto günstiger können die impliziten Voraussetzungen für psychische Gesundheit eingeschätzt werden.

Diese *Umwelt*-Bezogenheit des Individuums wird in der neuzeitlichen Moderne und postmodernen Debatte zu wenig beachtet. Denn viele, die sich heute vollmundig der Selbstbestimmung verschrieben haben,[59] missverstehen den Begriff als einen grenzenlosen, libertären Individualismus, dessen antisoziale und naturschädigende Züge unschwer zu erkennen sind (auch BECK 1986; THIMM 1997). Selbstbestimmung darf aber weder anthropologisch noch biologisch absolut gesetzt werden; sie impliziert immer eine Hinwendung zum Anderen, zur menschlichen und nicht-menschlichen Welt, die den Einzelnen zu sozialer und ökologischer Verantwortung verpflichtet, ja zu einer Verantwortung gegenüber der »Welt als ›Ganzes‹« (Portmann). Diese Bindung bedeutet nicht etwa eine Negation oder Aufhebung individueller Freiheit, sondern sie bietet die Möglichkeit, Lebensautonomie sinnstiftend und sinnerfüllt zu verwirklichen.

Ein solcher Prozess kann freilich konfliktträchtig sein, insofern persönliche Interessen, Bedürfnisse und Wünsche mit sozialen Erwartungen und Anforderungen wie auch mit ökologischen Rahmenbedingungen, die das Individuum zur Anpassung verpflichten, im Widerstreit miteinander liegen können. Als *Ich-Identität* erscheint sodann die ständig zu erbringende Leistung, diese drei das Selbst-Konzept konstituierenden Momente ins Verhältnis zu setzen und auszubalancieren.[60] Im Lichte dieser Argumentation erweist sich *Selbstbestimmung als eine Beziehungs-Kategorie*, die den ganzen Menschen und seine Beziehung zur Welt miteinschließt. Für den Einzelnen bedeutet dies, dass der Grad seiner Autonomie oder Selbstverwirklichung dann am größten ist, wenn er sich weder von rücksichtsloser Bedürfnisdurchsetzung noch durch ein starres, von außen aufoktroyiertes Normengefüge bestimmen lässt und wenn von den gegebenen ökologischen Bedingungen keine unmittelbaren Bedrohungen oder Gefährdungen des Lebens ausgehen. Mit anderen Worten: Selbstbestimmung konstituiert sich auf der Grundlage personaler und sozialer Ich-Ansprüche, und je balancierter ihr Zusammenspiel ist, desto günstiger sind die Chancen für subjektive Zufriedenheit und psychische Gesundheit einzuschätzen.

Diese fundamentale Bezogenheit des Autonomieaspekts führt uns zu zwei weiteren Bezugswerten der Empowerment-Philosophie, die mit der Selbstbestimmung untrennbar verbunden sind (auch ILLICH 1975).[61] Zum einen geht es um *Verteilungsgerechtigkeit,* um eine »faire und gerechte Verteilung von Ressourcen und Lasten in der Gesellschaft« (PRILLELTENSKY 1994, 360). Dahinter verbirgt sich die Auffassung, dass Wohlstand und Macht in unserer Gesellschaft ungleich verteilt sind und dass sozialen Randgruppen wie den behinderten Menschen der Zugang zu Diensten, zum Gesundheits- und Bildungssystem sowie zur Arbeitswelt erschwert wird. Diese Benachteiligung oder Diskriminierung provoziert Protest und aktiven Widerstand, zum Beispiel in Selbsthilfeorganisationen, befördert aber nicht selten auch eine Demoralisierung der Betroffenen, ein Gefühl des Ausgeliefert-Seins oder der Machtlosigkeit; das gilt vor allem dann, wenn Einzelne als Einzelkämpfer immer wieder die Erfahrung machen, dass alle Anstrengungen zur Verbesserung ihrer Situation scheitern (KIEFER 1984). Im Endeffekt führen derlei »Nullpunkt-Erfahrungen« (HERRIGER 1997, 52ff.) zu einem Verlust von Selbstbestimmung oder Lebensregie und münden in einer »erlernten Hilflosigkeit« (SELIGMAN 1989). Insofern gehen mit sozialer Benachteiligung Risiken einher, die einer psychischen Gesundheit abträglich sind. Auf diesen Zusammenhang hat insbesondere KEUPP (1992) aufmerksam gemacht.

Zum anderen nennt PRILLELTENSKY (1994, 362) die *kollaborative und demokratische Partizipation* als Grundprinzipien der Empowerment-Philosophie. Hierbei geht es um Formen von Bürgerbeteiligung und zivilen Engagement im Sinne einer Demokratie von unten, die eine direkte öffentliche Teilhabe an politischen Entscheidungen eröffnen, die die individuelle und kollektive Lebensgestaltung, das persönliche Wohlbefinden und die unmittelbare Lebenswelt betreffen. Dieser Wert hebt »die Gestaltungsmöglichkeiten einer postmodernen Gesellschaft mit Erweiterung der Potentiale von Individuen und Gruppen (hervor, G.T.), wie auch die identitätsstiftenden Prozesse der Gemeinschaft« (STARK 1996, 72).

Alles in allem stellen wir fest, dass das Empowerment-Konzept auf einer Philosophie fußt, die die Kluft zwischen individuellen Interessen, sozialen Anforderungen und Systemzwängen zu überbrücken versucht, indem es zur Bewältigung von Problemlagen wie auch zur Förderung von Lebensautonomie auf menschliche Stärken und Fähigkeiten setzt, individuelle, soziale und ökologische Ressourcen so zu nutzen, dass akzeptable Lösungen für den Einzelnen, für die Gemeinschaft (Gesellschaft) und für die »Welt als ›Ganzes‹« (Portmann) statthaben können.

Spätestens an dieser Stelle ist wohl kaum zu übersehen, dass die Wertebasis der Empowerment-Philosophie eine starke Affinität zu dem Emanzipationsziel der *kritisch-konstruktiven Erziehungswissenschaft* aufweist, wie sie vor einigen Jahren insbesondere von KLAFKI (1970; 1971; 1976) mit Blick auf die Aufklärung und unter Einfluss der »kritischen Theorie« (HORKHEIMER 1968; ADORNO 1970) begründet und konzipiert worden ist. Ihr zufolge kann Emanzipation »als pädagogisch unterstützter ›Prozess der Befreiung und des Mündigwerdens‹ mit dem Ziel der ›Möglichkeit, Fähigkeit und Motivation von Individuen oder Gruppen zur Selbstbestimmung und zur gleichberechtigten Mitbestimmung bei gesellschaftlichen (bes. auch politischen) Entscheidungen‹« (SCARBATH 1978, 38) verstanden werden. Damit wird Emanzipation – als moderner Begriff der Aufklärung – nicht ausschließlich als ein Akt der Befreiung von gesellschaftlichen und individuellen Abhängigkeiten und Zwängen definiert, sondern mit drei grundlegenden Qualifikationen, nämlich mit der »Selbstbestimmungs-, Mitbestimmungs- und Solidaritätsfähigkeit« (KLAFKI, 1985, 17; 1990, 94) in Verbindung gebracht, die auf ein bestimmtes Verständnis vom Menschen verweisen:

> »Er wird grundsätzlich als ein zu eigener Einsicht, zur vernünftigen Bestimmung seiner Handlungen, zu freier Anerkennung seiner Mitmenschen, zur Personalität fähiges Wesen verstanden, und diese Qualitäten werden prinzipiell jedem Menschen als *Möglichkeit* und als *Recht* zugesprochen.« (ebd., 1970, 264)

Diese normative Grundüberzeugung entspricht ganz dem Menschenbild der Empowerment-Philosophie; und auch an anderer Stelle gibt es konzeptionelle Gemeinsamkeiten, wo es explizit um Solidarität und Kooperation mit Menschen geht, die sozial benachteiligt werden oder denen Selbstbestimmung weitgehend verwehrt wird. Des weiteren zielen beide Ansätze auf die Verbesserung gesellschaftlicher Verhältnisse und fühlen sich » – auch in Zeiten eines konservativen Roll-Backs – einer konkreten politischen Utopie verpflichtet« (HERRIGER 1996a, 292f.).

Wenngleich beide Konzepte in der Tradition der Aufklärung auf Emanzipation und eine lebendige Demokratie setzen, scheint das Vertrauen in die individuellen und kollektiven Ressourcen der Betroffenen zu einer eigenverantwortlichen Verbesserung ihrer Lebensbedingungen in der

Empowerment-Philosophie wesentlich größer zu sein. Dadurch, dass der Empowermentansatz sich kompromisslos den Menschenstärken und Potentialen der Selbstaktualisierungs- und Selbstregulierungskräfte verschreibt, respektiert und akzeptiert er zugleich stärker den Eigen-Sinn Betroffener sowie unkonventionelle Lebensentwürfe; gleichzeitig nimmt er die Risiken der Normalität – und das heißt auch die Gefahr des Scheiterns – stärker in Kauf. Im Gegensatz dazu war und ist das Konzept der kritisch-konstruktiven Erziehungswissenschaft von einem übermächtigen professionellen Expertentum gekennzeichnet, dem nicht selten ein Beharren auf das richtige Bewusstsein, eine aufklärerische Besserwisserei, eine Intoleranz gegenüber Andersdenkenden sowie eine Bevormundung insbesondere der Adressatengruppen nachgesagt wurde (BRENZINKA 1972; BATH 1974; SCARBATH 1987, 39). Mittlerweile findet allerdings auch in der kritisch-konstruktiven Erziehungswissenschaft, vor allem durch die Hinwendung zum »*praktischen Diskurs*« (Klafki), eine Aufwertung der Betroffenen-Perspektive statt, so dass hier gleichfalls eine Nähe zu der Empowerment-Philosophie konstatiert werden kann (hierzu auch THEUNISSEN 1997f.).[62] Dies bedeutet im Endeffekt eine Neuorientierung professionellen Handelns, da die Lösung gesellschaftlicher Probleme oder die Überwindung von individuellen Problemlagen nicht direkt von Fachleuten vorgegeben oder gar verordnet werden können. Genau diesen Aspekt greift die Empowerment-Philosophie mit einer *neuen Kultur sozialberuflichen Handelns* (HERRIGER 1997, 75) auf.

### Leitprinzipien von Empowerment

Angesagt ist damit nicht nur eine Neubestimmung des Verhältnisses von professionellem Helfer und Betroffenen, sondern zugleich auch ein anspruchsvolles Programm für die konkrete Praxis. Von grundlegender Bedeutung ist zunächst einmal die deutliche Abkehr von der Defizitorientierung und individuumzentrierten Problemsicht. Betroffene – hier Menschen mit geistiger Behinderung oder Eltern behinderter Kinder – werden als Experten in eigener Sache  betrachtet. Damit hat sich die Empowerment-Praxis der Norm verschrieben, nicht für ihre Adressaten zu handeln, sondern Konsultation, Kooperation, Unterstützung und Assistenz anzubieten, so dass Betroffene auch in schwierigen Lebenslagen zu einer eigenständig-verantwortlichen Problemlösung und Situationsbewältigung gelangen können. »Der Blickwinkel richtet sich hier gezielt auf die *Ressourcen und Stärken der Menschen, auf ihre Potentiale zur Lebens-*

*bewältigung und Gestaltung* – auch unter den eingeschränkten Bedingungen des Mangels oder vor dem Hintergrund vielfältiger persönlicher und sozialer Defizite« (STARK 1996, 108). In diesem Sinne gelten Betroffene grundsätzlich als fähig, ihre Probleme selbst zu lösen. Daher sollten Problemlösungswege nicht von professionellen Helfern aufgezeigt werden, sondern sie sollten ihre Aufgabe darin sehen, einen Prozess anzuregen und zu unterstützen, indem Betroffene »innerhalb sozialer Systeme bestimmte persönliche, organisatorische und gemeinschaftliche Ressourcen entdecken können, die sie befähigen, größere Kontrolle über ihr eigenes Leben – und nicht über das anderer Menschen – auszuüben und ihre Ziele zu erreichen« (ebd., 1993, 41). Die Leitprinzipien, die diesen Prozess ermöglichen, möchten wir nun im Einzelnen beschreiben.

### *Vertrauen in die Fähigkeiten des Einzelnen sein Leben in eigener Regie zu gestalten*

Dieser Grundüberzeugung entsprechend werden Betroffene »nicht als Mängelwesen angesehen, die in pädagogisch-fürsorgliche Vollversorgungsprogramme eingepackt werden müssen. Ganz im Gegenteil: Menschen tragen das Potential zu ihrer Selbstaktualisierung in sich; sie verfügen – so die feste Überzeugung dieses Denkmodells – über das Rüstzeug zu einem nach eigenen Maßstäben gelingenden ›Lebensmanagement‹.« (HERRIGER 1997, 75) Das gilt auch im Falle einer Hospitalisierung – wohlwissend, dass es im Einzelfalle alles andere als einfach ist, verdeckte, lebensgeschichtlich versandete Kompetenzen aufzuspüren, zu entschlüsseln und zu revitalisieren.

### *Vertrauen in die Fähigkeit des Einzelnen Krisen zu meistern (Stigma-Management; Coping)*

Dieser Aspekt unterstreicht noch einmal die obige Grundüberzeugung, dass in jedem Menschen Potentiale, Kräfte oder »positive« Widerstandsressourcen (z.B. Sublimierung; um Hilfe bitten; aus dem Wege gehen) vorhanden sind, die mobilisiert und eingesetzt werden können, um stresshafte Situationen oder Lebensprobleme zu bewältigen (STARK 1996, 97). Entscheidend für die Empowerment-Praxis sind das Aufspüren, Bewusstmachen und Unterstützen entsprechender Fähigkeiten (Coping), die zum Beispiel bei Menschen, die eine Hospitalisierung durchlaufen haben, nicht selten im Verborgenen schlummern und durch »kritische« Bewältigungsformen (fremd- und autoaggressives Verhalten, sozialer Rückzug) abgelöst oder überformt wurden (LINGG & THEUNISSEN 1997, 72ff.).

*Unbedingte Annahme des anderen*

Bei dieser Norm, die mit Portmanns basaler Anthropologie korrespondiert (THEUNISSEN 1997b, 94f.), geht es um eine voraussetzungslose Annahme und Bejahung des anderen als Person. Das bedeutet zugleich auch eine Bestätigung seines So-Seins, eine Anerkennung seines Eigen-Sinns und seiner »Selbstdarstellung« (Portmann) sowie Respekt vor seinen Lebensentwürfen, die unkonventionell sein können und »üblichen« Normen nicht entsprechen müssen (HERRIGER 1997, 77). Die Empowerment-Praxis versucht dieser Selbstdarstellung oder Daseinsgestaltung Raum zu lassen, was im postmodernen Sinne der gesellschaftlichen Pluralisierung von Lebensstilen entspricht (auch WELSCH 1993, 43).

*Verzicht auf etikettierende, entmündigende*
*und denunzierende Expertenurteile*

Die Wertschätzung des anderen als Person sowie die Anerkennung seiner Lebensautonomie verbieten es, den Betroffenen und seine Lebenssituation mit Etikettierungen oder Stigmata zu entwerten. Denn Etikettierung, Stigmatisierung, pauschalisierende Urteile oder auch einfache Zuordnungen zu bestimmten »Klientenbildern« werden den Bedürfnissen und Interessen der Betroffenen in keiner Weise gerecht, verengen den Blick auf das Defizitäre und versperren die Sicht für Menschenstärken, für individuelle und soziale Ressourcen. Die Empowerment-Philosophie legt daher nahe, auf etikettierende Diagnosen gänzlich zu verzichten (WEICK u.a. 1989, 353). Stattdessen ist es ihr um das *Verstehen der Betroffenen* zu tun, wobei weniger eine Problemsicht denn eine Stärken- und Ressourcenperspektive als Anknüpfungspunkt für Lösungswege, Zukunftsentwürfe und professionelle Unterstützung fokussiert werden soll.

*Respekt vor der Sicht des anderen und seinem Entscheidungen*

Die traditionellen Konzepte sozialer Hilfe und auch der Heilpädagogik suggerieren, dass professionelle Helfer über profundes Fachwissen verfügen und daher besser wissen als Betroffene, was ihnen gut tut und was nicht. Dementsprechend werden von den professionellen Helfern Problemlösungswege festgelegt und Rezepte verordnet im Glauben, dadurch ein sozial erwünschtes Verhalten hervorrufen zu können. Die Annahme von Informationen oder Instruktionen folgt jedoch nicht einem simplen Input-Output-Modell. Aus der psychosozialen Praxis weiß man, dass der Erfolg einer Maßnahme keineswegs vom erteilten Rat des professionellen Helfers, sondern in erster Linie vom Betroffenen selbst abhängt (auch THEUNISSEN 1992, 168ff.). Diese Grundeinsicht macht sich die Empowerment-Philosophie zu eigen, indem sie die Betroffenen anregt, eigene Lösungswege zu finden und dementsprechend zu handeln. Außerdem greift sie die systemische Sicht auf, dass jeder Einzelne seine eigene Sichtweise von Wirklichkeit hat und dass es unterschiedliche Wege zur Lösung eines Problems geben kann. Dies müsse von den professionellen Helfern akzeptiert und in der Praxis berücksichtigt werden. Dementsprechend wird in der Empowerment-Philosophie »das Recht des Adressaten auf einen eigenen Weg und eine eigene Zeit« (HERRIGER 1997, 78) festgeschrieben. Indem Betroffene ihren eigenen (Lösungs-)Weg finden sollen, verabschiedet sich die Empowerment-Praxis zugleich von der Fixierung auf eng umschriebene, helferdominante Hilfe- und Zeitpläne sowie auf festgelegte Methoden, die nicht selten an der Bedürfnislage des Subjekts und seinen Kompetenzen vorbeizielen. Die Wertschätzung der Betroffenen-Perspektive verlangt eine pragmatisch-eklektizistische Vorgehensweise, die es gemeinsam zu entwickeln gilt. Ein Methodenmonismus hat im Empowerment keinen Platz.

### Orientierung an der Rechte-Perspektive, Bedürfnislage und Lebenszukunft der Betroffenen

In der traditionellen Sozialarbeit (Fürsorge, Wohlfahrt) müssen Klienten die Rolle von Bittstellern oder Almosenempfängern übernehmen. Empowerment setzt bei den Rechten der Betroffenen an und betrachtet ihre Adressaten als Kunden von Dienstleistungen. Das bedeutet nicht nur eine Aufwertung der Betroffenen als Klientel sozialer Arbeit, sondern zugleich eine Aufwertung als Subjekt, da der Einzelne auf der Basis der ihm zustehenden Rechte individuelle Bedürfnisse artikulieren und entsprechende Ansprüche (Leistungen) erwarten und einfordern kann.

Außerdem ist es in der herkömmlichen Praxis Gepflogenheit, die aktuelle Situation der Klienten nur im Lichte von Mängeln, Defiziten und gescheiterten Lebensläufe wahrzunehmen und aufzubereiten. Dementsprechend werden die Lebensgeschichten fast ausschließlich als »Misserfolgsgeschichten« (HERRIGER 1997, 81) gelesen, indem sich der retrospektive Blick ganz auf das Negative konzentriert. Die Empowerment-Praxis sucht dagegen in der individuellen Biographie vornehmlich nach Menschenstärken, Ressourcen oder auch versandeten Fähigkeiten, da ihrer Philosophie entsprechend Menschen »nicht durch Konzentration auf ihre Probleme« (WEICK u.a. 1989, 353) Kontrolle und selbstbestimmte Verfügung über die eigenen Lebensumstände (zurück-)gewinnen können, sondern nur durch die Anerkennung und Entwicklung von Stärken und Selbstvertrauen. Lebensgeschichten bieten in diesem Sinne wichtige Anhaltspunkte für die Entwicklung neuer individueller Zukunftsplanungen oder Lebensstile.

### Beachtung der Lebenswelt und sozialen Ressourcen

In der herkömmlichen sozialen Arbeit, insbesondere auch in der Heilpädagogik, scheint es allzu selbstverständlich zu sein, Probleme von Menschen in gesellschaftlich marginaler Position gemäß der medizinisch-psychiatrischen Denkfigur zu pathologisieren und zu individualisieren. Diese Entkontextualisierung von Lebensproblemen führt auf handlungspraktischer Ebene zu einer »Interventionsstrategie, welche strikt individualistisch konzipiert ist, die Dialektik von Individuum zum Adressaten eines (von medizinischen Therapiekalkülen geleiteten) Veränderungsinteresses macht« (HERRIGER 1997, 69). Empowerment folgt dagegen der systemökologischen Sicht, menschliche Entwicklung in einem reziproken Lebenswelt-Zusammenhang zu begreifen (BRONFENBRENNER 1981; auch THEUNISSEN 1992, 72ff.; SPECK 1996a, 282ff.; SEIFERT 1997, 183ff.). Das hat Konsequenzen für die Praxis, die die konkrete Lebenswelt bei der Sichtung einer Problemlage und Entwicklung einer Stärkenperspektive zu beachten hat. Psychosoziale Probleme gelten aus systemökologischer Sicht »als individuelle Lösungsversuche im Spannungsfeld individueller Bedürfnisse und gesellschaftlicher Widersprüche und Belastungen der alltäglichen Lebenswelt« (KEUPP 1990, 108f.). Auch Lebenserfolge interagieren »ständig mit politischen, wirtschaftlichen, sozialen und natürlichen Zwängen der Gesellschaft« (WEICK u.a. 1989, 353), weshalb es wichtig ist, sowohl autonomiehemmende Faktoren (z.B. Institutionalisierungseffekte) als auch autonomiefördernde Bedingungen (soziale Ressourcen) in konkreten Lebensbereichen zu erfassen. Denn nur dann kann »professionelle Unterstützung die bessere Wahrnehmung und Nutzung der lebensweltlichen Ressourcen fördern und bei der Überwindung der sozialen Ursachen für immer wiederkehrende Belastungen mitwirken« (KEUPP 1990, 109).

### Respekt vor der Selbstverantwortung des Einzelnen

In der herkömmlichen Praxis wird nicht selten davon ausgegangen, dass Menschen in marginaler Position ihre Lage weithin selbstverschuldet hätten und daher für ihr Schicksal selbstverantwortlich seien. Zugleich wird ihnen aber Selbstverantwortung und Mitspracherecht abgesprochen, wenn es um die Planung von Hilfemaßnahmen geht. In diesem Falle nehmen sich in der Regel die professionellen Helfer das Recht heraus, Betroffenen zu sagen, was für sie gut und richtig ist. Für den Erfolg beziehungsweise das Scheitern einer Maßnahme sind dann wiederum die Betroffenen verantwortlich. Dieser Widerspruch wird im Empowerment-Konzept aufgelöst, indem Betroffene nicht als Verwaltungsobjekte behandelt, sondern als kompetente *und* selbstverantwortliche Kunden betrachtet, konsultativ beraten und unterstützt werden. Insofern haben hier weder eine Schuldzuschreibung noch etikettierende, linear-kausal geprägte Denkmodelle (Wenn-Dann-Beziehungen) ihren Platz, die es durch die *systemische Perspektive* – die Beschreibung von zirkulären Prozessen und Wechselbeziehungen – zu ersetzen gilt. Selbstverantwortung setzt in der Empowerment-Philosophie voraus, dass den Betroffenen Möglichkeiten offeriert werden, zu eigenen Problemlösungsentwürfen wie auch zu individuellen Zukunftsplanungen zu gelangen. Professionelle Helfer haben dafür Sorge zu tragen, dass eine entsprechende Unterstützung statthat; und das bedeutet, dass sie nicht für ihren Adressaten verantwortlich sind, sondern sich *vor* ihm zu verantworten haben.

## Normalisierung und Förderung

Die vorausgegangenen Leitprinzipien haben grundlegende Bedeutung für eine am Empowerment-Konzept orientierte Praxis. In Anbetracht ihres allgemeinen Charakters ist es notwendig, sie für die konkrete Arbeit zu präzisieren. Damit rückt die *Zielgruppe* in den Fokus von Empowerment.

Ein Blick in die Geschichte der Behindertenhilfe (Kap. I) genügt, um festzustellen, dass Menschen, die als geistig (schwerst- und mehrfach) behindert gelten, jahrzehntelang als »bildungsunfähig« betrachtet und behandelt wurden. Theoretischer Bezugspunkt dieser Praxis war seit Ende vorigen Jahrhunderts das psychiatrische Modell, dem sich die Heilpädagogik verschrieben hatte.[63] Die große Mehrheit geistig behinderter Menschen (unter IQ 50) galt als Pflegefälle, und es dominierte das Konzept Krankenhaus. Ihre Unterbringung in psychiatrischen Krankenhäusern, vergleichbaren Großanstalten, Pflegeheimen, Alten- und auch Feierabendheimen (in der DDR) war weltweit Normalität.

Ideologiekritisch hinterfragt wurde sie erst, als menschenunwürdige Zustände und Praktiken in vielen psychiatrischen Anstalten, Pflege- und Altenheimen öffentliches und politisches Aufsehen erregten. Dank der anti- und sozialpsychiatrischen, bildungs-, kultur- und sozialpolitischen Bewegungen Ende der 60er Jahre war es dann unter den Stichworten der »Normalisierung« und »gesellschaftlichen Integration« in vielen westlichen Ländern zu einer entscheidenden Umorientierung der Behindertenarbeit gekommen (THEUNISSEN 1987a; 1995; auch Kap. III). Es gab eine »Dekade des Aufbruchs« (HÄHNER 1997a, 28ff.), die vor allem durch *institutionelle Reformen* gekennzeichnet war. Neben der Verbesserung äußerer Bedingungen – z.b. durch Ausgliederung geistig behinderter Menschen aus der Psychiatrie und Schaffung gemeindenaher Wohnformen – zeichnete sich aber auch eine Neubestimmung der *praktischen* Arbeit ab.

Der therapeutische Nihilismus wurde durch einen *pädagogischen Optimismus* (THEUNISSEN 1989a; 1994a) ersetzt: Menschen mit schwerer geistiger und mehrfacher Behinderung galten nun als förderbar. Sie sollten durch gezielte Lernprogramme, insbesondere durch lebenspraktisches Training und verhaltenstherapeutische Maßnahmen zum Erlernen von Selbsthilfe-Fähigkeiten für ein möglichst normales Leben verselbstständigt werden (THOMPSON & GRABOWSKI 1976; zusammenfassend auch THEUNISSEN 1994a, 80ff.; BÄCHTHOLD 1990). *Förderung* wurde damit zu einer zentralen Handlungsmaxime der behindertenpädagogischen Arbeit (auch DANFORTH 1997, 98f.).»Der Begriff der ›Förderkette‹, also das Durchlaufen bestimmter Förderstufen, symbolisiert in besonderer Weise dieses Denkmodell: Die Aufnahme und Akzeptanz in die ›normale‹ Gesellschaft erfolgt erst, wenn ein bestimmtes Maß an Hilfebedarf abgebaut und ein gesellschaftlich akzeptierter Grad an Selbstständigkeit erreicht ist (Selbstständigkeitsförderung)« (BRADL 1996a, 369). Bis heute steht der Begriff der Förderung hoch im Kurs, vor allem auch in der schulischen Sonderpädagogik. Allerdings trägt er ein Janusgesicht und beinhaltet verschiedene Probleme.

### Defizitorientierung und Symptomzentrierung
Viele Förderkonzepte, vor allem unter dem Stichwort der »Heilpädagogik«, sind defizitorientiert und symptomzentriert, indem sie sich ausschließlich am Nicht-Können von Menschen mit geistiger Behinderung orientieren (hierzu kritisch GOLL 1994; THEUNISSEN 1997a, 15ff.).

### Inszenierung einer Behandlungsbedürftigkeit
Die Beschreibung geistig behinderter Menschen vom Nicht-Können her (z.B. OY & SAGI 1995, 15ff.) korrespondiert mit dem Ziel des Verändernwollens, womit eine Behandlungsbedürftigkeit geistig behinderter Menschen inszeniert wird. Dementsprechend werden Förderpläne *für* den Betreffenden entwickelt, wobei die *Gefahr der Verobjektivierung und*

*Verplanung* Betroffener eklatant ist. Eine Entwicklung von Förderkonzepten *gemeinsam* mit Betroffenen ist nicht vorgesehen (auch NIEHOFF 1997c, 177ff.). Sie haben sich als zu »behandelnde« Mängelwesen den Instruktionen der Förderer gänzlich anzupassen.[64]

### Fremdbestimmung und Subjektvergessenheit

Durch eine Förderung, die sich als heilpädagogische (Übungs-)Behandlung begreift, werden Betroffene fremdbestimmt, eigener Sichtweisen beraubt sowie in ihrer Kreativität und ästhetischen Ausdrucksweise (Selbstdarstellung) unterdrückt. Die Berücksichtigung individueller Bedürfnisse und Interessen hat hier ebenso wenig Platz wie das Anstiften zu Eigeninitiative, selbstentwickelten Zielen und selbstinitiierten, subjektiv bedeutsamen Tätigkeiten.

### Orientierung am traditionellen Therapiemodell

Förderung in dem hier beschriebenen Sinne orientiert sich ganz an dem traditionellen Modell einer medizinischen Therapie (THEUNISSEN 1993a, 139; HAEBERLIN 1996a, 17ff.). Dementsprechend werden vor dem Hintergrund der Diagnostizierung von Defiziten oder Auffälligkeiten Förderkonzepte weitgehend individualistisch konzipiert, die dann als heilpädagogische Behandlungsmaßnahmen analog zu einer Therapie – in aller Regel fernab von der konkreten Lebenswelt – in einer eigens hierfür geschaffenen »Stätte eines Sonderdaseins« (z.B. Therapieraum oder Förderzentrum) durchgeführt werden. Die *Besonderung* Betroffener durch eine *lebensweltferne Praxis* steht dabei außer Frage.

### Hierarchisches Beziehungsverhältnis

Förderung in diesem traditionellen Sinne impliziert in Analogie zum Verhältnis von Arzt und Patient ein grundsätzliches Machtgefälle zwischen dem professionellen Helfer und seinen Adressaten. Sie konstituiert sich als ein hierarchisches Verhältnis, indem der professionelle Helfer über den Betroffenen verfügt, ihn seinen Absichten unterwirft und ihn beherrscht. Dieses asymmetrische Herrschaftsverhältnis wird nicht hinterfragt. Nicht selten entsteht bei der Durchführung von Förderung der Eindruck, als ob der professionelle Helfer unabhängig von seiner Persönlichkeit und seiner aktuellen Befindlichkeit agieren könne. Dabei wirkt sein Handeln oft unpersönlich, steril, technokratisch, gekünstelt oder gefühlskalt, so dass verzerrte Kommunikations- oder Interaktionssituationen die Regel sind (auch NIEHOFF 1997c, 179).

### Inszenierung einer lebenslangen Förderbedürftigkeit

Eine nach dem traditionellen Therapiemodell konzipierte Förderung ist einer lebensweltorientierten behindertenpädagogischen Arbeit in der Regel unterlegen (GARRIES/HAZINSKI/HOLLENWEGER 1992; auch THEUNISSEN 1997a, 180ff.). Neben der *Ignoranz des sozialen Faktors* sind Förderkonzepte in dem hier beschriebenen Sinne aber auch aus einem anderen Grunde wenig erfolgreich: Sie operieren in dem Glauben, dass pädagogische oder therapeutische Instruktionen von den Betroffenen ingenieursmäßig befolgt würden. Dem liegt die alte Vorstellung zugrunde, geistig behinderte Menschen könnten nicht selbst Entscheidungen treffen und seien unselbstständig,»sie verfügten über keine Selbststeuerungsinstanz und müssten deshalb dirigiert werden« (SPECK 1996b, 18). Trotz geringer Erfolge, die sich eher in Anpassung denn im Gewinn von Lebensautonomie äußern, wird diese Praxis nicht selbstkritisch reflektiert. Vielmehr wird gefolgert, dass auf Grund umfänglicher, schwerwiegender Lernbeeinträchtigungen sowie mühselig erarbeiteter Lernfortschritte, die sich im Alltagsleben oft kaum bemerkbar machen, Betroffene lebenslang förderbedürftig seien. Damit wird zugleich das traditionelle Modell Förderung legitimiert und zur Philosophie einer zeitgemäßen Heilpädagogik erkoren. Tatsächlich aber gewinnt Förderung eine Alibifunktion: Man tut was für die Betroffenen – und vergißt dabei *deren* Perspektive.

### Uneingeschränkter Glaube an die Effektivität geschlossener Curricula

Bereits zuvor wurde der uneingeschränkte Glaube an pädagogische und therapeutische Instruktionen erwähnt. Diese korrespondieren mit von außen gesetzten Normen, die als Lernziele formuliert auf möglichst ökonomische und rationale Weise erreicht werden sollen. Hierzu bedarf es geschlossener Fördercurricula, die sich durch eine behavioristisch geprägte Optimierung von Lernprozessen auszeichnen. Der Diagnostizierung von Defiziten folgt die Operationalisierung des Nicht-Könnens als Grundlage eines Förderkonzepts,»gegliedert in Fein- und Grobziele, in kurzfristig und langfristig angestrebte Veränderungen. Die Methodik zur Erreichung dieser Verhaltensänderungen oder des ›Verhaltensaufbaus‹ wird ebenfalls festgeschrieben« (HÄHNER 1997b, 127). Verhaltensabweichungen sind in diesem von der professionellen Fachkraft festgelegten Rahmen unzulässig und daher nicht vorgesehen. Die Befolgung von Instruktionen zur Erreichung der geforderten Norm ist das Gebot der Förderung.»Die damit verbundene Absicht und Vorstellung ihrer extern organisierten Wirkung ist eindeutig: Ich fördere dich, beziehungsweise: Das Kind wird gefördert! Es wird damit zum passiven Aneigner von Inputs, denen der Output entsprechen muss« (SPECK 1997b, 23f.).

## Übertherapeutisierung des Alltagslebens

Der mangelnde Erfolg einer Förderung im traditionellen Sinne verleitet dazu, Betroffene mit unterschiedlichsten Förderkonzepten in ihrem Alltagsleben zu überschütten. Aus Förderung wird ein Förderungszwang, indem Spezialisten unterschiedlichster Provenienz (Heilpädagoge; Beschäftigungstherapeutin; Sprachtherapeut; Physiotherapeutin) mit ihren Konzepten und den ihnen vertrauten Werkzeugen am Nicht-Können Betroffener zu operieren versuchen. Verschiedene Köche verderben jedoch bekanntlich den Brei. Auch in der Arbeit mit geistig (schwerst- und mehrfach) behinderten Menschen hat sich diese Form der Übertherapeutisierung als Irrweg erwiesen. Sie ignorieren das »Selbst-Sein-Dürfen«, weshalb sie der Persönlichkeitsentwicklung Betroffener eher schaden als nutzen.

## Ignoranz der Ganzheitlichkeit des Individuums

Wenngleich der umstrittene Begriff der Ganzheitlichkeit des Individuums in der Heilpädagogik eine prominente Rolle spielt, wird er in der traditionellen Förderung in keiner Weise angemessen umgesetzt. Zum einen liegt hier das Missverständnis zugrunde, das Ganze beschränke sich nur auf die körperlich-seelisch-geistige Einheit des Menschen. Damit aber wird die Totalität des Individuums absolut gesetzt und entkontextualisiert. Vernachlässigt und völlig ausgeklammert bleibt der Umweltbezug, der von einer ganzheitlichen Betrachtung des Menschseins nicht abgekoppelt werden darf. Zum anderen verleitet die Konzentration auf das Nicht-Können zur Entwicklung von Funktionstrainingsprogrammen, Lerntherapien oder heilpädagogischen Übungsbehandlungen, die sich durch ein isoliertes Training und Einüben von Fertigkeiten oder Verhaltensweisen auszeichnen. Das aber befördert eine Zerstückelung des Individuums, da durch eine symptomzentrierte Praxis der Einzelne nicht in »sinnvolle Zusammenhänge des Lebens eingeführt und so zum Selbstdeuten von Wirklichkeit, zum sinnerfüllten Gebrauch seiner körperlich-geistigen-seelischen Kräfte, zum ›Gebrauch des Lebens‹ befähigt« werden kann (KLEIN 1983, 38).

### Ignoranz des kommunikativen Bezugs

Förderung in dem hier beschriebenen Sinne ignoriert weiter den kommunikativen Bezug. Der professionelle Helfer begreift sich nicht als Teil des Ganzen, sondern er steht und definiert sich völlig außerhalb des pädagogisch-therapeutischen Geschehens. Dass von ihm aus – von seiner Persönlichkeit und subjektiven Befindlichkeit – Wirkungen auf das Beziehungserleben des Betroffenen ausgehen, er zudem das Kommunikationserleben des anderen beeinflusst, kommt bei diesem traditionellen Rollenverständnis nicht in den Blick. Ignoriert wird letztlich das Moment der zwischenmenschlichen Beziehung, deren Bedeutung damit sowohl für menschliches Lernen und menschliche Entwicklung als auch für psychische Gesundheit völlig unterschätzt wird. Dies ist ein eklatanter Kunstfehler der traditionellen heilpädagogischen Förderung.

### Zwang zur Anpassung an die geforderte Norm

Hinter einer Förderung in dem hier beschriebenen Sinne verbirgt sich der Zwang zur Anpassung an eine gesellschaftlich wünschenswerte oder geforderte Norm. Letztendlich geht es um (Wieder-)Herstellung von Normalität zum Zwecke eines optimalen Funktionierens unter bestimmten Voraussetzungen (z.B. als angepasster Wohnheimbewohner; als fleißiger WfB-Arbeiter). Normal ist sodann, wer in der Lage oder bereit ist, die geforderten Leistungen zu erbringen. Insofern wird weder Normalität kritisch hinterfragt, noch wird reflektiert, ob Förderung in diesem Sinne den Betroffenen überhaupt dient. Diese Frage lässt sich nur gemeinsam mit dem Betroffenen beantworten, sei es durch ein einfühlsames, nondirektiv geprägtes Gespräch, sei es durch ein empathisch-verstehendes Wahrnehmen, Mittun und Miterleben – diagnostische Aspekte einer subjektzentrierten Vorgehensweise, die in der traditionellen Förderung nicht vorgesehen sind.

Alles in allem dokumentieren die anskizzierten (miteinander verwobenen) Probleme ein *orthodoxes Förderverständnis*, dem das Empowerment-Konzept eine scharfe Absage erteilt. Förderung kann und darf nicht direkt bzw. ausschließlich von professionellen Helfern geplant, bestimmt und verordnet werden – dies gilt im übrigen auch für eine Therapie in der Heilpädagogik.[65] Und ebenso wenig darf der Fokus auf dem Nicht-Können und einer entsprechenden (Übungs-)Behandlung liegen. Der philosophische Leitfaden von Empowerment ist das unbedingte Vertrauen in Menschenstärken, und das heißt im Hinblick auf Förderung, Prozesse aufzuspüren, anzuregen und zu unterstützen, die den Einzelnen in die Lage versetzen, aus sich selbst etwas zu machen, seine eigene Angelegenheit in die Hand zu nehmen, eigene Kräfte und Fähigkeiten zu entdecken und unter Nutzung sozialer Ressourcen zu gebrauchen. Ziel einer *Förderung im Sinne von Empowerment* sollte (vgl. Kap. V) somit sein, »für Menschen die Möglichkeiten zu erweitern, ihr Leben zu bestimmen« (RAPPAPORT 1985, 269). Und dabei geht es nicht vorrangig oder ausschließlich um eine von außen gesetzte Leistungsnorm, sondern vielmehr um ein Arrangement von Lernsituationen und Handlungsräumen zur Entdeckung, Bewusstwerdung und Entwicklung eigener Stärken und Fähigkeiten, um mehr und in immer größerem Grade Kontrolle, Selbstbestimmung und Verfügung über die eigenen Lebensumstände zu gewinnen[66] (COUPE-O'KANE & SMITH 1994; SEBBA u.a. 1995).

### Normalisierung und Normierung

Wenngleich dieses Ziel der Unterstützung von Selbstgestaltungskräften und der (Wieder-)Herstellung von Selbstbestimmung im Empowerment-Ansatz eine prominente Rolle spielt, ist es keineswegs eine Entdeckung dieser Philosophie. Vielmehr begegnen wir dieser Zielvorstellung schon im Konzept der *Normalisierung* (NIRJE 1972; WALLNER 1980; WALUJO & MALMSTRÖM 1996, 9; WINUP 1994; auch SEIFERT 1997, 46f.). Das aber war in der Dekade des Aufbruchs kaum zur Kenntnis genommen worden. So gab es nur wenige Ansätze in der Arbeit mit hospitalisierten, geistig- und schwerstbehinderten Menschen, die den Selbstbestimmungsgedanken im Rahmen ihrer Normalisierungsbemühungen explizit aufgegriffen hatten oder auch schon auf Empowerment hin angelegt waren.[67] In Anbetracht der skandalösen institutionellen Verhältnisse sowie der eklatanten Benachteiligung hospitalisierter Menschen mit Behinderung hatte im Zuge der Reformen (THEUNISSEN 1995; auch Kap. III) zunächst die Verbesserung äußerer Bedingungen Priorität, wobei häufig Bedürfnisse, Wünsche und Mitgestaltungsmöglichkeiten der Betroffenen zu wenig Beachtung fanden. So wurde zum Beispiel eine Einheitsmöblierung von Wohngruppen einer individuellen Wohnraumgestaltung der Einfachheit halber – oft aus verwaltungstechnischen Gründen – vorgezogen. Damit wurde aus Normalisierung nicht selten *Normierung*.

Da entsprechende Fehlentwicklungen des Normalisierungsgedankens vielerorts zu beobachten waren, nahm die Frage der Normalisierung behinderter Menschen in der Fach- und auch öffentlichen Diskussion der frühen 80er Jahre breiten Raum ein (hierzu auch HÄHNER 1997a, 33). Neben reformierten Behinderteneinrichtungen und neuen gemeindenahen

Wohnformen (z.B. auch Wohnheime in der Regie der Lebenshilfe) waren es insbesondere Großanstalten der traditionellen Verbändewohlfahrt, in denen unter dem Etikett der Normalisierung die Inszenierung der Hilfe- und Versorgungsbedürftigkeit geistig behinderter Menschen weiterhin fortgeschrieben und redlich gepflegt wurden.[68] Das galt im übrigen auch für Anstalten und Heime, in denen Menschen mit Körperbehinderungen oder Sinnesschädigungen lebten. Und dieser Personenkreis war es, der sich als erster aus der Betroffenen-Perspektive gegen diese Prozesse der Verdinglichung und Fremdbestimmung wandte (hierzu VIF 1982; THEUNISSEN & PLAUTE 1985, 14ff.; THEUNISSEN 1998c). Viele Menschen mit Körperbehinderungen und Sinnesschädigungen hatten erkannt, dass verbandspolitische, wirtschaftliche und auch berufsständische Interessen in Verbindung mit einem Persistieren auf Allzuständigkeit und Besserwisserei in den (großen) Institutionen der Behindertenhilfe meistens überwogen, so dass die Dienstleistungen nur selten ihren Bedürfnissen entsprachen und häufig sogar im Widerspruch zu diesen standen. Immer wieder wurden sie dazu angehalten, sich den institutionellen Sachzwängen und vorgegebenen Normen anzupassen, sich auf ein patriarchales Betreuungsverhältnis einzulassen und diese unterlegene Rolle sowie das tradierte Bild eines versorgungs- und behandlungsbedürftigen Mängelwesens anzunehmen. Diese Verobjektivierung hatte schon Anfang der 80er Jahre SPECK (1982, 20) scharf kritisiert:

>»Die Dienstleistungssysteme drohen unter dem Einfluss organisatorischer, bürokratischer Regelungsbedürfnisse sich zu verselbstständigen und institutionelle Eigenmacht zu entwickeln, so dass sich das Dienstleistungsverhältnis anschickt, sich umzukehren: Der Behinderte wird Objekt und Abhängiger der Eigenbedürfnisse der Systeme, seien es solche nach ›sauberen‹, verwaltungsmäßig praktikablen Einteilungsbegriffen, nach scheinbar ›klaren‹ rechtlichen Regelungen, nach tariflichen Absicherungen, rationalisierenden Vereinheitlichungen, nach bürokratischen Zentrierungen, nach optimaler Ausnutzung der hohen technologischen Investitionen etc.« (1982b, 20)

Als Antwort auf diese Situation war und ist daher die Organisation Betroffener in Selbsthilfeinitiativen und Selbstvertretungsgruppen, die heute als wichtige Wegweiser für eine zeitgemäße Behindertenhilfe nicht mehr wegzudenken sind, das einzig Richtige. Ihr erklärtes Ziel ist die Schaffung von Strukturen für ein selbstbestimmtes Leben behinderter Menschen in gesellschaftlicher Integration. Eingefordert wird dabei im postmodernen Sinne gerade die Akzeptanz eines »Lebens im Plural« (Welsch), die

Individualisierung von Lebensstilen und Lebensentwürfen – nicht aber eine Normierung des Lebens durch Normalisierung.

### Selbsthilfegruppen

Aus Kanada, Großbritannien, Holland, Österreich, den USA oder den skandinavischen Ländern gibt es bemerkenswerte Berichte, die zeigen, dass sich auch immer mehr Menschen mit Lern- oder geistiger Behinderung in eigenen Vereinen oder Selbstvertretungsgruppen organisieren, um ihre Rechte und Interessen gegenüber Trägern, Institutionen und Professionals in der Behindertenhilfe durchsetzen zu können. Beispielhaft ist die schon Anfang der 70er Jahre in den USA entstandene *Self-advocacy Movement for Persons with Developmental Disabilities,* der es unter dem Slogan »People First« (MILLER & KEYS 1996, 313) um die Realisierung einer am Empowerment-Konzept orientierten Behindertenhilfe geht (ebd., 314ff.; auch WILLIAMS & SHOULTZ 1982; DYBWAD & BERSANI 1996; THEUNISSEN & HOFFMANN 1997, 338; KNUST-POTTER 1994; ROCK 1997).

Eine vergleichbare Entwicklung ist in Deutschland nur ansatzweise zu verzeichnen.[69] Dies hat verschiedene Gründe. Zum einen sind es Eltern geistig behinderter Kinder, die nicht selten aus Sorge und einem tiefen Verantwortungsgefühl heraus zu einer Überbehütung und Überversorgung ihrer Kinder neigen und ihren Lebensweg bis weit ins Erwachsenenalter hinein mit Hinweis- und Stoppschildern zu bahnen und zu kontrollieren versuchen. Überdies sind manche der festen Überzeugung, dass Selbstbestimmung für geistig behinderte Menschen nicht das Richtige sei. Verstärkt wird diese Ansicht oftmals durch ein von professionellen Helfern befördertes Missverständnis, dass Selbstbestimmung ein Verzicht auf Hilfe bedeute und dass dementsprechend die Betroffenen weithin auf sich selbst gestellt in die »Normalität« entlassen würden.

Zum anderen hat die traditionelle Verbändewohlfahrt Vorbehalte gegenüber einem zu starken Einfluss von Selbstvertretungsgruppen oder Interessenvertretungen durch Betroffene – fürchtet sie doch Autoritäts-, Macht- und Kontrollverlust und das Ende »ihrer« sozialen Systeme.[70]

Darüber hinaus gibt es auch einen fachlichen Aspekt, der in der Diskussion über Selbstbestimmung und Selbstvertretung durch Betroffene beachtet werden sollte.

Während im anglo-amerikanischen Sprachraum Begriffe wie »mental retardation« oder »mental handicap« auch Menschen mit »Lernbehinderung« und soziokultureller Benachteiligung mit einbeziehen, wird in Deutschland »geistige Behinderung« sehr eng ausgelegt. An IQ-

Klassifikationsmodellen lässt sich dies deutlich belegen (hierzu ANSTÖTZ 1987, 32; WENDELER 1993, 15f.; HOLTZ 1994, 50f.). Dies legt die Vermutung nahe, dass gemäß der deutschen Terminologie die »People First« Gruppen sehr oft Menschen mit Lernbehinderung repräsentieren, die bei uns im Erwachsenenalter nur selten von dem enger gestrickten Behindertenwesen erfasst werden und oftmals am Rande der Gesellschaft – scheinbar integriert – leben. Ihre Problemlage (z.B. Arbeitslosigkeit, Obdachlosigkeit; soziale Benachteiligung) definiert sie bei uns eher als Klientel der Sozialarbeit, die in diesem Falle ebenfalls Empowerment-Prozesse in Selbstorganisation anzuregen hätte. Darauf einzugehen und diesen Aspekt weiterzuverfolgen wäre wichtig, um internationale Entwicklungen auf dem Gebiete der Betroffenen-Bewegung besser vergleichen zu können. Hier mag der Hinweis genügen, dass die angloamerikanische Fachterminologie im Falle geistiger Behinderung nicht vorbehaltlos auf deutsche Verhältnisse übertragen werden darf. Denn das kann – wie vor allem durch die Beiträge von ROCK (1996; 1997) befördert – »ungewollt zu Fehleinschätzungen der Bedürfnisse und Fähigkeiten« von Menschen führen, die bei uns im engeren Sinne als geistig behindert gelten (WENDELER 1993, 8).

> »(Es besteht die Gefahr, dass sich) falsche Vorstellungen vom Grad der Hilfebedürftigkeit bilden, die für diejenigen, die im strengeren Sinn als geistig behindert gelten müssen, fatale Auswirkungen haben können: Ihre – berechtigten – Bedürfnisse nach Schutz und Hilfe werden übersehen oder heruntergespielt, ihre Fähigkeiten zur Selbstständigkeit und Eigenverantwortung überschätzt, mit dem leider nicht seltenen Ergebnis, dass eine wohlgemeinte Reform in Gefahr gerät, an denen vorbeizugehen, die sie am nötigsten hätten.« (ebd., 16)

Mit dieser kritischen Anmerkung soll freilich nicht die Bedeutung der »People First« Gruppen für Menschen mit geistiger Behinderung in Abrede gestellt werden – ist es doch »Realität, dass die Möglichkeiten und Fähigkeiten der Betroffenen häufig eher unterschätzt wurden und werden« (KNUST-POTTER 1994, 201). Zugleich darf aber die Empowerment-Philosophie auch nicht zur Ideologie gerinnen. Diese Gefahr ist eklatant, wenn sie es versäumt, auch jene Menschen in ihr Konzept einzubeziehen, die als schwerstbehindert gelten. Genau darum geht es in unserer Schrift.

# V Die Methoden des Empowerment

Die vorausgegangenen Ausführungen könnten auf den ersten Blick den Eindruck erwecken, dass Empowerment auf handlungspraktischer Ebene keine Professionalität und qualifizierte Hilfe mehr erforderlich mache. Die vollmundigen Empowerment-Slogans wie »unbedingtes Vertrauen in Fähigkeiten und Menschenstärken«, »Akzeptanz von Eigen-Sinn«, »Respekt vor unkonventionellen Lebensentwürfen« wie auch die Kritik am orthodoxen Förderverständnis verleiten nicht selten zu dieser Ansicht, die jedoch auf einem Missverständnis beruht. Denn von einem Verzicht auf Fachlichkeit und Hilfe kann im Empowerment-Konzept nicht die Rede sein. Ebenso wird einer Förderung keine prinzipielle Absage erteilt (auch NIEHOFF 1997b, 172; HÄHNER 1997b, 131); klinische Besonderheiten (Hirnschädigungen u.Ä.) sowie Entwicklungsbeeinträchtigungen, Leidenserfahrungen, Ohnmacht oder psychosoziale Probleme durch Hospitalisierung werden nicht einfach ignoriert (auch HERRIGER 1997, 82; JANSSEN 1998). Ein »Rückzug der psychosozialen Arbeit aus Verantwortung und parteilichem Engagement für den Adressaten« (ebd., 77) oder gar ein Ende »sozialpolitischer ›Versorgung‹« (SCHELLER) brauchen daher nicht befürchtet zu werden. Wohl aber zählt der konsequente Abbau von professioneller Fremdbestimmung, Macht, Übertherapeutisierung und Überprofessionalisierung zum Programm von Empowerment. Damit wird die Aufgabe der professionellen Helfer neu definiert.

# Die Rolle der professionellen Helfer

Vor allem Menschen mit Körperbehinderungen und Sinnesschädigungen haben in den letzten Jahren einen *Wechsel vom Betreuungs- zum Assistenzparadigma* gefordert, die mit der Aufwertung und Akzeptanz der eigenen Rolle als Experten in eigener Angelegenheit einhergeht. Das Stichwort *»persönliche Assistenz«* spiegelt den Paradigmenwechsel wider (MILES-PAUL 1992, 18). Betroffene möchten selbst entscheiden, welche Hilfen wie, von wem, wo, wann und wie oft zur Alltagsbewältigung und individuellen Lebensgestaltung erforderlich sind. Ausgangspunkt einer Assistenzleistung ist daher »nicht mehr eine durch Dritte definierte Therapie- bzw. Fördernotwendigkeit, sondern die von dem behinderten Menschen gewünschte Form der Alltagsbewältigung, die sich in einem individuellen Lebensstil ausdrückt« (NIEHOFF 1997a, 53). Ein persönlicher Assistent ist in diesem Sinne ein Gehilfe des behinderten Menschen, der als Auftraggeber für spezifische Dienstleistungen fungiert, zum Beispiel als Hilfe bei der Körper- oder Krankenpflege, als Haushaltshilfe, als Gebärdendolmetscherin oder als Vorleser.

Dieses von körperbehinderten und sinnesgeschädigten Menschen favorisierte »Dienstleistungsmodell«[71] einer »persönlichen Assistenz«[72] lässt sich nicht ohne weiteres auf die Arbeit mit geistig behinderten Menschen übertragen (THEUNISSEN & PLAUTE 1995, 21ff.; 61ff.; BRADL 1996b, 198ff.; SEIFERT 1997, 48ff.; WALTHER 1997, 78). Die Gründe hierfür sind vielschichtig. Zum Beispiel können angesichts der *intellektuellen Beeinträchtigung* spezifische Kompetenzen, die sich Menschen mit Körperbehinderung oder Sinnesschädigungen zuschreiben (z.B. Anleitungs- oder Regiekompetenz; Finanzkompetenz; Arbeitgeberfunktion), wie auch der Selbst-Bemächtigungsaspekt des Empowerment nicht vorbehaltlos bei Personen mit geistiger Behinderung erwartet werden. Dies gilt ebenso für das Bedürfnis und die Voraussetzungen, sich in Selbsthilfegruppen zu organisieren, um eigene Interessen besser durchsetzen zu können. Eine Assistenz, die entsprechende Fähigkeiten und Anliegen voraussetzen und sich darauf verlassen würde, käme tatsächlich einem Verzicht auf notwendige Unterstützung, ja einem Rückzug aus der professionellen Verantwortlichkeit nahe, würde sie doch wohl viele Betroffene kognitiv überfordern und womöglich in ihrer psychischen Gesundheit unnötigerweise gefährden.

Freilich dürfen wir aber auch nicht ausschließen, dass viele Menschen mit geistiger Behinderung Möglichkeiten eines selbstbestimmten Lebens noch nicht für sich selbst erschlossen haben. Dafür sind vor allem pädagogische Fremdbestimmung und Hospitalisierung haftbar zu machen. Ein Problem, welches ein Assistenzkonzept in dem Zusammenhang zu beachten hat, ist die *erlernte Bedürfnislosigkeit*, die sich nicht selten hinter mangelnder Kommunikationsbereitschaft, geringer Aktivität und fehlender Eigeninitiative aber auch hinter Bejahungs- oder Zustimmungstendenzen verbirgt. Damit eng verknüpft ist die »*erlernte Hilflosigkeit*« (Seligman), die aus der Erfahrung der Unkontrollierbarkeit von Situationen resultiert. Neben einer Überforderung, eigene Interessen oder Wünsche und Entscheidungen zu treffen, haben wir es in dem Zusammenhang auch häufig mit einer *mangelnden Risikobereitschaft* zu tun, die insbesondere durch Überbehütung und Überversorgung befördert wird. Menschen mit geistiger Behinderung, die in ihrer Sozialisation in hoher Abhängigkeit gehalten wurden, vorsorglich von allen Gefahren oder Risiken der Normalität beschützt werden, entwickeln ein starkes Sicherheitsbedürfnis und diffuse Ängste vor unbekannten Situationen sowie das Gefühl, Unvertrautem hilflos oder ohnmächtig gegenüber zu stehen. Dabei kommt es häufig zur Entwicklung eines *Selbstbildes des Nicht-Könnens*. Glaubt der Betreffende jegliche Risiken meiden zu müssen, kann dies bei einem unvorhergesehenen Gefahrenmoment panikartige Katastrophenreaktionen hervorrufen. Ferner haben wir es insbesondere bei Menschen mit schwerer geistiger und mehrfacher Behinderung häufig mit ausgeprägten *Verstehens- und Kommunikationsproblemen* zu tun, auf die sich eine Assistenz einstellen muss. »Menschen mit schwerer geistiger Behinderung artikulieren ihre Bedürfnisse oft in einer Weise, die für die Umwelt nicht unmittelbar verständlich ist« (Seifert 1997, 110). Aufgabe einer Assistenz wäre herauszufinden, welche Botschaften durch spezifische Verhaltens- und Erlebensweisen zum Ausdruck gebracht werden, die wir als auffällig bezeichnen und aus der Betroffenen-Perspektive allzuleicht missverstehen (hierzu auch Hahn 1983, 136f.; Theunissen 1997a). Zu guter Letzt sei noch erwähnt, dass der Grad an sozialer Abhängigkeit bei Menschen mit schwerer geistiger Behinderung weitaus höher ist als bei anderen behinderten Personen (Hahn 1981; 1983; 1987). Das erfordert eine umfänglichere Form von Assistenz, als sie von behinderten Menschen, die für sich selber sprechen können, eingefordert wird. Dies gilt zum Beispiel für die Schaffung, (Mit-)Gestaltung und Organisation des Milieus (Wohngruppe), in dem der Betreffende lebt.

Diese knappen Bemerkungen dürften an dieser Stelle genügen, um die Aussage von Bradl (1996b, 198) zu stützen, dass »die Assistentenrolle bei Menschen mit einer geistigen Behinderung [...] nicht lediglich die eines praktischen Helfers (ist, G.T.), sondern ebenfalls die einer wichtigen Bezugsperson, auch für die persönliche Lebensplanung und die Kommunikation«. Die Beschränkung einer »persönlichen Assistenz« auf bloße »Handlangerdienste« (Walther) reicht für die Arbeit mit geistig behinderten Menschen nicht aus. Hier müssen spezifische Aufgaben hinzutreten, die über eine reine Geschäftsbeziehung hinausgehen:

### Dialogische Assistenz

Aus philosophisch-anthropologischer Sicht gilt die Du-Bezogenheit des Menschen als eine »fundamentale Tatsache menschlicher Existenz« (Buber). Dies hat Buber (1962) mit seiner berühmten Aussage »der Mensch wird am Du zum Ich« deutlich unterstrichen. Wer mit geistig behinderten Menschen zusammenlebt oder zusammenarbeitet weiß, wie wichtig gerade die Herstellung eines dialogischen Verhältnisses und die Pflege einer Beziehungsgestaltung ist, um Grundbedürfnisse nach sozialer Kommunikation, Zuwendung, Anerkennung, Nähe, Verbundenheit oder Mitmenschlichkeit zu befriedigen und psychisches Wohlbefinden zu bewirken. Dabei kommt es darauf an, »dass das Kind (das behinderte Individuum, G.T.) in einer haltenden Umgebung aufwächst, dass es sozial akzeptiert wird und sich zugehörig fühlen kann« (Speck 1997b, 25). Vor allem Menschen mit schwerer geistiger Behinderung brauchen die *personale Begegnung*, wenn ihre kommunikative Kompetenz, Äußerungen, Befindlichkeiten, Bedürfnisse und Wünsche adäquat subjekthaft entziffert und erschlossen werden sollen (Seifert 1990, 265; 1996, 201f.). Authentizität, Wertschätzung, Offenheit, Annahme, Bestätigung, einfühlsames Wahrnehmen und Verstehen sind daher wichtige Kriterien einer *Assistenz als dialogisches Verhältnis* (Rogers 1972). Dialogisch assistieren heißt nicht, den Anderen belehren, bevormunden oder ihm die eigene Meinung aufzuzwingen.

»Dialog bedeutet, offen zu sein, Positionen und Einstellungen zu verdeutlichen, sich gegeneinander abzugrenzen oder einen Konsens zu suchen. Dialoge sind nicht nur sprachlich gebunden, der Austausch geschieht über alle Ausdrucksmöglichkeiten wie Mimik oder Gestik, er kann schriftlich erfolgen, über ein gemaltes Bild, über herkömmliche Bräuche, wie zum Beispiel das Schenken. Und das, was der Kommunikationspartner an Reizen sendet, wird über alle Sinne aufgenommen. Das Wort oder der Laut werden gehört, seine Nuancen registriert und interpretiert; die Geste wird gesehen und bewertet, die Berührung gespürt und auch sie findet eine gefühlsmäßige Entsprechung.« (HÄHNER 1997b, 132)

Dialogische Assistenz geht demnach über ein rein *»pädagogisches Verhältnis«* (hierzu NOHL 1935, 169; 1978, 134ff.; BUBER 1969) hinaus, indem die Beziehung herrschaftsfrei, symmetrisch, authentisch-engagiert und leidenschaftlich, aber nicht von erzieherischen Motiven geprägt sein soll. Kurzum: Das Verhältnis sollte partnerschaftlich-freundschaftlich sein – so wie es Betroffene es sich oftmals wünschen (hierzu WALTHER 1997, 73f.).

Natürlich impliziert auch die dialogische Assistenz ein »erzieherisches Gefälle«, und das erst recht in der Begegnung mit schwerstbehinderten Menschen, wo sich der professionelle Helfer allein aufgrund seiner »intellektuellen Überlegenheit« »an beiden Enden der gemeinsamen Situation« (BUBER 1969, 36) befindet. Daher ist eine reflexive Betrachtung des dialogischen Verhältnisses wichtig, um wechselseitige Begegnungsformen zu sichern. Diese ermöglichen es, dass jeder sich in den Dialog als Mensch einbringen und seine personalen Ansprüche geltend machen kann, wobei das Verhältnis weder in die eine noch andere Richtung, in eine Asymmetrie umschlagen darf. Denn es kann nicht nur der Helfer das Verhältnis missbrauchen, auch der Betroffene kann Herrschaft ausüben, indem er seinen Assistenten »rücksichtslos« zu beanspruchen versucht. Insofern hat die dialogische Assistenz eine dialektische Struktur, die gegenüber der Gefahr immunisiert, sich im Anderen zu verlieren (so etwa bei einer oberflächlichen Rezeption der Schriften Levinas'). Das heißt nicht, dass der Andere mich nicht unmittelbar beanspruchen darf (SPECK 1996a, 186), sondern dass er auch meine Personalität zu respektieren hat. Dies kann ihn (z.B. bedingt durch Hospitalisierung) womöglich überfordern, was im Einzelfalle eine »therapeutische« Haltung, gegebenenfalls auch ein »Aushalten« oder »Ertragen können« (KUPFFER 1990, 80) im Dialog nahelegt, der dann wiederum ins Asymmetrische reicht. Dessen sollte man sich stets bewusst sein.

## Advokatorische Assistenz[73]

Wenngleich das dialogische Verhältnis symmetrisch sein soll, kann – wie schon erwähnt – in der Arbeit mit geistig behinderten Menschen eine »volle Mutualität« (Buber) nicht ohne weiteres erwartet werden. Auf Grund ihrer kognitiven Beeinträchtigung haben Menschen mit geistiger Behinderung häufig Schwierigkeiten, ihre Situation oder Lebensperspektive zu überschauen und zu antizipieren sowie Normen, die an sie herangetragen werden, kritisch zu reflektieren. Daher wird dem professionellen Helfer (Assistenten) ein hohes Maß an sozialer Verantwortung auferlegt. Gerade bei Menschen mit schwerer geistiger Behinderung muss er zumeist *stellvertretend* (ich-stützend und advokatorisch) entscheiden, handeln und Lebenszukunft planen. Indem er die intellektuellen Beeinträchtigungen des anderen »kompensiert«, werden hohe Anforderungen an seine Person gestellt. Er muss sich als dialogischer Assistent und *Vertrauensperson* auf das »volle Menschsein« (Portmann) des anderen einlassen und – am besten über die Form des aisthetischen Wahrnehmens – dessen Bedürfnisse, Entwicklungsmöglichkeiten und Lebensziele erfassen und für eine realistische Handlungsebene und Lebenszukunft übersetzen.

Aufgabe einer persönlichen Assistenz wäre also, eine *Fürsprecherfunktion* zu übernehmen (advocate) sowie individuelle Übersetzungs- und Mitteilungshilfe zu leisten. Diese anspruchsvolle Aufgabe beschreibt Buber (1969, 31ff.) als »Umfassung«, die über eine bloße Empathie und Wertschätzung im Dialog hinausgeht. Eine solche *Interessenvertretung* muss natürlich eindeutig und authentisch sein. Sie erfordert eine solidarischparteinehmende Haltung des Assistenten dem behinderten Menschen gegenüber und hat seine Vorstellungen, Entscheidungen oder Lebensentwürfe zu respektieren. Auf keinen Fall dürfen bei einer Stellvertretung die persönlichen Wünsche oder Ansichten des professionellen Helfers mit den Interessen des behinderten Menschen vermischt oder gar als Betroffenen-Perspektive ausgelegt werden. Das wäre nicht nur ein eklatanter Verlust an Glaubwürdigkeit, Loyalität und Neutralität, sondern auch eine Verobjektivierung und Instrumentalisierung des behinderten Menschen. An der Stelle merken wir, dass die advokatorische Assistenz ein durchaus riskantes Unternehmen ist, insofern sie in der Gefahr steht, missbraucht zu werden. Um so wichtiger ist es, die Dolmetscher- und Stellvertreterfunktion nur auf das Allernötigste zu beschränken und im Vereine mit anderen Assistenzformen darauf hinzuarbeiten, dass sich das advokatorische Prinzip so weit wie möglich überflüssig machen kann.

### Konsultative Assistenz

Ein Symptom der (post)modernen Gesellschaft ist ein immer stärker werdendes Bedürfnis nach Beratung als Hilfe zur Sinnfindung und Lebensorientierung. Weil der Einzelne immer weniger in der Lage ist, die Pluralität und komplexe Entwicklung des gesellschaftlichen Lebens zu durchschauen und adäquat und verantwortungsbewusst zu bewältigen, benötigt er konsultativen Beistand in den unterschiedlichsten Lebensfragen. Auch in der Behindertenhilfe gibt es keine einfachen oder verbindlichen Antworten mehr, weshalb Beratung mittlerweile zu einem unverzichtbaren Bestandteil der Hilfsangebote zählt. Während Menschen mit Körperbehinderungen oder Sinnesschädigungen sich als Experten in eigener Sache betrachten und Beratung weitgehend in eigener Regie durchführen, das heißt, sich selbst gegenseitig beraten und psychosozial stützen (peer counseling; peer support), sind Personen mit geistiger Behinderung auf den Beistand anderer angewiesen. Das erfordert eine *konsultative Assistenz.* Hierunter verstehen wir keine einbahnige Form von Beratung, bei der der professionelle Helfer dem Ratsuchenden sagt oder gar vorschreibt, was zu tun sei, sondern ein gemeinsames Beraten, gemeinsames Durchdringen von Lebensfragen oder gemeinsames Suchen nach Problemlösungen.[74] Konsultative Assistenz (counseling) setzt daher auf die *gleichberechtigte und partnerschaftliche Kooperation* aller Beteiligten, das heißt auf den Dialog und bezweckt die freie Entscheidung des Ratsuchenden. In dem Sinne hat sie Hand in Hand mit der dialogischen und advokatorischen Assistenz Entscheidungen des anderen zu respektieren, auch wenn sie unkonventionell oder normabweichend sein sollten. Der Verzicht auf Instruktion oder auf eine fachmännische Attitüde des Besser-Wissens bedeutet im Rahmen einer Konsultation freilich nicht, alles, was der Andere sagt, hinzunehmen, zu befürworten oder gar gut zu heißen.

> »Die Toleranz gegenüber eigensinnigen Lebensweisen darf nicht grenzenlos sein. Sie endet dort, wo Grundwerte von Interaktion und sozialem Austausch, wie zum Beispiel die Achtung vor der physischen und psychischen Integrität des anderen und der Verzicht auf schädigende Angriffe in Gefahr geraten. Für den Pädagogen in Grenzsituationen bedeutet dies: Die eigenen normativen Überzeugungen im Gespräch mit dem Klienten immer wieder aufs Neue bezeugen und zugleich dort, wo die Befolgung dieser Basisregeln aufgekündigt wird, unmissverständlich Grenzen setzen.« (HERRIGER 1997, 77)

Konsultative Assistenz ist damit dem Dialog einverleibt und an professionelle Verantwortung gebunden. Wäre es anders, dann hätten wir es mit einem einfachen laisser-faire geprägten Gespräch zu tun.

Für Menschen mit geistiger Behinderung ist die konsultative Assistenz in zweifacher Hinsicht besonders bedeutsam: Zum einen kann sie als ein *offenes Angebot psychosozialer Lebenshilfe* verstanden werden, indem sie von Betroffenen in kritischen Lebenssituationen, bei Konflikten mit Anderen, psychischen Krisen, Beziehungsproblemen und Alltagsbelastungen in Anspruch genommen wird (hierzu BADELT 1994). In dem Falle spielen neben den bekannten Beziehungsvariablen wie Akzeptanz, Wertschätzung oder Empathie auch Aspekte wie Geduld und »Übersetzung« verbaler Informationen und nonverbaler Ausdrucksformen eine wichtige Rolle. Bei geistig behinderten Menschen, die Schwierigkeiten haben, ihre Probleme lösungsorientiert zu reflektieren, muss darüber hinaus der Assistent eine sogenannte Hilfs-Ich-Funktion zur Lösung von Problemen einnehmen. Das beste Mittel dabei ist freilich die Bewusstmachung individueller Stärken und Fähigkeiten sowie das Anstiften zur Mobilisierung positiver Lebenskräfte.

Zum anderen benötigen geistig behinderte Menschen in der Regel Hilfestellungen bei der Entwicklung eines individuellen Lebensplans. Auch dann ist konsultative Assistenz angesagt, um zu einem realistischen Zukunftsentwurf mit realisierbaren Zielen zu gelangen (MC'CONKEY 1994, 133, 135). Anregend – soweit konsultativ und nicht förderdiktatorisch angelegt – ist hierzu das Wiener Konzept der »individuellen Entwicklungsplanung« (Lebenshilfe Wien 1995; auch NIEHOFF 1997c, 184ff.), welches »nicht nur auf Weiterentwicklung von Klienten und ihren Fähigkeiten (zielt, G. T.), sondern auch ganz besonders auf die Weiterentwicklung von allen Bedingungen, unter denen der behinderte Mensch sein Leben gestaltet« (Lebenshilfe Wien 1995, 7).

### Facilitatorische Assistenz

Es steht außer Frage, dass der konsultativen Assistenz in der Arbeit mit geistig schwerstbehinderten Menschen Grenzen gesetzt sind. Daher bedarf es zusätzlicher und alternativer Formen, durch die besonders Personen, die sich nicht sprachlich äußern können und als intensivbehindert gelten, erreicht werden können, um ihnen eine allseitige und emanzipatorische Entwicklung und Selbstverwirklichung zu ermöglichen. Eine zentrale Unterstützungsform ist die facilitatorische Assistenz, die zu einem »aktiven« und damit *signifikanten Lernen* (ROGERS 1973, 274; SMITH 1994,

11) beitragen soll. Dabei geht es weder um eine direktive pädagogische Beeinflussung, noch um eine lernzielorientierte Strukturierung von Entwicklungsprozessen, sondern um eine *mäeutische Hilfe* zur Freisetzung und Entbindung selbstständiger Lernaktivitäten vor dem Hintergrund einer dialogisch geprägten offenen Beziehung (ebd., 5f.; COUPE-O'KANE u.a. 1994, 16, 20).

Signifikantes Lernen steht im Sinne ROGERS' (ebd., 274) für individuell bedeutsame Lernprozesse, die Verhaltens- und Einstellungsänderungen hervorrufen sowie den Wachstumsprozess der Persönlichkeit befördern sollen. Signifikantes Lernen ist dabei einerseits an Aufgaben, Inhalte oder Gegenstände gebunden, die für den Betreffenden Sinn bei der Lebensbewältigung und Selbstverwirklichung machen. Andererseits stellt es spezifische Anforderungen an die Person des Assistenten, der als Dialogpartner entsprechende Entwicklungspotentiale, Lernchancen und Wünsche aufspüren und unterstützen muss. Für die Arbeit mit schwerstbehinderten Menschen heißt das zunächst einmal, »sich auf ihre Ebene einlassen, ihnen zuhören, ihre Wünsche zu erkennen suchen, auch wenn sie sie nicht verbal artikulieren können, und ihnen helfen, sie zu realisieren« (SEIFERT 1997, 49). Da die Ressourcen für signifikantes Lernen aber nicht nur in einem selbst liegen, sind auch Impulse von außen notwendig, so zum Beispiel die Beseitigung von strukturellen Lern- oder Entwicklungsbarrieren durch Bereitstellung von stimulierenden Materialien in der realen Lebenswelt sowie die Schaffung von Alltagssituationen, die für den Einzelnen entwicklungsfördernd sind.[75]

Da jedes Individuum nach seiner eigenen Strukturdeterminiertheit lernt, ist es wichtig, dass die Angebote für den Einzelnen passend sind, das heißt seiner Lernstruktur, Lernchreode (Kösel) und Bedürfnislage entsprechen. Signifikantes Lernen findet nur statt, wenn es Bedeutung für den Lernenden hat. Das herauszufinden, ist eine wesentliche Aufgabe facilitatorischer Assistenz. Denn »die Wirksamkeit einer solchen Autonomiebildung hängt davon ab, wieweit es ihr gelingt, das autonome System des Kindes (Betroffenen, G.T.) anzusprechen, zu unterstützen und zu begleiten. Es kommt pädagogisch und unterrichtlich darauf an, die eigenen Impulse des Kindes zur Umorientierung und zu einem intrinsisch motivierten (Um-)Lernen zu unterstützen und zu beachten, wie das Kind seine Welt wahrnimmt« (SPECK 1997b, 24).[76] Um Menschen mit (schwerer) geistiger Behinderung und Hospitalisierung zu erreichen, bietet es sich an, *Erkundungsfelder* aufzubereiten (THEUNISSEN 1998c, 90ff.; 1997b, 159, 178); dadurch soll der Einzelne zu Aktivitäten angeregt und animiert werden, etwas Neues auszuprobieren, es sollen Neugier und Interessen geweckt, ein experimenteller Materialumgang und Kreativität gefördert, Stärken erkundet, die Entwicklung neuer Fertigkeiten ermöglicht sowie Selbstvertrauen, Selbstwertgefühl und Selbstbild befördert werden, und es soll geschaut werden, welche Bedürfnisse der Einzelne wo, womit und wie zu befriedigen versucht. Im Prinzip handelt es sich hierbei um eine Förderung im Sinne der Empowerment-Philosophie – um ein pädagogisches Arrangement von (Lern-)Situationen, durch die der Einzelne in die Lage versetzt werden soll, aus sich selbst etwas zu machen. Nicht selten haben wir es dabei mit *basalen Aktivitäten und Erfahrungen* zu tun.

Wenngleich es der facilitatorischen Assistenz um die Selbstinitiierung solcher Prozesse geht, können wir bei einer Hospitalisierung und schweren geistigen Behinderung nicht ohne weiteres darauf vertrauen. In dem Falle kann auf ein pädagogisches Anstiften zu subjektiv bedeutsamen Aktivitäten durch Animation, Aufforderung,[77] Provokation und Ermutigung nicht verzichtet werden, um verkrustete Strukturen einer erlernten Bedürfnislosigkeit, Passivität, Hilflosigkeit und Interesselosigkeit zu durchbrechen wie auch Fähigkeiten und Stärken aufzuspüren. Wir können hier auch von einer *evokatorischen Hilfe* sprechen, die das facilitatorische Prinzip ergänzt. Natürlich darf aus der Herausforderung kein Förderzwang entstehen, die Materialien, die dem Einzelnen zugänglich gemacht werden, dürfen ihm also nicht aufgezwungen werden. Die Möglichkeit, Angebote genauso gut abzulehnen wie anzunehmen, muss gewahrt bleiben. Insofern ist es für den professionellen Helfer »von großem Vorteil, Einfallsreichtum und Einfühlungsvermögen zu besitzen« (ROGERS 1973, 282). Und dies gilt insbesondere in der Arbeit mit geistig schwerst- und mehrfachbehinderten Menschen, deren Botschaften oder Ausdrucksformen häufig verkannt werden, indem ihnen Bedeutungslosigkeit attestiert wird.

Die facilitatorische Assistenz sollte daher unbedingt auch auf die Methode des *positiven Konnotierens* (hierzu MOLNAR & LINQUIST 1990, 63ff.; THEUNISSEN 1997a, 195f.) zurückgreifen, die sowohl zum Verstehen des Einzelnen als auch zum Anstiften signifikanter Lernprozesse hilfreich ist. Das entspricht weithin auch der Philosophie von PFEFFER (1982), HAHN (1983) und SEIFERT (1996; 1997), Verhaltens- und Erlebensweisen geistig schwerstbehinderter Menschen, die *wir* als auffällig bezeichnen, als ein sinnvolles Signalverhalten, als Ausdruck eines Bedürfnisses nach Autonomie oder Bewegung zu betrachten. Ähnlich denkt auch GOLL (1993, 143f.), der den positiven Blick für Menschenstärken und Kompetenzen als konstitutives Moment facilitatorischer Assistenz bei Menschen mit schwerer geistiger Behinderung anschaulich beschreibt:

»Häufig berichten Praktiker, ein Bewohner könne ›überhaupt nichts‹ [...], er laufe ›nur‹ hin und her, schaukele in einer bestimmten Ecke oder wippe mit den Beinen, so dass die Förderung an ›nichts‹ anknüpfen könne. Legt man solchen Aussagen die Interpretation von sog. ›Fehlverhalten‹ als ›Kompetenz‹ zugrunde, so ergeben sich bereits aus diesen wenigen negativ gefärbten Aussagen eine Vielzahl von Kompetenzen und Präferenzen des Bewohners als positive Anknüpfungspunkte für eine Förderung. Der Bewohner *kann* (1) laufen, (2) schaukeln, (3) mit den Beinen wippen, so dass Aktivitäten naheliegen, die diese Kompetenzen und Präferenzen aufgreifen und ausdifferenzieren, wie z.b. das Bewegen zur Musik, tanzen oder das Spielen einer Basstrommel mit den Beinen. Ebenso zeigt dieser Bewohner eine deutliche Präferenz für einen bestimmten Ort (Zimmerecke), der sich daher als ›Ort der Begegnung‹ für eine erste Kontaktaufnahme zu eignen scheint.«

Ein grundlegendes Prinzip der Kompetenzförderung ist dabei die *Kooperation* mit dem Betroffenen. Facilitatorische Assistenz schließt ein gemeinsames Tun, gemeinsames Ausprobieren, ein gemeinsames Planen und Durchführen einer Aufgabe nicht aus, wenn dies vom Betroffenen so gewünscht wird und wenn der dialogische Charakter der Beziehung nicht aufs Spiel gesetzt wird. Grundsätzlich erfordern das kooperative Arbeiten wie überhaupt die facilitatorische Assistenz Respekt vor dem»eigenen Weg« und der»eigenen Zeit« des anderen und damit ein Verzicht auf eng gestrickte Zeithorizonte, strukturierte Lernhilfen sowie ein Abstandnehmen von engmaschigen Norm- oder Perfektionsvorstellungen. Das wiederum entspricht ganz der postmodernen Empowerment-Philosophie.

### Lernzielorientierte Assistenz

Während die facilitatorische Assistenz ganz auf Selbstaktualisierung, auf Selbstbildung und auf ein selbstinitiiertes, selbstgestaltetes Lernen setzt, bietet die lernzielorientierte Assistenz *strukturierte (Lern-)Hilfen* oder auch *systematische Unterstützung* zur Aneignung sinnerfüllter Handlungen oder zum Erwerb subjektiv bedeutsamer Fertigkeiten an. Auf den ersten Blick scheint dies der Theorie des signifikanten Lernens abträglich zu sein. Dem ist allerdings entgegenzuhalten, dass eine lernzielorientierte Assistenz auch sehr wohl subjektzentriert sein kann und daher nicht unbedingt der facilitatorischen Hilfe widersprechen muss (COUPE-O'KANE u.a. 1994, 17;

SPEAKE & JOHN 1994, 120f.; MITCHELL 1994). Wenngleich wir dem signifikanten Lernen unter facilitatorischen, offenen Bedingungen Priorität einräumen, betrachten wir die didaktisch-strukturierte Hilfe als ein *ergänzendes* lernzielorientiertes Angebot. Dieses ist nur vor dem Hintergrund einer *Subjektorientierung* legitim, und dafür gibt es vier Grundvoraussetzungen:

1. Die lernzielorientierte Assistenz muss vom Betroffenen selbst gewünscht werden; das heißt, wenn Menschen, die als geistig behindert gelten, etwas lernen möchten, so ist es vorstellbar, dass strukturierte Lernhilfen, zum Beispiel ein individualisierter Bildungskurs, effektiv weiterhelfen können. Diese Bereiche könnten etwa dem Umgang mit Geld, Lesen und Schreiben, eigenständiges Essen, selbstständiges Einkaufen, Fahrrad fahren oder die Orientierung im Straßenverkehr betreffen. Ein solches Lernbedürfnis entsteht nicht selten im Rahmen einer facilitatorischen Praxis, und es ist der Garant dafür, dass eine individuell gewünschte und damit subjektiv bedeutsame, sinnvolle Assistenz statthat.

2. Besteht der Wunsch, etwas Bestimmtes zu lernen, so sollte mit dem Betroffenen gemeinsam ein entsprechendes didaktisches Konzept geplant und vereinbart werden. Dies gilt für alle relevanten Aspekte der Didaktik: Bestimmung und Hierarchisierung der Lernziele; Auswahl der Inhalte, Materialien, Medien und Methoden; Festlegung des Lernortes und des Zeitrahmens. Das lernzielorientierte Setting wird also *konsultativ* erschlossen. Ausgangspunkt ist dabei grundsätzlich das vom Betroffenen gewünschte Lernziel und nicht etwa eine vom Assistenten anvisierte (Leistungs-) Norm.

3. Das lernzielorientierte Konzept muss der Strukturdeterminiertheit, der Lernchreode (Kösel) des Betroffenen entsprechen. Es muss *entwicklungsgemäß* sein, es darf weder den Einzelnen überfordern noch unterfordern. Strukturierte Hilfen sind damit ein Facilitator von Lernen, indem sie zu »passenden« Verhaltensänderungen oder Handlungen anregen und motivieren. Ihre Stimulation darf dabei nicht deterministisch ausgelegt und genutzt werden, denn dies würde den modernen Lerntheorien –Theorie der lebendigen Systeme; Prinzip der Autopoiesis, der Selbstorganisation bzw. eines selbstbestimmten Lernens – widersprechen. Strukturierte Lernhilfen bleiben insofern stets offene Angebote, die jeder Einzelne nach seinen eigenen Bedürfnissen und seiner eigenen Struktur nutzt oder verwirft.

4. Die Kontrolle und Evaluation eines lernzielorientierten Curriculums sollte stets gemeinsam erfolgen. Die lernzielorientierte Assistenz hat

somit auf ein *Feed-back* zu achten, so dass der Betroffene als Akteur seiner Zustandsveränderungen diese auch kontrollieren und reflektieren kann. Auch in diesem Falle greift die konsultative Assistenz.

Alles in allem erweist sich somit die lernzielorientierte Assistenz in dem von uns hier beschriebenen Sinne als eine *subjektorientierte Didaktik*, die sich von der facilitatorischen Hilfe darin unterscheidet, dass sie sich nicht nur mit einer Bereitstellung von entwicklungsfördernden Angeboten sowie einem bloßen Anstiften zu signifikanten Lernprozessen begnügt. Stattdessen bietet sie konkrete, auf ein engumschriebenes Lernbedürfnis ausgerichtete Unterstützung an.[78] Damit leistet sie zugleich einen wichtigen Beitrag als Hilfe zur Selbsthilfe für mehr Lebensautonomie. Überdies kann sie ebenso wie die facilitatorische Assistenz ein Vertrauen in die eigenen Ressourcen, Selbstbewusstsein und Selbstwertgefühl befördern.

In der Arbeit mit geistig schwerstbehinderten Menschen dürften sich allerdings *Umsetzungsprobleme* des hier beschriebenen Konzepts ergeben. Dies gilt insbesondere für den konsultativen Part der lernzielorientierten Assistenz. Sein Wegfall verlangt ein hohes Maß an Empathie, Sensibilität, »divinatorischem Vermögen« (Schleiermacher), Verantwortung und Selbstreflexion, will man eine Person mit schwerer geistiger und mehrfacher Behinderung nicht verobjektivieren und für fremde Zwecke instrumentalisieren. Besonders sorgfältig müssen Wünsche eruiert werden, wenn die verbale Verständigung mit Betroffenen nicht möglich sowie das Ausdrucksverhalten eingeschränkt oder blockiert erscheint. Aus den Lernzielen, die mit den Betroffenen nicht gemeinsam vereinbart werden können, werden *Lehrziele* der professionellen Helfer, die nicht selten Lernbedürfnisse oder subjektiv bedeutsame Lerninhalte nur vermuten können. Damit bewegen wir uns in der Arbeit mit schwerstbehinderten Menschen auf einem sehr unsicheren Terrain und häufig wissen wir erst im nachhinein, ob wir den Einzelnen durch ein strukturiertes Angebot oder durch eine eng umschriebene Methode (Schritt für Schritt lernen; Modelllernen) erreicht haben.

Der Rückgriff auf eine lernzielorientierte Assistenz ist tatsächlich bei Menschen, die als geistig schwerstbehindert gelten, riskant. Um so wichtiger ist eine subjektorientierte Überprüfung des Konzepts. Die Grundsätze der Freiwilligkeit und Selbstbestimmung, das Recht auf Eigen-Sinn müssen respektiert werden. Nur dann ist in dem Falle ein Unterschied zu traditionellen Förderkonzepten, Lerntherapien oder zur heilpädagogischen Übungsbehandlung signifikant.

## Sozialintegrierende Assistenz

Menschen mit geistiger Behinderung haben wie alle anderen auch ein Recht auf soziale und gesellschaftliche Integration, das früher – insbesondere hospitalisierten Personen – weithin verwehrt wurde und das auch heute längst noch eingelöst ist. Daher wurde erst kürzlich das Benachteiligungsverbot als Grundrecht ausgewiesen (Art. 3 Abs. 3 Satz 2 GG). Vor diesem Hintergrund ergibt sich die Notwendigkeit assistierender Hilfen, um explizit soziale und gesellschaftliche Integration zu befördern. Zum einen muss dieses Recht für Betroffene, die nicht für sich selber sprechen (können), durch advokatorische Assistenz politisch in den Blick genommen werden. Zum anderen legt die Empowerment-Philosophie nahe, menschliche Emanzipation sozial zu definieren, und das bedeutet für die Pädagogik, Betroffene zu einer »Selbstbestimmung in sozialer Bezogenheit« zu befähigen, d.h. neben der Unterstützung von Autonomie auch zu einem sozialen Rollenhandeln (KRAPPMANN 1972) und zu einem Demokratieverständnis anzustiften sowie Mitbestimmung einzuüben. Denn soziale und gesellschaftliche Integration umfasst zwischenmenschliche und nachbarschaftliche Beziehungen, die von gegenseitiger Achtung, Akzeptanz und gegenseitigem Respekt geprägt sein sollten, bis hin zur »Verbundenheit mit dem sozialen Ganzen, in sozialer Zugehörigkeit und aktiver Beteiligung« (SPECK 1991, 265). Eine sozialintegrierende Assistenz trägt dazu bei, den behinderten Menschen in ein bestehendes oder zu schaffendes soziales Netzwerk zu integrieren.

Ihr Aufgabenspektrum ist vielseitig und breit: Es kann die Vermittlung sozialer Regeln und Normen sowie die Unterstützung bei der Entwicklung sozialer und kommunikativer Kompetenzen beinhalten. Dazu gehören die Meinungsbildung und -äußerung, Sensibilität gegenüber anderen Menschen, Konfliktfähigkeit, Durchsetzungsvermögen, Zuhörenkönnen, Wahrnehmen und Ausdrücken eigener Bedürfnisse, Ehrlichkeit und Offenheit. In erster Linie wird dies wohl in der primären Lebenswelt geschehen, zum Beispiel in der Wohngruppe. Ebenso denkbar sind aber auch spezielle Bildungsangebote in der Schule oder im Rahmen der Erwachsenenbildung sowie Selbsterfahrungs- und Selbstvertretungsgruppen mit einem »advisor« (Assistent als chairperson und counsellor). Darüber hinaus kann sozialintegrierende Assistenz auch bedeuten, gemeinsam mit dem Betreffenden unter Berücksichtigung seiner Wünsche, Interessen und Bedürfnisse öffentliche Einrichtungen wie Volkshochschulen und Schwimmbäder aufzusuchen oder Einkaufsmöglichkeiten zu nutzen. Dabei kann es wichtig sein, ihn anfangs beim Zurechtfinden in der neuen Situation sowie gegebenenfalls bei der Kontaktaufnahme und Kommunikation zu unterstützen. Dies setzt eine entsprechende Sensibilität des Assistenten voraus, sich rechtzeitig auch wieder zurücknehmen zu können.

Ein weiterer Bereich sozialintegrierender Assistenz kann die Unterstützung bei der Planung, Vorbereitung und Durchführung von öffentlichen Aktionen und Veranstaltungen sein, an denen nicht nur Mitbewohner der eigenen Wohngruppe beziehungsweise der Wohneinrichtung teilnehmen können, sondern auch Bewohner anderer Einrichtungen, Anwohner eines Wohngebietes oder einer Stadt. Dabei kann es sich um Tage der offenen Tür und um Stadtteil- oder Sommerfeste handeln, aber auch um künstlerische Aktivitäten wie Theateraufführungen und Ausstellungen sowie um politische Aktionen, die der Gewährleistung der Grundrechte geistig behinderter Menschen gewidmet sind. Durch das Erleben von Zugehörigkeit, Sicherheit und Vertrautheit in einem sozialen Netzwerk kann der Einzelne sich als ein soziales, integriertes Wesen erfahren und zu sich selbst wie auch zu anderen Vertrauen entwickeln; zugleich nehmen dadurch auch Selbstwertgefühl, Selbstsicherheit und Selbstbestimmungsfähigkeiten zu. Mit der Vergrößerung der Handlungsspielräume gewinnen die Betroffenen mehr Autonomie.

### Intervenierende Assistenz

Das Verständnis von Assistenz würde zu kurz greifen, würde es sich ausschließlich den Interessen Betroffener verschreiben und soziale und ökologische Rahmenbedingungen ignorieren. Das Verhältnis zwischen individuellen Interessen und Umweltanforderungen ist häufig antinomisch, konfliktträchtig und für das betroffene Individuum belastend, weshalb eine konsultative Assistenz hilfreich ist. Der konsultativen Konfliktlösung, zum Beispiel der Auflösung des Widerspruchs von »Selbstbestimmung und Systemzwang« (v. Hentig), sind in der Arbeit mit Menschen, die als geistig behindert gelten, häufig Grenzen gesetzt. In diesem Falle müssen Assistenten die Rolle einer persönlichen Vertrauensperson im Sinne eines Advisors, Advokaten oder Fürsprechers übernehmen. Wenngleich eine solche advokatorische Assistenz nur als non-direktive Beziehungsgestaltung Legitimität erfährt, gibt es Situationen, die eine Abweichung von dieser Regel verlangen. Dafür haben wir den Begriff der *intervenierenden Assistenz* reserviert. Darunter verstehen wir eine persönliche Hilfe, die über ein bloßes Eingreifen oder Dazwischentreten hinausgeht, insofern sie sich am

Autonomiebedürfnis des Betroffenen orientiert und das (dialogische) Vertrauensverhältnis, welches eine Assistenz fühlbar durchdringt, nicht leichtfertig aufs Spiel setzt (auch THEUNISSEN 1997g, 162). So gibt es zum Beispiel im Alltag immer wieder Situationen einer Gesundheits-, Selbst- oder Fremdgefährdung, die *Interventionen* notwendig machen, z.b. das Trinken von Lösungsmitteln, Verschlucken kleiner Gegenstände, die Neigung zu einem desorientierten Weglaufen mit Verkehrsgefährdung. WALTHER (1997, 87f.) spricht in diesem Zusammenhang mit Blick auf v. BRAUNMÜHL (1975, 219ff.) von Situationen der Nothilfe (Gefahr abwenden) wie auch der Notwehr (Selbstverteidigung des professionellen Helfers), die eine intervenierende Assistenz legitimieren.

Im Falle von Verhaltensauffälligkeiten kommt man an Interventionen wohl kaum vorbei (hierzu ausführlich THEUNISSEN 1997a, 120ff.). Hier wäre ein bloßes Gewährenlassen als Bezugspunkt für eine persönliche Assistenz pädagogisch gesehen verantwortungslos, weil die (Re-)Vitalisierung von Lebensautonomie nur in einem sozialen und ökologischen Zusammenhang Sinn erfährt. Daher bedürfen zum Beispiel Versuche hospitalisierter Menschen, individuelle Interessen oder Bedürfnisse auf rücksichtslos egoistische oder auch verletzend-aggressive Weise durchzusetzen, einer differenzierten verstehenden Sicht (hierzu auch Kap. VI). Derlei Verhaltensweisen sind nur oberflächlich betrachtet Ausdruck einer Selbstbestimmung, denn hinter dem Schein verbirgt sich nicht selten eine stark eingeschränkte Autonomie, insofern durch Hospitalisierung (totale Betreuung, Versorgung und Isolation) das Selbst-Konzept des Einzelnen schwer beschädigt, ja pervertiert wurde. Dies gilt ebenso für Stereotypien, Zwangsrituale oder Formen der Selbstverletzung, die lebensgeschichtlich wie auch situativ betrachtet zwar als ein logisches, zweckmäßiges Problemlöseverhalten erscheinen können, aber keinesfalls der Person zu einer flexiblen Weiterentwicklung und ausbalancierten Identität und Selbstverwirklichung verhelfen. Die betreffende Person mit diesem eingeschränkten autonomen Verhaltensrepertoire allein zu lassen, wäre ebenso inhuman und verantwortungslos wie der heilpädagogische oder therapeutische Versuch, die Verhaltensprobleme durch eine ausschließlich symptomzentrierte oder gar aversive Behandlung zu beseitigen.

Natürlich sollte – wenn möglich – die *facilitatorische Assistenz* dem Interventionsprinzip vorgezogen werden. Die Notwendigkeit einer intervenierenden Assistenz sollte eher am Grad von Gefahren- und sozialen Konfliktsituationen gemessen werden. Auf keinen Fall darf sie absolut gesetzt werden und losgelöst von der partnerschaftlich-dialogischen Beziehung zum Einsatz kommen. Am besten wäre es, wenn sie im Feed-back auf konsultativer Ebene mit dem Betroffenen aufbereitet würde. In diesem Zusammenhang bietet sich auch ein schriftlicher oder visualisierter Kontrakt mit dem Betroffenen als Möglichkeit an, bestimmte Verhaltensregeln zu vereinbaren und damit einer Intervention bei Regelverstoß vorzubeugen (HÄHNER 1997b, 140f.; THEUNISSEN 1997a, 127). Wenn möglich, sollten immer »Grenzen von Freiheitsräumen [...] in einem interagierenden diskursiven Dialog ausgehandelt werden, indem der behinderte Mensch mit assistierender Begleitung handelnd seine Grenzen erlebt« (SEIFERT 1997, 115). Denn die Autonomie von Menschen mit geistiger Behinderung ist der wichtigste Orientierungspunkt intervenierender Assistenz.

All diese Aufgaben setzen zweifellos hohe Erwartungen in die Person des Assistenten. So soll er zum Beispiel als *Dialogpartner* grundlegendes Vertrauen stiften, was sich am besten dann entwickeln kann, wenn er sich an den Grunddimensionen der *»non-direktiven Gesprächspsychotherapie«* orientiert, die C. ROGERS (1973) dargelegt hat. Zu den wichtigsten Qualitäten des Assistenten gehören daher die Wertschätzung, Achtung und Bejahung der Person des anderen, Authentizität, Empathie und Realitätsoffenheit. Er soll ehrlich sein, Toleranz zeigen, genauestens beobachten, geduldig sein, abwarten können, motivieren, ermutigen, animieren sowie kreativ und flexibel sein. Neben einer zuversichtlichen Grundhaltung zeichnet sich ein guter Assistent auch durch das permanente Bemühen aus, die Lebenssituation sowie die Zukunftsperspektiven aus der Sicht der Betroffenen zu betrachten und einfühlend zu verstehen. Hierzu bedarf es insbesondere in der Arbeit mit geistig schwerstbehinderten Menschen eines »divinatorischen Vermögens« (Schleiermacher), das sich auf Prozesse des Aufspürens, Nachforschens und Erratens erstreckt. Überdies impliziert es die Aufforderung, danach zu »suchen, was mein Gegenüber, der Mensch mit Behinderung von mir erwartet, was er wünscht und welche Dienstleistung in Art und Umfang dazu notwendig ist. Und je nach der Art der Behinderung erweist sich das als fortlaufender, überdauernder Prozess. Dieses Forschen kann auch bedeuten, dass Wahlmöglichkeiten geschaffen werden müssen« (HÄHNER 1997b, 133). Natürlich sind auch fachliche Kenntnisse erforderlich. Außerdem sollte ein Assistent bereit sein, sich auf Risiken oder auf ein unbekanntes Terrain einzulassen. Eine herausragende Bedeutung hat das *aisthetische Wahrnehmen und ästhetische Denken*, um den Anderen in seinem »vollen Menschsein« (Portmann) empathisch-verstehend zu erfassen. Das alles verlangt Selbstreflexion und auch ein Eingeständnis eigener Grenzen (hierzu auch ebd., 138ff.).

Zusammengefasst ist somit die persönliche Assistenz ein ausgesprochen anspruchsvolles Unternehmen, in dem offene soziale Prozesse die Regel sind. Diese wirken häufig verunsichernd und bedeuten eine Gratwanderung zwischen professioneller Einmischung (Intervention) und Zurücknahme (Facilitation), wobei der konsequente Abbau von professioneller Fremdbestimmung, Macht und Überprofessionalisierung zum Programm des Empowerment zählen. Mit anderen Worten: »Gefragt ist ein Helfertypus, der seine Rolle auf Gegenseitigkeit, Gleichgestelltheit und Entfaltung von Selbsthilfepotentialen hin verändert hat und darüber hinaus das Prinzip des Sich-Überflüssig-Machens als Ziel und Weg seiner Arbeit ansieht« (BOBZIEN 1993, 49).

Inwieweit diese Formen der persönlichen Assistenz bei (hospitalisierten) Menschen mit geistiger Behinderung Berücksichtigung finden, hängt sowohl vom Konzept einer auf Empowerment hin angelegten lebensweltbezogenen Behindertenarbeit ab, als auch von den Rahmenbedingungen. Denn nur in einer »least restrictive environment« kann eine emanzipatorische Pädagogik in dem hier beschriebenen Sinn zum Erfolg gereichen.

# Lebensweltbezogene Behindertenarbeit

Wie wir uns ein lebensweltbezogenes Konzept einer Behindertenarbeit vorzustellen haben, darüber liegen zwischenzeitlich mehrere Arbeiten vor (MARKOWETZ 1996; THEUNISSEN 1997a, 178ff.; 1997h; SEIFERT 1997; REUTHER-DOMMER/DOMMER 1997; ASSMANN 1997; THEUNISSEN/DIETER/NEUBAUER 1999). Um Redundanzen zu vermeiden, wollen wir uns daher nur kurz fassen und wesentliche Aspekte nennen, die im Hinblick auf Empowerment eine prominente Rolle spielen.

## Behindertenpädagogische Leitprinzipien

Theoretischer Bezugspunkt einer lebensweltbezogenen Behindertenarbeit[79] im Sinne des Empowerment sind zunächst die eingangs genannten *allgemeinen* Leitprinzipien. Diese gilt es im Kreis der professionellen Helfer zu erschließen und zu reflektieren sowie – nach Möglichkeit gemeinsam mit den Betroffenen – für die konkrete Alltagspraxis zu spezifizieren. Ziel sollte es sein, zu einer *gemeinsam verantwortbaren normativen Bezugsbasis* zu gelangen, um gegenläufiges (antinomistisches) Handeln von Pädagogik, Pflege oder Therapie zu vermeiden. Die von uns favorisierten Leitprinzipien (hierzu auch SEIFERT 1997, 107ff.; LINGG & THEUNISSEN 1997 125ff.; THEUNISSEN 1993, 68ff.; 1997a, 103ff.) beziehen sich auf:

### Kommunikative Orientierung und Beziehungsgestaltung

Jede pädagogische oder auch therapeutische Arbeit kann nur auf der Grundlage einer vertrauensvollen Beziehung fruchtbar sein. Daher hat die Herstellung und Sicherung eines »Ich-Du-Bezugs« (Buber) grundlegende Bedeutung. Zur Sicherung von Grundbedürfnissen nach Kommunikation, Achtung und Vertrauen kann eine auf Sympathie beruhende Bezugsassistenz in Gestalt einer Vertrauensperson oder Patenschaft hilfreich sein; als Methode verordnen lässt sie sich freilich nicht.

## Subjektzentrierung

Jeder geistig behinderte Mensch ist als Person in seiner Subjekthaftigkeit zu erschließen. Er darf nicht zu einem bloßen Objekt einer Betreuung oder Förderung degradiert werden. Seine Lernbedürfnisse und Lernwege, Interessen, Stärken, Enwicklungsmöglichkeiten oder individuellen Wünsche (z.b. in Bezug auf Speisen, Kleidung, Möbel, Kosmetik, Freizeitgestaltung) sind somit der Ausgangspunkt der Praxis. Die bloße Feststellung von Defiziten oder Auffälligkeiten reicht keineswegs aus, um der Subjektivität des Einzelnen gerecht zu werden.

## Individualisierung

Die Subjektzentrierung verlangt eine individuell abgestimmte Methodik. Dies bedeutet, dass es weder feste Programme noch Verfahren oder Rezepte gibt, die sich generalisieren ließen. Daher ist für jeden ein individuelles Curriculum im Sinne eines Konzeptes der Alltagsbegleitung und Emanzipationshilfe zu erstellen.

## Ganzheitlichkeit

Betrachtet man den Menschen in der Einheit von Leib, Seele und Geist als ein soziales Wesen in seinem ökologischen Umfeld (Portmann 1970; 1973), so muss die Behindertenarbeit dieser Ganzheitlichkeit Rechnung tragen. Damit wird zugleich einem Methodenmonismus eine Absage erteilt. Vielmehr kommt es auf die Verknüpfung unterschiedlicher Arbeitsformen und Angebote – z.B. basale Kommunikation; basale Stimulation; lebenspraktisches Training; Sportaktivitäten – an, die es in einem umfassenden Gesamtkonzept zu integrieren gilt. Der ganzheitlichen Orientierung aufs Subjekt hat der Bezug auf die Lebenswelt zu korrespondieren. Wenn zum Beispiel die Wohngruppe kein Ort der Geborgenheit und Realitätskontrolle ist, geht die subjektzentrierte Arbeit ins Leere.

## Entwicklungsorientierung

Alle pädagogischen und therapeutischen Prozesse sollten sich an den Gesetzmäßigkeiten und am Verlauf der menschlichen Entwicklung orientieren. Sie ist hirnphysiologisch betrachtet in jedem Alter möglich und findet unabhängig von der Schwere einer Behinderung statt. Daher gibt es keine »endgültige Entwicklungsbeschränkung« (Lutz), sondern eine *prinzipielle Lern- und Entwicklungsfähigkeit.* »Auch schwerstbehinderte Menschen sind lernfähig, wenn ihre Lebensbedingungen ihrer Wahrnehmungsfähigkeit entsprechend gestaltet sind« (Seifert 1997, 131). Hierzu kommt es darauf an, Lebenssituationen und Fördermaßnahmen im Sinne des Empowerment so zu arrangieren, dass ein »Lernen in der Zone der nächsten Entwicklung« (Wygotski) statthaben kann. Was damit gemeint ist, macht WYGOTSKI (1972, 236) mit folgendem Beispiel deutlich:

> »Wie ein Gärtner, der den Zustand seines Gartens feststellen will, falsch handeln würde, wenn er ihn lediglich nach den Apfelbäumen beurteilte, die ausgereift sind und Früchte gebracht haben, anstatt auch die heranreifenden Bäume in Rechnung zu stellen, so muss der Psychologe bei der Beurteilung des Entwicklungsstandes nicht nur die herangereiften, sondern auch die heranreifenden Funktionen, nicht nur das gegenwärtige Niveau, sondern auch den Bereich der kommenden Entwicklung berücksichtigen.«

Der Assistent soll sich darüber im Klaren sein, welche Aufgaben der Betroffene selbstständig und welche er mit Hilfe lösen kann. »Die Differenz zwischen beiden Ergebnissen (und keineswegs das absolute Urteil) kann dann die ›Zone der nächsten Entwicklung‹ bestimmen« (ebd., 1974, 49). Und an anderer Stelle heißt es:

> »Wir müssen stets die unterste Grenze des Unterrichts bestimmen. Aber damit ist die Sache nicht getan: Wir müssen auch imstande sein, die oberste Grenze des Unterrichts zu bestimmen. Nur innerhalb dieser Grenze kann der Unterricht fruchtbar sein [...] Die Pädagogik muss sich nicht auf die [...] Entwicklung von gestern, sondern auf die von morgen orientieren [...] Das Lernen ist nur dann gut, wenn es Schrittmacher der Entwicklung ist. Dann werden dadurch eine ganze Reihe von Funktionen, die [...] in der Zone der nächsten Entwicklung liegen, geweckt und ins Leben gerufen. Und eben darin besteht die wichtigste Bedeutung des Lernens für die Entwicklung.« (ebd., 50f.)

Um entwicklungsgemäßes Lernen zu unterstützen, bedarf es eines vielseitigen Angebots subjektiv bedeutsamer Materialien, die zu eigenständigem Handeln veranlassen können. Solche Angebote sollten »gemäßigt neu« (GINSBURG & OPPER 1975, 279) sein, das heißt weder allzu bekannt, um den Betroffenen nicht zu langweilen, noch allzu neu, um ihn nicht zu überfordern.

### Altersgemäße Orientierung

Das Prinzip der Entwicklungsorientierung ist insbesondere in der Arbeit mit geistig schwerst- und mehrfachbehinderten Menschen bedeutsam, die sich auf einem sehr frühen Entwicklungsniveau befinden. Allerdings wäre es unzulässig, zwischen nichtbehinderten Kleinkindern und erwachsenen (schwerst-)geistig behinderten Menschen eine analoge Entwicklung anzunehmen. So dürfen zum Beispiel lebensgeschichtliche Erfahrungen in keiner Weise ausgeblendet werden. Das verlangt die Verschränkung einer entwicklungsorientierten Vorgehensweise mit einer erwachsenen- oder altersgemäßen Ansprache, um Infantilisierungstendenzen zu vermeiden. Auch Menschen mit schwerster geistiger Behinderung haben ein Recht auf ein Erwachsenenalter, darauf, als »erwachsene Persönlichkeiten mit äußerst individuell ausgeprägten Erfahrungen, Wünschen und Bedürfnissen« (MEYER-JUNGCLAUSSEN 1987, 352) akzeptiert und beachtet zu werden.

### Lebensnähe und sinnerfülltes Tun

Dieses Leitprinzip ist mit dem vorausgegangenen eng verknüpft und präferiert die reale Alltagssituation als zentrale Stätte des Lernens und der Entwicklung. Damit wird einer bloßen »heilpädagogischen Förderung« in »künstlichen« Lernsituationen eine Absage erteilt, die sich als eine wenig fruchtbare Praxis erwiesen hat (MARTIN u.a. 1982, 243; WESTLING & FLOYD 1990; BYERS 1994, 87f.). In der Arbeit mit geistig behinderten Menschen kann die Bedeutung eines lebensnahen Lernens nicht hoch genug eingeschätzt werden, da dieses Prinzip ihrem Lernverhalten und insbesondere ihrem Bedarf an Konkretion sehr entgegenkommt (auch BACH 1981, 111). Wie wichtig sinnerfüllte Alltagstätigkeiten und Lernprozesse für (hospitalisierte) Menschen mit (schwerer) geistiger Behinderung sind, verdeutlicht SCHLIENGER (1996, 511) am Beispiel alltäglicher Hausarbeiten in einer Wohngruppe:

> »Sinnvolle Tätigkeiten und Tätigkeitsabfolgen können beobachtet und bis zu einem gewissen Grade nachvollzogen werden. Auch wenn die Schwerbehinderten nicht alle Operationen, die Dritte ausführen und an denen sie teilhaben, verstehen, so nehmen sie doch jenen Ausschnitt an Bedeutung auf, der ihrem inneren Abbild der Realität entspricht. Ständiges Wiederholen festigt diese Bilder, das Einbringen von Variationen in die Tätigkeit erweitert sie. Dieses Dabeisein, Lernen über Wahrnehmung und Manipulation von Gegenständen ist für viele Schwerbehinderte ein Anreiz zur Entwicklung von Neugier und Erkundungsverhalten. [...] Bei gelungener Lernumfeldgestaltung kann häufig ein Rückgang von Stereotypien beobachtet werden, ohne dass diese direkt beeinflusst worden wären. Die Sinngebung, die der Mensch in seinem neuen Wahrnehmungs- und Tätigkeitsfeld erfährt, diese

Öffnung nach außen, scheint das Bedürfnis nach Selbststimulierung, in welcher Erfüllung nur über den eigenen Körper, in endlosen Variationen des immer Gleichen, gesucht werden muss, zu verringern« (ebd.).

Haben Betroffene keine oder nur unzureichende Möglichkeiten, ihre Lebenswelt sinnerfüllt, aktiv handelnd zu erfassen, zu kontrollieren und zu gestalten, sind Institutionalisierungs- oder Hospitalisierungsschäden die Folge.

Autonomie durch Kontrolle und Verfügung über die eigenen Lebensumstände ist ein originäres menschliches Bedürfnis (SMITH 1994, 2, 15). Von daher ist es wichtig, Menschen mit geistiger Behinderung eine größtmögliche Beteiligung am Alltagsleben und Kontrolle über die eigenen Lebensumstände zu ermöglichen, indem man sie beispielsweise bei hauswirtschaftlichen Tätigkeiten, bei der Planung und Vorbereitung von Festen und bei der Ausstattung der Wohnräume beteiligt. Zugleich trägt dieser Grundsatz dazu bei, verkrustete Hospitalisierungserscheinungen sowie blockierte Fähigkeiten zu durchbrechen und aktive Handlungskompetenz und Lebensautonomie (wieder) aufzubauen und zu stärken. Die immer wieder beobachtbare Tendenz von Mitarbeitern, aus Zeit- oder Personalmangel wie aber auch auf Grund von fehlender Einsicht in die Notwendigkeit dieses Prinzips alltägliche Arbeiten selbst auszuführen und für die Bewohner zu übernehmen, führt in aller Regel zur Entmündigung Betroffener wie auch »zum Verlust der Sinnhaftigkeit des Alltags« (SEIFERT 1997, 117).

### Größtmögliche Selbstbestimmung im Alltag

Der Empowerment-Philosophie folgend sollte sich die Behindertenarbeit dem Grundsatz der größtmöglichen Selbstbestimmung im Alltag verschreiben. Dieser bezieht sich sowohl auf die Entscheidungs- als auch die Handlungsautonomie. Diese Differenzierung ist insbesondere in der Arbeit mit geistig schwerst- und mehrfachbehinderten Menschen zu beachten, denen auf Grund spezifischer körperlicher Beeinträchtigungen ein hoher Grad an Unselbstständigkeit nachgesagt wird. Zwar kann die Handlungsautonomie eingeschränkt sein, die Möglichkeit, selbst Entscheidungen zu treffen oder Wünsche zu äußern, bleibt jedoch davon unberührt. Größtmögliche Selbstbestimmung im Alltag bedeutet individuelle Wünsche aufzuspüren, zu befriedigen und dabei behilflich zu sein, sie zu realisieren. Je nach Schwere der Behinderung und Hospitalisierung müssen hierzu im Alltag genügend Wahlmöglichkeiten angeboten sowie die Wahlfreiheit unterstützt werden (Coupe-O'Kane u.a. 1994, 18ff.). »Für manche schwer mehrfachbehinderte Menschen, zu deren Alltag es gehört, einfach ›abgefüttert‹ zu werden, bedeutet zum Beispiel schon die Wahl zwischen zwei Getränken ein Stück Autonomie« (Seifert 1997, 49). Bei hospitalisierten Menschen mit leichter geistiger Behinderung reicht natürlich das Spektrum viel weiter, zum Beispiel von der Wahl der Wohngruppe oder des Arbeitsplatzes über die Selbstbestimmung der Tagesgestaltung bis hin zur Partnerauswahl.

### Kooperation

Die beiden zuletzt genannten Grundsätze dürfen freilich nicht den Einzelnen überfordern. Vor allem bei Menschen mit schwerer Behinderung ist daher kooperatives Handeln angesagt, indem alltägliche Tätigkeiten gemeinsam mit dem Betroffenen geplant, durchgeführt und kontrolliert werden. Da die kooperative Alltagsgestaltung, der sich vor allem Jetter (1986) verschrieben hat, sehr zeitintensiv ist, sollten Möglichkeiten *»augenblickhafter Begegnungen«* (Buber) kooperativ genutzt werden. Im Prinzip handelt es sich hierbei um eine assistierende Hilfe zur Selbsthilfe, indem zum Beispiel die Bewohnerin einer Gruppe Schritt für Schritt – zunächst durch gemeinsames Tun und Erleben, dann durch Übernahme einzelner Handlungen – zu einer eigenständigen Bewältigung einer sinnstiftenden Tätigkeit befähigt wird. Rudimente aus der Theorie des Modell- und Imitationslernens (Bandura) bilden den Hintergrund dieses Prinzips. Kooperation im Rahmen »augenblickhafter Begegnungen« findet situationsbezogen statt und ist nicht an einen starren, unflexiblen Zeitplan oder eine Therapiestunde gebunden. Sie ist in hohem Maße realitätsbezogen, indem ein Lernen in realen Lebenssituationen statthat. In ausgezeichneter Weise lässt sie sich auch im Zusammenhang mit einer Bezugsassistenz umsetzen. Sie eröffnet den Blick für eine realoptimistische Einschätzung der Möglichkeiten, im Rahmen alltäglicher Situationen einer Wohngruppe, assistierende Hilfe soweit wie möglich überflüssig werden zu lassen.

### Größtmögliche Mitsprache und Mitbestimmung

Das oben genannte Selbstbestimmungsprinzip muss natürlich sozial ausbalanciert werden. Und die pädagogische Kunst besteht darin, zwischen individuellen Autonomieprozessen, sozialen Wünschen und Ansprüchen sowie institutionellen Bedingungen zu vermitteln. Das Selbstbestimmungsprinzip sollte daher nicht isoliert von dem Grundsatz der größtmöglichen

Mitsprache und Mitbestimmung betrachtet werden. Die Notwendigkeit der Mitsprache ergibt sich zum Beispiel bei der Zusammenstellung einer Wohngruppe wie auch bei der Regelung von Wohnbedingungen, der Gestaltung des Tagesablaufs, der Gestaltung von Urlaubsreisen oder auch bei der Selbstversorgung einer Gruppe. Auch im Hinblick auf das Betreuungsrecht (1992) kommt den Grundsätzen der Selbstbestimmung und Mitbestimmung besondere Bedeutung zu. Dieses Recht respektiert die Lebensautonomie des Einzelnen, weshalb die Betroffenen-Perspektive und nicht etwa Trägerinteressen oder pädagogische Ambitionen von Mitarbeitern im (Wohn-)Alltag Priorität haben. Damit werden zugleich bewusst größere Risiken der Normalität zugunsten von mehr Selbstbestimmung der Betroffenen in Kauf genommen.

> »Vom Aspekt der häufig beklagten Personalknappheit in Einrichtungen einmal abgesehen [...] wird dies jedoch bei der Betreuung behinderter Menschen eher nicht zugelassen. In vielen Fällen ist es nicht notwendig, dass die Heime alles unter Kontrolle sowie unbedingten Zugriff auf das Wohl und Wehe der Bewohner haben. Die oft aus eigener Angst und Unsicherheit praktizierte Einengung des Lebensraums von behinderten Menschen in Einrichtungen muss im Lichte des BtG (Betreuungsgesetzes, G.T.) und der grundrechtlich geschützten Rechtsposition der Betroffenen stärker als bisher hinterfragt werden.« (HELLMAN 1995, 228)

### Respektierung und Sicherung der Rechte

Jahrzehntelang wurden vielen (fehlplazierten) Menschen mit geistiger Behinderung das Recht auf ein menschenwürdiges Leben, auf menschenwürdige Hilfe und auf Privatheit weithin abgesprochen. Mit dem Betreuungsrecht (1992) sowie dem ins Grundgesetz aufgenommenen Diskriminierungsschutz für Behinderte (hierzu HERDEGEN 1995) liegen gesetzliche Regelungen vor, die den einzelnen behinderten Menschen in seiner Menschenwürde respektieren und schützen. Dem muss eine Alltagsbegleitung zum Beispiel durch die Sicherung des Privatbereichs und der Intimsphäre Rechnung tragen. Konkret heißt das: ein privates Bewohnerzimmer; private Kleidung und Bettwäsche; persönliches, frei verfügbares Eigentum; Akzeptanz eines Sexualverhaltens; Akzeptanz von Partnerschaften; Achtung des Schamgefühls; Wahrung von Diskretion. Ferner gilt es datenschutzrechtliche Bestimmungen zu beachten (Postgeheimnis), Betroffene vor Diskriminierung wie auch psychischer, physischer, sexueller oder institutioneller Gewalt zu schützen, Religions- und Meinungsfreiheit zu gestatten, Taschengelder auszuzahlen und dergleichen mehr. Darüber hinaus muss selbstverständlich auch dem Recht auf gesellschaftliche Partizipation und Integration Rechnung getragen werden.

*Seinlassen und Vertrauen in die individuellen Ressourcen*

Eine autonomiefördernde Alltagsbegleitung darf nicht die Idee des lebenslangen Lernens verabsolutieren und geistig behinderte Menschen mit Förderprogrammen womöglich überschütten. Auch hospitalisierte Personen haben wie alle anderen Menschen ein Recht auf Eigenleben, Selbstdarstellung und Lebenserfülltheit, das es insbesondere im Erwachsenenalter und Alter zu respektieren gilt. Daher muss bei aller Zielgerichtetheit pädagogischen Handelns oder assistierender Hilfe Raum bleiben für ein zweckfreies und selbstbestimmtes Leben, das nicht bestimmten Ambitionen von professionellen Helfern zum Opfer fallen darf. Die Akzeptanz des So-Seins geistig behinderter Menschen verlangt ein gewisses Maß an pädagogischer Gelassenheit und unterstreicht die Notwendigkeit des facilitatorischen Prinzips der Freisetzung und Unterstützung von Eigenaktivität und eines Sich-Selbst-Sein-Dürfens. Dies erfordert die Akzeptanz des Eigensinns, die Schaffung eines stimulierenden, entwicklungsfördernden Milieus, das offene Lernprozesse ermöglicht und genügend Gelegenheiten, die Lebenswelt selbstbestimmt zu erkunden, zum Beispiel im Garten, Hof oder Flur.

*Lebensweltorientierung*

Die vorausgegangenen Prinzipien signalisieren eine Lebensweltorientierung, insofern sowohl das institutionelle Bezugsfeld als auch das erweiterte soziale Lebenswelten als autonomiehemmende oder fördernde Faktoren mitreflektiert und berücksichtigt werden müssen. Eine auf Empowerment hin angelegte Alltagsbegleitung hängt demzufolge immer auch vom Verhalten und Interesse der sozialen Umwelt ab, welche der Emanzipation Betroffener im günstigsten Fall aufgeschlossen gegenüber steht und sich gegebenenfalls mitverändert. Dies gilt sowohl für primäre Lebenswelten wie Familie, Wohngruppe oder Werkstatt für Behinderte als auch für lebensweltliche Bereiche wie Nachbarschaften, Freizeitstätten, Einkaufszentren und kulturelle Orte, aber auch für übergeordnete institutionelle oder gesellschaftliche Normen, die jeweils unterschiedlich intensiv in wechselseitiger Beziehung auf die Entwicklung des Einzelnen einwirken. Ist das Verhältnis dieser Lebensbereiche zueinander gespalten und stehen einzelne Systeme in krassem Widerspruch zu den Bedürfnissen und Entwicklungsmöglichkeiten des behinderten Menschen, kommt es zu Unverträglichkeiten, die die Person in ihrer Lebensautonomie und Selbstverwirklichung beeinträchtigen oder gar »beschädigen«. Daher gehört die Frage nach geeigneten Lebensräumen für Menschen mit geistiger Behinderung zu einem wichtigen handlungsbestimmenden Leitprinzip der behindertenpädagogischen Arbeit.

### Verantwortung

Empowerment ist unserer Theoriediskussion folgend am »Prinzip Verantwortung« (JONAS 1984) gebunden. Durch eine Abkoppelung von dieser Praxis würde sich Empowerment in einen verantwortungslosen Individualismus oder selbstbezüglichen Kollektivismus verkehren, soziale oder ökologische Fragen weithin übergehen oder ignorieren. Daher zählen die Sensibilisierung und Befähigung zu einem verantwortlichen Denken und Handeln zu einem wichtigen Aufgabenspektrum der behindertenpädagogischen Arbeit. Institutionalisierten Menschen mit geistiger Behinderung wird bekanntlich in vielen Bereichen des alltäglichen Lebens Verantwortung abgenommen, und nicht selten kommt es vor, dass ihnen Verantwortung gänzlich abgesprochen wird. Insofern muss mit einem Aufbau eines Verantwortungsbewusstseins und (selbst)verantwortlichen Handelns bei den einfachsten Dingen und Tätigkeiten des alltäglichen Lebens begonnen werden wie der Pflege eigener Kleidung, dem Umgang mit persönlichem Eigentum oder der eigenen Zimmergestaltung. Neben dem Individualbereich gilt es sodann, zu sozialer Verantwortung durch Übernahme von Aufgaben für die Gruppe anzustiften sowie ein ökologisches Bewusstsein und entsprechende Handlungskompetenz zu befördern, indem etwa auf Mülltrennung geachtet wird, umweltschonende Pflegemittel verwand und verantwortungsvolle Tierpflege u.Ä. gefördert werden.

### Ästhetisches Prinzip

Eine herausragende Bedeutung für die Arbeit mit schwerstbehinderten Menschen hat das ästhetische Prinzip, welches mit Blick auf unsere eingangs geführte Theoriediskussion in fünffacher Hinsicht bedeutsam ist:

Erstens geht es um ein grundlegendes *Gestaltungsprinzip,* das alle relevanten Lebensbereiche fühlbar zu durchdringen, zu komplettieren und zu vervollkommnen hat. Beispielhaft sind hierzu die Ausführungen von ASSMANN (1997), die über Chancen des ästhetischen Prinzips als Gestaltungsmoment im Wohnalltag schwerstbehinderter Menschen berichtet.

Zweitens steht das ästhetische Prinzip für eine *basale Pädagogik,* die darauf ausgerichtet ist, mit einem schwerstbehinderten Menschen in Beziehung zu treten und ihn mittels ästhetischer Materialien und Prozesse zur Selbstverwirklichung in sozialer Bezogenheit anzuregen. Dieses Konzept haben wir an anderer Stelle ausführlich beschrieben (THEUNISSEN 1997 b, 134ff.).

Drittens schreiben wir dem ästhetischen Prinzip eine *implizite therapeutische Funktion* zu, insofern ein nach ästhetischen Gesichtspunkten gestaltetes Alltagsleben oder eine basale pädagogische Praxis salutogenetische Wirkungen hervorbringen und damit implizit zum Abbau psychosozialer Probleme sowie zur Steigerung physisch-psychischen Wohlbefindens beitragen (hierzu ebd.; auch THEUNISSEN 1998c).

Viertens hat das ästhetische Prinzip eine *bildende Funktion,* insofern ein ästhetisches Lernen eine Erweiterung des Repertoires individueller Ausdrucks- und Kommunikationsformen sowie kulturstiftende und partizipierende Erfahrungen und Prozesse impliziert (hierzu THEUNISSEN 1997b; c; HAMPE 1997).

Fünftens soll das ästhetische Prinzip jenseits pädagogischer oder therapeutischer Intentionen einen »*Spielraum*« kennzeichnen, der – anthropologisch betrachtet – als selbstbestimmte »freie Zeit« gestaltet »Schönheit« hervorbringen und Selbstverwirklichung ermöglichen soll (hierzu KOFLER 1982; 1985; THEUNISSEN 1997a, 89ff; 1997b, 106ff.). Der Begriff des »Schönen« steht hier ganz im Sinne Schillers als Symbol des für sich selbst identisch gewordenen Subjekts. Wesentliche Bestimmungsmomente des »ästhetischen Spielraums« sind: Selbstbestimmung, Subjektivität, Freiheit, Spontaneität, Kreativität, Zufall, Intimität, Geselligkeit, Hobby, Lebensfreude, Spaß, Erholung und Unterhaltung.

### Bereiche der Alltagsarbeit[80]

Das von uns favorisierte Konzept unterscheidet vier[81] zentrale Bereiche einer Alltagsbegleitung und Emanzipationshilfe:

#### Rehabilitative Pflege

Dieser Bereich umfasst krankenpflegerische und rehabilitationsmedizinische Hilfen wie auch eine aktivierende Förderpflege.

#### (Haus-)Arbeit

Dieser Bereich erstreckt sich auf hauswirtschaftliche Tätigkeiten sowie auf lebenspraktisches Handeln im Alltag.

*Lebensgestaltung, ästhetische Praxis und Freizeit*
Hier geht es um eine sinnerfüllte, individuelle und gemeinsame Alltagsgestaltung, bei der ästhetische Kulturbetätigung, Sportaktivitäten, selbstbestimmte Freizeitbeschäftigungen o.Ä. eine prominente Rolle spielen.

*Gesellschaftliche Partizipation und Integration*
Dieser Bereich bezieht sich auf Bildungsangebote, Lernhilfen und Assistenz zur Teilnahme am kulturellen Leben und zur gesellschaftlichen Integration.

Alle diese Bereiche sind grundlegende Bestandteile eines *Gesamtkonzepts*,
in dem sie häufig eng miteinander verschränkt zum Tragen kommen. Zum
Beispiel lassen sich bei Menschen mit schwerster geistiger und mehrfacher Behinderung existentiell wichtige pädagogische Beziehungen erst über
basale pflegerische Prozesse aufbauen und entfalten (hierzu ausführlich
FRÖHLICH 1992; BIENSTEIN/FRÖHLICH 1992).

## Handlungsebenen der Behindertenarbeit

»Wir befinden uns im Jahre 1991, und ich erinnere mich an die Anfangszeit.
Schon am ersten Tag meiner Anwesenheit wurde das zukünftige pädagogische
Wirken meinerseits als unnütz angesehen, da ja nach Meinung des Pflegeper-
sonals mit den meisten Bewohnern nichts mehr zu machen wäre. Allenfalls
erhoffte man sich Unterstützung in täglich ablaufenden Routineprozessen.
Das hieß täglich 32 Menschen mit schwerer geistiger und Mehrfachbehinderung ›abzufertigen‹.
Der tägliche Trott begann für die sogenannten ›Windler‹ in der morgendli-
chen Frühe schon um vier Uhr. Sie erhielten ihre Tageskleider und verblieben
im Bett. Versorgt wurden sie durch den Nachtdienst. Wecken für die restli-
chen Bewohner war sechs Uhr. Oftmals waren viele Personen völlig ver-
schmutzt, nur dann wurden sie gewaschen. Kleiderbündel lagen auf dem
Boden vor den Zimmern. Die Kleidung gehörte der Station und war häufig
unpassend. Es herrschte Mangel an persönlicher Kleidung [...]
Der eigentliche Skandal begann jeweils um 6.30 Uhr, wenn der Essenwagen
aus der Stationsküche herausgeschoben wurde. Der Mangel an Tischen und
Stühlen machte es erforderlich, dass einige der ›Patienten‹ das Geschirr auf
dem Fensterbrett abstellen mussten, immer mit der Angst im Rücken, durch
andere bestohlen zu werden. Für die ›Windler‹ nahm der Tag seine Fortsetzung im Bett. Für einige von ihnen war die persönliche Freiheit weiter

beschränkt durch die Gitter, die ein viel zu kleines Bett umrandeten. Durch die Tatsache, dass die Betten reihenweise im Raum standen, war der Eindruck doppelt beklemmend. Es gab Personen, die sich Freiheit mit fast ›animalischen‹ Mitteln erkämpften. Sie setzten Markierungen mit Urin, inszenierten Spektakel, die erschreckten. Es gab keine Privat- und Intimsphäre, und so blieb vielen nur der innere Rückzug. Sie wirkten wie stumme Objekte [...] Sie ergaben sich willenlos, ließen sich behandeln, alles über sich ergehen [...]« (ASSMANN 1997, 205f.).

Dieses Beispiel steht für *typische Ausgangssituationen,* wie sie im Rahmen von Enthospitalisierungsprojekten immer wieder beschrieben werden. Es zeigt eine Situation, die charakteristische Merkmale einer »totalen Institution« (Goffman) aufweist; es werden Menschen mit Behinderungen in ihrem Ausdruck, Verhalten und Erleben vorgestellt, die sich unter isolierenden Bedingungen zurechtfinden müssen und vielfältige Strategien und Verhaltensmuster entwickelt haben, um ihre dem Anschein nach hoffnungslose Lage zu überleben. Viele dieser Bewältigungsformen werden üblicherweise als Hospitalisierungssymptome wahrgenommen und bezeichnet; und oft gelten sie als Hinweis auf schwere Beschädigungen einer Identität.

Eine an der Empowerment-Philosophie orientierte Behindertenarbeit hat vor diesem Hintergrund *vier Handlungsebenen* – eine individuelle, gruppenbezogene, institutionelle und sozialpolitische – in Betracht zu ziehen, auf die wir im Folgenden mit gebotener Kürze eingehen möchten. Diese vier Ebenen dürfen natürlich nicht isoliert voneinander betrachtet werden, denn sie sind vielfältig miteinander verknüpft.[82]

### Zur individualbasalen Ebene

Das vorausgegangene Beispiel dürften sichtbar gemacht haben, dass viele Menschen, die als hospitalisiert und geistig behindert gelten, nur über einen *individualisierten Zugang* zu Empowerment-Prozessen angeregt, ermutigt und befähigt werden können. Ein Schwerpunkt lebensweltbezogener Behindertenarbeit ist daher die *Einzelhilfe.* Darunter verstehen wir im Sinne der Empowerment-Grundsätze ein Angebot, welches vom Betroffenen aus (Subjektzentrierung), mit ihm (Kooperation) und für ihn (Individualisierung) zu entwickeln ist. Wichtig ist in dem Zusammenhang von vornherein die Klärung der Zuständigkeit. So ist die Frage zu klären, von wem Einzelhilfe angeboten wird. Dies kann eine Vertrauensperson oder aber auch ein pädagogisch-therapeutischer Fachdienst übernehmen. Folgende Phasen und Arbeitsschritte liegen der Einzelhilfe zugrunde:

*Orientierungsphase*

Ausgangspunkt der individualbasalen Arbeit ist eine Orientierungsphase, in der sich der zuständige professionelle Helfer einen situativen Überblick verschafft. Häufig wünschen sich Mitarbeiter eines Teams angesichts spezifischer Probleme wie Verhaltensauffälligkeiten oder Unselbstständigkeit Einzelhilfe. Genauso besteht aber auch für Betroffene die Möglichkeit, sich mit spezifischen Wünschen oder der Bitte um Unterstützung an ihre Vertrauensperson oder einen zuständigen Mitarbeiter zu wenden. Wenn zum Beispiel ein Bewohner lernen möchte, mit Geld umzugehen, um selbstständig einkaufen zu gehen, so ist es vorstellbar, diesem Wunsch entweder durch Einzelarbeit oder aber auch durch ein spezifisches Kursangebot in Erwachsenenbildung, die ebenfalls individualisierte Curricula verlangt, zu entsprechen. In der Regel bietet es sich an, mit allen relevanten Bezugspersonen – Mitglieder einer Wohngruppe, Fachdienst, Angehörige – sowie nach Möglichkeit auch mit dem Betroffenen selbst ein Erstgespräch zu vereinbaren und zu führen, um die konkrete Situation und seine Wünsche, Bedürfnisse und Ressourcen einschätzen zu können (assessment) sowie weitere Arbeitsschritte festzulegen. Diese können sich sowohl auf kontextbezogene Maßnahmen wie die Arbeit mit Bezugspersonen oder die Veränderung der Lebenswelt als auch auf eine direkte Einzelarbeit beziehen, bei der zunächst eine verstehende Diagnostik angezeigt ist.

*Diagnostischer Prozess*

Die wesentlichen allgemeinen Grundzüge einer verstehenden Diagnostik, die freilich nur vor dem Hintergrund einer Vertrauensbasis fruchtbar sein kann, werden in Kap. VI beispielhaft vorgestellt. Entsprechende »Bausteine« einer Diagnostik zum Verständnis von Verhaltensauffälligkeiten (Hospitalisierungssymptomen) sind darüber hinaus in THEUNISSEN (1997a) und LINGG & THEUNISSEN (1997) nachlesbar. Hier sei nur die herausragende Bedeutung der Aufbereitung und Reflexion der »Lebensgeschichte« erwähnt. Denn »aus Deprivationserfahrungen, die der Einzelne in seiner Lebensgeschichte erlitten hat, erklären sich viele Verhaltensauffälligkeiten. Sie sind Ausdruck der aktuellen Befindlichkeit und müssen als solche bei der Gestaltung des Wohnalltags berücksichtigt werden« (SEIFERT 1997, 111f.). Grundsätzlich sollte die Rehistorisierung der Lebensgeschichte stets eine »Spurensuche« (HERRIGER 1997, 97) nach verschütteten und blockierten Stärken und Kompetenzen, Coping-Strategien, Vorlieben und Interessen sowie nach Zeiten und Settings eines erfolgreichen Lebensarrangements sein. Ferner sollten strukturelle Kontexte und soziale

Netzwerke (Beziehungen) genau rekonstruiert sowie zentrale Lebensthemen wie Fremdbestimmung und Ohnmacht thematisiert werden, wobei es je nach Problemlage den Betroffenen mit seinen Gefühlen und Befindlichkeiten psychosozial abzustützen gilt.

Die Rehistorisierung der Lebensgeschichte ist aber immer auch eine Reise in die Zukunft, indem sie den Betroffenen zur Äußerung und Entwicklung von Lebenszielen sowie zur Herstellung positiver Sozialbeziehungen ermutigen soll. Als methodisches Werkzeug bietet sich hierzu der von HERRIGER (1997, 113ff.) beschriebene Kompetenzdialog an. In der Arbeit mit geistig behinderten Menschen, die sich nicht sprachlich verständigen können, müssen wir allerdings auf alternative Formen zurückgreifen, auf genaue Verhaltensbeobachtungen, auf ein gemeinsames Tun, auf ein Nacherleben der Lebensgeschichte und aktuellen Lebenssituation, auf eine stellvertretende Deutung der individuellen Lebenslage sowie auf ein sensibles Sich-Einfühlen in die Erfahrungswelt des Betroffenen.

Um die Perspektive für signifikantes Lernen zu erfassen, sollte im Rahmen der verstehenden Diagnostik unter besonderer Berücksichtigung der aktuellen Lebenssituation auch eine spezifische Lern- und Entwicklungsdiagnose erstellt werden. Dabei denken wir mit Blick auf KÖSEL (1993) an die Aufbereitung der »Lernwelt«, um Anhaltspunkte für ein Curriculum aus der Sicht des Betroffenen zu finden. Kösel fragt in dem Zusammenhang nach Lernchreoden (abgeleitet von griechischen »chre«: es ist notwendig, und »hodos«: der Weg), die lebensgeschichtlich entstandene Lernerfahrungen und Lernstile zum Ausdruck bringen. Ich-Chreoden beziehen sich auf das »Lernselbstbewusstsein«, auf Fragen wie: Was mache ich gerne? Was macht mir keinen Spaß? Was möchte ich gerne lernen? Was ist für mich weniger wichtig? Sie »sind diejenigen morphischen Einheiten, die man als ›Programme‹ beschreiben kann, die ein lebendiges System im Sinne einer sich selbst organisierenden Einheit entworfen, erfahren und verankert hat, um zu überleben oder um eine andere Zielrichtung zu erreichen« (ebd., 248). Sach-Chreoden betreffen den Umgang mit Lerninhalten: Wie gehe ich mit einem Thema um, wie spricht mich das Thema an, ist das Thema zu schwierig? Was sind meine Lernstrategien? Kann ich damit das Thema bewältigen? Wir-Chreoden beziehen sich auf das gemeinsame Lernen in einer Gruppe. Die Fragen betreffen in diesem Fall die gemeinsamen Vereinbarungen, Unterstützungsformen und Gruppenregeln. Im Rahmen einer Einzelarbeit käme es darauf an, die Beziehung zum Assistenten im Hinblick auf signifikantes Lernen zu klären: Ist das Unterstützungsangebot des Assistenten für einen Lernprozess hilfreich oder hinderlich und was erwarte ich vom Assistenten?

Um die Lernchreoden in der Arbeit mit hospitalisierten geistig behinderten Menschen angemessen aufbereiten zu können, bedarf es der Erfassung der Zone der aktuellen Handlungskompetenz, bei der es wiederum die Stärken-, Fähigkeits- und Fertigkeitsperspektive und nicht etwa das Nicht-Können des Betroffenen herauszustellen gilt. Dazu sind normative Entwicklungstests (FLEHMIG 1973; DOMAN 1980; KIPHARD 1976), das P-A-C-Verfahren oder auch Intelligenztests wenig geeignet, da sie in der Regel keinen Bezug zur»Lernwelt« (Kösel) aufweisen, in der sich der Betreffende und sein Assistent bewegen. Normative Verfahren erfassen zwar fragmentarisch das Verhalten des Betroffenen, nicht aber das gesamte Lernsetting und den Interaktionsraum. Sie verleiten dazu, den gesamten Handlungskontext künstlich in Einzelbereiche zu zerlegen, in optische Wahrnehmung, Sprache, Sozialkontakt, Handgeschicklichkeit, Motorik etc., wodurch eine Reihe pädagogisch relevanter Informationen verloren gehen.»Die Fähigkeit der Schwerbehinderten, verschiedene Teilfunktionen zu einer zweckvollen psychomotorischen Handlung zu integrieren, (ist, G. T.) nicht mehr aus den transformierten Daten des Entwicklungsbogens ablesbar« (MOOG 1985, 4, 7; auch GOTTSCHALDT 1954, 3). Durch die quantitative Messung erhält man überdies»zu wenige Informationen über die qualitativen Merkmale des ursprünglichen Verhaltensmusters« (MOOG 1985, 8). Gerade diese aber sind wichtig und notwendig, wenn signifikantes Lernen subjektzentriert und entwicklungsorientiert stattfinden soll. Daher sollten normative Verfahren nur unter Vorbehalt zur Anwendung kommen. Auf jeden Fall sind sie durch eine»qualitativ-ganzheitliche Erfassung von Verhalten unter besonderer Betonung interaktionaler Aspekte« (ebd., 3) zu ergänzen.

Da einige Verfahren Aufgaben beinhalten,»die mit hohem intellektuellen und praktischen Arbeitsaufwand zusammengestellt wurden und einen breiten Erfahrungshorizont widerspiegeln« (EGGERT 1995, 24), kann im Rahmen einer qualitativen Lern- und Entwicklungsdiagnostik durchaus auf einzelne Teile, Elemente oder Aufgabenstellungen aus den vorhandenen Entwicklungstests zurückgegriffen werden. Dann aber sollte unbedingt das Prinzip der Aufgabenvariation beachtet werden,»um durch maximale Hilfe und Unterstützung die Prüf- in eine gemeinsame Lernsituation umwandeln zu können« (ebd., 25). Insofern kommt es bei der Auswahl von Testelementen darauf an, die Aufgaben so zu modifizieren (z.B. durch eine Zeitzugabe oder zusätzliche Hilfestellungen), dass unter Berücksichtigung der individuellen Bedürfnisse des Betroffenen ein sinnhaftes, subjektiv bedeutsames Tun im Hinblick auf Bewältigung von Lebenssituationen statthaben kann. Natürlich muss in diesem Falle auf eine quantitative Testauswertung verzichtet werden. Außerdem sollte sich die diagnostische Arbeit nicht ausschließlich auf künstlich arrangierte Lernsituationen beschränken. Ebenso wichtig – wenn nicht sogar bedeutsamer – sind diagnostische Beobachtungen (auch mit Hilfe von Videoaufzeichnungen) die Verhaltens- und Erlebensweisen in realen Alltagssituationen beschreiben. Dabei hat selbstverständlich auch »das ganze situative Geschehen als ›Handlungseinheit‹« (GOTTSCHALDT 1952, 14) im Blickpunkt zu stehen, um den komplexen Handlungs- und Interaktionsraum zu erfassen, der lernhemmend oder -fördernd sein kann und »eine wesentliche Grundlage für die Planung alternativer pädagogischer Maßnahmen« (MOOG 1985, 9) bildet. Sämtliche (Beobachtungs-)Ergebnisse sollten in einen Entwicklungsbericht als Beschreibung der diagnostischen Ausgangslage zusammengefasst werden. Diesen Bericht begreifen wir im Sinne von EGGERT (1995, 30) »als Versuch, ein individuelles Bild eines ganzen Menschen in seiner Entwicklung und in seiner spezifischen Lebenssituation zu geben und Fördermöglichkeiten in seiner zukünftigen Entwicklung zu beschreiben«. Die folgende Aufzählung (nach EGGERT 1995, 30) nennt wichtige Aspekte, die im Rahmen einer solchen verstehenden Lern- und Entwicklungsdiagnostik berücksichtigt werden sollten.

- Ein Bild vom ganzen Menschen geben
- Von den Stärken ausgehen
- Negative Bewertungen vermeiden
- Nicht (ab)klassifizieren
- Anschaulich auf der Verhaltensebene schildern
- Individuellen Förderbedarf beschreiben
- Unterstützende Bedingungen beschreiben
- Hemmende Bedingungen und deren mögliche Überwindung beschreiben
- Vergangenheit, Gegenwart und Zukunft beschreiben
- Vergangenes durch Beschreibung der Biographie in seiner Bedeutung für Gegenwärtiges und Zukünftiges deutlich werden lassen
- aus der Biographie das Entstehen und die Bewältigung von Konflikten und Lernsituationen beschreiben und verstehen
- bisherige Förderung und Erfolge oder Misserfolge analysieren
- Kompetenzen und ihre Ausprägung und Bedeutung für das Leben des Menschen beschreiben

- basale Kompetenzen (sensomotorische und psychomotorische Fähigkeiten) schildern
- kognitive Fähigkeiten deutlich werden lassen
- Anpassungsleistungen (soziale und emotionale Fähigkeiten) aufzeigen
- Selbstkonzept beschreiben
- ästhetische und kreative Fähigkeiten schildern
- kreativen Umgang mit dem Körper und seinen Ausdrucksmöglichkeiten beschreiben
- Verständnis für technische und wirtschaftliche Zusammenhänge analysieren und beschreiben
- Vorstellungen von Arbeit und Arbeitsmotivation geben
- schulische Techniken und Leistungen untersuchen und beschreiben
- Sport und Freizeit-Aktivitäten beobachten und schildern
- Formen der Kommunikation und Interaktion mit Personen des Umfelds beschreiben

### Entwicklung eines Einzelhilfe-Konzepts (planning)

Die verstehende (Entwicklungs-)Diagnostik bietet somit ein vielversprechendes Ausgangsmaterial zur Entwicklung eines Einzelhilfe-Konzepts, welches wiederum in Kooperation mit dem Betroffenen bzw. in Form advokatorischer Assistenz bei Menschen, die nicht für sich selber sprechen können, zu erstellen und schriftlich zu fixieren ist. Im Idealfall werden die Bezugspersonen der Betroffenen miteinbezogen. Im angloamerikanischen Sprachraum sowie in den skandinavischen Ländern spricht man in diesem Zusammenhang von der individuellen Lebensstilplanung, bei der es um die (gemeinsame) Bestimmung zukünftiger Lebensmarkierungen und -perspektiven sowie entsprechender realistisch angelegter (Lern-)Ziele geht. Der nächste Schritt ist die (gemeinsame) Erstellung eines *individuellen Entwicklungsprogramms*. Dabei geht es um übliche curriculare Entscheidungen wie die Auswahl von Inhalten, Aktivitäten, Arbeitsformen, Materialien, Medien, Sozialformen; um die Festlegung der Zeitstruktur und räumlichen Bedingungen, die Strukturierung von Lernsituationen, die Auswahl von Lernmethoden und um die Vereinbarung von Evaluationskriterien. Wenngleich es um Einzelhilfe geht, sollte dieses Angebot nicht – wie es die traditionelle Heilpädagogik oder Therapie suggerieren – ausschließlich als Einzelarbeit mit dem Betroffenen verstanden werden; vielmehr sollte sie von vornherein systemökologisch gedacht und konzipiert werden. Eine individualbasale Arbeit ist stets Bestandteil einer lebensweltbezogenen Behindertenhilfe und daher mit kontextorientierten und gruppenbezogenen Maßnahmen eng zu verschränken. Dies betrifft die Veränderung der Rahmenbedingungen, die Raumgestaltung, die Arbeit mit Bezugspersonen und die Nutzung sozialer Ressourcen. Außerdem muss die Einzelhilfe immer in das Gesamtkonzept integriert werden.

Diese Verschränkung bedarf der gemeinsamen Reflexion im Rahmen von Teamsitzungen, um gegenläufige Tendenzen und Widersprüche zwischen Einzelarbeit und Gesamtkonzept sowie Fremdbestimmung durch Systemzwang zu vermeiden. Ebenso wichtig ist eine sorgfältige Reflexion der Auswahl spezieller Arbeitsformen,[83] auf die im Rahmen einer individualbasalen Arbeit gerne zurückgegriffen wird. Der Einsatz solcher Verfahren macht nur dann Sinn, wenn sie vom Betroffenen als sinnstiftend und lebensbedeutsam definiert werden können. Es entspricht den Leitprinzipien der Subjektzentrierung und Individualisierung, wenn aus bestehenden, engumschriebenen Verfahren Teilelemente oder Aspekte herausgenommen und in einem Einzelhilfe-Konzept ganzheitlich-integrativ miteinander verknüpft werden. Ebenso denkbar ist eine subjektzentrierte oder entwicklungsgemäße Modifikation einzelner Verfahren. Auf jeden Fall sollte ein rigider Einsatz von bestimmten Methoden, die in der Arbeit mit geistig schwerst- und mehrfachbehinderten Menschen als besonders wirksam erachtet werden, vermieden werden, da ein solches Vorgehen in der Regel keinen Bezug zum Subjekt und seiner Lebenswelt aufweist. Überdies möchten wir vor einer Überbewertung heilpädagogischer Verfahren warnen. Nicht selten zeigt sich, dass ein gemeinsames lebenspraktisches Tun im Haushalt einer Wohngruppe, wie Einkaufen, Kochen oder Backen, sinnstiftender ist als eine heilpädagogische Förder- oder Snoezelstunde (hierzu auch REUTHER-DOMMER & DOMMER 1997, 69ff.).

*Monitoring und Evaluation*

Die Durchführung der Einzelhilfe sollte von vornherein dokumentiert und in angemessenen Abständen gemeinsam mit dem Betroffenen und seinen Bezugspersonen kontrolliert und evaluiert werden. Solche Zwischenevaluationen dienen der Programmüberprüfung sowie der Kontrolle der Einzelhilfe-Maßnahme (monitoring). Je nach Situation lassen sich vor diesem Hintergrund Kurskorrekturen oder Programm-Modifikationen vornehmen, die wiederum nur in Kooperation vereinbart werden dürfen. Wenngleich individualbasale Unterstützungsprozesse häufig mittel- oder langfristig angelegt sind, sollten sie stets auf ein Sich-überflüssig-Machen hinauslaufen. Das entspricht der Grundidee des »pädagogischen Bezugs« (Nohl) und demonstriert Respekt vor dem Erwachsensein und vor der

Lebensautonomie des Betroffenen.[84] Am Ende der individualbasalen Arbeit steht eine Abschlussevaluation, in der die Effizienz der Einzelhilfe rückschauend beurteilt wird. Die Beendigung der Unterstützungsmaßnahme (disengagement) sollte stets behutsam erfolgen, durch ein Ausschleichenlassen bestimmter Angebote (fading) und durch eine Integration von Aktivitäten in das Konzept der allgemeinen Alltagsbegleitung. Auf diese Weise lassen sich Beziehungsprobleme, Brüche in der Angebotsstruktur, leere Flecken im Tagesablauf oder auch Momente psychischer Überforderung am besten vermeiden.

### Zur gruppenbezogenen Ebene

Ebenso wichtig wie die Einzelhilfe ist die gruppenbezogene Arbeit.

»Empowerment ist nicht allein nur das Ergebnis eines einzelfallbezogenen Settings von Beratung und Begleitung. In vielen (vielleicht sogar den meisten) Fällen ist Empowerment das Produkt einer ›konzentrierten Aktion‹ – das gemeinschaftliche Produkt von Menschen also, die sich zusammenfinden, ihre Kräfte bündeln und gemeinsam aus einer Situation der Machtlosigkeit, Resignation und Demoralisierung heraus beginnen, Alltag und Umwelt aktiv zu gestalten.« (Herriger 1997, 120)

Prozesse kollektiver Selbstorganisation vollziehen sich nicht ohne weiteres von selbst, vor allem bei Menschen, die als hospitalisiert und schwerstbehindert gelten. Daher sind Formen einer professionellen Unterstützung als assistierende Hilfe unverzichtbar. Im Sinne des Empowerment wollen wir diesbezüglich vier zentrale Aufgabenfelder unterscheiden:

### Förderung und Unterstützung eines positiven Gruppenklimas

Dass eine Atmosphäre des Vertrauens und Respekts, des gemeinsamen Miteinanders, des gegenseitigen Unterstützens und Helfens in einer Gruppe einen günstigen Einfluss auf die psychische Gesundheit, das Wohlbefinden, Selbstwertgefühl und die psychosozialen Widerstandskräfte des Einzelnen hat, wird wohl kaum einer bestreiten. Insofern dürfen wir die salutogenetische (gesundheitserhaltende) Wirkung einer von kommunitären Werten getragenen positiven Gruppenatmosphäre hoch einschätzen.

Ein solches Klima kann unter institutionellen Bedingungen und insbesondere vor dem Hintergrund von Hospitalisierung nicht voraussetzungslos erwartet werden; unter anderem bedarf es hierzu eines Gemeinschaftsgefühls, eines Sozialinteresses, der Bereitschaft zur Kooperation und sozialen Unterstützung sowie auch eines entsprechenden Wachstumsprozesses in der jeweiligen Gruppe. Hospitalisierte Menschen wie auch Personen mit schwerer geistiger Behinderung werden in ihrem Sozialverhalten häufig als »schwierig« bezeichnet, nicht selten gelten sie in ihrer sozialen Identität beschädigt oder unterentwickelt. Dieser Defizitblickwinkel sollte durch positive Konnotation sozialer Verhaltensweisen sowie durch eine Fokussierung auf blockierte Sozialkompetenzen abgelegt werden, um Ansatzpunkte für ein sozialkommunikatives und gruppenförderndes Unterstützungsmanagement zu finden. Darunter fallen das Prinzip, allein Anzeichen positiver sozialer Botschaften aufzugreifen und zu verstärken sowie die Aufgabe, beziehungsstiftende Aktivitäten zu fördern, die prosoziale Interaktionen begünstigen und auf gegenseitige Rücksichtnahme, gemeinsames Tun, gegenseitiges Helfen und gemeinsames Beraten abzielen. Alles in allem gilt es, ein vertrauensvolles Zusammenleben in der Gruppe, getragen durch positive Erfahrungen von Nähe, Sicherheit, Wertschätzung und Anerkennung, ermöglichen. Da es sich bei vielen (Wohn-) Gruppen um Zwangsgemeinschaften handelt, deren Zusammensetzung häufig aus äußerlichen Gründen erfolgt (Platzzahl, Art der Behinderung, Personalausstattung), sollte allerdings die »kommunitäre« gruppenfördernde Arbeit nicht aufgezwungen werden, und es sollte auch nicht – wie in der traditionellen Heilpädagogik – die Gruppe als bloßes »Element der Erziehung und Lenkung verstanden (werden, G. T.), sowie zur Pflege der Geselligkeit und als sinnvolle Freizeitanregung. Individualität schien oder scheint auch heute noch dem Gruppengedanken untergeordnet. Wir vor Ich und, aus der Sicht des professionellen Helfers, Ihr vor Du. Gemeinsame Mahlzeiten, gemeinsame Ausflüge, gemeinsames Fernsehen, eventuell gemeinsamer Urlaub, gemeinsam zur Arbeit« (HÄHNER 1997b, 143). Ein solcher Gruppenzwang befördert nicht nur soziale Spannungen, sondern widerspricht auch der Empowerment-Philosophie, der es um individuelle Gestaltungsmöglichkeiten in einem sozialen Kontext zu tun ist. Aus diesem Grunde ist es wichtig, dass beim Aufbau eines positiven Gruppenklimas durch sozialintegrierende Assistenz zugleich Prozesse einer Ich-Stärkung, Selbstdarstellung und eines gruppenbezogenen Selbstbestimmungsbewusstseins (Self-advocacy) befördert werden.

*Förderung und Unterstützung von Selbstver-*
*tretungsgruppen auf institutioneller Ebene*

Prozesse kollektiver Selbstorganisation in Selbstvertretungs- oder Selbstbestimmungsgruppen haben im Empowerment-Konzept eine herausragende Bedeutung (STARK 1996; HERRIGER 1997). In unserem Falle geht es hierbei unter dem Stichwort *Self-advocacy* um Zusammenschlüsse von Menschen mit geistiger Behinderung, die sich gegenseitig unterstützen und sich in Solidarität und Kooperation für ihre Interessen und eigene Angelegenheiten einsetzen (WILLIAMS & SHOULTZ 1982; DYBWAD & BERSINI 1996; MILLER & KEYS 1996). In dem Zusammenhang spielen insbesondere auch die Selbsteinschätzung und -überprüfung (Nutzerkontrolle) der angemessenen Qualität der institutionellen Dienstleistungen eine wichtige Rolle (GROMANN 1998). Wenngleich sich heute immer mehr Behinderteneinrichtungen Qualitätsstandards und Kundenorientierung auf die Fahne schreiben, klaffen Anspruch und Wirklichkeit häufig noch weit auseinander, insbesondere, wenn die Standards von den Institutionen oder ihren Trägern und nicht unter Mitsprache der Betroffenen festgelegt werden. Qualitätsstandards erfüllen aber nur ihren Zweck, »wenn sie von der professionellen Gemeinschaft und den Interessenvertretungen behinderter Menschen gemeinsam formuliert werden« (KLICPERA & GASTEIGER-KLICPERA 1997, 273). »Angesichts der Tatsache, dass bislang Angehörige und Fachleute als Fürsprecher aufgetreten sind, beinhaltet dies einen Emanzipationsprozess« (ROCK 1997, 354) für die Betroffenen. Mit Blick auf das westliche Ausland, wo die Entwicklung kollektiver, selbstorganisierter Prozesse von Empowerment schon weit fortgeschritten ist, lassen sich verschiedene Organisationsformen von Self-advocacy-Gruppen unterscheiden: das »autonome Modell«, welches sich auf einen selbstorganisierten Zusammenschluss unabhängig von Einrichtungen, Trägern oder Verbänden bezieht; das »divisionale Modell«, welches sich als Bestandteil eines Verbandes oder einer Eltern-Vereinigung versteht, das »Koalitions-Modell«, welches den Zusammenschluss von Menschen mit unterschiedlichsten Behinderungen betrifft sowie das »Service-System-Modell«, welches Selbstvertretungsgruppen als Teil einer Einrichtung oder in organisatorischer Anbindung an Institutionen beschreibt (hierzu KNUST-POTTER 1994).

Allen Self-advocacy-Gruppen ist »gemeinsam, dass sie von geistig behinderten Menschen selbst geleitet werden. Self-advocacy reicht also von der Mitsprache und Mitbestimmung in bestehenden Institutionen und Trägerorganisationen bis zur politischen Lobby-Arbeit« (ROCK 1997, 355).

Derlei Bedürfnisse und Interessen, sich in Selbstvertretungsgruppen zu organisieren, entstehen bei hospitalisierten Menschen mit schwerer geistiger und mehrfacher Behinderung allerdings kaum von alleine. Angesichts der bekannten Hospitalisierungseffekte müssen Betroffene zu Self-advocacy-Zusammenschlüssen in der Regel angeregt werden. Dabei bedarf es nicht selten einer spezifischen *Kompetenzförderung* durch Angebote oder Aktivitäten im Rahmen einer auf Emanzipation hin angelegten *Erwachsenenbildung* (KNUST-POTTER 1993; THEUNISSEN & PLAUTE 1995, 162ff.; WEISS 1997). Dies gilt insbesondere für das Erlernen von Self-advocacy-Skills im Sinne eines sozialen Lernens.

Dazu gehören ganz wesentlich das Erlernen demokratischer Kommunikations- und Interaktionsformen, sodass Mitverantwortung, Mitwirkungs- und Mitbestimmungsmöglichkeiten besser wahrgenommen werden können (ZISFEIN & ROSEN 1984). Wichtig hierfür ist, dass die Betroffenen lernen – ggf. durch »unterstützte Kommunikation« (Kristen) und sozialintegrierende Assistenz –, eigene Wünsche zu äußern, Informationen über Wahl- und Lebensgestaltungsmöglichkeiten einzuholen, Ziele zu formulieren, einen eigenen Standtpunkt zu vertreten und in einer Gruppe zu verteidigen, Probleme selbstständig zu lösen, sich an Gesprächsregeln und Beschlüsse zu halten, eigene und kollektive Interessen zu artikulieren und sich in Selbstvertretungsgruppen sozial kompetent einzubringen (auch ROCK 1997, 360; SPEAKE & JOHN 1994, 120). Neben der Bewusstmachung individueller und kollektiver Interessen geht es auch um die Befähigung zu einer realistischen Einschätzung eigener und gemeinsamer Wünsche und Vorstellungen sowie um die Bereitschaft, Verantwortung zu übernehmen. Dafür sind Lernräume und Sozialisationsfelder zu schaffen, die keine künstliche Spielwiese für Mitbestimmung oder Demokratie sein dürfen, sondern die tatsächlich ein Forum bieten, sich auszutauschen, Wünsche und Meinungen zu äußern, Beschlüsse zu fassen und zu realisieren sowie auf die individuellen und kollektiven Lebensbedingungen unmittelbar Einfluss zu nehmen.

Der Aufbau von Selbstvertretungsgruppen kann (und sollte) dabei unmittelbar Aufgabe der Erwachsenenbildung sein.[85] Wie wir uns ein solches Angebot mit einem entsprechenden Unterstützungsmanagement bei hospitalisierten Menschen mit schwerer geistiger Behinderung vorstellen können, wird von C. Hoffmann (Kap. VI) an einem konkreten Beispiel praxisnah gezeigt. Dabei werden Grenzen und Möglichkeiten von Self-advocacy-Gruppen mit Menschen, die erhebliche Schwierigkeiten haben, für sich selber zu sprechen, sichtbar. Bei Personen, die als hospitalisiert, leicht geistig und/oder lernbehindert gelten, sind weitreichendere Emanzipationsprozesse zu erwarten und zu verzeichnen, die im Einzelfalle eine advokatorische Assistenz überflüssig machen und nur noch konsultativen Beistand benötigen (SEGAL & VARMA 1991; ROCK 1997, 360f.). In diesem Falle bietet sich eine soziale Netzwerkförderung als eine weitere gruppenbezogene Aufgabe im Sinne des Empowerment an.

### Förderung und Unterstützung von Netzwerken

Neben der Förderung und Unterstützung von Selbstvertretungsgruppen innerhalb von Einrichtungen sollte auch außerhalb der Institutionen, der Aufbau und die Weiterentwicklung von Netzwerkstrukturen in das Zentrum einer lebensweltbezogenen Behindertenarbeit treten. Ziel einer solchen Netzwerkförderung ist es, Menschen mit gleichartigen Betroffenheiten (Hospitalisierung) und Anliegen (deinstitutionalisiertes Wohnen und selbstbestimmtes Leben) miteinander in Kontakt und ins Gespräch zu bringen. Dies dient der emotionalen Unterstützung sowie der Förderung sozialer Identität und neuer sozialer Kontakte (hierzu FLYNN & WARD 1991; auch HERRIGER 1997, 137ff.). Außerdem ist ein gemeinsamer Erfahrungsaustausch auf kommunaler oder überregionaler Ebene, auf Konferenzen oder Tagungen für eine Behindertenarbeit aus der Betroffenen-Perspektive ausgesprochen fruchtbar und anregend. So berichtet zum Beispiel ROCK (1997, 362), dass durch gemeinsamen Widerstand und Protest von Self-advocacy-Gruppen in Großbritannien »Großeinrichtungen geschlossen oder reformiert und gemeindeintegrierte Wohn- und Arbeitsmöglichkeiten geschaffen worden« sind. Außerdem hätten »Einrichtungen, Trägerorganisationen und Sozialverwaltungen auf Druck aus den Self-advocacy-Gruppen hin begonnen, die Sichtweise von Menschen mit einer geistigen Behinderung ernst zu nehmen und diese an der Planung, Entwicklung und Bewertung von Diensten zu beteiligen« (hierzu auch GROMANN 1998; KLICPERA & GASTEIGER-KLICPERA 1997, 274f.). Dabei sei allerdings in vielen Fällen eine Unterstützung in Form advokatorischer und konsultativer Assistenz durch professionelle Helfer (advisor) unabdingbar. Darüber hinaus scheint eine professionelle Mithilfe bei der Organisation von Zusammenschlüssen selbstorganisierter Gruppen geistig oder lernbehinderter Menschen häufig notwendig zu sein.

### Arbeit mit Bezugspersonen

Da sich (hospitalisierte) Menschen, die als schwerstbehindert gelten, im Unterschied zu anderen Personen mit Behinderung in einem »Mehr an sozialer Abhängigkeit« (Hahn) befinden, kommt der Rolle der Bezugspersonen eine herausragende Bedeutung zu. Dies gilt sowohl für Eltern als auch für Mitarbeiter, deren Einstellungen und Handlungen für Menschen mit geistiger Behinderung entwicklungsfördernd als auch -hemmend sein können (WINUP 1994, 113). Natürlich ist der Betroffene dem Verhalten seiner Bezugspersonen nicht im deterministischen Sinne ausgeliefert, da sich seine Entwicklung stets auf dem Hintergrund wechselseitiger Einflussnahme vollzieht. Daher sollte bei aller Abhängigkeit von den Bezugspersonen (Fremdbestimmung) immer auch die Subjektseite (z.b. auch Coping-Management) mit im Auge behalten werden.

**Arbeit mit Eltern und Angehörigen:** Anscheinend haben bis heute viele Eltern geistig behinderter Kinder noch nicht die Bedeutung des Autonomiegedankens für ihre Töchter oder Söhne erschlossen (ebd., 126; auch SEIFERT 1997, 51). Die Gründe dafür sind vielschichtig. So spielen die Orientierung an überholten Lehrmeinungen in Heilpädagogik und Psychiatrie, das Sich-Leiten-Lassen von Alltagstheorien, wertkonservativen Erziehungsideologien oder eine von außen auferlegte Anpassungserziehung eine Rolle. Nicht selten neigen Eltern geistig behinderter Kinder vor dem Hintergrund »übersteigerter Verantwortung und Schutzgefühle« (BÖRNER 1996, 73) auch zu einem »übermächtigen Beschützenwollen« (ebd., 70), was im Endeffekt bedeutet, dass sie die Selbstbestimmungsmöglichkeiten ihrer Kinder nicht mehr wahrnehmen, ihnen wenig zutrauen, ihnen autonome Lebenschancen mit Risiken der Normalität vorenthalten und ihnen im späteren Lebensabschnitt die Erwachsenenrolle absprechen (auch KANDEL 1996). Gerade das wird ihnen in letzter Zeit häufig zur Last gelegt (MC'CONKEY 1994, 137). Immer mehr professionelle Helfer, die sich der Selbstbestimmungsidee verschrieben haben, neigen dazu, radikal und offensiv für die Interessen geistig behinderter Menschen Partei zu ergreifen, wobei sie die obige Elternsicht als antiquiert betrachten, ja entwerten und häufig sogar als indiskutabel denunzieren. Doch diese arrogant anmutende Art als »Wahrheitsverkünder« aufzutreten und für sich ein »richtiges Bewusstsein« zu beanspruchen, verursacht nicht nur neue Schuldgefühle oder Vorstellungen bei den betroffenen Eltern, in der Erziehung alles falsch gemacht zu haben, sondern auch Misstrauen, Ressentiment, Wut und Widerstand. Insofern ist die Gefahr gegeben, dass gut gemeinte Absichten unnötigerweise Konflikte mit Familienangehörigen befördern und letztendlich der Autonomieentwicklung der Betroffenen schaden. Was fehlt, ist zum einen ein notwendiges Maß an Verständnis für die elterliche Situation, insbesondere auch für das, was viele Eltern hospitalisierter Menschen mit schwerer Behinderung in der Vergangenheit (mit)erleben und psychisch bewältigen mussten: Demütigungen und Kränkungen durch einweisende Ärzte oder andere Fachleute; Ohnmacht gegenüber der Institution Psychiatrie und den professionellen Helfern. In diesem Zusammenhang möchten wir DÖRNER zitieren, der darauf verweist (1998, 38), dass die Auffassung vieler Professioneller,»»Angehörige seien doch froh, wenn ›lästige‹ Familienmitglieder von Zuhause weg seien‹, weithin eine Legende ist, da dies nur äußerst selten vorkommt.«

Zum anderen sollte endlich die noch weit verbreitete Suche nach Defiziten, Mängeln oder Schwächen bei Eltern eines behinderten Kindes und deren Erziehung aufgegeben werden, da man damit der komplexen Situation betroffener Eltern oder Angehöriger in keiner Weise gerecht wird (DUNST/TRIVETTE 1987; DUNST/TRIVETTE/LAPOINTE 1992; WEISS 1987; 1992;THEUNISSEN & GARLIPP 1996a; 1998). Es hat den Anschein, dass professionelle Helfer Aspekte, die Eltern behinderter Kinder als *kompetente* Bezugspersonen in schwierigen Lebenslagen ausweisen, allzu leicht übersehen. Dies gilt unter anderem auch in Bezug auf Eltern aus einem sozial schwachen Milieu, denen oft Gleichgültigkeit gegenüber der Entwicklung ihres behinderten Kindes und verstärkte Eigeninteressen nachgesagt werden, neuerdings, im Rahmen der Pflegeversicherung, auch finanzieller Art. Viele betroffene Eltern erleben jedoch nicht nur gesellschaftlichen Druck, sondern auch subtil vermittelte fachliche Vorwürfe, die vor allem die Ablösungsthematik oder kritische Erziehungspraktiken betreffen (THEUNISSEN 1997e). Auch gut gemeinte Forderungen an Eltern, wie sie BÖRNER (1996, 74) mit Blick auf die Autonomiediskussion formuliert hat, erzeugen einen Zwang, sich der Fachlichkeit zu fügen und blindlings anzuvertrauen. Eine derart einbahnige, vom Defizitblickwinkel geprägte Elternarbeit hat mit Kooperation und Empowerment nichts mehr zu tun. Vielmehr schreibt sie das traditionelle Expertenverständnis in der Behindertenhilfe fort, indem Eltern behinderter Kinder auf eine inkompetente, hilfs-, belieferungs- und anweisungsbedürftige Laienrolle festgelegt werden (hierzu auch WEISS 1989; 1991). Damit einhergehende Schuldzuschreibungen und Gefühle des Versagens befördern eine Vielzahl an Abwehrstrategien (z.B. Vermeidung von Kontakten; erhöhtes Misstrauen; Entwertung der professionellen Arbeit), was einer Verständigung mit den helfenden Berufen abträglich ist. Nicht selten führen solche Prozesse zu gegenseitigen Beschuldigungen und Diffamierungen, die keine fruchtbare Zusammenarbeit mehr zulassen.

In den letzten Jahren scheinen immer mehr Eltern und Angehörige (geistig) behinderter Kinder diese fachliche Überheblichkeit wie auch die

Vereinnahmungstendenzen traditioneller Wohlfahrtsorganisationen als Arroganz der Macht erkannt zu haben. Es gibt inzwischen in den USA eine gewichtige *Empowerment-Bewegung von betroffenen Eltern*, die neben Integration und Inklusion insbesondere Mitbestimmung bei Bildungs- oder Rehabilitationsmaßnahmen fordern (hierzu THEUNISSEN 1998e). Hierzulande tendieren Initiativen wie »Eltern gegen Aussonderung« oder »Gemeinsames Leben und Lernen« in eine sehr ähnliche Richtung. Diese Empowerment-Prozesse dürfen freilich nicht ausschließlich egoistisch-selbstbezüglichen Interessen dienen – z.b. Steigerung eigener Selbstwertgefühle; Kompensation von Schuldgefühlen –, sondern sie müssen in engagierter Parteilichkeit stets die Rechte-Perspektive und Lebensautonomie der behinderten Angehörigen im Auge haben. In der Hinsicht kommen wir auf das Grundanliegen der Empowerment-Philosophie zurück, der es um die (Wieder-)Entdeckung und Unterstützung der Selbstverfügungskräfte und Kontrollkompetenzen über die eigenen Lebensumstände sowohl von behinderten Menschen als auch von ihren Eltern oder Angehörigen zu tun ist. Genau an der Stelle hat die Arbeit mit Eltern oder Angehörigen anzusetzen, die sich ähnlich wie bei Menschen mit geistiger Behinderung Formen einer *systemischen Konsultation*, zum Beispiel der Methode des »Kompetenzdialogs« (Herriger) sowie der *Stärkenperspektive* verschreiben sollte. Die Vorzüge dieser ressourcen- und lösungsorientierten Ansätze dürften hinlänglich bekannt sein (DE YONG & MILLER 1995; HERRIGER 1997). Unter anderem sollen sie den Blick für »neue Wahrnehmungs- und Handlungsmöglichkeiten für eine als unbefriedigend erlebte Situation« (VOSS & WERNING 1989, 139) sowie zukünftige Lebensarrangements entwickeln helfen. Dabei setzen sie auf eine vertrauensvolle und gleichberechtigte Beziehung und Kooperation aller an der Konsultation Beteiligten. Ebenso wichtig sind der grundsätzliche Respekt vor der Lebensautonomie der Ratsuchenden sowie ein grundlegendes Vertrauen in deren Ressourcen und Stärken. Damit werden Eltern oder auch Angehörige als kompetente Personen ernst genommen und nicht durch Professionals entmündigt. Nur wenn diesen Grundsätzen entsprochen wird, kann eine angemessen Zusammenarbeit zwischen Eltern, Mitarbeitern und dem betroffenen behinderten Menschen im Interesse seiner Lebensautonomie statthaben.

Eine Kooperation in diesem Sinne scheint bis heute ausgesprochen schwierig zu sein. Zum einen sind es die Pädagogen oder Therapeuten, die aus ihrer Sicht das »Beste« für den geistig behinderten Menschen wollen und dabei durchaus unterschiedliche, miteinander konkurrierende oder gar widersprüchliche Ansichten zum Ausdruck bringen können, wie sich oft bei Gruppenbesprechungen oder multiprofessionellen Expertenteams zeigt. Zum anderen sind es die Eltern mit ihrer festen Überzeugung, dass sie am besten wissen, was für ihr behindertes Kind gut ist;»manche Fachleute irritieren die Eltern, wenn sie darauf pochen, dass das ›Kind‹ jetzt den Status eines Erwachsenen habe, und dass erforderlichenfalls die Ansichten der Eltern nicht mehr zählen« (MITTLER 1996, 277). Und nach wie vor hat es den Anschein, dass immer noch sowohl Eltern als auch professionelle Helfer, insbesondere aus der Träger- und Verwaltungsbürokratie, die von behinderten Menschen vorgetragene Interessen zuwenig beachten.»Es können aber viele Missverständnisse und Fehlschläge in der Kommunikation vermieden werden, wenn Eltern, Fachleute und die jungen Menschen selbst die Absicht haben, von Anfang an vertrauensvoll zusammenzuarbeiten und vorauszuplanen, wie sie gemeinsam und einzeln bei der Entwicklung der wachsenden Selbstständigkeit und Autonomie eines Menschen mitwirken können« (ebd., 277).Was fehlt, ist der Austausch von Informationen auf einer kooperativen und konsultativen Basis. Mit dem *Kooperationsdiskurs* meinen wir einen Ansatz gefunden zu haben, der aus dieser Sackgasse und unzeitgemäßen Praxis führen kann (ausführlich 1998d). Voraussetzung ist, dass er frühzeitig erfolgt und nicht nur als problemzentriertes oder konfliktausgleichendes Verfahren verstanden wird, sondern auch als eine *kundenorientierte Instanz* zum regelmäßigen Informationsaustausch, zur Entwicklung und Reflexion von Leitprinzipien oder zur kooperativen Planung von zukünftigen Lebenszielen und -aufgaben. Gemeinsamer Bezugspunkt sollte dabei stets das von der Behinderten-Position aus gesehene Wohlbefinden des Betroffenen sein – ein Aspekt, auf den sich erfahrungsgemäß alle an einem Diskurs Beteiligten einlassen können. Dem Kooperationsdiskurs kommt dabei eine *vermittelnde Brückenfunktion* zu, die Konfrontationen vermeiden hilft und zu einer Klärung von Positionen (Interessengegensätzen) beitragen kann und soll. Ziel ist dabei weniger die Herstellung eines Konsensus als vielmehr eine *respektvolle Haltung gegenüber der Sicht des anderen* sowie die Bereitschaft, eine Vielfalt möglicher Lösungen anzuerkennen. Insofern handelt es sich hier um einen *postmodern geprägten Diskurs,*[86] der eine Kompromissbildung freilich nicht prinzipiell ausschließt.

**Arbeit mit Mitarbeitern:** Genauso wichtig wie die kooperative Arbeit mit Eltern und Angehörigen ist natürlich auch die Konsultation und Unterstützung von Mitarbeitern und ihren Teams. In der Hinsicht gehen wir davon aus, dass Mitarbeiter, die Stärken und Ressourcen bei hospitalisier-

ten Menschen mit geistiger Behinderung entwickeln wollen oder dazu
sensibilisiert werden sollen, selbst in ausreichendem Maße autonome
Handlungs- und Entscheidungsspielräume haben müssen und nicht von
Systemzwängen vollkommen abhängig beziehungsweise diesen ausgelie-
fert sein dürfen. Auch ist das Bewusstsein unabdingbar, Situationen oder
Ereignisse beeinflussen und kontrollieren zu können.

»Die Frage nach den Möglichkeiten, Empowerment-Prozesse im beruflichen
Alltag psychosozialer Arbeit anzustoßen, ist daher nicht zuletzt eine Frage der
Entwicklung von Empowerment-Prozessen bei den beruflichen HelferInnen
selbst. Wenn SozialpädagogInnen, PsychologInnen und andere Professionelle
im psychosozialen Bereich nur wenig Vertrauen in die Gestaltungsmöglichkeiten und innovativen Potentiale der eigenen Arbeit haben, wird es sehr schwer
sein, dieses Vertrauen in die Fähigkeiten und Innovationspotentiale von Rat-
und Hilfesuchenden zu setzen.« (STARK 1996, 181f.)

Auf entsprechende Rahmenbedingungen auf institutioneller Ebene werden wir im nächsten Abschnitt eingehen. An dieser Stelle sollen nur die
psychologisch orientierten Empowerment-Prozesse im Hinblick auf konsultative Teamarbeit und Unterstützung von Mitarbeitern kurz angerissen
werden.

Folgt man der einschlägigen Literatur (zusammenfassend JANTZEN
1996a; THEUNISSEN 1996a; SEIFERT 1997, 161ff.), so scheinen viele Einrichtungen, in denen Menschen mit geistiger Behinderung leben, eine Fülle
krankmachender Faktoren in sich zu bergen, die sich nicht selten in Arbeitsunzufriedenheit, Stress, psychischer und physischer Überforderung,
persönlichen Krisen, Verunsicherung, Ohnmacht, Ängsten oder im Burn-
out-Syndrom niederschlagen. Anscheinend sind die *Belastungsfaktoren* in
der Arbeit mit geistig schwerst- und mehrfachbehinderten Menschen besonders hoch, was unter anderem auf Verhaltensprobleme und erschwer-
te Kommunikationsmöglichkeiten zurückgeführt wird (SEIFERT 1997, 163).
Damit verknüpft ist das Erleben von Misserfolgen, Rückschlägen oder
vermeintlicher Inkompetenz, was darauf zurückzuführen ist, dass sich
Entwicklungsfortschritte bei Menschen mit schwerer geistiger Behinderung »meist erst nach langer Zeit zeigen und oft minimal sind« (ebd., 161).
Hohe Pflegebedürftigkeit, niedriges Fähigkeitsniveau und verkrustete
Verhaltensauffälligkeiten eines hospitalisierten Menschen mit schwerer
geistiger Behinderung tragen zu einem geringen positiven Feed-back sowie zu Versagungs- oder Enttäuschungsgefühlen wesentlich bei. Das fehlende Vertrauen in die eigenen Ressourcen, die Geringschätzung der eige-

nen Arbeit durch Betroffene oder auch Vorgesetzte sowie das Fehlen sozialer Unterstützung kann sehr persönlich genommen werden und in feindselige Gefühle gegenüber den Betreffenden umschlagen. Derlei Ohnmachtserfahrungen schlagen sich dann womöglich in einer unpersönlichen, zynischen, kalten oder gar aggressiven Betreuungsform nieder. Erhöhte Ansprüche an die eigene Arbeit sowie ein »außergewöhnlicher Arbeitsantrieb« können die verdeckte Aggressivität noch steigern (HAHN 1985, 150; BUCHKA & HACKENBERG 1987, 17). Kritische Punkte seien diesbezüglich, so SEIFERT (1997, 166f.), die Sinnvariable, die Stressvariable und die Persönlichkeitsvariable.

> »*Sinnverlust* in der Arbeit mit schwerbehinderten Menschen resultiere unter anderem aus einem Leistungsdenken, das am wahrnehmbaren Erfolg orientiert ist, aus einer falschen Motivation (Unfreiwilligkeit, falsches Mitleid, mangelnde Empathie), aus einer defektorientierten Arbeitsweise und einer fehlenden Lebensperspektive des schwerbehinderten Menschen. *Stress* werde durch unzureichende Arbeitsbedingungen (z.B. zu wenig Personal) und das Gefühl, unter diesen Bedingungen der Aufgabe nicht gewachsen zu sein, sowie durch die Erfahrung, mit den Problemen allein gelassen zu sein, produziert. Auf die *Persönlichkeitsmerkmale* bezogen nennt HAHN (1985, G.T.) die Vernachlässigung der Bedürfnisse der Mitarbeiter und ästhetische Barrieren. Zudem sei körperliche, emotionale und geistige Erschöpfung der Helfer bei Menschen mit schwerer Behinderung mitverursacht durch Leugnung, Zurückstellung, Verdrängung, Nicht-Ausdrücken-Können und Nicht-Realisieren-Können subjektiver Bedürfnisse am Arbeitsplatz.«

Des weiteren benennt SEIFERT das *geringe Sozialprestige* von Betreuern schwerstbehinderter Menschen, Kooperationsprobleme in Betreuerteams wie auch spezifische Einstellungen, etwa die Überzeugung von der Hilflosigkeit Betroffener als kontraproduktiv für eine emanzipationsfördernde Pädagogik. Ferner ist zu fragen, inwieweit auch *eigene Erziehungs- und Sozialisationserfahrungen* – z.B. eine autoritative Erziehung; das elterliche Gebot unbedingten Gehorsams – unbewusst die Förderung der Autonomie geistig behinderten Menschen hemmen. Aus der Sozialisationsforschung wissen wir um die Problematik spezifischer Erziehungspraktiken wie der körperlichen Züchtigung, die vor dem Hintergrund komplizierter Verdrängungs-, Projektions- und Übertragungsmechanismen die Alltagsbegleitung mitbeeinflussen können. Ebenso denkbar ist, dass *aktuelle Erfahrungen zuhause*, familiale Spannungen oder Belastungen, Frustration oder Eheprobleme explosiv ausbrechende, unbeabsichtigte oder auch gezielte heimliche Aggressivität gegenüber einzelnen Bewohnern hervorrufen können. Eine solche Gefahr ist um so größer, je stärker spezifische Charaktereigenschaften der Betreuungsperson (z.b. Ängstlichkeit; geringe Frustrationstoleranz; Überempfindlichkeit; mangelnde Geduld; überhöhtes Ich-Ideal; mangelndes Selbstvertrauen) unreflektiert in Handlungen einfließen und nicht im Kontext differenzierter Bewältigungsstrategien sozial angemessen verarbeitet und kompensiert worden sind.

Vor dem Hintergrund dieser Probleme ergeben sich spezifische Aufgaben, die im Rahmen einer am Empowerment-Konzept orientierten Arbeit mit Begleitern oder Mitarbeiterteams beachtet werden sollten. Stichwortartig seien hierzu einige Aspekte genannt:

1. Förderung der Persönlichkeit der Mitarbeiter
   - Rechtzeitiges und offenes Ansprechen der oben aufgeführten Situationen
   - Analyse kritischer Situationen oder Verhaltensmuster im Sinne einer verstehenden Sichtweise
   - Bewusstmachung verschütteter Ressourcen und Potentiale vor dem Hintergrund eines »Kompetenzdialogs« (Herriger)
   - Erkennen eigener Stärken und Entwicklung eines Vertrauens in eigene Kompetenzen
   - Überprüfung eigener Ziele in Bezug auf Realisierbarkeit
   - Überprüfung und Veränderung des eigenen Verhaltens
   - Entwicklung positiver Bewältigungsstrategien, die wirksamer sind als bisherige Maßnahmen
   - Bereitschaft, von eigenen Vorstellungen oder Idealen zugunsten der Autonomieentwicklung Betroffener Abstand zu nehmen
   - Realistische Einschätzung individueller Grenzen und Möglichkeiten
   - Entwicklung von Selbstvertrauen und sozialer Handlungskompetenz
   - Bewusstmachung individueller und kollektiver Grenzen
   - Grenzziehung zwischen Arbeits- und Privatleben beziehungsweise kritische Überprüfung dieses Verhältnisses

2. Förderung der fachlichen Kompetenzen der Mitarbeiter
   - Sensibilisierung gegen Machtmissbrauch
   - Vermeidung einer Überidentifizierung mit der Institution oder Arbeit
   - Aneignung von Wissen und Methoden zum Umgang mit Verhaltensauffälligkeiten

- Entwicklung einer Balance zwischen Ich- und Du-Ansprüchen (hierzu FINK 1988, 45ff.)
- Entwicklung eines »sinnerfüllten Engagements« (FINK 1988, 51ff.) unter ungünstigen Arbeitsbedingungen

3. Förderung der Teamarbeit
- Gemeinsame Suche nach »Überlebensstrategien« unter ungünstigen Bedingungen
- Verständnisvolles Abstützen psychischer und physischer Belastungssituationen anderer Mitarbeiter
- Bereitschaft zur kollegialen Solidarisierung
- Bereitschaft zur Mitarbeit an institutioneller Qualitätsüberprüfung sowie an Innovations- oder Zukunftsprojekten
- Reflexion der institutionellen Bedingungen und Formulierung eines Veränderungsbedarfs
- Entwicklung einer kollektiven »Korrektivfähigkeit«, Selbstbehauptungs-, Selbstdurchsetzungs- und Konfliktfähigkeit gegenüber der Institution

Neben diesen Aspekten sind selbstverständlich auch die eingangs genannten Leitprinzipien der Empowerment-Philosophie für die Arbeit mit Mitarbeitern richtungsweisend und handlungsbestimmend. Grundsätzlich dürfen wir annehmen, dass Arbeitssituationen, die als belastend erlebt werden, am ehesten dann bewältigt werden können, wenn Eigenschaften oder Fähigkeiten wie Frustrationstoleranz, Geduld, Einfühlungsvermögen, Rollendistanz, Rollenflexibilität und realistische Selbst- und Fremdwahrnehmung vorhanden sind. Ebenso wichtig sind ein positives Selbstwertgefühl, eine realistische Zielperspektive, emotionale Stabilität und ein gewisses Maß an physischer und psychische Belastbarkeit. Denn kompetentes Alltagshandeln bedarf einer stabilen Ich-Organisation sowie individueller und kollektiver Ressourcen, die im Falle schwieriger Arbeitssituationen oder bei Überforderung als Bewältigungspotential mobilisiert werden müssen.

Derlei Qualifikationen, Bewältigungs- oder Abwehrstrategien hängen weniger von der individuellen Disposition als vielmehr von Lern- und Entwicklungsprozessen ab, die freilich nicht von den Sachzwängen losgelöst betrachtet werden können. Jede Helfertätigkeit kann nur so gut sein, wie sie von anderen mitgetragen wird. Entscheidend sind somit gegenseitige Unterstützung im Team wie aber auch authentische Anteilnahme durch Vorgesetzte. Mitarbeiter in Vollzeiteinrichtungen sollten sich nicht scheuen, rechtzeitig nach gegenseitiger Hilfe und Unterstützung zu fragen, denn ohne emotionale Unterstützung geht nichts. Neben den sozialen Ressourcen sind Praxisberatung oder Supervision ebenso unabdingbar wie verbesserte Aus-, Fort- und Weiterbildungsangebote. Abschließend sei erwähnt, dass bei aller Sachzentrierung stets auch Gelegenheiten gesucht werden sollten, gemeinsame Erfolge zu feiern und sich trotz hoher Arbeitsbelastung »den Luxus eines gemeinsamen Essens oder Party zu gönnen« (STARK 1996, 143). Solche Gelegenheiten fördern individuelles und kollektives Wohlbefinden und psychische Widerstandskräfte und haben damit eine psychohygienische und salutogenetische Bedeutung.

### Zur institutionellen Ebene

In der traditionellen Heilpädagogik besteht immer wieder die Tendenz, nur die einzelne Person mit Behinderung als Adressat von Unterstützungsangeboten zu betrachten. Diese individuumzentrierte Fokussierung reicht jedoch nicht aus, um Empowerment-Prozesse bei hospitalisierten Menschen, die als schwerstbehindert gelten, anzuregen, zu unterstützen und abzusichern.[87] »Empowerment ist nicht auf die Ebene von persönlichen Eigenschaften zu reduzieren; der *soziale Kontext* (gemeinschaftliche Aktionen, Interessengemeinschaften, soziale Unterstützung in der Gruppe) muss als *unverzichtbarer Bestandteil von Empowerment-Prozessen* betrachtet werden« (STARK 1996, 134). In der Hinsicht wurde im vorausgegangenen Abschnitt schon die Gruppenebene als Arbeitsfeld genannt und anskizziert. Darüber hinaus müssen selbstverständlich auch die *institutionellen Rahmenbedingungen* im Hinblick auf fördernde und hemmende Faktoren für Empowerment-Prozesse untersucht und aufbereitet werden. Im Folgenden haben wir zunächst Aspekte zusammengetragen, die unseres Erachtens für eine am Empowerment-Konzept orientierte Arbeit mit hospitalisierten Menschen, die als schwerstbehindert gelten, kontraproduktiv sind (hierzu auch unsere Ausführungen in LINGG & THEUNISSEN 1997, 86ff.; THEUNISSEN 1996a; 1997g).

### Infrastruktuelle Probleme

Viele, insbesondere größere Einrichtungen der Behindertenhilfe sind in ländlichen, dünn besiedelten Gebieten gelegen und haben bis heute ein überregionales Einzugsgebiet. Nicht selten sind die Infrastruktur und die Verkehrsverhältnisse im ländlichen Bereich so ungünstig, dass für die Bewohner der Anstalten kaum Möglichkeiten bestehen, in eigenverantwortlich-selbstbestimmter Regie am sozio-kulturellen Leben zu partizipieren. Wenngleich die meisten dieser Einrichtungen über einen breiten Fuhrpark verfügen, ist die selbstständige Nutzung öffentlicher Verkehrsmittel nicht vergleichbar mit heimorganisierten Gruppenfahrten in städtische Gemeinden. Wie dürftig die Außenkontakte vieler Anstaltsbewohner sind, belegt eine Arbeit von HUSLISTI und HUSLISTI (1994), in der geistig behinderte Menschen nach ihren Freizeitaktivitäten befragt wurden. Demnach spielt sich das Leben Betroffener weithin nur in der Anstalt ab. Dem Recht wie auch dem Wunsch nach gesellschaftlicher Integration können abseits gelegene Anstalten anscheinend kaum Rechnung tragen. Insofern gehen mit diesen Einrichtungen Wirkungen gesellschaftlicher Desintegration und Einschränkungen an wunsch- und selbstbestimmten Lebensmöglichkeiten einher (weitere Probleme infrastruktureller Art in THEUNISSEN & HOFFMANN 1998, 166).

### *Organisatorisch-makrostrukturelle Probleme*

Viele große Pflege- und Behinderteneinrichtungen zeichnen sich durch eine vertikal-hierarchische Institutionsstruktur und autoritative Führung aus. An der Spitze stehen in der Regel neben dem Verwaltungsdirektor die Pflegeleitung oder auch der pädagogische Leiter, die gegenüber allen übrigen Mitarbeitern weisungsbefugt sind (auch NACHBAUER 1972, 135). Die Einrichtungsleiter sind ihrerseits abhängig von den jeweiligen Trägern, die Zielsetzungen und Rahmenbedingungen der Institution stets mitbestimmen. Charakteristisch für die vertikale Gliederung ist, dass die Entscheidungsmöglichkeiten nach unten zu immer mehr abnehmen beziehungsweise die Impulsrichtung von oben nach unten einbahnig verläuft. Der obersten Leitung nachgeordnet ist eine mittlere Leitungsebene, sie besteht in der Regel aus Sozialarbeitern, Psychologen, Therapeuten, Sozial- oder Heilpädagogen, die für untergeordnete Heimbereiche, Abteilungsleitungen, Sonderdienste oder konzeptionelle Entwicklungen zuständig sind. Auf der unteren Ebene der Hierarchie befindet sich die sogenannte Basismitarbeiterschaft. Der Gruppendienst ist weisungsgebunden und sein Handlungs- und Entscheidungsspielraum infolgedessen in starkem Maße eingeschränkt. Auch die Kontrolle in allen wichtigen Angelegenheiten erfolgt von oben nach unten. Solche Bedingungen befördern – wie die Burn-out-Forschung belegt, »Gefühle, zu versagen oder nutzlos zu sein« (MASLACH 1985, 260). Nicht selten kommt es in diesen Einrichtungen zu einer allgemeinen Arbeitsunzufriedenheit und Demotivation, was für eine innovative Behindertenarbeit und autonomiefördernde Praxis kontraproduktiv ist. Gerade daher ist auch das Anstiften von Empowerment-Prozessen bei Mitarbeitern so wichtig.

Eng verknüpft mit der hierarchisch-autoritären Struktur ist die *bürokratische Regelung menschlicher Bedürfnisse*. Unstrittig ist, dass ein gewisses Maß an Bürokratie zur Vereinfachung, Handlungsfähigkeit und Kontrolle eines sozialen Systems erforderlich ist. Insofern kann die Bürokratie nicht völlig verschwinden, wohl aber muss überprüft werden, inwieweit es zu einer Eigendynamik und Aufblähung bürokratischer Regelungen gekommen ist und wodurch Empowerment-Prozesse sowohl bei Mitarbeitern als auch bei Betroffenen unnötigerweise gehemmt werden. Nicht selten begegnen wir in größeren Einrichtungen neben einer blinden Dienstbarkeit dem Träger gegenüber einem lebensfremden Formalismus, der mit einem verwaltungstechnischen Spezialistentum einhergeht und so Fortschritt hemmt. Die folgenden Beispiele sollen die mit der Verbürokratisierung einer Institution einhergehende Problematik kurz verdeutlichen:

*Zentraleinkäufe:* Werden Einrichtungsgegenstände oder Bekleidung für Bewohner zentral von der Heimverwaltung eingekauft, bleiben individuelle Wünsche oder Belange auf der Strecke; Zentraleinkäufe sind einem eigenständig-verantwortlichen Handeln abträglich und widersprechen dem Selbstbestimmungsprinzip.

*Zentrale Essensversorgung:* Eine zentrale Essensausgabe, womöglich als Tablettsystem in einem großen Speiseraum einer Wohneinrichtung, ist ein eklatanter Verstoß gegen das Normalisierungsprinzip, das nur häusliches Wohnen und eine individualisierte Essenszubereitung zulässt.

*Zentrale Bargeldverwaltung:* Nach wie vor scheint es Gepflogenheit zu sein, dass Mitarbeiter oder Einrichtungsbetreiber die Taschengelder der Bewohner zentral verwalten. Sie üben damit Macht aus, indem sie die behinderten Menschen bevormunden und ihnen vorschreiben, wie, auf welche Weise oder wann der Einzelne sein privates Taschengeld verwenden darf.

*Zentrale Verwaltung von Aktivierungsmitteln:* Wird das Budget für pädagogischen Sachaufwand (Fördermaterialien, Freizeitmaßnahmen etc.) zentral verwaltet, bleibt dieser Etat zumeist abstrakt. Die einzelnen Gruppen wissen nicht, wieviel Geld ihnen jährlich zur Verfügung steht und müssen als Bittsteller an die Verwaltung herantreten. Oftmals sind sie dabei vom ›good will‹ der zuständigen Verwaltungsmitarbeiter abhängig.

*Zentrale Dienstplan- und Arbeitszeitenregelung:* Für Dienstplangestaltungen gibt es in der Regel einen festgelegten arbeitsrechtlichen Rahmen; überdies erfolgt die Dienstplangestaltung häufig nach den Erfordernissen der Institution oder nach den Interessen von Mitarbeitern. Behinderte Menschen haben nur selten Einfluss darauf, müssen sich weitgehend mit den Arbeitszeitordnungen und -schutzbestimmungen arrangieren.

*Zentrale Gruppenaufteilung und Plazierung von Bewohnern:* Häufig werden von Seiten der Einrichtungsbetreiber und -leiter Gruppenkonstellationen festgeschrieben wie zum Beispiel die Differenzierung in Wohn- und Pflegegruppen oder die Geschlechtertrennung. Dementsprechend werden bestimmten Gruppen bestimmte Bewohner zugeordnet; die Plazierung erfolgt dabei fast ausschließlich nach institutionellen Gesichtspunkten, Bewohnerwünsche und Wahlmöglichkeiten bleiben weithin unberücksichtigt.

*Unpersönliche Aufnahmepraxis:* In vielen Einrichtungen werden behinderte Menschen vor ihrem Einzug wie aber auch bei der Aufnahme nur in unzureichendem Maße mit dem Institutionskonzept, »den Regeln des Zusammenwohnens, dem Angebot an Dienstleistungen etc. durch ausführliche Informationsgespräche oder Probewohnen vertraut gemacht. Eine Basis für eine persönliche Entscheidung für – oder auch gegen – eine bestimmte Einrichtung und ihr Angebot ist damit kaum gegeben« (METZLER 1997a, 452).

*Zentrale Mitarbeiterverteilung:* Die Mitarbeiterverteilung in einer Einrichtung wird in der Regel von oben vorgenommen; die Zusammensetzung eines Teams erfolgt häufig sowohl ohne Mitwirkung der Teammitglieder als auch unter Ausschluss der betroffenen behinderten Menschen. Sie müssen von vornherein mit den ihnen zugeordneten Mitarbeitern zurecht kommen. Funktioniert die Zusammenarbeit nicht, »gilt dies eher als ein Problem des Bewohners; er muss sich damit arrangieren – und wenn er darüber ›verhaltensauffällig‹ wird« (BRADL 1996b, 189).

*Vorgegebene marktwirtschaftlich orientierte Serviceleistungen:* Durch die Einführung »leistungsgerechter Entgelte« sowie der Pflegeversicherung rücken Fragen nach der Wirtschaftlichkeit, Rentabilität und Effektivität von Dienstleistungsangeboten (Alltagsbegleitung; Förderung; Therapie) in den Vordergrund. Problematisch wird dieses System dann, wenn in der Arbeit mit geistig schwer behinderten Menschen nur praktische Alltagshilfen im Sinne der Pflegeversicherung vor dem Hintergrund eng kalkulierter, vorgegebener Zeitabläufe zur Qualitätsbemessung in Betracht gezogen werden. Dies ein Kundenmodell zu nennen, wäre zynisch, da die kommunikative Ebene, zwischenmenschliche Kontakte, die Beziehungsgestaltung wie überhaupt die Subjektseite völlig ausgeblendet werden.

Alles in allem stellen wir fest, dass die Gefahr der Verdinglichung institutionalisierter behinderter Menschen wie auch ihrer Mitarbeiter durch eine Verbürokratisierung des Systems eklatant ist. Diese hat zugleich disziplinierenden und kontrollierenden Charakter:

»Der fatale Wirkmechanismus in diesem System besteht darin, dass die bürokratischen Normen ›Autorität, Rationalität, Spezialisierung und Kontrolle‹ Verhaltensweisen provozieren, die auf Gehorsam und Abhängigkeit, auf Vorsicht, Zurückhaltung, Misstrauen, Konformismus und geringe Risikobereitschaft hinauslaufen. Das bürokratische Wertsystem belohnt konformistische Anpassung und bestraft Offenheit, Initiative und Spontaneität, also gerade solche Verhaltensweisen, die für eine konstruktive Problemlösung wünschenswert oder sogar notwendig sind.« (BECKER & LANGOSCH 1995, 8)

Insgesamt betrachtet, erweist sich eine verbürokratisierte Institution als reformresistent und inhuman, da sie Sachzwänge – und das heißt oft reibungsloses Funktionieren unter dem Diktat des Sparens – letztlich höher bewertet als Belange, Interessen oder Bedürfnisse ihrer Nutzer, die sie verfehlt.

Des weiteren können selbstverständlich auch die Verbands-, Träger- oder Institutionsphilosophie Empowerment-Prozesse blockieren und der Emanzipation behinderter Menschen abträglich sein. Dies gilt zum Beispiel für restriktive Heim- oder Hausordnungen, in denen mehr Wert auf Ruhe, Ordnung, Sauberkeit oder Pünktlichkeit gelegt wird denn auf Lebensautonomie und eine Pluralisierung von Lebensstilen der Bewohner. Unnötige Konflikte entstehen insbesondere dann, wenn mangelnde Transparenz in der Institution herrscht, wenn Träger es versäumen, ihre Philosophie im gemeinsamen Gespräch mit den behinderten Menschen und Mitarbeitern offenzulegen und zu diskutieren und stattdessen ihre Interessen durch Herrschaftsausübung durchzusetzen versuchen. SCHIBLISKY (1991) hat dies am Beispiel »religiöser Herrschaftsausübung« (64) diskutiert. Dabei geht es ihm um die Überwindung von Widersprüchen in diakonischen oder caritativen Einrichtungen, die seiner Ansicht nach häufig vom Dienen reden, in Wahrheit aber Herrschaft meinen und praktizieren (66). Kritisch stellt er die Frage, ob »da nicht häufig und unbarmherzig mit Druck und Angst und ›Schlechtem-Gewissen-Machen‹ gearbeitet« werde, um »über die gewollte und geforderte Frömmigkeit ihrer Mitarbeiterinnen und Mitarbeiter die Identität der Institution als christlich-diakonische Institution« zu gewährleisten (63f.). Dies aber vertrage sich ebenso wenig mit Demokratie wie die »Ausnutzung von Mitarbeitern in der Diakonie und Caritas unter dem Vorwand der Nächstenliebe« (67).

*Organisatorisch-mikrosystemische Probleme*

Hierunter fassen wir Aspekte, die unmittelbar den primären Lebensraum, also in der Regel die Wohngruppe betreffen und durch makrosystemische Faktoren fremdbestimmt sein können. Stichwortartig seien folgende Merkmale genannt:

*Ein von »Sachzwängen« und Personalinteressen bestimmter Arbeits- und Tagesablauf:* Entsprechende und übermäßige Vorgaben (Fremdbestimmung) behindern bekanntlich eine individuelle Lebensführung.

*Zu große Wohngruppen:* Nach fachlichen Erkenntnissen gelten Gruppen mit mehr als acht Bewohnern als zu groß; Großgruppen lassen weniger Intimität und individuelle Lebensgestaltung zu und stehen bei beengten Wohnverhältnissen in der Gefahr des »crowding«. Außerdem erschweren sie eine angemessene Beziehungsgestaltung (Bezugsassistenz).

Pflegedominantes Versorgungs- und Betreuungskonzept: »overcare«; Rundumversorgung.

*Fremdbestimmte Gruppen- und Bewohnerzusammenstellung:* Gruppenmitglieder haben in der Regel keine Mitsprache bei der Auswahl neuer Mitbewohner (METZLER 1997a, 453). Ferner müssen sich immerhin über 60 Prozent aller institutionalisierten Menschen mit geistiger Behinderung ihr Zimmer mit einer anderen geistig behinderten Person teilen – nicht selten ohne Mitsprache (1997b, 410).

*Fremdbestimmte Wohnraumgestaltung:* METZLER zufolge liegt die Gestaltung von Wohnräumen »vorrangig in den Händen der Mitarbeiter« (ebd., 410).

*Fremdbestimmtes Gruppenleben:* Anscheinend liegt auch die Alltagsgestaltung weitgehend in den Händen von Mitarbeitern. Dies gilt zum Beispiel für die Regeln des Zusammenlebens. »Dieser Bereich ist sehr weitgehend der Verfügung der Bewohner entzogen (ebd., 410). Ebenso werden Regelungen für das Alltagsleben vorrangig durch Mitarbeiter festgelegt:

> »Als Beeinträchtigungen werden z.B. verschlossene Räume wahrgenommen, etwa die Küche, die zum Schutz einzelner Gruppenmitglieder nicht frei zugänglich ist, als Gängelung werden Ausgangsregeln empfunden, die mit der Aufsichtspflicht gegenüber Einzelnen begründet werden, einschränkend können aber auch ganz banale Angelegenheiten wie etwa Ernährungsfragen sein, wie zum Beispiel, dass in Gruppen generell kein Kaffee ausgeschenkt wird, weil Einzelne ihn aus gesundheitlichen Gründen nicht trinken dürfen.«

*Ungünstige Arbeitsbedingungen:* Von Seiten vieler Mitarbeiter werden immer wieder ungünstige Arbeitsbedingungen wie zuwenig Personal, fehlende Aufstiegsmöglichkeiten, zu geringe finanzielle Vergütung, ungünstige

Dienstzeiten und Schichtdienst genannt. Ferner werden die homogenen Gruppen mit ausschließlich schwerstgeistig- und mehrfachbehinderten Menschen sowie unzulängliche Wohnbedingungen als psychische Belastungsfaktoren und demotivierende Momente für eine emanzipationsfördernde behindertenpädagogische Arbeit angeführt. Kritisiert werden auch die fehlenden Entscheidungs- und Handlungsspielräume in Anbetracht verbürokratisierter und autoritärer Institutionsstrukturen, die mangelnde Unterstützung durch Vorgesetzte und fehlende Praxisberatung.

*Unzureichende Absprachen und Kooperation:* Mitarbeiter in größeren Einrichtungen klagen oftmals über Schwierigkeiten in der Zusammenarbeit mit verschiedenen Dienstleistungsbereichen der Institution. So gibt es oftmals Konflikte zwischen den Wohngruppen und der WfB. Darüber hinaus treten aber auch schon innerhalb von Gruppenteams häufig Verständigungs- und Kooperationsprobleme auf, die mit berufsspezifischen Interessen und Normen, unzureichenden Absprachen, einer oberflächlichen Einarbeitung neuer Mitarbeiter und dergleichen mehr zusammenhängen. Gegenläufige pädagogische Leitprinzipien innerhalb eines Teams oder zwischen institutionellen Subsystemen stiften zweifelsohne Diffusität und sind ein Hemmschuh für Empowerment-Prozesse.

*Pauschalisierende Alltagsbetreuung:* Häufig besteht bei Mitarbeitern die Vorstellung, »jedem das Gleiche zu gewähren« (METZLER 1997b, 410). Um allen Behinderten einer Gruppe gerecht zu werden, wird die Alltagsbegleitung dann oft auf ein Durchschnittsmaß reduziert.

> »Eine solche Verteilungsgerechtigkeit lässt außer Acht, dass damit eine Nivellierung des Bedarfs vorgenommen wird, die die Entwicklung des Einzelnen nicht mehr unterstützen kann. Eine solche Haltung – jedem das Gleiche zuzuteilen, insbesondere an Zuwendung – wird im übrigen von den Bewohnern, die wir befragten, kaum geteilt. Diese sind vielmehr in der Lage, Unterschiede in Bedürfnissen wahrzunehmen und anzuerkennen.« (ebd., 410)

*Fehlendes Betreuungskonzept:* Nicht selten fehlen in Wohngruppen spezifische Konzepte einer Alltagsbegleitung und Förderung, die auch nicht durch vollmundige Leitprinzipien ersetzt werden können. Ohne eine Konzeption gerinnt die alltägliche Arbeit zum laisser-faire.

*Heimliches Betreuungskonzept:* Darunter verstehen wir Prozesse und Interaktionen, die nebenbei, unbeabsichtigt, unausgesprochen, unreflektiert und unbewusst ablaufen und die nicht selten einen hemmenden Einfluss auf die Autonomieentwicklung des Einzelnen nehmen (LINGG & THEUNISSEN 1997, 94ff.).

*Vertrauen in die Effektivität des Therapiemodells:* In großen Behinderteneinrichtungen besteht die Tendenz, Probleme mit behinderten Menschen, die als verhaltensauffällig gelten, zu individualisieren und zur Lösung an verfügbare therapeutische Dienste und Systeme zu übergeben. Diese Entkontextualisierung geht häufig mit einem Vertrauen in die Effektivität des traditionellen Therapiemodells einher, welches bekanntlich wenig zur Autonomieentwicklung Betroffener beiträgt.

### Räumlich-bauliche Probleme

Der vierte Problembereich, der die institutionelle Ebene betrifft, bezieht sich auf die Wohnfeldgestaltung, also auf die Wohnarchitektur und Ausstattung des Wohnmilieus. Anscheinend begegnet man nicht nur in Pflegeheimen, sondern auch in Pflegeabteilungen großer Anstalten noch allzuoft einem Wohnmilieu, welches sich durch eine *funktionsgerechte Ausstattung* bei einer klinisch-orientierten Regelung des Alltags auszeichnet und wenig Lebensqualität bietet. Mehrbettzimmer, gemeinsame Sanitäreinrichtungen mit aufgereihten Waschbecken, Krankenhausmöbilierung, lange Flure, Neonlichtbeleuchtung, Tagesräume, verschlossene Küche, zu kleine Wohn-Essräume, Schränke auf den Gängen bzw. in einem Schrankzimmer, Küchenzeilen zum Aufwärmen von Speisen aber nicht zum Kochen, vergitterte Balkone, PVC-Belag, pflegeleichte, desinfizierbare Wände und anderes mehr sind typisch für ein stationäres Wohnen, aber nicht für eine *häusliche Wohnkultur,* wie sie schon seit geraumer Zeit von Betroffenen wie auch von Vertretern der Fachwissenschaft eingefordert wird (MAHLKE & SCHWARTE 1985; SCHWARTE & OBERSTE-UFER 1997; THEUNISSEN 1998c, 69f.). Vor allem bei schwerstgeistig und mehrfachbehinderten Menschen mit hohem Pflegebedarf gilt das stationäre Wohnen häufig als eine unhinterfragte Prämisse (hierzu HOFFMANN 1998, 141ff.). Solche an Krankenhäusern orientierten Lebensräume entsprechen aber nicht dem, was gemeinhin unter Wohnen verstanden wird. Wohnen gilt als Ort der Geborgenheit und Sicherheit, der Wärme und Intimität, der Kommunikation und Selbstverwirklichung, überdies gilt die Selbstbestimmung als ein elementares Moment für ein menschenwürdiges Wohnen. Räumlichkeiten, die »von einer rationalen Zweckmäßigkeit gekennzeichnet (sind, G.T.), [...] werden einem behinderten Menschen weder die Sicherheit und Geborgenheit, die er benötigt, anbieten, noch werden diese Räume Anregung vermitteln, die seine Entwicklung fördern könnte. Solche Räume werden eher Verschlossenheit, ja Apathie auslösen« (MICHALKE-HAFFKE 1994, 216f.). Dass ein stationäres Milieu ein fruchtbarer Boden für depressive Reaktionen und andere Hospitalisierungssymptome sein kann, davon sind auch MAHLKE und SCHWARTE (1985) überzeugt.

Alles in allem wird sichtbar, dass Einrichtungen, in denen Menschen mit geistiger Behinderung leben, strukturelle Momente in sich bergen, die für »totale Institutionen« (GOFFMAN 1972) charakteristisch sind und damit einen deutlichen Veränderungsbedarf erkennen lassen (auch CATTERMOLE u.a. 1988). Wenngleich viele der genannten Faktoren Verhaltensauffälligkeiten befördern sowie die Autonomieentwicklung geistig behinderter Bewohner hemmen, sind die Betroffenen den Strukturen, den Arbeitsabläufen sowie dem Normanwendungsprozess der Institutionen freilich nicht völlig ausgeliefert. So zieht GOFFMAN (1967, 68) die Möglichkeiten eines »Stigma-Managements« in Betracht, und auch die Coping-Forschung legt nahe, die Subjektseite, die Frage nach individuellen Wirklichkeitskonstruktionen, Ressourcen und Bewältigungsstrategien sowie nach dem wechselseitigen Zusammenspiel von Individuum und Institutionsbedingungen nicht zu vernachlässigen. Ob es zu einer Identitätsbeschädigung im Sinne einer verzerrten Selbstbestimmung kommt, hängt daher auch vom Individuum ab, wenngleich wir sozialwissenschaftlichen Erkenntnissen zufolge davon ausgehen dürfen, dass Situationen, in denen mehrere der genannten Faktoren geballt, dicht, intensiv und permanent in Erscheinung treten, so dass sich der Einzelne ihnen kaum entziehen kann, destruktive Wirkungen erzeugen, die nahezu das gesamte Spektrum an Verhaltensauffälligkeiten und psychischen Störungen umfassen können (zusammenfassend LINGG & THEUNISSEN 1997).

Dabei demaskieren sich nicht selten Einrichtungen, in denen geistig behinderte Menschen leben, als »Institutionen der Gewalt« (hierzu JANTZEN 1996a; THEUNISSEN 1996b; KISS 1994). Professionelle Helfer haben daher als Agenten des Empowerment die Aufgabe, sich zusammen mit Betroffenen, aber auch stellvertretend für geistig behinderte Menschen, die nicht für sich selber sprechen können, für autonomie- und demokratiefördernde und -sichernde Rahmenbedingungen zu engagieren. Solche Bedingungen sind von der Rechte- und Betroffenen-Perspektive aus aufzubereiten, wobei Erkenntnisse und Einsichten, die die Integrationsbewegung und die Arbeit mit Self-advocacy-Gruppen hervorgebracht haben, richtungsweisend sein sollten. Dies gilt zum Beispiel für das Recht auf ein gemeindeintegriertes häusliches Wohnen anstelle einer stationären Unterbringung in Heimen oder Großeinrichtungen, in denen die Pflege Vorrang hat. Da in Deutschland der Anteil geistig behinderter Menschen, die in großen Einrichtungen leben, ausgesprochen hoch ist – weit über 80 Prozent aller institutionalisierten Erwachsenen mit geistiger Behinderung leben in Heimen mit mehr als 40 Plätzen –, bedarf es des langen Atems für die konsequente und flächendeckende Umsetzung des Integrationsprinzips durch Deinstitutionalisierung und den Aufbau regionaler Wohnverbundsysteme mit Pflichtversorgung. Wenngleich die Deinstitutionalisierung Vorrang hat, macht es Sinn, wenn sich große Behinderteneinrichtungen parallel zu diesem Prozess auch intramural im Sinne der Empowerment-Philosophie reformieren. Hierzu hat WOHLHÜTER (1996, 359) einen richtungsweisenden Weg anskizziert:

»Möglichst kleine Einheiten (wie Wohngruppen oder kleine Heime) sollen möglichst mit großen Kompetenzen ausgestattet werden, damit sie möglichst viele ihrer Angelegenheiten selbst regeln können. Dazu müssen sie ihr eigenes Budget und nur einen grobmaschigen Handlungsrahmen erhalten, der einen inhaltlichen Freiraum absteckt, und vieles der individuellen Entscheidung überlässt. Von der Leitung des Heims – und ich bin mir als Leiter einer Einrichtung des Inhalts dieses Satzes voll bewusst – muss Unübersichtlichkeit gewollt sein, denn der Wunsch nach Übersichtlichkeit und Ordnung verhindert individuelle und somit unterschiedliche und selbstbestimmte Lösungen. Nur individuell gestaltete Lebensräume und nur individuell gestaltete Alltagsabläufe und Handlungsmuster prägen das Leben im Heim in einer lebendigen und humanen Weise.«

Diese Anregungen decken sich weithin mit unseren Forderungen nach *mehr Autonomie für Wohngruppen*. Dieser Grundsatz sollte nicht nur für Außenwohnungen einer Zentralinstitution gelten, sondern auch innerhalb eines größeren Heims zum Programm erklärt werden. Die Autonomie von Wohngruppen kann dadurch unterstützt werden, indem sie sich weitgehend selbst versorgen, den Einkauf und die Zubereitung von Mahlzeiten, das Wäsche waschen oder auch die Anschaffung von Mobiliar und ähnliches in eigener Regie durchführen. Dieser Verzicht auf die zentrale Versorgung impliziert, dass den Bewohnern und Mitarbeitern einer Gruppe ein Budget für Haushaltsführung und pädagogische Aktivitäten zugestanden wird, welches sie selbstständig verwalten können. Das alles kann freilich nur dann funktionieren, wenn die Verwaltung dieses Konzept unterstützt.

Eine größere Selbstständigkeit der Wohngruppen führt dazu, dass einerseits die Mitarbeiter eigenständiger und kreativer arbeiten können und dass andererseits die behinderten Menschen zu einer verbesserten Kontrolle über die eigenen Lebensumstände sowie zu mehr Lebensautonomie gelangen können. Der Grad der Emanzipation ist dann am größten, wenn das Autonomiekonzept mit dem von GAEDT (1996) beschriebenen Prinzip der *strukturellen Unterstützung* gekoppelt wird, dem es um eine »Passung« zwischen Lebenswelt und Individuum zu tun ist, so dass Bewohner einer Einrichtung ihre unmittelbare Lebenswelt als subjektiv bedeutsam und identitätsstiftend erfahren können. »Mit dem Begriff ›strukturelle Unterstützung‹ werden alle Maßnahmen gekennzeichnet, die die vorgegebenen sozialen Strukturen ergänzen und differenzierter und vielfältiger machen mit dem Ziel, möglichst vielen Menschen ein in einem möglichst hohen Maße autonomes Leben zu ermöglichen« (ebd., 379). Auch dieses Prinzip kann am besten umgesetzt werden, wenn die Institution selbstverantwortliches und kreatives Handeln ihrer Mitarbeiter fördert und ihnen entsprechende Gestaltungs- und Handlungsräume gestattet.

In diesem Zusammenhang halten wir eine *Demokratisierung der Institutionen* für unabdingbar. Da eine emanzipatorische Pädagogik nicht von Mitarbeitern erwartet werden kann, die auf Grund einer streng hierarchischen Ordnung und Verbürokratisierung des Systems reglementiert und fremdbestimmt werden, kommt es darauf an, die Strukturen der Institution so zu gestalten, dass der Handlungs- und Entscheidungsspielraum für die breite Mitarbeiterschaft an der Basis größer wird (auch FINK 1988, 27, 57). An Stelle einer hierarchischen Ordnung sowie eines autoritären Führungsstils könnte das schon Anfang der 70er Jahre von KURRLE (1972, 236) vorgestellte Modell einer *partnerschaftlichen Hierarchie* treten. Dieser Ansatz besagt, dass einerseits die Einrichtung auf verschiedenen Ebenen – Gesamtleitung, Administration, Heimleitung, Fachdienst, Wohngruppe – einer personalen Priorität bedarf, so dass im Konfliktfall schwierige verantwortbare Entscheidungen einzelnen Personen vorbehalten bleiben und gewisse Aufsichtsfunktionen ausgeübt werden können. Andererseits soll diese Struktur durch eine Impulsrichtung »von unten nach oben« dahingehend ergänzt werden, dass die Einrichtungsleitung beziehungsweise die Vorgesetzten Kooperation, Mitwirkung und Mitentscheidung zu verantworten haben. Für die Praxis bedeutet dies, dass zum Beispiel der Kreis der Teilnehmer an Leitungskonferenzen durch zuvor gewählte Gruppenmitarbeiter (pro Gruppe ein Vertreter) und Bewohner (Vertretern des Heimbeirats oder einzelner Gruppen) sinnvoll erweitert werden soll. Damit werden Betroffene unmittelbar in Planungs- und Entscheidungsprozesse der gesamten Einrichtung einbezogen und können sie in gewissem Maße kontrollieren oder doch zumindest ein Feed-back geben. Außerdem werden keine speziellen Berufsgruppen oder Funktionsträger (therapeutische Dienste, Psychologen, Heilpädagogen) bevorzugt. Auch wenn in Kurrles Modell eine Demokratisierung der Heimstruktur noch nicht voll wirksam wird, so stellen seine Vorschläge dennoch gegenüber der klassischen vertikalen Gliederung eine wesentliche Weiterentwicklung dar. Der Verzicht auf eine bloß einbahnige Impulsrichtung zugunsten erweiterter Leitungskreise und Konferenzen bedeutet, dass nicht nur der Informationsfluss verbessert sowie Prozesse der Kommunikation und Kooperation transparenter werden, sondern dass zugleich auch eine Aufwertung des Gruppenpersonals und eine Anerkennung ihrer Arbeit stattfindet. Das Modell der partnerschaftlichen Hierarchie setzt allerdings voraus, dass Träger und Vorgesetzte bereit sind, Mitarbeiter und betroffene Bewohner als Partner zu akzeptieren, wertzuschätzen und ernstzunehmen.

Neben der Forderung nach Demokratisierung, die kooperatives Arbeiten vor allem im Hinblick auf Entwicklung, Abstimmung und Verwirklichung autonomiefördernder Konzepte impliziert, spielt »auch die Beseitigung bürokratischer Hürden wie komplizierte Formulare, verworrene Kommunikationswege und unnötig komplizierte Verfahren« (Pines u.a. 1983, 137) eine wichtige Rolle für mehr Arbeitszufriedenheit, Kreativität und Engagement.

Der Veränderungsbedarf beschränkt sich freilich nicht nur auf makrosystemische Aspekte, sondern ebenso wichtig ist auch die Sicherstellung von Grundbedingungen im mikrosystemischen Bereich, um Empowerment-Prozesse zu befördern. Die Forderung nach mehr Autonomie für Wohngruppen würde zu einer Leerformel gerinnen, wenn Bewohner nach wie vor durch von Gruppenmitarbeitern festgelegte Vorschriften, Tagesaufstrukturen oder Arbeitszeitabläufe eingeschränkt würden. Neben der strukturell-formalen Autonomie muss dieser Gedanke auch inhaltlich zum Tragen kommen, so wie es auch die Leitprinzipien von Empowerment nahe legen: Sicherung von Grundbedürfnissen nach Kommunikation, Achtung und Vertrauen; Bedürfnis- und Interessenorientierung; Respektierung individueller Wünsche in Bezug auf Speisen, Kleidung etc.; Freisetzung und Unterstützung von Eigenaktivität und eines Sich-Selbst-Sein-Dürfens; Wahlmöglichkeiten anbieten und Wahlfreiheit unterstützen; größtmögliche Beteiligung am Alltagsleben; Sicherung des Privatbereichs und der Intimsphäre; Sicherung der Rechte-Perspektive. Diese Grundsätze sind für die handlungspraktische Alltagsarbeit richtungsweisend.

Entscheidend ist in diesem Zusammenhang natürlich die Frage, inwieweit ihnen unter konkreten Bedingungen entsprochen werden kann. Dabei denken wir insbesondere an *Systemzwänge*, die beachtet werden müssen: zum Beispiel der Finanzrahmen, die Personalausstattung, arbeitsrechtliche Bestimmungen, die Wohnarchitektur oder die Öffnungszeiten einer WfB. Insofern darf bei aller Wertschätzung des Empowerment-Konzepts nicht übersehen werden, dass es immer auch Momente gibt, die Anpassungsleistungen an vorgegebene Rahmenbedingungen notwendig machen. Wenngleich dies im Einzelfalle Einschränkungen der Entscheidungs- oder Handlungsautonomie sowohl für Betroffene als auch für Mitarbeiter bedeuten kann, wird Empowerment dadurch aber nicht prinzipiell außer Kraft gesetzt, sondern bleibt die praktische Richtschnur. Dass selbst unter ungünstigen Bedingungen einer stationären Wohnarchitektur Empowerment-Prozesse möglich und sinnvoll sind, belegen zum Beispiel die Studien von Assmann (1997) und Hoffmann (1998, 143ff.; auch in diesem Band). Sie erbringen den Nachweis, dass Versorgungsroutinen im Alltag durch Flexibilisierung der Tagesabläufe, eine veränderte Arbeitsorganisation und durch die Mitbestimmung der Bewohner neu bestimmt und aufbereitet werden können. Gerade dadurch wird der Alltag für den Einzelnen transparent und in seinem Regelwerk besser nachvollziehbar. Bemerkenswert ist, dass die Alltagsprozesse und -regeln nicht statisch, sondern als Momente stetiger Weiterentwicklung und Veränderung betrachtet werden, um dadurch den Bedürfnissen und Wünschen weitmöglichst Rechnung tragen zu können. Insofern sind Gruppen- und individualisierte Empowerment-Konzepte immer wieder neu zu erarbeiten, damit der Pluralisierung individueller Interessen und Lebensformen sozialbezogen, im kommunitären Sinne, entsprochen werden kann. In dem Falle macht dann auch eine *Qualitätssicherung* durch Fremd- und Selbstevaluation Sinn, weil hier tatsächlich dem »Lebenswohl« Betroffener Rechnung getragen wird (Wacker 1994; 1996; Klicpera & Gasteiger-Klicpera 1997).

Selbstverständlich spielt auch die Wohnfeldgestaltung im Empowerment-Konzept eine wichtige Rolle. Leitziel sollte dabei eine individualisierte Wohngestaltung unter größtmöglicher Beteiligung der Betroffenen sein. Als richtungsweisend für die Arbeit mit hospitalisierten behinderten Menschen können diesbezüglich die Ausführungen von Gromann-Richter (1989) betrachtet werden. Die Autorin zeigt auf, dass mit Hilfe dialogischer und konsultativer Assistenz auch Menschen mit schwerer geistiger Behinderung Entscheidungen über Raumausstattungen treffen sowie an der Ausgestaltung ihrer Lebensräume mitwirken können. Andererseits gibt es aber auch (hospitalisierte) Menschen mit schwerer geistiger und mehrfacher Behinderung, die kaum in die Planung und Umsetzung einer

Wohnfeldgestaltung einbezogen werden können. In diesem Falle müssen Mitarbeiter advokatorisch für die Betreffenden Entscheidungen treffen. Wie eine adäquate Raumgestaltung für Menschen mit schwerer geistiger und mehrfacher Behinderung aussehen kann und sollte, darüber gibt es mittlerweile zahlreiche Empfehlungen (MAHLKE & SCHWARTE 1985; MAHLKE 1991; MICHAEL-HAFFKE 1994; zusammenfassend SEIFERT 1997, 129ff.). In scharfer Abgrenzung zu einem stationären Wohnmilieu wird von den genannten Autoren eine *»sinnenhafte Wohnfeldgestaltung«* (Mahlke) eingefordert, die zum Beispiel durch Farbe, Licht und Schatten, Podeste, Tastboden, Ruhematte oder Baldachin Intimität, Geborgenheit, Sicherheit und Wohlbefinden vermitteln sowie zugleich zu vielfältigen Aktivitäten basaler Art anregen sollen.

> »Die Gestaltung des Raumes als Wohnwelt soll zum einen der Anregung, Förderung und Aktivierung dienen, um durch die Auswahl und das Angebot an Materialien, Farben, Formen, Klängen, Gerüchen im Lebensalltag entsprechende sinnliche Erfahrungen des Fühlens, Sehens, Riechens, Hörens und Sich-Bewegens zu ermöglichen. Zum anderen sollte die architektonische Gestaltung auch Raum lassen für Phasen der Ruhe und Entspannung, Passivität und Erholung« (WOHLFAHRT 1988, 20).

Indem das Konzept der »sinnenreichen Wohnfeldgestaltung« individuelle Bedürftigkeiten präferiert, wendet es sich zugleich gegen normierte Räumlichkeiten und eine einheitliche Möblierung.

Dass Räume, die vielfältige Anregungs-, Erfahrungs- und Orientierungsmöglichkeiten bieten, Empowerment befördern können, steht außer Frage. Wichtig ist dabei freilich das *Passungsprinzip,* indem die Wohnraumgestaltung der Individualität und den Entwicklungsmöglichkeiten der Einzelnen angepasst wird und auch von den Betreffenden als subjektiv bedeutsam erlebt werden kann. In der Hinsicht müssen Räume stets als Gegenstand kontinuierlicher Veränderung begriffen werden, indem neue Wünsche oder Bedürfnisse im Rahmen der individualisierten Wohnraumgestaltung aufzunehmen sind. Das aber bedeutet, dass bestimmte Raumgestaltungen (z.B. nach anthroposophischem Muster; im Sinne des Snoezelen) nicht zum Dogma erklärt werden dürfen. Ebenso wenig darf das Konzept der »sinnenreichen Wohnfeldgestaltung« als eine bloße Ästhetisierung der Lebenswelt (Verschönerung) missverstanden werden. Sollen geistig schwerst- und mehrfach behinderter Menschen zu Empowerment-Prozessen angeregt werden, so kann ein solches Programm nur durch eine Wohnfeldgestaltung unterstützt werden, die im Rückgriff auf die ursprüngliche Bedeutung von Ästhetik aisthetisches Wahrnehmen, Denken und Handeln sowie entsprechende ästhetische Erfahrungen evoziert, zulässt und zur Entfaltung bringt. Ein solcher Ansatz ist nicht an kostspielige Raumausstattung (wie beim Snoezelen) gebunden, sondern es können schon einfache Dinge aisthetische Wirkungen erzeugen. Eine individualisierte Wohnraumgestaltung ist damit weniger eine Kostenfrage, als vielmehr eine Frage nach dem geeigneten Konzept, welches im Sinne des Autonomieprinzips für Selbstgestaltungs- und Selbstaktualisierungsprozesse offen sein muss (hierzu auch MAHLKE 1991, 50ff.).

### Zur sozialpolitischen Ebene

Ein an der Empowerment-Philosophie orientierter behindertenpädagogischer Ansatz zeichnet sich durch verstärkte Aufmerksamkeit für lebensweltliche Zusammenhänge aus. Das dürfte aus den bisherigen Ausführungen sichtbar geworden sein. So wurden verschiedene Systeme vom primären Lebensraum der Wohngruppe, »der die sich entwickelnde Person umgibt« (BRONFENBRENNER 1981, 19) bis hin zu den institutionellen Bedingungen, »an denen die sich entwickelnde Person nicht selbst beteiligt ist, in denen aber Ereignisse stattfinden, die beeinflussen, was in ihrem Lebensbereich geschieht oder die davon beeinflusst werden« (ebd., 42) mit in die Modellierung eines Konzeptes einbezogen und im Hinblick auf seine Handlungsebenen beleuchtet. Je gelungener der Person-environment-Fit ist, desto günstiger sind die Voraussetzungen für psychische Gesundheit, um die salutogenetischen Wirkungen einzuschätzen.

Folgt man den Ausführungen BRONFENBRENNERS (1981), der bekanntlich mit seinem Modell Lebenswelt die sozialwissenschaftliche Forschung und Praxis der Sozialen Arbeit einschließlich der Heilpädagogik nachhaltig beeinflusst hat, so reicht allerdings die Beschreibung und Sichtung von sozioökologischen Primar- und Sekundarbereichen noch nicht zum Verständnis und zur Förderung von Empowerment aus. Ebenso wichtig ist eine Betrachtung des *Makrosystems* (Bronfenbrenner), welches den kulturellen Überbau, die gesellschaftlichen Normen, Werte und Ideologien darstellt, die häufig über die Institutionen vermittelt auf die Entwicklung des Einzelnen wirken und rekursiv beeinflusst werden. Das Makrosystem umfasst sämtliche kulturellen, weltanschaulichen, politischen und ökonomischen Determinanten und strukturiert die Funktionen der lebensweltlichen Systeme »niedrigerer Ordnung« (ebd., 42). Es würde der eingangs geführten Diskussion widersprechen, wenn die Reflexion des sozialpolitischen Bezugsfeldes als originärer Bestandteil des Makrosystems in unsere Konzeptentwicklung keinen Eingang fände. Auch in diesem Falle müssen wir zunächst anmerken, dass hospitalisierte Menschen, die als schwerstbehindert gelten, in der Regel das für die sozialpolitische Ebene formulierte Grundanliegen von Empowerment nicht für sich selbst wahrnehmen können. Professionelle Helfer müssen somit *stellvertretend* für die Betroffenen deren Situation, Rechte und Wünsche sozialpolitisch vertreten, was eine offensive und unbestechliche *Parteinahme* für die Interessen Betroffener verlangt.

Kennzeichnend für Empowerment auf der sozialpolitischen Ebene (community empowerment) sind zunächst einmal Initiativen zur Stärkung der Partizipation Betroffener an sozialrelevanten Planungsprozessen sowie der Mitbestimmung bei sozial- und gesundheitspolitischen Entscheidungen, »die ihre personale Lebensgestaltung und ihre unmittelbare soziale Lebenswelt betreffen« (HERRIGER 1996a, 293; STARK 1996, 144ff.). Wünschens- und erstrebenswert ist somit die aktive Einflussnahme Betroffener auf die Entwicklung und Gestaltung von Dienstleistungsangeboten und Politikvorhaben, die ihr Leben unmittelbar betreffen. Hierzu hat die Empowerment-Praxis Unterstützungsangebote zu arrangieren, um Betroffenen, Selbsthilfe-Initiativen oder selbst organisierten Netzwerken »formelle Mitgestaltungsmöglichkeiten in lokalen Machtstrukturen zu eröffnen« (HERRIGER 1993, 415). Damit sind explizit *Adressatenbeteiligung, Kundenorientierung* sowie *Nutzerkontrolle* gemeint.

Solche Ansätze haben in den USA auch in der Behindertenhilfe schon Tradition (GROMANN 1998; HERRIGER 1997, 155), in Deutschland stehen wir dagegen erst am Anfang dieser Entwicklung, die sich gegen die Gepflogenheit von Wohlfahrtsorganisationen und Sozialverwaltungen wendet, Konzepte (psycho)sozialer und rehabilitativer Hilfen weitgehend unter Ausschluss Betroffener zu planen und umzusetzen.

> »Noch immer ist es vielerorts eine leidvolle Erfahrung der Betroffeneninitiativen, dass ihnen der Zugang zu laufenden kommunalpolitischen Planungen und Entscheidungen verwehrt ist. Sie werden nicht rechtzeitig über relevante Politikvorhaben in Kenntnis gesetzt oder eine Information erfolgt erst zu einem Zeitpunkt, zu dem die Vorlagen bereits in einer beschlussfertigen Fassung vorliegen und damit nur noch eingeschränkt verhandlungsfähig sind.« (HERRIGER 1997, 159)

Wenngleich es auch schon Beispiele funktionierender Formen einer Zusammenarbeit zwischen Behindertenbeauftragten, Selbsthilfe- und Behindertenbeiräten, öffentlicher Verwaltung, Gemeinderäten und überörtlicher Sozial- und Gesundheitspolitik gibt, ist die Betroffenenteilhabe weder auf kommunaler noch auf Länderebene die Regel (auch HERRIGER 1989). Ein Grund für diesen Mangel sieht STARK (1996, 145) unter anderem »in der Abstinenz psychosozialer PraktikerInnen und vieler Institutionen gegenüber einem aktiven sozialpolitischen Selbstverständnis und der Übernahme strukturell orientierter Aufgabenstellungen.« Daher bleibe – so der Autor – »das Feld der Sozialpolitik weitgehend noch eine Domäne der Verwaltungen, der Spitzenverbände und der KommunalpolitikerInnen, die nur selten einen Empowerment-Blickwinkel als Maßstab ihrer Arbeit zugrundelegen« (ebd.). Daher macht es Sinn, nicht nur politische, sondern auch andere institutionelle Orte (Kirchengemeinde, Verbändeverwaltungen, Krankenkassen, Vereine) aufzusuchen, um soziale Zusammenhänge und Verbindungen zwischen den verschiedenen individuellen, gruppenbezogenen und institutionelle Ebenen anzustiften. Vor dem Hintergrund einer hochgradigen Differenzierung und Spezialisierung der Dienstleistungssysteme, »die nicht nur das Zusammenspiel verschiedener Ebenen oft verhindert, sondern auch die NutzerInnen dieser Einrichtungen nötigt, ihre Anliegen und Probleme segmentiert und ›spezialisiert‹ vorzubringen« (ebd., 173), kommt der professionellen Empowerment-Praxis die Aufgabe zu, zwischen den zuständigen Instanzen, Agenturen und Anbietern soziale und rehabilitative Unterstützung zu vermitteln. Die professionelle Empowerment-Hilfe definiert sich als eine *koordinierende und vermittelnde Brückeninstanz*, die in Kooperation mit den Betroffenen deren Interessen bündeln und gegenüber mächtigen, einflussreichen Verbänden und Verwaltungsbürokratie offensiv und konstruktiv zur Geltung bringen soll. In Anlehnung an HILDEBRANDT und TROJAN (1990) nennt STARK (1996, 174ff.) drei zentrale brückenbildende Aufgaben:

1. Die verschiedenen Sichtweisen, Arbeitsweisen, Gepflogenheiten und Handlungszwänge von Instanzen rehabilitativer Hilfe so zu buchstabieren, dass eine bessere Verständigung zwischen der sozialen System- und Betroffenenperspektive statthaben kann;

2. Repräsentanten aus den verschiedenen Ebenen miteinander ins Gespräch bringen, um im Interesse betroffener behinderter Menschen zu einem veränderten, kreativen Denken, Planen und Handeln anzuregen;

3. sich an Planungsprozessen oder Konzeptentwicklungen wie auch in sozial- und gesundheitspolitischen Gremien und Arbeitskreisen (Regionalkonferenzen) zu beteiligen, um advokatorisch die Interessen Betroffener effektiv vertreten und einen sozialen Wandel fördern zu können.

Neben dieser Aufgabe, stellvertretend im Interesse Betroffener politischen Einfluss zu nehmen, zählt auch die *Öffentlichkeitsarbeit* (insbesondere befördert durch das Benachteiligungsverbot, § 3 des Grundgesetzes) zum Handlungsfeld des Empowerment. Häufig stehen wir nämlich vor dem Problem, dass Menschen mit geistiger Behinderung – und erst recht Personen, die als schwerstbehindert sowie als verhaltensauffällig gelten – massiven gesellschaftlichen Vorurteilen und einem enormen sozialen Anpassungsdruck ausgesetzt sind, die die Enthospitalisierung und Integrationsbemühungen erheblich belasten und nicht selten sowohl bei den Betroffenen als auch bei ihren Assistenten Unsicherheit, Ängste, Hilflosigkeit und demotivierende Wirkungen hervorrufen. Gelegentlich kommt es zwar auch zu einem Protest und einem Ich-starken Widerstand, der aber selbst bei einem deutlichen Verweis auf die Rechte-Perspektive Betroffener häufig nur zu einem Oberflächenerfolg reicht, dergestalt, dass etwa Behinderte geduldet statt akzeptiert werden. In Anbetracht dessen ist die Öffentlichkeit für die Belange und die Situation von Personen mit geistiger Behinderung zu sensibilisieren, sind Impulse für ein Miteinander von behinderten und nichtbehinderten Menschen zu setzen. Spendenaktionen, Benefiz-Konzerte mit prominenten Persönlichkeiten, Podiumsdiskussionen, Ausstellungen von Bildern geistig behinderter Künstler, Theateraufführungen oder andere kulturelle Veranstaltungen zugunsten Behinderter reichen dafür noch keineswegs aus; wichtig ist es, in der jeweiligen Region Ressourcenquellen und potentielle Ressourcennetzwerke herauszufinden, so dass ein vielfältiges Spektrum an Möglichkeiten miteinander verknüpft nutzbar gemacht werden kann. Dazu zählen die Zusammenarbeit mit Presse, Rundfunk und Fernsehen, mit Volkshochschulen oder Bildungsstätten, mit kommunalen Kontaktstellen für Kulturförderung und Öffentlichkeitsarbeit, mit Politikern und Staatsdienern, mit Marketing und Consulting-Unternehmen, mit Sportvereinen, Künstlergruppen, Pfarrgemeinden, Ausbildungsstätten, alternativen Kulturprojekten, Museen, Banken, Einzelhandel und anderen mehr. Dabei haben wir es nicht selten mit einem steinigen Weg der Veränderung zu tun, bei dem die Kooperation keineswegs reibungslos verläuft. Entscheidend ist, dass Annäherungen und Kontakte zwischen behinderten und nichtbehinderten Menschen statthaben, dass Blockaden, Widerstände und Vorurteile aufgebrochen und Berührungsängste abgebaut werden, dass neue Perspektiven eines sozialen Miteinanders erschlossen sowie neue sozial tragfähige Interaktionsformen erprobt und kreativ weiterentwickelt werden können. Wenn dabei *divergente Positionen* bestehen bleiben, sollte dies mit Blick auf unsere eingangs geführte Diskussion zur Postmoderne als Normalität betrachtet werden. RAPPAPORT (1985, 258f.) zufolge produzieren soziale Systeme stets vielfältige und häufig unterschiedliche Lösungen, die sich widersprechen und gegenseitig blockieren können. Da alle diese Lösungen aus der Perspektive der jeweiligen Interaktionspartner richtig sein können, gilt es ihre Gleichwertigkeit anzuerkennen und mit divergenten Lösungen leben zu lernen, damit individuelle Gestaltungsmöglichkeiten in sozialen Zusammenhängen nicht zu kurz kommen.

»Wenn ein Problem von Natur aus divergent ist, muss es viele Lösungen haben. Dies erfordert verschiedene Menschen mit unterschiedlichen Erfahrungen, die die Lösungen ausarbeiten. Empowerment ermöglicht eine Vielfalt regionaler statt zentralisierter Lösungsmöglichkeiten, die ihrerseits Lösungen fördern, die die verschiedenen Gegebenheiten in verschiedenen Orten, Kontexten und Nachbarschaften berücksichtigen. Das Augenmerk verschiebt sich dabei von einer einseitigen Betrachtung von Kompetenzen und Normen zur Anerkennung der Tatsache, dass soziale Probleme ebensoviele Antworten wie Definitionen haben können.« (ebd., 271)

Insofern geht es uns bei der Öffentlichkeitsarbeit als Aufgabe sozialberuflichen und heilpädagogischen Handelns um eine advokatorische Parteinahme und Aufklärung im Interesse Betroffener, die nicht auf totalitäre Lösungen, Gleichmacherei, Vereinseitigung, professionelle Arroganz oder auch auf eine Konfrontation mit der nichtbehinderten Bevölkerung hinauslaufen darf, sondern die Berührungsängste, Misstrauen, Zweifel, Handlungsunsicherheit, Sorgen, alternative Sichtweisen oder auch Vorbehalte der nichtbehinderten Bevölkerung im Blick haben sollte. Denn bloße Aufklärungskampagnen wie auch massenmediale Informationen führen nicht notwendigerweise zu Einstellungsänderungen gegenüber behinderten Menschen (hierzu CLOERKES 1997, 114ff.). Dies gilt im Übrigen auch für Versuche, nicht behinderten Menschen moralische Wertvorstellungen durch Angstappelle oder Evokation von Schuldgefühlen und Mitleid überzustülpen. Verständnisvolle Formen des Zusammenlebens wie auch tragfähige Unterstützungsangebote finden sich am ehesten in alltäglichen sozialen Zusammenhängen. Und daher wird »direkter Kontakt mit behinderten Menschen [...] von vielen Fachleuten als die wichtigste Determinante für die Qualität der Einstellungen Nichtbehinderter angesehen« (ebd., 120). Dabei kommt es weniger auf die Häufigkeit als vielmehr auf die Intensität der Kontakte zwischen nichtbehinderten und behinderten Menschen an.

»Der positive Einfluss enger, intimer Beziehungen, insbesondere das Miteinander in einem gemeinsamen Lebensraum, ist wiederholt nachgewiesen worden. Der intensiven Beziehung müssen allerdings affektive, gefühlsmäßige Bindungen zugrunde liegen. ›Freude am Kontakt‹ und ›positive Gefühle‹ beim Zusammensein mit einem behinderten Menschen haben darum einen günstigen Einfluss auf die Einstellung. Kontakte mit Behinderten sollten des Weiteren freiwillig sein und die Möglichkeit eines ›Ausweichens‹ in andere Sozialbeziehungen nicht ausschließen. Berufliche Kontakte etwa erfüllen diese Bedingungen nur selten: Sie haben oft Zwangscharakter, dann nämlich, wenn sie nicht von grundsätzlich positiven Einstellungen getragen sind.« (ebd., 121f.)

In Anbetracht dieser Erkenntnis ist es natürlich wichtig, gezielte Kontakte in den verschiedenen Lebensbereichen zu fördern, dazu zählt insbesondere die *vorschulische Integration,* weil von hier aus Grundlagen für ein unverkrampftes Zusammenleben behinderter und nichtbehinderter Menschen, für ein gesellschaftliches Leben »im Plural« (Welsch), für Inklusion (unbedingte Zugehörigkeit) und entsprechende Akzeptanz geschaffen werden können. Behinderten Menschen würde damit im postmodernen Sinne Gerechtigkeit widerfahren, und dies wäre zugleich Ausdruck einer »lebendigen Demokratie«.[88]

Auch an dieser Stelle merken wir, dass Empowerment ein sehr anspruchsvolles Unternehmen ist, das viele Gesichter hat und eine ganze Palette unterschiedlicher Handlungsmöglichkeiten bietet. Wenngleich sich Empowerment als ein antidogmatisches Konzept erweist, dem eine postmoderne »Theorienvielfalt« (FEYERABEND 1975, 39) zugrunde liegt, endet der Ansatz nicht in einer postmodernen Beliebigkeit, da die fundamentalen Menschenrechte der Aufklärung sozioökologisch weiter gedacht die philosophische Bezugsbasis für die Entwicklung handlungspraktischer Konzepte bildet. In der Arbeit mit Menschen, die als geistig behindert gelten, stehen wir erst am Anfang dieses Programms, welches am ehesten gelingen kann, wenn alle unmittelbar beteiligten Akteure – professionelle Helfer, behinderte Menschen und Angehörige – »ihre Beziehung als eine Beziehung wechselseitigen Lernens und Sich-Veränderns begreifen« (HERRIGER 1997, 216). Das aber ist ein offener Prozess, der den Mut erfordert, sich auf Überraschungen, Paradoxien, Pluralität, Kreativität und auch auf Risiken des Lebens einzulassen. Aufgabe zukünftiger Behindertenarbeit sollte es sein, entsprechende Beispiele zum Empowerment zu sammeln und zu evaluieren, um »Modelle guter Praxis« (Stark) bekannt zu machen.

# VI Praxis der Enthospitalisierung im Zeichen des Empowerment

Im Rahmen der vorausgegangenen Ausführungen wurde bereits deutlich, wie wichtig es im Empowermentansatz ist, Krankengeschichten in Lebensgeschichten umzuschreiben, Biographien behinderter Menschen nicht nur defizitär zu lesen, sondern auch im Lichte individueller Kompetenzen und verschütteter Lebenskräfte zu betrachten und dementsprechend Auffälligkeiten als Ausdruck von Stärken und zweckmäßigen Problemlösungsmustern unter isolierenden Bedingungen (Hospitalisierung) zu begreifen. In diesem Zusammenhang gewinnt der Begriff des Verstehens quasi kontrapunktisch zu der Gepflogenheit, betroffene Menschen mit Etikettierungen, statischen, psychiatrischen Diagnosen und nihilistischen Prognosen zu denunzieren, zunehmend an Bedeutung (JANTZEN 1996b; 1998; JANTZEN/LANWER-KOPPELIN 1996; KREUZER 1996). Seine methodologischen und theoretischen Aspekte sollen hier nun vorgestellt und an einem Beispiel aus der Praxis illustriert werden.

# Verstehende Diagnostik

Mit *Verstehen* bezeichnen wir ein hermeneutisch-diagnostisches Verfahren, das wechselseitige Beziehungen zwischen Individuum und Lebenswelt, Figur und Hintergrund, Handlungen und Lebensereignissen zu erschließen versucht, um zu *hypothetischen Aussagen* über den subjektiv bedeutsamen Sinn von Verhaltens- und Erlebensweisen eines als hospitalisiert geltenden Menschen zu gelangen (auch SPRANGER 1950, 410; 418; JANTZEN 1998). Hermeneutik als eine Kunst des Verstehens zielt in dem Falle auf eine Rekonstruktion individueller Lebensgeschichten und deren Bedeutung für das betreffende Individuum, was JANTZEN (1996b; 1998) oder auch DÖRNER (1998) als *Rehistorisierung* bezeichnen.[89] Dabei spielt die Einsicht eine Rolle, dass es letztlich keine Verhaltens- und Erlebensweisen (Auffälligkeiten wie auch Kompetenzen) gibt, die nicht aus der Entwicklung als Ganzes zu begreifen wären. In der Sicht betont JANTZEN (1996b, 17), dass eine verstehende Diagnostik[90] »nicht auskommt ohne eine Theorie der möglichen Entwicklungsgeschichte des Subjekts, welche die Verhältnisse der Entwicklung der verschiedenen Ebenen mit einschließt. Eine solche Theorie muss zudem als Theorie möglicher unterschiedlicher Entwicklungspfade konstruiert werden.«

Dieses Unternehmen ist anspruchsvoll. Es verlangt eine *möglichst umfassende Datensammlung zur* Entwicklungs- und Lebensgeschichte des betreffenden Menschen. Daher ist eine Durchsicht und Auswertung vorliegender Dokumente, alter Akten, der Rapportaufzeichnungen, Entwicklungsdokumentationen oder einer Krankengeschichte keineswegs belanglos, wenngleich sie stets mit kritischer Distanz und äußerster Vorsicht gelesen werden müssen. Nicht selten stoßen wir dabei auf verdeckte Indizien oder Anhaltspunkte, die bestimmte Verhaltensauffälligkeiten als Antwort auf übermäßige Fremdbestimmung, physische Gewalt oder sexuelle Misshandlung zu erklären vermögen. Ebenso wichtig ist das *Gespräch mit dem Betroffenen*, das nicht nur eine biographische Rückschau dienen kann, sondern zugleich auch einen Zugang zu vorhandenen, versandeten Stärken und Interessen erschließen sollte. Hierzu kann ein Rückgriff auf den von HERRIGER (1997, 113ff.) beschriebenen *Kompetenzdialog* hilfreich sein. Gemeint ist damit ein Dialog, der sowohl die Einmaligkeit und Individualität des anderen als auch dessen Fähigkeiten und Stärken anerkennt und wertschätzt. Der Kompetenzdialog soll somit dem Betroffenen einen Zugang zu seinen Ressourcen eröffnen (O'HANLON 1992, 138). Durch die Konzentration auf das, was kein Problem ist, werden zugleich neue Perspektiven für die Lebenszukunft und wertvolle Anknüpfungspunkte für die pädagogische und therapeutische Arbeit offeriert. Freilich hängt das, was man an Informationen erhält – und das gilt auch für Gespräche mit Bezugspersonen –, immer davon ab, was dem Betroffenen in Erinnerung geblieben ist, wie differenziert er sich seiner eigenen Lebenssituation und Handlungen bewusst ist und ob er Ereignisse kritisch reflektieren kann. So muss in Betracht gezogen werden, dass Betroffene Illusionen, Selbsttäuschungen oder biographischen Fiktionen erliegen können (auch SCHÜTZE 1994, 193f.). Das bedeutet, dass die retrospektiv wahrgenommene Lebenswelt immer als eine Konstruktion des Subjekts verstanden werden sollte (WATZLAWICK 1984), welche neue Geschichten (Erfindungen) beinhalten kann, die eine schöpferische Antwort nicht nur auf psychische Abwehrprozesse (Verdrängung), sondern auch auf ein Vergessen erfahrener Wirklichkeit sein können. Daher gibt es immer nur eine *Annäherung* an die »Wahrheit erlebter Realität«, wobei im Prinzip von der therapeutischen Erkenntnis ausgegangen werden kann, dass das, was gesagt wird, für den Betroffenen auch wichtig ist, unabhängig davon, ob das Gesagte »richtig« oder »falsch« ist.

Hinzu kommt, dass gerade bei Menschen mit geistiger Behinderung die sprachlichen Mitteilungs- und Selbstbeobachtungsfähigkeiten oft begrenzt sind, weswegen *teilnehmende* (dialogisch-kooperative) und *nicht-teilnehmende* (beschreibende) *Verhaltensbeobachtungen und Verlaufsprotokollierungen* sowie Aufzeichnungen von verbalen und non-verbalen Interaktionen mittels Video und Tonband als Informations- und Auswertungsmaterial (monitoring) hilfreich, ja häufig unverzichtbar sind. Außerdem sollten bildnerische Mitteilungen oder alltagsästhetische Produktionen als diagnostische Hilfsmittel in der Arbeit mit geistig behinderten Menschen genutzt werden (THEUNISSEN 1997d). Wie Zugänge zu Lebensgeschichten und Lebenswelten psychosozial auffälliger, sozio-kulturell benachteiligter und geistig behinderter Menschen über Bilder gefunden werden können, illustrieren die Arbeiten von RICHTER (1997a; 1997b; auch 1987) und BRÖCHER

(1997), deren Versuch, Probleme, Selbst- und Fremdbilder, Wirklichkeits-konstruktionen, Wünsche und Zukunftsentwürfe durch eine »verstehende Bilddiagnostik« aufzuspüren, als richtungsweisend betrachtet werden können.[91] Wichtig sind neben der Arbeit mit Betroffenen natürlich auch *Explorationsgespräche mit Bezugspersonen* (Angehörigen, professionellen Helfern, ggf. auch ehemaligen MitarbeiterInnen) sowie *ärztliche Informationen* über den Gesundheitszustand und das klinische »Bild«. Ebenso sollten *psychologische Tests* bei aller Problematik nicht von vornherein abgetan werden. Dies setzt allerdings voraus, dass ihre Daten nicht – wie es die traditionelle Diagnostik praktiziert – isoliert betrachtet und zur Verdinglichung des Betroffenen missbraucht werden, sondern mit den anderen Informationen zur Entwicklungsgeschichte und Lebenssituation verknüpft und in einem Gesamtzusammenhang aufbereitet werden.

Gegenüber einer qualitativen Diagnostik, der es um Verstehen zu tun ist, wird immer wieder der Vorwurf mangelnder Wissenschaftlichkeit erhoben. Vermisst werden Gütekriterien wie Zuverlässigkeit, Objektivität und Generalisierbarkeit von Ergebnissen. Sieht man einmal davon ab, dass auch empirisch-diagnostische Verfahren kein Garant für sicheres Wissen und Objektivität sein können (hierzu auch EGGERT 1985), weil »alles, was gesagt wird [...], von einem Beobachter zu einem anderen Beobachter gesagt« wird (MATURANA 1982, 139), sind hermeneutische Methoden tatsächlich besonders anfällig für subjektive Meinungen und Verfälschungen, für Beziehungsfallen zwischen Beobachter und Betroffenem, für dogmatisches Denken und ideologische Einflüsse sowie für ein unbewusstes Sich-leiten-Lassen von Alltagstheorien, Vorurteilen, Menschenbildern, Normen oder Werturteilen. Um solche Fehlerquellen möglichst gering zu halten, ist es wichtig, dass diagnostische Prozesse und Aussagen nur unter ständiger *Reflexion der normativen Implikationen* erfolgen. Wichtig ist die *Offenlegung der Bezugssysteme*, die für den Diagnostiker handlungsbestimmend sind. So orientieren wir uns zum Beispiel an Theorien und Erkenntnissen aus den Sozialwissenschaften, der Sozialpsychiatrie und der Systemforschung (hierzu THEUNISSEN 1992; 1997a), wenn wir die themenrelevanten Informationen auszuwerten versuchen. Natürlich kann man auch ganz andere Ansätze oder Modelle für eine Interpretation zugrunde legen,[92] da die Entscheidung für bestimmte Bezugssysteme keine Frage von Wahrheit oder Richtigkeit ist, sondern mit dem wertgeleiteten Belief-system sowie dem fachlichen und wissenschaftlichen Selbstverständnis des Forschers oder professionellen Helfers zusammenhängt. Daher können bei verschiedenen Diagnostikern wie auch in der Zusammenarbeit mit einem Betroffenen und seinen Bezugspersonen unterschiedliche Erklärungen zutage treten. Diese lassen sich nicht auf Objektivität oder Wahrheit hin prüfen, wohl aber in Bezug auf *Plausibilität* und Logiziät intersubjektiv nachvollziehen und diskutieren. Voraussetzung ist die Angabe der Bezugstheoreme sowie die Dokumentation des methodischen Vorgehens (Prinzip der Transparenz).

Außerdem erscheint ein *zweistufiges diagnostisches Vorgehen* einem wissenschaftlich-seriösen Anspruch angemessen: Zunächst sollten nach den Regeln der hermeneutischen Erkenntnisgewinnung deskriptiv, sachlich-logisch und möglichst wertneutral aufgebaute Entwicklungsberichte, Dokumente oder Verlaufsprotokolle angefertigt werden, um die Informationen so exakt wie möglich zu erfassen (Prinzip der Neutralität). Dieser Schritt impliziert bereits ein *immanentes (Daten-)Verstehen*, dem eine *transzendierende Verstehensanalyse* zu folgen hat, in der die Informationen vor dem Hintergrund der Bezugssysteme und einer selbst- und ideologiekritischen Reflexion rehistorisierend, lebensweltbezogen, entwicklungslogisch und subjektzentriert in Beziehung gesetzt und hypothetisch ausgewertet werden. All dies darf – wie schon erwähnt – kein Geheimnis des Diagnostikers sein. Vielmehr muss das gesamte Vorgehen einer *intersubjektiven und auch interdisziplinären Überprüfung* zugänglich sein, so dass der diagnostische Prozess, die Auswahl und Begründung von Arbeitsschritten, Zielen und Verfahrensweisen, die Beschreibung und Auswertung von Sinnzusammenhängen sowie die Hypothesenbildung rational nachvollziehbar sind. In dem Zusammenhang sollte der diagnostisch Tätige anderen – selbstverständlich auch den Betroffenen – die Möglichkeit zugestehen, seine Analysen und Interpretationen zu hinterfragen und durch andere Sichtweisen zu ergänzen oder zu modifizieren. Wenngleich die Ergebnisse sich stets auf eine individuelle Lebensgeschichte beziehen und nicht verallgemeinert werden dürfen, können sich durchaus Parallelen zu ähnlich gelagerten Entwicklungsverläufen ergeben, so dass immer wiederkehrende Merkmale sichtbar werden, denen eine heuristische Bedeutung attestiert werden kann. Dies gilt zum Beispiel für spezifische Hospitalisierungssymptome unter Bedingungen einer totalen Institution.

Grundsätzlich sollte man sich aber immer darüber Gedanken machen, wozu und wem die diagnostischen Ergebnisse später dienen. Auch diese *Frage nach dem Verwertungszusammenhang* bedarf einer *ideologiekritischen Betrachtung* (hierzu KLAFKI 1976), um die Prägung oder Abhängigkeit diagnostischer und therapeutischer Maßnahmen von gesellschaftlichen auch berufsspezifischen Interessen und Verhältnissen zu durchschauen. Das heißt, dass Diagnostiker selbstkritisch prüfen müssen, inwieweit sie mit ihren Aussagen Menschen, die als geistig behindert und hospitalisiert gelten, assistieren oder ob sie – wie es uns die traditionelle Diagnostik nicht selten vorexerziert – als Erfüllungsgehilfe fremdinteressengeleiteter Instanzen einer sozialen Kontrolle und bloßen Anpassung Betroffener an gegebene Bedingungen zuarbeiten. In der Hinsicht ist die *Kooperation mit dem Betroffenen* unerläßlich, ein Aspekt, der im Rahmen von Enthospitalisierungsprogrammen nicht selten vernachlässigt wird. Da man Betroffenen wenig Mitarbeit, Einsicht oder Problembewusstsein zutraut, sind es in aller Regel andere, die für und über sie berichten, urteilen und entscheiden. Aus der Empowerment-Perspektive gehört diese Praxis ins Museum. Stattdessen sollte ein gemeinsames Suchen nach Erklärungen von lebensweltlichen Zusammenhängen und individuellen Entwicklungsmöglichkeiten Priorität haben.

Allerdings stoßen wir dabei in der Arbeit mit geistig behinderten Menschen häufig auf Grenzen. An der Stelle kann dann womöglich der methodische Kunstgriff des *Nacherlebens und Nachvollziehens* weiterhelfen.

»Indem ich mich in die Möglichkeit versetze, dass ich es hätte sein können, der diesen Bedingungen ausgesetzt war, wird aus dem ›Fall von‹ des oder der Anderen nunmehr ein Fall von Meinesgleichen. Indem ich mich in dem Anderen als Möglichkeit meiner eigenen Existenz spiegele, werde ich für einen Augenblick emotional überwältigt, berührt.« (JANTZEN (1996b, 26)[93]

Dieses Prinzip einer nacherlebenden Selbstbetrachtung, das schon in der Geisteswissenschaft (DILTHEY 1894; auch SCHLEIERMACHER 1977, 52) als ein probater Weg menschlichen Erkennens galt, kommt bei schwerstbehinderten Menschen, die nicht für sich selber sprechen können, besonders zum Tragen. Es ist aber mit einigen Risiken verknüpft. So kann zum Beispiel durch ein empathisches Sich-hinein-Versetzen in die Situation des anderen ein zu starkes Mitgefühl entstehen, welches Sachverhalte oder Beschreibungen so durchdringt, dass diese nicht mehr mit der notwendigen fachlichen Distanz betrachtet werden können.[94] Ist überdies noch Mitleid im Spiel, kommt es leicht zur Übernahme von Verantwortung, die die Gefahr einer übermäßigen Fremdbestimmung, Hilfe oder totalen Betreuung beinhaltet oder nach sich zieht. Daher betont JANTZEN (ebd., 27) die Notwendigkeit einer »reflexiven Haltung« im Nacherleben, was nach BUBER (1962) als »Urdistanz« in der Begegnung betrachtet werden kann. Entscheidend ist, dass man sich trotz »Betroffenheit« im Anderen nicht verliert.

Des Weiteren verleitet das Nacherleben dazu, eine gemeinsame, quasi identisch gelagerte Ereigniswahrnehmung und Wirklichkeitskonstruktion anzunehmen, die den Diagnostiker und Betroffenen in gleicher Weise umfasst. Dass es übereinstimmende Situationsdeutungen und Sinngebungen geben kann, die unter anderem auch aus psychophysischen Ausdrucksformen, aus der Mimik, Gestik oder Körperhaltung erschlossen werden können, wollen wir nicht in Abrede stellen. Trotzdem besteht die Gefahr, den Anderen in seiner Subjekthaftigkeit zu verfehlen, da er uns – und das betrifft vor allem auch Menschen, die nicht über sich selbst berichten können – in seinem Denken, Erleben und Handeln niemals völlig zugänglich ist, das heißt, dass er in seiner Individualität nicht vollständig erreicht werden kann und somit in gewisser Weise immer ein »Geheimnis des Humanen« (Portmann) bleibt. Daher impliziert das Verstehen auch »divinatorischen« Charakter (SCHLEIERMACHER 1977; 1902). Es ist wichtig, dass beim Nacherleben Möglichkeiten einer »unkonventionellen« Wahrnehmung und Situationsdefinition, eines Eigenerlebens oder einer einmalig-einzigartigen Erfahrung und Ereignisdeutung mitgedacht sowie vom eigenen Gefühl und Standpunkt abweichende Sinngebungen akzeptiert werden. An dieser Stelle stoßen wir somit auf *Grenzen des Verstehens*, was nicht gegen unsere Methode, sondern für uns Menschen spricht. Das schließt nicht aus, einen »praktischen Diskurs« (Klafki) als intersubjektive Kontrollinstanz einzuführen, um Fehlerquellen, ideologische Einflüsse oder subjektive Verzerrungen möglichst gering zu halten. Die Frage, ob wir den Anderen richtig verstanden haben, lässt sich im Endeffekt (wenn überhaupt) erst im Nachhinein beantworten. Verstehen äußert sich in subjektiv bedeutsamen Kooperationsangeboten. Wir sollten jedoch nie vergessen, dass schon beim gemeinsamen Tun – wie JETTER (1994, 302) hervorhebt – durch das Erschließen gemeinsamer Bedeutungen eine tragfähige Verstehensgrundlage entstehen kann. Daher macht es Sinn, den Versuch des Verstehens immer mit dem Bemühen um Kooperation mit den Betroffenen zu verbinden – sei es durch einen Kompetenzdialog, durch non-verbale Mitteilungen (Bilder) oder durch gemeinsames Tun.

### Versuch einer Rehistorisierung am Beispiel von Frau Diesing

Das folgende Beispiel beruht auf einer zusammenfassend-synthetisierenden Auswertung von unterschiedlichen Informationen. Zum einen wurden im Jahre 1980 vorliegende Akten, Rapportbuchaufzeichnungen und die Krankengeschichte studiert und ausgewertet. Zum anderen fanden im gleichen Jahr Gespräche mit ehemaligen Betreuerinnen statt, die Frau

Diesing aus den 50er und 60er Jahren her kannten (Familienmitglieder konnten nicht ausfindig gemacht werden). Da zum damaligen Zeitpunkt eine verbale Verständigung mit Frau Diesing und somit eine aktive Beteiligung der Betroffenen am Prozess der Rehistorisierung ihrer Lebensgeschichte nicht möglich war, mussten wir auf den Kunstgriff des Nachvollziehens zurückgreifen. Außerdem wurden vom Verfasser teilnehmende und nicht-teilnehmende (beschreibende) Beobachtungen durchgeführt, die gemeinsam mit den zuständigen Mitarbeiterinnen und Mitarbeitern reflektiert und ausgewertet wurden. Mit Hilfe dieser Daten wurde zunächst nach dem Prinzip größtmöglicher Neutralität die Biographie rekonstruiert. In einem zweiten Schritt folgte dann in Anlehnung an sozialwissenschaftliche Bezugssysteme der Versuch des Verstehens der Lebensgeschichte, aus dem spezifische Arbeitshypothesen hervorgingen. Diese waren zugleich Ausgangspunkt für die Entwicklung eines pädagogischen Einzelhilfekonzepts, das Anfang der 80er Jahre die Alltagsarbeit mit Frau Diesing bestimmte (zur Konzeption THEUNISSEN 1994a; 1997a).

*Zur Lebensgeschichte*

Frau Diesing, geb. 1927, stammt aus einem sozial schwachen Milieu. Ihr Vater war Hilfsarbeiter und verunglückte kurz nach ihrer Geburt tödlich. Seitdem lebte sie mit ihrer Mutter alleine, die Gelegenheitsarbeiten nachgehen musste, um Geld für den täglichen Lebensunterhalt zu verdienen. Darunter habe – zitiert nach der Krankengeschichte – »die Erziehung erheblich gelitten.«[95] Trotzdem sei Frau Diesing altersgemäß eingeschult worden. Bereits kurz nach Schulbeginn fiel sie durch Erziehungsschwierigkeiten – Stören von Mitschülern am Unterricht, häufiges Schuleschwänzen, Verweigerung von Hausaufgaben, Trotz, Führungsresistenz und Auflehnung gegenüber Lehrkräften – auf. Darüber hinaus hatte sie auf Grund von Lernschwierigkeiten das erste Schuljahr wiederholen müssen. Überhaupt galt sie immer als eine schlechte und schwierige Schülerin, weswegen man sie nach der 7. Klasse frühzeitig aus der Volksschule entließ. Danach war sie als Gehilfin oder als Dienstmädchen in verschiedenen Haushalten tätig. 1949 kam es zu einer fristlosen Entlassung aus einem privaten Haushalt, weil sie sich angeblich auf eine sexuelle Beziehung mit dem Sohn der Familie eingelassen hatte. Da sie danach – so eine Aktennotiz – zu verwahrlosen drohte, wurde sie kurze Zeit später in eine psychiatrische Anstalt mit der Diagnose »Debilität und psychopathische Wesensabartigkeit« eingewiesen. Wer dies veranlasst hatte, konnten wir leider nicht in Erfahrung bringen. Dort brachte man sie zunächst in einem offenen

Haus unter. Es wurde ihr die Möglichkeit gegeben, in der Waschküche wie auch als Hausarbeiterin auf ihrer Station zu arbeiten. In ihrer Freizeit beschäftigte sich Frau Diesing vorwiegend mit Handarbeiten und gelegentlichem Malen. Von Seiten der Psychiatrieschwestern wurde sie während dieser Zeit als sehr willig, hilfsbereit, fleißig und vergnügt erlebt und beschrieben.

Bereits nach drei Monaten ihrer Psychiatrie-Einweisung wurde sie jedoch auf eine andere Station in einem anderen Gebäude verlegt, und in den nachfolgenden beiden Jahren musste sie noch insgesamt neunmal (!) eine Station wegen Platzmangel wechseln. Diese ständigen Verlegungen blieben nicht ohne Folgen: Reagierte Frau Diesing auf die ersten beiden Verlegungen zunächst mit Kopfschmerzen, zeitweiliger depressiver Verstimmung, Jammern, Beschwerden, Nörgeln, Arbeitsverweigerung und -unlust, so kam es in der Folgezeit zu immer stärker werdenden Stimmungsschwankungen, zu massiven Beschimpfungen des Personals, Wutanfällen, totaler Arbeitsverweigerung sowie Handgreiflichkeiten gegenüber Mitpatientinnen. Außerdem führte sie in zunehmendem Maße Selbstgespräche und zog sich seit 1952 tagsüber ins Bett zurück. Seitdem galt sie als eine schwierige, ständig bettlägerige Patientin mit einem ausgeprägten »läppischen und ungehemmten Charakter«. Da ihre (Selbst-)Gespräche immer verfahrener wurden und sie immer häufiger Wahnideen und Sinnestäuschungen zum Ausdruck brachte – so glaubte sie beispielsweise bestrahlt zu werden und dass aus ihren Fingern Eiter flöße –, wurde ihr ein Jahr später eine schon zuvor vermutete »Pfropfschizophrenie« attestiert. Neben der Bettlägerigkeit traten in den nachfolgenden Jahren noch weitere Auffälligkeiten hinzu, die als Ausdruck eines »fortschreitenden Persönlichkeitsverfalls« beschrieben wurden: desorientiertes, zielloses Umherlaufen im Wach- oder Schlafsaal, mehrfaches Zerreißen ihrer Kleidung, Zerkauen und Verschlucken abgebissener Stofffetzen, distanzloses, aufdringliches Verhalten gegenüber Mitarbeiterinnen, häufiges Weinen und ständiges Klagen, von den Schwestern zu wenig beachtet und überhaupt von niemanden geliebt zu werden. Neben diesem Wunsch nach Anerkennung und Zuwendung, welcher vom Personal immer wieder als Ausdruck »großer Unruhe«, als störend erlebt und zum Beispiel durch die Verordnung von Bettruhe sanktioniert wurde, traten des weiteren Verhaltensauffälligkeiten auf, die im Rahmen einer Hospitalisierung zum Teil sehr typisch sind: Ständiges Haarezupfen, häufiges Ausreißen von Haarbüscheln, Einnässen und Einkoten, Schlagen von Mitarbeiterinnen und Werfen von Messern nach Schwestern und Mitpatientinnen. Darüber hinaus wurden ihre sprachlichen Äußerungen immer unverständlicher – ein Prozess, der Ende der 50er Jahre in einen Mutismus mündete. Damit war seit 1960 eine verbale Verständigung mit Frau Diesing nicht mehr möglich. Außerdem gab es immer wieder Perioden von Nahrungsverweigerung, denen nur mit großem pflegerischen Aufwand begegnet werden konnte. Insgesamt bot Frau Diesing jetzt das Bild eines schweren Pflegefalls, und ärztlicherseits hielt man eine sinnvolle Kontaktaufnahme nicht mehr für möglich. Es wurde auch nicht mehr mit einer Besserung ihres Zustandes gerechnet, von nun an galt sie »zeit ihres Lebens als krankenhauspflegebedürftig«, als eine Person, die »nicht mehr in der Lage sei, sinn- und planvoll zu denken und zu handeln«. In den 70er Jahren wurden diese Befunde uneingeschränkt übernommen, nicht selten mit zusätzlichen negativen Beschreibungen versehen, was zu der Schlussfolgerung verleitete, dass Frau Diesing »nur noch in einer geschlossenen geriatrischen Station erfolgreich geregelt und [...] überwacht werden« könne.

1977 kam es dann im Rahmen der Entflechtung der Psychiatrie zunächst zur Schaffung eines Behindertenbereichs, später, im Jahre 1980, zur Herauslösung und Verselbstständigung dieser Abteilung als Heilpädagogisches Heim. Von dieser strukturellen Maßnahme sollten insbesondere behinderte Menschen wie Frau Diesing, die man bislang weithin nur pflegerisch und psychiatrisch verwaltet und verwahrt hatte, profitieren. So wurden Rehabilitationsprogramme aufgelegt, die vor allem Beschäftigungs- und Freizeitangebote sowie Außenaktivitäten vorsahen.

Frau Diesing reagierte zunächst sehr verhalten auf diese Angebote, indem sie nur sporadisch an Malstunden und Spaziergängen teilnahm und die meiste Zeit nach wie vor in ihrem Bett verbrachte. Erst als es zu Beginn der 80er Jahre einer Erzieherin gelang, über eine »Patenschaft« ein Vertrauensverhältnis herzustellen, kam es zu deutlichen Veränderungen in ihrem Verhalten und Erleben. In immer stärkerem Maße beteiligte sie sich an Gruppenaktivitäten, entwickelte wieder ein Interesse an Hausarbeiten und hielt sich von nun an tagsüber nur noch sehr selten in ihrem Bett auf. Eine besondere Vorliebe entwickelte sie für das Malen von Bildern. In dem Zusammenhang machten wir eine äußerst interessante Beobachtung, die zum Verstehen von Frau Diesing wesentlich beitrug: So gab es Zeiten, in denen Frau Diesing ihre Bilder mit Sonnen- und Sternenmustern ausgesprochen dekorativ gestaltete, und das waren jeweils Situationen, in denen sie sich emotional angenommen, wohl und zufrieden fühlte. Andererseits malte sie auch Bilder, in denen sie bevorzugt Linien als Füllwerk von Gegenständen wie auch als Hintergrund verwendete. Wir fanden heraus, dass sich Frau Diesing dann eher missgelaunt, verärgert oder unwohl fühlte. Es war allerdings schwierig, sowohl die Bedeutung der Sonnen- und Sternenmuster wie auch die der Linien genauer zu entschlüsseln, da uns Frau Diesing hierüber keine Auskunft gab.

Ab dem Jahre 1983 kam es zu einer allmählichen Öffnung nach außen, indem sie zunächst in Begleitung, dann auch wieder alleine im Heim- und Klinikgelände Spaziergänge und Kaffeebesuche unternahm. Überdies gelang es, sie in den Kreativbereich der heiminternen Arbeitsstätte zu integrieren. Alles in allem wurde sie nun von ihren MitarbeiterInnen als ziemlich selbstständig, aktiv und kommunikativ beschrieben. Anzeichen von Wahnvorstellungen wurden nicht mehr beobachtet und es kam auch nur noch sehr selten zu tätlichen Auseinandersetzungen mit dem Personal. Ein besonders freudiges Ereignis war, als sie Anfang 1984 erstmalig wieder ein wenig sprach. Diese positive Entwicklung hielt in den nachfolgenden Jahren an, so dass Frau Diesing Ende der 80er Jahre zu einer aktiven und durchaus beliebten Bewohnerin des Heims zählte.

### Zur Reflexion und Interpretation

In Anbetracht des frühen Todes ihres Vaters dürfen wir annehmen, dass Frau Diesing eine frühkindliche Sozialisation unter erschwerten Bedingungen durchgemacht hat. Dass es in diesem Zusammenhang keine Hinweise auf gravierende Entwicklungsrückstände gibt, spricht sowohl für individuelle Ressourcen als auch für die Kompetenz der Mutter. Leider wird dies an keiner Stelle gutachterlich gewürdigt. Vielmehr wird von vornherein das Milieu negativ beschrieben, indem erhebliche Erziehungsdefizite in der frühkindlichen Sozialisation ohne Nachweis behauptet, ja einfach unterstellt werden. Daran anknüpfend hat die Schule leichtes Spiel – findet sie doch bei Frau Diesing typische Alltagstheorien über schlechte Schüler vollauf bestätigt: milieugeschädigt, erziehungsschwierig, charakter- und leistungsschwach, von Verwahrlosung bedroht. Solche schon zu Beginn der Schulzeit einsetzenden Typisierungen verallgemeinern einzelne Beobachtungen, indem sie unvermittelt auf ein allgemeines Wesen hinter dem individuellen Schein, das heißt auf den Charakter schließen. Wer im Unterricht stört, hat dem zufolge einen minderwertigen Charakter und ist also ein schlechter Schüler. Hinzu kommt, dass Sterotype von einem statischen Persönlichkeits- und Begabungsbegriff abgeleitet werden, der die Gründe für auffälliges Verhalten in biologischen Charakteristika des Einzelnen erblickt und Zusammenhänge zwischen Verhaltensauffälligkeit, Charakter und Minderbegabung (Debilität) behauptet (siehe auch THEUNISSEN 1992,

52ff.; DANFORTH 1997, 98f.). Besonders benachteiligt werden Schüler aus unteren sozialen Schichten, die den normativen Erwartungen der Leistungsgesellschaft nur schwer genügen können. Sie werden im Vergleich zu Mittelschichtkindern häufiger negativ typisiert und stigmatisiert, wobei weniger ihr wirkliches Verhalten ausschlaggebend zu sein scheint als vielmehr ihre Schichtzugehörigkeit und die damit verknüpften Vorurteile. Derlei Prozesse, die durch die Labeling-Theorie gestützt werden, dürften bei Frau Diesing eine wichtige Rolle gespielt haben.

Allerdings würde unsere Betrachtung zu kurz greifen, wenn wir Frau Diesing nur als »Opfer« von Stigmatisierungs- und Normanwendungsprozessen beschreiben. Denn es gibt keine eindeutigen Belege für die Übernahme des ihr angetragenen Fremdbildes beziehungsweise für eine Anpassung an die ihr zugeschriebene Rolle (Self-fulfilling-prophecy). Im Gegenteil: Wir dürfen annehmen, dass sich Frau Diesing erfolgreich gegenüber der Definitions- und Sanktionsmacht der Agenten sozialer Kontrolle – Schule, Behörden – zu behaupten wusste (Stigma-Management). Vor diesem Hintergrund könnten selbst die »Störungen« im Unterricht als Widerstandsressourcen im Sinne von Selbstverteidigungs- oder Selbstbehauptungstechniken positiv konnotiert werden. Auf jeden Fall ist es nach ihrer frühzeitigen Schulentlassung nicht zu einer (in der Regel prognostizierten) Verwahrlosung und negativen Identitätstransformation gekommen, sondern es war Frau Diesing offenbar gelungen, ihr Leben für mehrere Jahre weithin eigenständig durch gesellschaftlich anerkannte, wenn auch gering geschätzte Tätigkeiten als Hilfe in privaten Haushalten zu meistern. Möglicherweise hatte sie von ihrer häuslichen Erziehung durchaus profitiert, indem sie auf Grund der Berufstätigkeit ihrer Mutter schon früh Haushaltätigkeiten eigenständig-selbstverantwortlich verrichten musste. Diese früh erworbenen Kompetenzen kamen ihr nun im jungen Erwachsenenalter zugute.

Welche genauen Hintergründe bei ihrer fristlosen Entlassung aus einem privaten Haushalt eine Rolle gespielt haben, lässt sich nicht mehr eruieren. Auf jeden Fall wurde die sexuelle Beziehung zwischen Frau Diesing und dem Sohn des Hauses einzig und allein ihr angelastet. Damit fand spätestens an dieser Stelle das – ihr amtlicherseits zugeschriebene – Bild eines »minderwertigen und asozialen Charakters« seine »offizielle« Bestätigung. Zugleich beförderte diese einseitige Schuldzuschreibung und täterorientierte Sicht die Annahme, dass Frau Diesing eine Gefahr und Belastung für die Gesellschaft darstelle und auf Grund drohender Verwahrlosung zu ihrem eigenen Schutze wie aber auch zum Schutz der Gesellschaft in eine psychiatrische Anstalt eingewiesen werden müsse. Aus der ursprünglichen Erziehungsschwierigkeit wurde jetzt ein psychiatrisches, individualpathologisches Problem und damit ein »einzuweisender Fall«. Die pädagogischen Alltagstheorien wurden durch die Definitionsinstanz Psychiatrie wissenschaftlich legitimiert (vgl. hierzu auch Kap. I). Mit der Diagnose »Debilität und psychopathische Wesensabartigkeit« glaubte man, die psychosoziale Problematik und Situation hinreichend erfasst sowie ein Recht zur Einweisung von Frau Diesing gefunden zu haben.

Die Psychiatrisierung von Menschen, die sich in einer ähnlichen Problemlage wie Frau Diesing befanden, war damals kein Einzelfall. Verwahrlosungserscheinungen galten zwar nicht als Geisteskrankheit, wohl aber als Abnormität und Abartigkeit, weswegen sie nicht selten unter dem Oberbegriff der »Psychopathie« gefasst wurden (hierzu THEUNISSEN 1992, 22). Und unter Psychopathen verstand man »früh geprägte charakterologisch abnorme Persönlichkeiten, (gleichgültig, G.T.) ob diese von Kindheit an bestehenden Charakteranomalien als früh erworben [...] oder als anlagemäßig [...] aufzufassen sind« (BAEYER zit. n. ebd., 22). Dabei wurden häufig in Anlehnung an KRAEPLIN (1904) vier zentrale Typen unterschieden: »Geborene Verbrecher«, »Haltlose«, »Krankhafte Lügner« und »Pseudoquerulanten« (Streitsüchtige ohne Wahnvorstellungen), wobei Frau Diesing insbesondere »Willensschwäche« (sexuelle Verwahrlosung) und »Querulantentum« attestiert wurden.

Die Unterstellung einer pathologischen Abnormität hatte weitreichende Konsequenzen: Zum einen wurde die Suche nach der Ursache ganz ins Subjekt hinein verlagert, wobei soziale Faktoren weithin ausgeblendet oder aber als problemverstärkende Randbedingungen in Betracht gezogen wurden, zum anderen wurde eine unüberschreitbare Grenze zwischen Normalität und Abnormität errichtet, durch die man ebenfalls den psychiatrischen Zugriff auf soziale (pädagogische, gesellschaftliche) Probleme zu rechtfertigen versuchte. Die Folge waren Ausgrenzung und Kasernierung Betroffener in klinisch kontrollierten Revieren. Das Postulat einer pathologischen Abnormität sowie die damit verknüpfte Abgrenzung zu »normalen« Verhaltens- und Erlebensweisen war damals in der Psychiatrie weithin unhinterfragt und wirkte bis Ende der 70er Jahre deutlich nach (so z.B. in ARNS, JOCHHEIM & REMSCHMIDT 1978, 181f.). Dass die Grenzen zwischen einem normalen und einem auffälligen Verhalten fließend sind, kam den Repräsentanten der deutschen Psychiatrie kaum in den Sinn. Ihre Definitions- und soziale Kontrollmacht war enorm. Besonders betroffen waren davon Menschen aus einem sozial schwachen Milieu sowie gesellschaftliche Randgruppen, also Landstreicher, Obdachlose, Prostituierte und Heimatlose. Kam es bei diesen Personen zu einer Einweisung in die Psychiatrie – und das war nicht selten –, gab es dafür kaum »ernstzunehmende« Gründe (JERVIS 1978, 119), vielmehr waren es in erster Linie »irgendwelche banale Umstände« oder »verschiedenste Vorwände«: finanzielle Armut, Arbeitslosigkeit, fehlender fester Wohnsitz, Umherstreunen etc., die für eine Zwangsunterbringung ausschlaggebend waren. Jervis zufolge fehlten zumeist »objektive Krankheitskriterien« (ebd., 48), was man durch vage und unspezifische Diagnosen wie zum Beispiel »psychische Wesensveränderung« oder »psychopathische Wesensabartigkeit bei Minderbegabung« zu verdecken versuchte. Viele Krankheitsgeschichten von geistig behinderten, seelisch behinderten und chronisch kranken Menschen, die heute als hospitalisiert und »fehlplaziert« zu den »Stiefkindern« der Psychiatrie zählen (hierzu LINGG & THEUNISSEN 1997; THEUNISSEN 1988a; DÖRNER 1998), belegen dies recht deutlich.

Alles in allem können wir festhalten, dass die psychiatrische Unterbringung von Frau Diesing dem damaligen Zeitgeist voll entsprach. Wenngleich diese Maßnahme Unverständnis, Protest und Widerstand hätte erwarten lassen können, gibt es darauf in den Krankenberichten über Frau Diesing keine eindeutigen Hinweise. Vielmehr wird sie als eine von Verwahrlosung gekennzeichnete Patientin beschrieben, die sich schon kurz nach ihrer Einweisung weitgehend normgerecht verhalten habe. Auf Grund ihrer Anpassung an die institutionellen Bedingungen habe man sie rasch und recht problemlos – auch zu ihrer eigenen Zufriedenheit – arbeitstherapeutisch beschäftigen können. Die Frage, ob dies tatsächlich in ihrem Sinne war, lässt sich nicht beantworten, denn es gab zum Beispiel keine Initiativen von Seiten der Psychiatrie, Frau Diesing gesellschaftlich zu reintegrieren. Es wurden aber auf jeden Fall ihre Interessen und Kompetenzen aufgegriffen – ein Zeichen dafür, dass nicht alles im Namen der Psychiatrie schlecht war und dass nicht alle behinderten Menschen innerhalb eines psychiatrischen Anstaltswesens total zu leiden hatten (auch BARTON 1974, 12, 16).

Erst nachdem Frau Diesing innerhalb kürzester Zeit aus rein organisatorischen Gründen und ohne Rücksichtnahme auf ihre subjektive Befindlichkeit von einer Station auf eine andere verlegt wurde, trat ein Prozess ein, den JERVIS (1978, 129) treffend herausgestellt hat:

»Der Aufenthaltsort in der Irrenanstalt bewirkt fast ausnahmslos nach einigen Jahren, und manchmal nach einigen Monaten, eine charakteristische Art von

Verhalten, die ›institutionelle Neurose‹, ›institutionelle Regression‹ oder richtiger ›institutionelle Psychose‹ (›Anstaltspsychose‹) genannt wird. Der Patient verschließt sich langsam immer mehr in sich selbst, wird energielos, abhängig, gleichgültig, träge, schmutzig, oft widerspenstig, regrediert auf infantile Verhaltensweisen, entwickelt starre Haltungen und sonderbare stereotype ›Tics‹, passt sich einer extrem beschränkten und armseligen Lebensroutine an, aus der er nicht einmal mehr ausbrechen möchte, und baut sich oft als eine Art Tröstung Wahnvorstellungen auf (die sog. ›institutionellen Delirien‹). Die geschichts- und zeitlose Welt der Abteilungen für Langzeit-patienten ist verantwortlich für diese Symptome, die auch in Konzentrations-lagern festgestellt worden sind.«

Verlegungen, wie sie bei Frau Diesing stattgefunden haben, waren – wenn auch nicht in dieser Häufigkeit – bis Mitte der 70er Jahre in psychiatri-schen Einrichtungen oder vergleichbaren Großanstalten keine Seltenheit. In der Regel wurden sie aus organisatorischen Gründen (Platzmangel, Überbelegung, Sicherheitsaspekte) von oben herab angeordnet; individu-elle Bedürfnisse und interpersonelle Beziehungen wurden dabei nur äu-ßerst selten beachtet.

Wie Frau Diesing die extrem häufigen Verlegungen, welche immer auch mit einem Personalwechsel verbunden waren, zu bewältigen versuchte, ist der Lebensgeschichte deutlich zu entnehmen. Ihre Reaktionen und Aus-drucksformen, insbesondere ihr Rückzug ins Bett sowie ihr Mutismus werden vor diesem Hintergrund totaler Fremdbestimmung, Verdinglichung und Negation originärer menschlicher Bedürfnisse nach Liebe, Zuwen-dung und Wertschätzung verstehbar. Wenngleich sie unter diesen Bedin-gungen institutioneller Gewalt massiv zu leiden hatte, ist sie dennoch kein ohnmächtig-passives Opfer der Verhältnisse, sondern es gelingt ihr, sich durch Weigerungs-, Protest- und Widerstandsformen auf ihre Weise zu behaupten. Insofern lassen sich ihre Bewältigungstechniken auch als Aus-druck einer Selbstbestimmung auslegen. Hintergründig handelt es sich aber um eine stark eingeschränkte Autonomie, insofern durch massive institu-tionelle Eingriffe in ihr Alltagsleben das personale Selbst schwer beschä-digt, ja pervertiert wurde. Ihre auffälligen Verhaltensweisen erscheinen zwar als ein situationsadäquates, zweckmäßiges Problemlösungsverhalten – so auch ihr Rückzug als eine Form der Verkehrung ins Gegenteil –, sie kön-nen ihr aber nicht zu einer flexiblen Weiterentwicklung ihrer Persönlich-keit, zu »balancierter« Identität und Selbstverwirklichung verhelfen. Letzt-lich können die Auffälligkeiten als Ausdruck von »Kompetenzen in einer

Situation der Isolation« (JANTZEN 1998, 46) für den Betroffenen »selbst genauso unerträglich sein wie für die Menschen, die mit ihm zusammen sind. So können Stereotypien und Zwangshandlungen für (hospitalisierte, G.T.) behinderte Menschen lebensnotwendig sein, zugleich aber auch Fesseln für seine eigenen Bedürfnisse und Handlungsziele« (JETTER 1994, 305).

Es ist naheliegend, dass die autonomiehemmenden sozialen Faktoren (Verlegungen; fehlende emotionale Gratifikationen; mangelnde positive kommunikative Zuwendung; Sanktionen) das Auftreten schizophren geprägter Symptome ausgelöst beziehungsweise befördert haben. Möglicherweise war es damals tatsächlich zu einer schizophrenen Erkrankung gekommen, wenngleich es diesbezüglich keine exakten Hinweise über vorausgehende Grundstörungen gab. Weder gab es kognitive Störungen der Informationsverarbeitung und Handlungsregulation noch sensorische Wahrnehmungsstörungen oder Gedankenindifferenzen. Daher können wir nur vermuten, dass mit dem auffälligen Erscheinungsbild einer Schizophrenie ein verzweifelter Versuch einherging, sich selbst zu helfen, die Verdinglichung und Bedrohung abzuwehren, das Hilflosigkeitserleben und den Objektverlust zu bewältigen und Überforderungssituationen durchzustehen. Die moderne Schizophrenieforschung betont derlei Zusammenhänge auf dem Hintergrund eines »Vulnerabilitäts- und Coping-Modells« (SÜLLWOLG 1983; CIOMPI 1982). Demgegenüber wurden bei Frau Diesing die Verlegungen als kritische Lebensereignisse, als überfordernder, krankmachender, schizophreniefördernder Stressor überhaupt nicht in Betracht gezogen. Mit der Diagnose »Pfropfschizophrenie« wurden die Störungen vielmehr von vornherein als »wesensbedingt« erachtet (hierzu auch TÖLLE 1985, 305; 1996, 316). Dementsprechend wurde ihre weitere Entwicklung auch ausgesprochen negativ prognostiziert. Dieser psychiatrisch-therapeutische Nihilismus hatte zugleich handlungsbestimmende Funktion: Frau Diesing galt nun als ein unheilbar-hoffnungsloser Pflegefall, der am besten auf einer geschlossenen geriatrischen Station aufgehoben sei.

Tatsächlich verschlimmerte sich vor dem Hintergrund dieser negativen Prognose ihr auffälliges Verhalten. Es kam zu Aggressionen gegenüber dem Personal, zu Mutismus und zu Nahrungsverweigerung, so dass die Selffulfilling-prophecy in doppelter Hinsicht Bestätigung fand: Zum einen aus der Perspektive des Personals, welches bei Frau Diesing einen »fortschreitenden Persönlichkeitsverfall« beobachtete, zum anderen bei Frau Diesing, die durch die Antworten der MitarbeiterInnen auf ihr Problemverhalten sich immer wieder darin bestätigt fühlte, dass ihr zentrales Bedürfnis nach positiver Zuwendung und Kommunikation völlig negiert, ja sogar als böswilliger und pathologischer Wesenszug ausgelegt wurde. Sie fühlte sich alles andere als verstanden und passte sich ganz der ihr zugeschriebenen Patientenrolle an. Durch den totalen Mutismus, dem nicht selten Ausdruck von Angst und Hilflosigkeit zugrunde liegt, glaubte sie anscheinend, ein probates Mittel gefunden zu haben, die ständigen Kränkungen sowie das implizite Leiden selbstbestimmt zu überstehen. Positiv konnotiert bringt diese von ihr über zwanzig Jahre lang praktizierte Verweigerung ein hohes Maß an Selbstdisziplin, Ausdauer und Selbstbehauptung, eine Durchhaltekompetenz zum Ausdruck. Denn dank ihres individuellen Widerstandspotentials war es letztlich nicht zu einem irreversiblen Persönlichkeitsverfall gekommen.

Die Ereignisse in den frühen 80er Jahren belegen, dass selbst bei dieser so stark ausgeprägten Hospitalisierung und Entfremdung der originäre Wunsch nach personaler Wertschätzung und Anerkennung nie völlig aufgegeben wurde. Wenngleich die institutionelle Gewalt brutal und kaum auszuhalten war, hatte sich ihr zwanzigjähriges Warten auf Veränderung letztendlich gelohnt. Von den durch die anti- und sozialpsychiatrische Bewegung eingeleiteten Reformen, den Bemühungen um Normalisierung, Enthospitalisierung und Integration, hat sie eindeutig profitiert. Nach vielen Jahren der Verdinglichung und psychischen Misshandlung wurde sie im Alter von 53 Jahren wieder als Person wahrgenommen, ihre Bedürfnisse, Interessen und Stärken wurden aufgegriffen, wobei der Aufbau eines tragfähigen, verläßlichen Vertrauensverhältnisses durch eine kontinuierliche persönliche Assistenz (Bezugsbetreuung) das Wesentlichste war. Dies alles führte zur Veränderung: Frau Diesing spürte, dass es eine Mitarbeiterin gab, die sie gerne hatte, und das war letztlich ausschlaggebend dafür, dass sie eines Tages wieder zu sprechen anfing. Schließlich wurde sie in ihrer Lebensgestaltung immer selbstständiger und öffnete sich ihrer Umwelt gegenüber. Diesem Prozess lag eine pädagogische Konzeption zugrunde, für die die Aufbereitung von Lebensgeschichten zum Verstehen hospitalisierter Menschen mit geistiger und seelischer Behinderung unabdingbar ist. Nur von diesem Bezugspunkt aus konnte die behindertenpädagogische Arbeit erfolgreich gedeihen.

# Empowerment in der Einzelarbeit

## Drei Beispiele einer Einzelförderung (1981-1987)

In den 70er Jahren lebten cirka 3000 Menschen mit geistiger Behinderung in psychiatrischen Landeskliniken des Landschaftsverbandes Rheinland. Angeregt durch die Psychiatrie-Enquete (1975), die die Trennung der Versorgung psychisch kranker und geistig behinderter Menschen empfahl, fasste der Träger in den Jahren 1979/81 den politischen Beschluss, die Behindertenbereiche der Landeskrankenhäuser Bedburg-Hau, Bonn, Düren, Langenfeld und Viersen aus den psychiatrischen Kliniken herauszulösen und als Heilpädagogische Heime (HPH) organisatorisch zu verselbstständigen (hierzu GAERTNER 1983; THEUNISSEN 1995; BRADL 1996; WEDEKIND u.a. 1994). Den Heimen wurde aufgetragen, durch Normalisierung, Enthospitalisierung und gesellschaftliche Integration einen Paradigmenwechsel von der klassischen Verwahrpsychiatrie und pflegerischen Versorgung geistig behinderter Menschen zu einer zeitgemäßen Behindertenarbeit zu vollziehen.[96] Die folgenden Beispiele stammen aus den frühen 80er Jahren und dokumentieren ein gewisses Maß an Pionierarbeit auf dem Gebiete der Enthospitalisierung schwerstbehinderter Menschen.[97] Die Auswahl der Beispiele ist nicht zufällig, sondern sie spiegelt die breite Palette an (Verhaltens-)Problemen wider, die im Zusammenhang mit einer Hospitalisierung eine zentrale Rolle spielen (hierzu auch Kap.I).

Die erste Geschichte handelt von einem geistig schwer und körperbehinderten Mann, der cirka 28 Jahre im Bett gehalten wurde. Im Zentrum der Einzelarbeit steht das »ästhetische Spiel« (Schiller), welches ein wesentlicher Schrittmacher der Entwicklung ist.

Im nachfolgenden Beispiel wird über die basale, kommunikations- und körperzentrierte Entwicklungsförderung einer Frau berichtet, bei der neben einer schweren geistigen Behinderung Symptome einer Hospitalisierung im Vordergrund stehen.

In der letzten Geschichte berichten wir über eine geistig behinderte Frau, bei der ausgeprägte autistische Züge und Verhaltensauffälligkeiten dominieren. Schrittmacher der Entwicklung sind hier insbesondere hauswirtschaftliche Tätigkeiten, die wesentlicher Bestandteil eines auf soziale Integration hin angelegten Einzelhilfe-Konzepts sind.

Allen Beispielen gemeinsam ist, dass jeder einzelne der Betroffenen als Subjekt seiner Lebensgeschichte begriffen wird. Daher wird von jedem auch die Vorgeschichte skizziert, um die jeweilige Lebenssituation und Ausgangslage sowie die Folgerungen für die Praxis und den Entwicklungsprozess der Einzelnen besser zu verstehen. Die Daten der Vorgeschichte wurden auf dem Hintergrund der Durchsicht von Akten, Krankengeschichten und Rapportbuchaufzeichnungen sowie der Auswertung von Gesprächen mit Angehörigen, ehemaligen und älteren Mitarbeitern aufbereitet.

### Herr Jonas

#### Vorgeschichte

Herr Jonas, geboren 1947, stammt aus einer Arbeiterfamilie. Über die Entwicklung in den ersten vier Lebensjahren gibt es keine genauen Angaben. Es wird berichtet, dass die Geburt normal gewesen sei. Gegen Ende des ersten Lebensjahres war bei Herrn Jonas ein geistiger Rückstand festgestellt worden. In seinem zweiten und vierten Lebensjahr musste er wegen beidseitiger Hüftgelenkserkrankungen für einige Wochen stationär behandelt werden. Aufgrund dieser Körperbehinderung hat er nie Stehen oder Laufen gelernt.

Da sich seine Eltern in zunehmendem Maße bei der alltäglichen Pflege überfordert fühlten, folgten sie im Jahre 1952 dem ärztlichen Rat, Herrn Jonas in eine orthopädische Kinderklinik für eine dauerhafte stationäre Betreuung einzuweisen. Dort wurde die sogenannte Littlesche Krankheit, ein Befall beider unterer Extremitäten, der Rückenmuskulatur wie auch der oberen Gliedmaßen, festgestellt. Ferner diagnostizierte man multiple Kontrakturen beider Knie- und Hüftgelenke, außerdem waren die Füße in Fehlstellung fixiert. Da mehrere orthopädische Versuche durch Behandlung mit Beinschienen oder Spreizlagerungsschale ein gewisses Maß an Steh- oder Gehfähigkeit zu erreichen, fehlschlugen, wurde Herr Jonas spätestens nach seinem sechsten Lebensjahr nur noch im Bett gehalten, überdies galt er seit jener Zeit als »völlig pflegebedürftig«, »schwachsinnig vom Grade der Idiotie« und »bildungsunfähig«.

Fasst man die ersten zehn Jahre seines Klinikaufenthaltes zusammen, so lässt sich sagen, dass Herr Jonas trotz sehr ungünstiger äußerer Bedingungen (überfüllte Stationen, wenig Pflegepersonal, ständige Bettlägerigkeit) keine extrem »negative« Entwicklung durchgemacht hatte – so wie sie bei der großen Mehrheit seiner Mitbewohner nachgezeichnet werden kann. Er machte beispielsweise in den ersten Jahren seines Aufenthaltes noch Fortschritte in der Sprachentwicklung, wurde immer gesprächiger und eignete sich einen »recht erheblichen Sprachschatz« an. Ferner beobachtete er seine Umgebung immer sehr genau und konnte Geschehnisse aus dem Alltag sowohl seinen Mitarbeitern als auch seinen Eltern, die ihn regelmäßig besuchten, recht gut mitteilen. Sämtliche Mitarbeiter sowie die meisten seiner Mitbewohner kannte er mit Namen. Gelegentlich erhielt er an seinem Bett Bauklötze, mit denen er planvoll umging. Was das psychische Verhalten betrifft, so galt er während dieser Zeit als unauffällig. Erst 1963 kam es zu gelegentlichen Verstimmungszuständen, die in den nachfolgenden Jahren drastisch zunahmen. So machte er sich immer häufiger durch lautes Schreien vor allem dann bemerkbar, wenn er bei den Mahlzeiten nicht unmittelbar gefüttert wurde.

In den Jahren von 1964 bis 1967 fand offenbar eine leichte Rückentwicklung statt, indem er weniger sprach, stattdessen häufiger laut schrie und sich völlig hilflos und unselbstständig bei sämtlichen pflegerischen Prozessen verhielt. So musste er stets gefüttert werden und galt als ständig unsauber.

Gegen Ende des Jahres 1968 wurde Herr Jonas wegen Platzmangel und Renovierungarbeiten in eine andere psychiatrische Anstalt verlegt. Danach kam es zu einem rapiden Abbau in seinem psychischen und kognitiven Verhalten. Von nun an bot er jahrelang das Bild eines völlig unselbstständigen schwierigen Pflegefalls, der ständig durch störendes, lautes, unartikuliertes Schreien auffiel. Aufgrund dessen erhielt er sedierende Arznei (Prothipendyl 0-0-80 mg). Gegen Ende der 70er Jahre wurde er von Seiten des Personals als völlig apathisch und inaktiv beschrieben und bezeichnet. Nach Auffassung der Mitarbeiter konnte man »psychisch keinen Kontakt mehr zu ihm herstellen«. Auch habe er »keine einfachen Begriffe oder Aufforderungen mehr erfassen können« und sich nur noch äußerst selten sprachlich geäußert, wenn, dann in unartikulierten Zwei-Wort-Sätzen.

Seit 1980 ist Herr Jonas Bewohner eines Heilpädagogischen Heimes. Dort wurden im ersten Jahr sowohl sein psychisches Verhalten als auch sein körperlicher Zustand als unverändert erlebt. Herr Jonas verbrachte seine ganze Zeit im Bett und musste ständig gefüttert und geregelt werden. Zur Ruhigstellung erhielt er auch weiterhin die gleiche sedierende Arznei wie in den Jahren zuvor.

Erst im April des Jahres 1981 rückte er erstmalig ins pädagogische Interesse. Ausschlaggebend war unter anderem die Aussage eines Orthopäden, dass Herr Jonas niemals einen Rollstuhl erhalten könne, weil er zu stark körperlich behindert und aufs Liegen angewiesen sei. Da wir von Seiten der Abteilungsleitung anderer Auffassung waren, fühlten wir uns herausgefordert, mit Herrn Jonas gezielt pädagogisch-therapeutisch zu arbeiten.

Eine Gymnastiklehrerin des Heimes zeigte damals großes Interesse, mit Herrn Jonas bewegungstherapeutisch zu arbeiten. Der Schwerpunkt ihrer Arbeit lag auf Krankenmassage, die sie viermal wöchentlich etwa zehn Minuten lang durchführte. Leider ging die Fachkraft gleich zu Beginn ihrer Arbeit zu »schulmäßig« vor und versäumte es, zu Herrn Jonas eine emotional fundierte Beziehung herzustellen. Die Tatsache, dass er bei ihrer Arbeit ständig Zeichen einer »muskulären Panzerung« (Reich) sowie damit verknüpfte tiefgreifende Ängste zeigte, indem er seine Arme fest um den Kopf klammerte und laut schrie, war für uns ein Beleg dafür, dass die therapeutische Arbeit der Gymnastiklehrerin durch einen anderen Ansatz abgelöst werden musste.

Von Oktober 1981 bis April 1982 bemühten sich zunächst die Mitarbeiter der Station stärker als bisher um Herrn Jonas. Immer häufiger wurde er tagsüber nicht mehr im Schlafraum isoliert, sondern mit seinem Bett in den Tagesraum zu den anderen Mitbewohnern geschoben.

Gegen Ende des Jahres 1981 kam es dann zur Verkleinerung der Station mit bisher 25 Männern auf eine Gruppengröße von 14 Bewohnern, die später sogar auf acht Behinderte reduziert werden konnte. Diese verbesserten Rahmenbedingungen trugen dazu bei, dass die Mitarbeiter sich Herrn Jonas intensiver zuwenden konnten. Damit kam es zu einer leichten Veränderung in seinem Verhalten, indem er sich häufiger in Form einer Echolalie sprachlich äußerte. Ferner wirkte er nicht mehr so apathisch und nahm in zunehmendem Maße durch aufmerksames Beobachten am Alltag teil. Ab April 1982 kam es dann zu intensiven, langfristig angelegten pädagogisch-therapeutischen Bemühungen, über die wir im Folgenden näher berichten möchten.

Der Entwicklung des Einzelhilfe-Konzepts, welches vom Verfasser durchgeführt wurde, ging zunächst die Erstellung einer Ausgangslage voraus. Die hier zusammengefassten Angaben basieren im Wesentlichen auf be-

schreibenden Verhaltensbeobachtungen und Reflexionen im Mitarbeiterteam unter Berücksichtigung des S/P=P-A-C (Günzburg), des
Entwicklungsprofils nach DOMAN (1971), des sensomotorischen
Entwicklungsgitters nach KIPHARD (1976) sowie der bisherigen Lebensgeschichte.

### Ausgangslage April 1982

*Psychosoziales Verhalten:* reagiert mit tiefgreifenden Ängsten, wenn Mitarbeiter oder Mitbewohner auf ihn zukommen, ihn berühren oder pflegen;
schreit dabei laut, hält sich mit den Händen die Ohren zu und kneift die
Augen zu, klammert mit den Armen und verspannt sich, zeigt nur äußerst
selten ein Lächeln oder Lachen, wirkt gelegentlich apathisch; ist völlig isoliert von seinen Mitbewohnern, fast ständiger Aufenthalt im Schlafsaal;
versucht durch Echolalie (Ein- oder Zwei-Wort-Sätze, die den Stations-
alltag betreffen) Aufmerksamkeit seiner Mitarbeiter auf sich zu lenken;
reagiert auf Ansprache durch Mitarbeiter ebenfalls mit Echolalie, deren
Inhalt nicht in Verbindung mit den gegebenen Situationen steht.

*Motorik und körperlicher Bereich:* ist völlig unbeweglich, liegt ständig in
Rückenlage im Bett, Beugekontrakturen an Hüften und Knien, klammert
mit Armen und versteift sich ängstlich, wenn man ihn auf Bauchlage dreht,
aus dem Bett hebt oder badet; im Bereich der oberen Extremitäten besteht medizinisch gesehen keine nennenswerte Bewegungseinschränkung,
leichte Athetose; dreht sich nicht vom Rücken auf den Bauch oder vom
Bauch auf den Rücken; bewegt seine Beine nicht; sitzt nicht; greift mit zwei
oder drei Fingern.

*Selbstständigkeit und intellektuelles Verhalten:* braucht bei allen Verrichtungen
des täglichen Lebens Hilfe, benötigt zwei Mitarbeiter beim Heben aus dem
Bett, bei der Toilettenregelung, beim Baden, beim An- und Ausziehen; wirkt
interessiert an Geschehnissen des Alltags, beobachtet intensiv seine Umkreispersonen, nimmt Ereignisse aus der Umgebung wahr; spricht kurze,
stereotype Zwei-Wort-Sätze wie »Gardine kaputt«, die er ständig wiederholt; geht nicht auf Spielangebote ein, schiebt Spielmaterialien, zum Beispiel Bauklötze beiseite oder wirft Spielzeug weg.

Diese Bereiche wurden auf der Basis eines konsequent subjektzentrierten
und entwicklungsgemäßen Ansatzes erschlossen. Wir nahmen an, dass sie
für die Lebenssituation und Lebenszukunft von Herrn Jonas bedeutsam
waren. In dem Zusammenhang wurden sowohl die Problemlage als auch
die impliziten Stärken und Botschaften erfasst, an denen die pädagogisch-
therapeutische Arbeit anknüpfen sollte. Die Differenzierung in verschie-

dene Bereiche wurde von vornherein nur als ein methodisches Hilfsmittel verstanden, in der Praxis gab es selbstverständlich Überschneidungen (siehe auch THEUNISSEN 1997b, 140ff.).

### Geschichte der Einzelförderung

Als Ziele wurden eine allseitige Persönlichkeitsentwicklung und Gewinnung von mehr Lebensautonomie ins Auge gefasst. Die wichtigsten Intentionen waren: Aufbau und Entfaltung einer Ich-Du-Beziehung, Angstabbau und emotionales Wohlbefinden, physisch-psychische Entspannung; Förderung der Mobilität im Oberkörperbereich, Entwicklung von Kraft, Aufbau und Förderung selbstständigen, selbstinitiierten Handelns und eigenständiger Fortbewegung; Herstellung und Ausbau von Sozialkontakt, Abbau isolierender Bedingungen.

Ausgangspunkt der pädagogisch-therapeutischen Arbeit, die von Beginn an mit einer behutsam angelegten Reduktion der sedierenden Arznei Hand in Hand ging, war zunächst eine Phase der Kontaktaufnahme, indem ich in der Regel viermal wöchentlich für mindestens 30 bis 45 Minuten Herrn Jonas im Schlafsaal besuchte und bestrebt war, durch leises, freundliches Zureden, behutsames Streicheln und vorsichtiges Stimulieren der Haut mit weichen, samtenen Stoffen eine emotional fundierte, kommunikative Beziehung herzustellen und ein körperlich-seelisches Wohlbefinden zu bewirken. Diese ausgedehnten Formen einer basalen Kommunikation, die mit ruhiger, meditativer Musik untermalt wurden, fanden in einer improvisierten Entspannungsnische im Schlafsaal auf dem Boden statt, wozu Herr Jonas stets von zwei Mitarbeitern aus seinem Bett gehoben werden musste. Bereits nach einer Woche intensiver Kontaktaufnahme war zu beobachten, dass er in meiner Anwesenheit kaum mehr mit seinen Armen klammerte oder dem Blickkontakt auswich. Er wurde gesprächiger, nannte mich beispielsweise mit Namen und beantwortete Fragen: »Wie geht es Dir heute, Anton?« mit »Gut« und Lächeln oder freudigem Murmeln.

Aufgrund dieser Veränderung in seinem Verhalten und Erleben war es nach der sechsten Kontaktstunde möglich, auch Spielmittel in die pädagogisch-therapeutische Arbeit einzusetzen. Gleichzeitig wurde die basale kommunikationszentrierte Arbeit, an der ich auch in der nachfolgenden Zeit grundsätzlich festhielt, allmählich zeitlich reduziert und nur noch in bestimmten Situationen, zum Beispiel bei starker Verspannung, Unwohlsein oder Ängsten von Herrn Jonas, intensiviert. Neben dem gemeinsamen Betrachten, Erzählen und Lesen von Bilderbüchern beziehungsweise Bildergeschichten wurde das regelmäßige Ballspielen zum wichtigsten

Bestandteil der fast täglichen Arbeit. Zunächst fanden die Ballspiele vom Bett aus statt, indem Herr Jonas mir verschieden große und schwere Bälle zureichen und später zuwerfen musste. In der Anfangsphase hatte Herr Jonas dabei erhebliche Schwierigkeiten, überhaupt einen Ball zu greifen, Knautsch- und Softbälle konnte er zum Beispiel nicht abwerfen. Geeigneter waren dagegen Noppenbälle, die Herr Jonas mit zwei oder drei Fingern abgeben und abwerfen konnte. So entwickelte sich langsam ein Wechselspiel, welches ihm von Tag zu Tag mehr Vergnügen bereitete, wie die morgentliche Begrüßung zeigte: »Georg komm«, »Ball spielen« oder »Ball haben«.

Seit Juni 1982 nutzen wir die Entspannungs- und Spielecke am Boden. Zum damaligen Zeitpunkt konnte Herr Jonas noch nicht in Bauchlage auf dem Boden liegen, weil er in dieser Lage massive Ängste zeigte, seinen Kopf zwischen seinen Armen verschränkte, sich in starkem Maße verkrampfte, anhaltend laut schrie oder sich in eine Schnauferei steigerte. Ziel der Ballspiele war es nun, nicht nur sein psychisches Wohlergehen zu stabilisieren, sondern auch seine Mobilität im Oberkörperbereich zu verbessern. So musste Herr Jonas beispielsweise seine Arme immer seitwärts, hinterrücks oder nach vorne strecken, um überhaupt an einen Ball zu gelangen. Die Bälle wurden ihm so zugeworfen, dass er gezwungen war, sich immer mehr zu strecken, um den Ball zu fangen. Diese Manipulation mit den Bällen führte langfristig dazu, dass er im Oberkörperbereich beweglicher wurde und in seinen Armen Kraft entwickelte. War er beispielsweise im Mai 1982 noch nicht in der Lage gewesen, einen 2 kg schweren Ball hinterrücks mit beiden Armen abzuwerfen, so konnte er bereits im Juli des gleichen Jahres diesen Ball in einem Zeitraum von cirka 30 Minuten zehnmal nach vorne werfen. Auch wurde er mit seinen Händen geschickter und konnte er immer besser verschieden große Bälle mit einer Hand abwerfen.

Aufgrund seiner verbesserten Handgeschicklichkeit wurde Anfang August der Versuch unternommen, Herrn Jonas das selbstständige Essen beizubringen. Innerhalb nur weniger Tage war er in der Lage, selbstständig mit einem Speziallöffel, der einen besonders dicken Griff hatte und den er besser greifen konnte, zu essen. Bald brauchte er auch nicht mehr zu den Frühstücks- oder Abendbrotmahlzeiten gefüttert zu werden. Herr Jonas ließ sich zum selbstständigen Essen sehr gut motivieren und war auf diese eigenständige Leistung sehr stolz.

Im Sommer des gleichen Jahres bildeten wir vor dem Hintergrund der Arbeit mit Herrn Jonas eine Spielgruppe, an der noch drei weitere Bewohner mit schwerer geistiger Behinderung teilnahmen, die sich nur kriechend fortbewegen konnten. Dreimal wöchentlich für 30 bis 45 Minuten ging es um die Anbahnung und Entfaltung von Sozialkontakten durch gemeinsames Spiel. Auch hierbei hatte das Medium »Ball« einen zentralen Stellenwert, weil sich bekanntlich Bälle herumreichen, zuwerfen, abgeben oder zurollen lassen. Ferner spielten wir gemeinsam mit Bausteinen, stellten aus einfachsten Materialien – Styroporkugeln, Reißzwecken, Stöcken, Tüchern – kleine Fingerpuppen her, die zu einer lebendigen, heiteren Atmosphäre der Spielgruppe beitrugen. Ferner sangen wir gemeinsam vertraute Kinder- und Spiellieder, die wir mit Trommeln, Tambourins und Schellen begleiteten. Was das gemeinsame Bauen eines Turmes oder einer Mauer mit Bauklötzen betraf, so hatte hierbei Herr Jonas zunächst erhebliche Schwierigkeiten, die Klötze aufeinander zu stecken. Nach etwa zwei Monaten war er aber in der Lage, mit großen Bauklötzen einen Turm selbstständig zu bauen. Während dieses Zeitraumes gelang es uns im Übrigen, die sedierende Arznei bei Herrn Jonas völlig abzubauen.

Da er inzwischen kaum mehr Ängste zeigte und nur noch selten mit seinen Armen klammerte, hielt ich im November 1982 den Zeitpunkt für gekommen, ihn im Rahmen der Einzelarbeit erstmalig auf Bauchlage zu drehen. In der Tat ließ er sich recht willig auf Bauchlage drehen, wenngleich ihm dies zunächst unbehaglich zu sein schien, was er durch leichte körperliche Verspannungen und ernste Mimik zum Ausdruck brachte. Daher wurden noch einmal stärker basale Kommunikationsformen mit in die Arbeit einbezogen. Für uns war jedoch ein wichtiger Entwicklungsabschnitt erreicht, denn von nun an wurde Herr Jonas täglich auf Bauchlage gedreht, zunächst für ein bis zwei Minuten, dann für fünf Minuten, nach drei Wochen für cirka 30 Minuten – je nach seiner Befindlichkeit. Jetzt fanden die Ballspiele nur noch in Bauchlage statt: Um Unbehagen und Unsicherheiten in dieser für ihn noch wenig vertrauten Situation vorzubeugen, legte ich mich ebenfalls ihm gegenüber auf den Boden und rollte ihm die Bälle so zu, dass er sie mühelos abstoßen konnte. Nachdem er sich an die neue Lage gewöhnt hatte, steigerte ich die Ballspiele wieder behutsam im Niveau bis er seine Arme weit ausstrecken musste, um überhaupt an einen Ball zu gelangen.

Während dieser Zeit wurde die Spielgruppe allmählich von den Mitarbeitern der Gruppe übernommen und weitergeführt. Erstmalig berichten nun die Mitarbeiter, dass Herr Jonas nun beim Baden weniger Angst habe und nur noch selten schreie. Dies führten wir auf sein psychisches Wohlbefinden durch die intensive Zuwendung zurück.

Im Dezember 1982 wurde das Ballspielen erneut modifiziert, von nun an rollte ich Herrn Jonas die Bälle so zu, dass er gezwungen war, nicht nur seine Arme weit auszustrecken, sondern sich zugleich auch wenige Zentimeter selbstständig vorwärts zu bewegen, um einen Ball überhaupt greifen zu können. Da er grundsätzlich sehr motiviert war, Ball zu spielen, gelang es ihm erstmalig, alleine wenige Zentimeter vorwärts zu rutschen, indem er sich auf seine Arme abstützte und vorwärts drückte. Da diese Spiele mit großer Anstrengung verbunden waren, wie man an den Schweißausbrüche bei Herrn Jonas sehen konnte, war es wichtig, ihn nicht zu überfordern und auf seine Motivation und Lust zu achten. So wurde er zunächst veranlasst, sich für nur fünf bis zehn Zentimeter fortzubewegen. Allmählich jedoch wurden die Abstände zwischen Ball und Herrn Jonas immer größer. Gegen Ende des Jahres 1982 war er in der Lage, über einen halben Meter selbstständig zu robben und sich umzudrehen.

Etwa zur gleichen Zeit wurde Herr Jonas erstmalig von den Mitarbeitern an den Essenstisch gesetzt – ein Ereignis, mit dem nur wenige Mitarbeiter gerechnet haben. Erinnert sei auch an die Aussage des Orthopäden, der Herrn Jonas im Jahre 1981 untersucht und das Sitzen auf einem Stuhl für »unmöglich« gehalten hatte. Herr Jonas schien von Anfang an das Sitzen bei den Mahlzeiten zu genießen und freute sich stets, wenn er in der Folgezeit auch tagsüber öfter auf einen Stuhl gesetzt wurde. Vielfach äußerte er den Wunsch: »Will auf Stuhl«, »Anton will Stuhl haben«. Überhaupt machte er sprachliche Fortschritte, er artikulierte sich nur noch selten mit stereotypen Äußerungen, war stattdessen bemüht, kurze Sätze mit situationsadäquatem Inhalt zu sprechen.

Neben den Ballspielen wurden Herrn Jonas zum selbstständigen Robben noch viele weitere Anreize geschaffen, so wurde er beispielsweise dazu motiviert, eine Spieltonne oder Schublade mit Spielzeug auszuräumen. Großes Vergnügen bereitete es ihm, Waggons einer großen Holzeisenbahn mit Steinen zu beladen. Immer häufiger äußerte er von sich aus den Wunsch, mit Bauklötzen zu spielen, die Tonne zu leeren oder die Spielkiste auszuräumen. Im selbstständigen Robben verbesserte er sich von Mal zu Mal und im Mai 1983 robbte er erstmalig vom Badezimmer in den Gruppenraum zu seinen Mitbewohnern. Seit jener Zeit hielt er sich tagsüber zumeist nur noch bei seinen Mitbewohnern im gemeinschaftlichen Wohnraum auf. Ferner erhielt er ein Rollbrett, welches er als »sein Auto« bezeichnete.

Inzwischen war Herr Jonas ein lebhafter, gesprächiger Bewohner geworden, der viele Sympathien beim Personal genoß, zumal er pflegeleichter geworden war: er zeigte sich beim Baden und Anziehen beweglicher, ging auf die pflegerischen Prozesse mit Arme strecken etc. stärker ein und verkrampfte sich weniger. Dies brachte die Mitarbeiter auf die Idee, ein Selbstständigkeitstraining im Bereich des An- und Ausziehens sowie bei der Toilettenregelung durchzuführen. Aufgrund seiner geistigen Fähigkeiten waren hierzu günstige Voraussetzungen gegeben. Gegen Ende des Jahres 1983 war Herr Jonas in der Lage, sich selbst die Urinflasche anlegen sowie Unterhemd und Pullover alleine an- und auszuziehen.

Die wachsenden Sympathien zwischen Herrn Jonas und seinen Mitarbeitern veranlassten mich, meine Einzelarbeit ganz behutsam einzugrenzen und die pädagogisch-therapeutische Arbeit allmählich dem Gruppenpersonal zu überlassen. Mein Kontakt zu ihm beschränkte sich fortan auf Gruppenbesuche sowie regelmäßige Begleitung beim Schwimmen. Der Prozess der Loslösung funktionierte problemlos, offenbar hatte sich der pädagogische Bezug zu Herrn Jonas überflüssig gemacht. Günstig für den Ablösungsprozess war es zweifellos, dass Herr Jonas im August 1983 einen Rollstuhl erhielt und erstmalig eine Öffnung nach außen ins Auge gefasst werden konnte. Von nun an konnte er an Ausflügen und Ferienfreizeiten teilnehmen.

Von November 1984 an nahm er regelmäßig einmal in der Woche am Schwimmen der Abteilung teil, was ihm viel Vergnügen bereitete. Hatte er vor Jahren noch massive Ängste beim Baden oder Liegen in der Badewanne, so ließ er sich jetzt gerne im Wasser auf Rückenlage ziehen und genoß dabei den engen Körperkontakt zu seinen Mitarbeitern. In seiner Wohngruppe zählte er inzwischen zu den aktivsten Bewohnern, indem er beispielsweise von sich aus auf seinem Rollbrett durch die Gruppe fuhr oder aber selbstständig Spielmaterialien nahm und damit hantierte. Ferner äußerte er inzwischen auch eigene Wünsche (»Will Eis haben!«) und zeigte auch, wenn ihm etwas nicht passte, etwa, dass er sein Spiel abbrechen musste, weil Essenszeit war. Gelegentlich gab er sich auch eifersüchtig, wenn er den Eindruck gewann, dass sich die Mitarbeiter zu sehr mit anderen Bewohnern befassten und ihm zu wenig Aufmerksamkeit schenkten. 1985 lernte er sich erstmalig auf einen Stuhl selbst hochzuziehen und ohne fremde Hilfe zu setzen und seit April 1987 war er in der Lage, sich sowohl selbstständig in ein niedriges Holzbett zu legen als auch es eigenständig zu verlassen.

Abschließend sei erwähnt, dass Herr Jonas seit Sommer 1985 regelmäßig – erst wöchentlich, dann vierzehntägig – von einer Laienhelferin besucht wurde. Zwischen beiden Personen entwickelte sich schon bald eine sehr herzliche, freundliche und lebendige Beziehung. Die jeweils dreistündigen Begegnungen, oft in Form von gemeinsamen Ausflügen in die Stadt, gaben beiden ein wichtiges Stück Lebensfreude und Lebenssinn.

## Frau Bode

Frau Bode, geboren am 7.9.1944, stammt aus geordneten Familienverhältnissen. Es wird berichtet, dass Geburt und Schwangerschaft komplikationslos verlaufen seien. Sie habe noch drei ältere Geschwister, die alle gesund seien, auch gäbe es keine erbliche Vorbelastung in der Familie.

Über die Entwicklung in den ersten Lebensjahren finden sich nur spärliche Informationen, so wird angegeben, dass sich Frau Bode in ihrem ersten Lebensjahr völlig normal entwickelt habe, etwa habe sie mit 13 Monaten laufen können und »Mama« und »Papa« gesprochen. Danach sei den Eltern, die zwischenzeitlich verstorben sind, ein plötzlicher Entwicklungsstillstand aufgefallen. Sie bemerkten häufig Anfälle bis zu drei Minuten Dauer mit Augenverdrehen und Zittern am ganzen Leib. Daraufhin wurden mehrere Fachärzte konsultiert, auch wurde Frau Bode mehrfach stationär untersucht, unter anderem in einer Kinder- und Jugendpsychiatrie; leider liegen über diese Untersuchungen keine Befunde vor.

Da Frau Bode in den folgenden Jahren in ihrer Entwicklung keine Fortschritte mehr machte, wurde sie weder in einem Kindergarten noch in eine Schule aufgenommen. Vielmehr wurde den Eltern nahegelegt, sie aufgrund ihres »Entwicklungsstillstandes« in ein Kinderheim zu verlegen. Die Eltern folgten diesem ärztlichen Rat. So wurde Frau Bode im Alter von sechs Jahren in ein Heim eingewiesen. Dort machte sie jedoch ebenso wenig Fortschritte wie zuvor im familiären Milieu. So blieb sie unsauber, konnte weder allein essen noch sich allein an- und ausziehen. Zumeist saß sie fast teilnahmslos herum, und wenn sich andere Kinder ihr näherten, reagierte sie oft mit Kratzen oder Beißen. Was ihr Sprachvermögen betraf, so war sie zwar in der Lage, ganze Sätze zu sprechen, äußerte sich allerdings meist nur mit »unflätigen Worten«. Körperlich galt sie zum damaligen Zeitpunkt als gut entwickelt, auch waren seit ihrer Heimeinweisung keine Anfälle mehr aufgetreten. Allerdings fiel sie immer wieder durch starken Speichelabfluß unangenehm auf. Im Jahre 1964 machte sie vor allem in ihrem Sozialverhalten starke Rückschritte, indem sie andere Kinder »bis aufs Blut« kratzte und biß, öfter leistete sie dem Personal gegenüber massiven Widerstand durch Schlagen oder Treten. Aufgrund dessen wurde sie im im Alter von 20 Jahren in eine psychiatrische Anstalt verlegt, wo sie bis zum Jahre 1980 auf einer Frauenstation betreut wurde.

Da in den ersten Wochen ihres Psychiatrieaufenthaltes keine Besserung in ihrem Sozialverhalten auftrat, wurde Frau Bode grundsätzlich in ihrem Bett gehalten sowie medikamentös sediert (Oktober 1964: 160-160-200 mg Prothipendyl, 0,1-0-0,1 g Phenobarbital; März 1965 außerdem 3 x 10 Tr. Haloperidol). In der Folgezeit neigte sie nur noch gelegentlich zu massiven Fremdaggressionen und machte nur noch selten durch lautes Schreien auf sich aufmerksam. In aller Regel lag sie tagsüber im Bett und musste, wie bisher, vollständig geregelt und gefüttert werden. Aufgrund ihrer dauerhaften Bettlägerigkeit kam es zu einem allmählichen körperlichen Abbau, indem ihre Extremitäten immer kontrakter und steifer wurden. Sie konnte nur noch mit Unterstützung etwas laufen. Weil die sozialen Auffälligkeiten zurückgingen, wurde in den 70er Jahren die Dauermedikation mit Neuroleptika umgestellt und systematisch reduziert (ab 1973 war es noch: 1x50 mg Levomepromazin, 1 x 1 Tbl. Biperiden).

Fasst man die bisherigen Ausführungen zusammen, so lässt sich sagen, dass bei Frau Bode Anzeichen einer schweren geistigen Behinderung vorzufinden sind: unselbstständiges und unsauberes Essen, Einnässen und Einkoten, mangelndes Interesse an der Umgebung, kein Spielverhalten, geringer sprachlicher Wortschatz, starker Speichelfluß. Der mehrfach konstatierte Entwicklungsstillstand wird ärztlicherseits in erster Linie auf ein Anfallsleiden im Kindesalter zurückgeführt. Anhaltspunkte für den zur damaligen Zeit noch wenig bekannten frühkindlichen Autismus (Kanner) finden sich nicht. So zeigte Frau Bode beispielsweise kein Spezialinteresse, keine Selbststimulation oder sonstige Erscheinungsformen, die auf einen Autismus schließen lassen könnten. Die Auffälligkeiten im Sozialverhalten stehen vermutlich in engem Zusammenhang mit der psychiatrischen Unterbringung und können als Hospitalisierungssymptome betrachtet werden. Schließlich finden wir bis zum Alter von sechs Jahren noch keine Hinweise auf Fremdaggressionen. Diese scheinen sowohl von der Dauer der Hospitalisierung als auch von dem Maße der Sedierung abzuhängen. Auch der körperliche Abbau bis hin zur Bettlägerigkeit lassen sich auf die langjährige Hospitalisierung zurückführen.

Seit dem 1.7.1980 ist Frau Bode Bewohnerin eines Heilpädagogischen Heimes. Zunächst wurde sie auf einer Station mit 25 Frauen betreut. Die pädagogischen Bemühungen im Jahre 1980 waren daraufhin angelegt, möglichst viele Bewohnerinnen, so auch Frau Bode, soweit wie möglich in den Bereichen der alltäglichen Lebensführung zu verselbstständigen. Hierzu wurden zunächst all jene Frauen, die laufen konnten, aus ihren Betten geholt, angezogen, tagsüber regelmäßig abgesetzt und – wenn Zeit noch dafür vorhanden war – im Tagesraum der Station mit Spielmitteln beschäftigt. Frau Bode, die zuvor jahrelang in ihrem Bett gehalten worden war, war zunächst kaum bereit, ihr Bett zu verlassen, auch zeigte sie kein Interesse daran, angezogen oder aktiviert zu werden. Vielmehr fühlte sie sich in ihrer bisherigen Passivität scheinbar wohl und reagierte bei Aktivitätsangeboten mit den bisher beschriebenen Auffälligkeiten im Sozialverhalten.

Gegen Ende des Jahres 1980 war Frau Bode nicht mehr bettlägerig, nässte tagsüber weniger ein und brauchte nicht mehr zur Abendbrotmahlzeit gefüttert zu werden. Allerdings versuchte sie häufig, sowohl ihre Mitarbeiterinnen als auch ihre Mitbewohnerinnen zu kratzen oder zu kneifen und fiel dem Personal durch lautes, penetrantes Kreischen unangenehm auf. Aufgrund dessen wurde sie wieder höher sediert (80-80-160 mg Prothipendyl und 0-0-50 mg Levomepromazin), doch brachte die psychopharmakologische Behandlung nicht den erwarteten Erfolg. Nur zu einer älteren Bewohnerin, die sie quasi bemutterte, indem sie ihr beim Essen half, hatte sie eine gute Beziehung, was an ihrem Lächeln zu erkennen war. Ansonsten schaute sie die meiste Zeit finster und grimmig drein.

Im Frühjahr 1981 wurden erstmalig gezielte pädagogisch-therapeutische Maßnahmen bei Frau Bode ins Auge gefasst. Eine Gymnastiklehrerin erklärte sich bereit, mit Frau Bode regelmäßig einmal wöchentlich Schwimmen zu gehen, um die Verkrampfungen zu lösen sowie eine größere Beweglichkeit zu erreichen. Da es der Gymnastiklehrerin jedoch nicht gelang, zu Frau Bode eine emotional fundierte Beziehung herzustellen – als Grund gab die Mitarbeiterin unter anderem das ständige Sabbern von Frau Bode an –, kam es beim therapeutischen Schwimmen nicht zu dem erwarteten Erfolg, weswegen die Arbeit gegen Ende des Jahres 1981 wieder eingestellt wurde. Ebenso misslang eine konsequente Arzneireduktion, da Frau Bode schon bei einem geringfügigen Absetzen der Neuroleptika wieder vermehrte Fremdaggressionen gegenüber ihren Mitbewohnerinnen wie auch gegenüber dem Personal zeigte.

Zu Beginn des Jahres 1982 wurde die Station in Gruppen unterteilt, so dass Frau Bode nun am Tage in einer Gruppe mit zehn Frauen, die als geistig schwerst- und mehrfach behindert galten, von jeweils zwei Mitarbeiterinnen betreut wurde. Im Februar desselben Jahres war eine Gruppenerzieherin interessiert, eine »Patenschaft« für Frau Bode zu übernehmen und mit ihr kontinuierlich pädagogisch zu arbeiten. Hierzu wurde mit den Gruppenmitarbeiterinnen zunächst eine Ausgangslage erstellt, um Anhaltspunkte für eine basalpädagogisch geprägte Einzelarbeit zu finden.

*Ausgangslage Februar 1982*

*Psychosoziales Erscheinungsbild:* hat keinen Kontakt zu Mitbewohnerinnen, wehrt Körperberührungen ab, indem sie andere schlägt, kneift oder kratzt; schreit oder schlägt, wenn sich Mitarbeiterinnen ihr nähern; hat zumeist einen finsteren Gesichtsausdruck; hat guten Kontakt zu einer älteren Bewohnerin, lacht und freut sich, wenn sie von ihr bemuttert wird oder ein Stück Schokolade erhält; zeigt Ängste, indem sie sich in starkem Maße bei pflegerischen Hilfen verkrampft.

*Körperlicher Bereich und Motorik:* zeigt eine stark gebückte Haltung, ist kleinwüchsig; läuft nur wenige Meter in gebückter Haltung und häufig im Zehengang mit spastischer Komponente; ihre gesamte Körperhaltung wirkt sehr steif, starr und verkrampft; hat erhebliche Schwierigkeiten, die Verkrampfungen ihrer Hände oder Beine selbstständig zu lösen oder sich etwas lockerer zu geben; sabbert oder seibert nahezu ständig, vor allem aber bei der Aufnahme von flüssiger Nahrung; zeigt beim Laufen neben den Verkrampfungen ein leichtes Zittern.

*Selbstständigkeit:* braucht bei allen Verrichtungen des alltäglichen Lebens viel Hilfe; nässt und kotet tagsüber ein; isst nicht allein; zieht sich nicht allein an oder aus; macht sich beim An- oder Ausziehen eher steif und versucht, die Hilfen dadurch abzuwehren; steigt nicht allein in die Badewanne, lässt sich in die Badewanne hineinheben.

*Kognitives Verhalten:* Reagiert nicht auf einfache Aufforderungen wie: »Steh auf«, »komm mit«; äußert sich nur mit zwei Kraftausdrücken, die sie zumeist bei Anforderungen oder während der An- und Ausziehprozesse mehrfach ausruft; sitzt tagsüber teilnahmslos in einer Ecke im Tagesraum, zeigt wenig Interesse an ihrer Umgebung und beobachtet kaum die Geschehnisse des Alltags; geht nicht auf Spielangebote ein, reagiert mit Abwehrhaltung und Schreien.

*Geschichte der Einzelförderung*

Die in der Ausgangslage unterschiedenen Bereiche wurden als methodisches Hilfsmittel verstanden, um zu einem subjektzentrierten Förderkonzept zu gelangen. Folgende Zielsetzungen wurden ins Auge gefasst: Aufbau einer zwischenmenschlichen Beziehung durch körperbezogenes Arbeiten; Verselbstständigung in einzelnen Lebensbereichen, vor allem im Bereich der Toilettenregelung sowie des eigenständigen Essens; Weckung individueller Interessen durch Anstiften zu basal-ästhetisch gelagerten Aktivitäten; Unterstützung der Ansprechbarkeit und positiven kommunikativen Ausdrucksformen u.a.

Für die Mitarbeiterin, die die Patenschaft für Frau Bode übernommen hatte, war es zunächst äußerst schwierig, eine angemessene kommunikative und emotional fundierte Beziehung herzustellen. Zum einen ließ der Alltag oft nur sporadische, kurzzeitige Zuwendungen zu, und nur selten hatte die Erzieherin die Möglichkeit, sich für einen längeren Zeitraum mit Frau Bode intensiv pädagogisch zu befassen. Zum anderen zeigte die Bewohnerin deutliche Formen einer Kontaktabwehr mit impliziten Ängsten, die zunächst überwunden werden mussten. Anstatt sich bloß auf die Auffälligkeiten zu konzentrieren, war die Mitarbeiterin von Anfang an in ihrer Arbeit bemüht, positive Botschaften von Frau Bode aufzuspüren und zu verstärken, um von diesen Eigenschaften her einen Ausgangspunkt für eine weiterführende Arbeit auch im psychomotorischen Bereich zu erreichen. So fühlte sich beispielsweise die Erzieherin von den schönen dunklen Augen von Frau Bode angesprochen. Sie stellte fest, dass Frau Bode durchaus einen langen, intensiven Blickkontakt halten konnte. Außerdem bemerkte sie ein verschmitztes Lächeln, mit welchem Frau Bode bei Ansprachen öfter reagierte. Damit war Frau Bode der Erzieherin in gewissem Maße sympathisch, was eine wichtige Voraussetzung für die pädagogisch-therapeutische Arbeit ist.

Zum Aufbau des Körperkontaktes wurde in der Gruppe mit Bodenmatten, Kissen und Decken eine »Schmuse- und Kuschelecke« (so die Aussage der Mitarbeiterinnen) eingerichtet. Da Frau Bode oft bei leichten körperlichen Berührungen mit Schlagen, Schreien oder Kneifen reagierte, gestalteten sich die ersten Körperkontakte zunächst über ein Festhalten der Hände, wobei die Erzieherin bemüht war, das Halten in einen angenehmen Körperkontakt zu überführen. Anfangs hatte sie nach ihrer Arbeit immer wieder deutliche Kratzspuren, die sie mutig in Kauf nahm. Für sie war es wichtig, dass Frau Bode noch einmal eine »regressive Phase« durchlaufen konnte. Die ersten Formen dieser körperbezogenen Arbeit, welche in mancher Hinsicht an ein »mothering« erinnerten (hierzu AUCOUTURIER & LAPIERRE 1982, 31 ff.), dauerten ungefähr zwei Monate. Während dieser Zeit wurde allmählich eine affektive Bindung geschaffen, die für den gesamten Entfaltungsprozess konstitutive Bedeutung haben sollte. Langsam gab Frau Bode ihren Widerstand gegenüber der Mitarbeiterin auf und ließ sich in zunehmendem Maße streicheln, in den Arm nehmen, auf dem Schoß hin und her wiegen, liebkosen oder mit weichen Stoffen angenehm stimulieren.[98] Dabei zeigte sie in immer stärkerem Maße Freude, indem sie lächelte, schmunzelte und nur noch selten mit einem finsteren Gesichtsausdruck grimassierte. Ebenso ließ ihr Kreischen nach, und nur noch selten äußerte sie sich gegenüber der Mitarbeiterin mit ihren Kraftausdrücken. Ambitionen, den Körperkontakt durch behutsame Berührungen zu beantworten, zeigte Frau Bode allerdings nicht. Bis auf ihre Emotionen verhielt sie sich der Körperarbeit gegenüber eher passiv.

In der zweiten Hälfte des Jahres 1982 wurde Frau Bode auch von den übrigen Mitarbeiterinnen als offener und ansprechbarer erlebt, weshalb vom Personal der Gruppe eine systematische Sauberkeitserziehung ins Auge gefasst wurde. Aufgrund regelmäßiger Absetzzeiten war Frau Bode seit Oktober 1982 tagsüber in aller Regel trocken.

Außerdem aß sie jetzt selbstständig zu den Mittagsmahlzeiten mit einem Löffel, hatte aber bei der Nahrungsaufnahme erhebliche Mühe, nicht zu kleckern. Sie verschüttete bei der Aufnahme flüssiger Nahrung große Mengen der Getränke und ließ die Flüssigkeit öfter aus den Mundwinkeln herauslaufen. Zum Frühstück wie auch zum Abendbrot erhielt sie klein geschnittene, vorgestrichene Brote, die sie mit ihren verkrampften Fingern jedoch immer wieder zermatschte, bevor sie das Brot in den Mund nahm. Um zu einem sauberen, selbstständigen Essen zu gelangen, wurde seit Winter des Jahres 1982 von der Bezugsperson zu den Mahlzeiten ein Eßprogramm durchgeführt. Trotz intensiver Bemühungen führte diese Arbeit jedoch nicht zu einem durchschlagenden Erfolg. In den Augen ihrer Mitarbeiterinnen galt Frau Bode weiterhin als äußerst bequem, faul und eigenwillig, so dass auch Versuche, sie beim An- und Ausziehen zu verselbstständigen zum damaligen Zeitpunkt noch scheiterten. Neben der mangelnden Motivation und Passivität wurde von Seiten des Personals auch die Schwere der geistigen Behinderung als Hindernis bei sämtlichen Verselbstständigungsversuchen empfunden.

In den ersten acht Monaten des Jahres 1983 kam es zu keiner weiteren nennenswerten Veränderung im Verhalten und Erleben von Frau Bode. Was die Medikation betraf, so konnte allerdings die hohe Dosis sedierender Arznei erfolgreich abgesetzt werden.

Weil umgebaut wurde, musste Frau Bode von September 1983 bis Juni 1984 in eine andere Wohngruppe mit zehn schwerstbehinderten Frauen verlegt werden. Während dieser Zeit konnte die Bezugsassistenz nur noch sporadisch aufrechterhalten werden. Frau Bode hatte in der neuen Gruppe zunächst starke Anpassungsschwierigkeiten, so dass sie in der Anfangsphase deutlich regredierte und völlig unselbstständig wurde. Nach einigen Monaten gelang es den Mitarbeiterinnen aber, Frau Bode aus ihrer Passivität wieder etwas herauszuholen. Zum Beispiel konnte mit Hilfe eines Kinderlerntellers und Speziallöffels ihre Fähigkeit zum selbstständigen

Essen reaktiviert werden; auch nahm sie zum ersten Mal regelmäßig an kleinen Spaziergängen teil. Außerdem zeigte sie Interesse für Musik, indem sie sich im Tagesraum der Gruppe in einen Sessel setzte und oft für einen längeren Zeitraum beim Zuhören von Kinderliedern und zeitgenössischer Popmusik rhythmisch mitschaukelte. Was die örtliche Orientierung betraf, so fiel es Frau Bode in der neuen Gruppe schwer, sich zurecht zu finden. Es dauerte einige Monate, bis sie selbstständig den Weg von ihrem Schlafraum zum Badezimmer, zu den Toiletten und zum Eßraum fand. Bezüglich der Toilettenregelung musste sie tagsüber regelmäßig abgesetzt werden, nachts näßte sie weiterhin ein.

Nach erfolgten Umbaumaßnahmen wurde sie im Juli 1984 wieder in ihre ehemalige Wohngruppe zurückverlegt. Die bisherige Patenschaft wurde neu belebt beziehungsweise intensiviert. Aus organisatorischen Gründen ergab sich für die Bezugsperson die Möglichkeit, mit Frau Bode ab September 1984 auch außerhalb der Wohngruppe in einer abteilungsbezogenen Tagesstätte pädagogisch-therapeutisch zu arbeiten, was zu sichtbaren Lernerfolgen führte. Über diese Arbeit möchten wir kurz berichten:

Einen sehr wichtigen Bestandteil der pädagogisch-therapeutischen Arbeit bildete das regelmäßige wöchentlich Schwimmen. Durch Bewegungen und Spiele im Wasser sollte Frau Bode zu einer Lockerung und Entkrampfung gelangen. Noch im August des Jahres 1984 war sie nicht in der Lage, ohne Hilfe in einer Wassertiefe von cirka 80 cm zu gehen. Sie machte an der Hand ihrer Begleitperson nur zaghafte Schritte, sobald man sie losließ, verlor sie ihr Gleichgewicht und fiel ins Wasser. Dabei machte sie keinerlei Versuche, sich aus dieser gefährlichen Lage zu befreien. Dabei genoß es Frau Bode jedesmal, durchs Wasser auf dem Arm getragen und gezogen zu werden, sie schmunzelte oder grinste und schaute gebannt den anderen Mitbewohnerinnen und Mitarbeiterinnen beim Baden zu. Doch durch die Spiele im Wasser und durch gezielte Dehn- und Streckübungen der Arme und Beine machte sie in der nachfolgenden Zeit enorme Fortschritte. Seit Januar 1985 war sie in der Lage, bei einer Wassertiefe von 1,20 m selbstständig, ohne fremde Hilfe, durch das Becken zu gehen. Dabei hielt sie in aller Regel ihr Gleichgewicht, auch dann, wenn ein leichter »Wellengang« provoziert wurde. Wenn man sie im Wasser auf den Rücken legte, konnte sie selbstständig ihre Arme und Beine strecken und sogar den Kopf zurück ins Wasser legen und sich dabei entspannen.

Daneben arbeitete die Erzieherin mit Frau Bode in einer abteilungsbezogenen Tagesstätte. Dort wurde versucht, durch einfache Arm- und Beingymnastik bei musikalischer Untermalung ein Körpergefühl zu vermitteln, physische Lockerung und körperliches Wohlbefinden zu bewirken sowie ein größeres Maß an Beweglichkeit zu erreichen. Schmusen und Körperkontakt, Ansprache mit ruhiger Musik gefielen Frau Bode besonders und lockten sie aus ihrer Passivität. Ferner war die Erzieherin bemüht, das eigenständige Trinken von Frau Bode zu verbessern. Durch gezielte Massage der Mundbacken lernte sie, ihre Flüssigkeit im Mund zu halten und herunterzuschlucken. Außerdem unternahm die Erzieherin Spaziergänge über unebene Wege, um das Laufen von Frau Bode zu verbessern. Im Jahre 1987 war sie dann in der Lage, Stufen oder Treppen mühelos zu begehen. Auch hatte sie gelernt, allein, ohne fremde Hilfe, aus einer Sitzhaltung auf dem Boden wieder aufzustehen. Bislang war dies nie möglich gewesen. Sie konnte nun ihre Schuhe, Strümpfe und Unterhose selbst ausziehen, wenn sie auf ihrem Bett lag. Ebenso gab es Tage, an denen sie sich allein ihre Hose, ihr Kleid oder ihren Pullover anzog und selbstständig in die Badewanne ein- und ausstieg, indem sie sich selbst an einer Haltestange und am Beckenrand festhielt. Allerdings musste sie für derartige Tätigkeiten immer wieder motiviert werden. Ferner wurde berichtet, dass sie immer häufiger von sich aus verschiedene Räumlichkeiten aufsuchte, zum Beispiel allein zur Toilette ging, sich gelegentlich auf die Bodenmatte legte und nicht mehr auf ein- und denselben Sessel im Gemeinschaftsraum fixiert war. Sie sprach desöfteren auf Anregung Wörter nach und begrüßte auf Ansprache auch Mitarbeiter in ihrer Gruppe. Nur noch selten äußert sie sich inzwischen in der bisherigen stereotypen Art und Weise.

### Frau Fassbender

#### Vorgeschichte

Frau Fassbender, geboren im Frühjahr 1947, ist Einzelkind. Ihr Vater ist Kraftfahrer, ihre Mutter Hausfrau. Bei der Geburt gab es Komplikationen, der Kopf sei für cirka fünf Minuten stecken geblieben; das asphyktische Kind wog 9 1/2 Pfund.

Nach Aussage der Eltern habe Frau Fassbender bis zu ihrem sechsten Lebensmonat eine normale Entwicklung durchgemacht. Danach bemerkten sie erstmalig, dass Frau Fassbender krampfte (Blick-Nick-Salaam-Krämpfe). Außerdem verzögerte sich allmählich die Entwicklung, bis zu ihrem zweiten Lebensjahr konnte Frau Fassbender noch nicht laufen und kaum sprechen. Eine dreiwöchige Untersuchung in einer Universitätsklinik ergab ein »Anfallsleiden bei einem Schwachsinn mittleren bis höheren Grades infolge einer frühkindlichen Hirnschädigung«.

Die Eltern seien nach ihren Angaben bei Bekanntwerden dieser Diagnose geschockt gewesen, und es sei für sie in der nachfolgenden Zeit besonders wichtig gewesen, für ihr Kind alles zu tun. Im Alter von drei Jahren lernte Frau Fassbender, ohne fremde Hilfe frei zu laufen. Den Eltern fiel in diesem Zusammenhang auf, dass sie gerne auf Zehenspitzen im Kreise lief oder sich immer wieder um ihre eigene Achse drehte.

Je älter sie wurde, desto weniger interessierte sie sich für Spielzeug. So rührte sie seit ihrem dritten Lebensjahr keine Puppen mehr an, stattdessen zeigte sie eine Vorliebe für einen ganz bestimmten Gürtel, mit dem sie tagsüber immer wieder vor sich her wedelte. Eineinhalb Jahre lang war dieser Gürtel ihr einziges Spielzeug. Die Sprachentwicklung war weiterhin verzögert, im Alter von fünf Jahren konnte sie jedoch kurze, abgehackte Sätze sprechen. Oft war es so, dass sie Zwei-Wort-Sätze wie »Schallplatte hören« immer wieder vor sich hin plapperte und ständig wiederholte. Was die Reinlichkeitserziehung betraf, so war sie mit dreieinhalb Jahren sauber. Im An- und Ausziehen sei sie nach Aussage der Eltern noch völlig unselbstständig gewesen. Hierbei habe man ihr stets geholfen. Daraufhin habe sie den Eltern oft »Küßchen« gegeben oder sie umarmt. Im Alter von 4 1/2 Jahren interessierte sie sich nicht mehr für das Wedeln mit dem Gürtel, stattdessen plätscherte sie lieber mit Wasser und bestand täglich darauf, vor dem Anziehen ausgiebig und lange gebadet zu werden. Von der Mutter wurde ihr dieser Wunsch immer erfüllt.

Bei der Einschulungsuntersuchung wurde Frau Fassbender im Alter von sechs Jahren als »bildungsunfähig« und »nicht schulreif« beurteilt. Den Eltern wurde empfohlen, sie in einer psychiatrischen Einrichtung unterzubringen. Hierüber seien sie nach eigener Aussage entsetzt gewesen und wollten ihr Kind so lange wie möglich zu Hause betreuen.

In den nachfolgenden Jahren gab es keine wesentlichen Veränderungen im Verhalten und Erleben von Frau Fassbender. Das Krampfen war bereits seit dem vierten bis fünften Lebensjahr aufgrund antikonvulsiver Therapie kaum mehr aufgetreten.

Seit ihrem siebten Lebensjahr zeigte Frau Fassbender besonderes Interesse für Kartenspiele. Außer Spielkarten rührte sie keine anderen Spielsachen an. Tagein, tagaus hatte sie immer ein Kartenspiel in der Hand, wobei sie die Spielkarten fast ständig vor sich hin mischte. In zunehmendem Maße machten die Eltern bei Einkäufen oder Cafebesuchen mit Frau Fassbender negative Erfahrungen, weil sie in Situationen, in denen sie nicht ihren Willen bekam, so laut aufschrie, dass sich andere Gäste oder Personen über ihr Verhalten massiv beschwerten. Darüber hinaus gab es Klagen aus der Nachbarschaft, was die Eltern dazu veranlasste, sich allmählich von der Außenwelt abzuschirmen und sich zu Hause zurückzuziehen.

Als Frau Fassbender vierzehn Jahre alt war, ergab sich die Möglichkeit, sie in einer Schule für Geistigbehinderte aufzunehmen. Allerdings scheiterte dieser Versuch bereits am ersten Tag, da Frau Fassbender in der Schule so geschrien habe, dass sie dort untragbar gewesen sei. Zwei Jahre später bemühte man sich erneut um einen Schulbesuch. Von Seiten der Schule wurde berichtet, dass sie sich kaum am Unterricht beteiligt und überhaupt keinen Kontakt zu ihren Mitschülern gehabt habe. Immer wieder sei sie durch lautes Herumplappern und Herumrennen in der Klasse aufgefallen. Für schulmäßiges Lernen habe sie überhaupt kein Interesse gezeigt, allenfalls habe sie sich für leichte lebenspraktische Tätigkeiten (Tisch decken, Abräumen, Spülen, Teller und Bestecke sortieren) gelegentlich motivieren lassen. Während dieser Zeit half sie erstmalig auch zu Hause ein wenig mit, den Tisch zu decken und abzuräumen. Im Alter von 18 Jahren wurde Frau Fassbender aus der Schule entlassen. Von Seiten der Lehrer wurde empfohlen, sie in eine Anstalt einzuweisen. Da die Mutter während dieser Zeit erhebliche Erziehungsprobleme hatte – Frau Fassbender weigerte sich beispielsweise, sich morgens früh zur Schule Schuhe anzuziehen und schrie stattdessen laut und penetrant »oh nee, oh nee« – und sich in zunehmendem Maße völlig machtlos und überfordert fühlte, wurde Frau Fassbender schließlich im August 1965 in eine psychiatrische Anstalt zur Dauerunterbringung eingewiesen.

In den ersten Wochen ihres Psychiatrieaufenthaltes hatte sie ausgeprägte Eingewöhnungsschwierigkeiten. Bei der Aufnahme wirkte sie bei weinerlicher Grundstimmung sehr abweisend, widersetzte sich den Anforderungen des Personals, schlug bei allen pflegerischen oder ärztlichen Maßnahmen ziellos um sich herum und war den Mitarbeiterinnen gegenüber in keiner Weise zugänglich. Erst durch eine medikamentöse Sedierung (Chlorprothixen 30-0-50 mg; Chlordiazepoxid 10-10-10 mg; Pipamperon 1-1-1 Tbl.; Haloperidol 5-5-10 Tr.) bei gleichzeitig einhergehender antikonvulsiver Therapie habe man dieses Verhalten ein wenig eingrenzen können. Allerdings galt Frau Fassbender auch in den folgenden Jahren in ihrem gesamten Verhalten und Erleben als sehr problematisch. Eine »sinnvolle Verständigung« sei mit ihr nicht möglich gewesen, und sie hätte weder zu Mitpatientinnen noch zum Pflegepersonal Kontakt gehabt. Berichten zufolge hielt sie sich stets abseits und wehrte ab, wenn sich jemand mit ihr beschäftigen wollte. Tagein, tagaus hielt sie immer ein Kartenspiel in der Hand und mischte ständig die Spielkarten. Zumeist stand sie an einer bestimmten Stelle im Wachsaal und war nur bereit, diesen Platz für Mahlzeiten und den Toilettengang zu verlassen. Eine Sauberkeitsgewöhnung konnte weitgehend erreicht werden, allerdings musste Frau Fassbender täglich an- und ausgezogen sowie hinsichtlich der Körperpflege ständig überwacht werden. Wenn man sie ansprach, schrie sie laut »oh nee, oh nee«. Dabei drehte sie sich oft im Kreise und grimassierte. Bei mehrfachen Ansprachen steigerte sie sich zumeist in heftige Erregungszustände, die nur über zusätzliche sedierende Arznei eingegrenzt werden konnten.

Insgesamt gesehen galt Frau Fassbender als ein »besonders schwieriger Pflegefall bei cerebralem Anfallsleiden und Schwachsinn mittleren bis schweren Grades« mit massiven Verhaltensstörungen in Form schwerwiegender Unruhe- und Erregungszustände mit tätlichen Aggressionen. Die Chancen einer Verbesserung dieses Verhaltens wurden »als absolut ungünstig« eingeschätzt.

Seit 1980 ist Frau Fassbender Bewohnerin eines Heilpädagogischen Heimes. Bis zu Beginn des Jahres 1981 galt sie auch in dieser Einrichtung als eine der schwierigsten Bewohnerinnen ihrer Station. Ihre Mitarbeiterinnen erlebten und beschrieben sie als »führungsresistent«. Zum Beispiel wollte sie morgens früh nicht aus ihrem Bett, zog sich weder alleine an, noch ließ sie sich anziehen, schrie ständig herum, befolgte keine Anweisung des Personals, zerriß Kleider, warf Kleidungsstücke in unbeobachteten Momenten in Müllsäcke oder in Toiletten, war nachts oft bettflüchtig oder störte Mitbewohnerinnen durch langanhaltendes Kreischen. Zudem war sie den meisten Mitarbeiterinnen aufgrund ihres kräftigen Körperbaus physisch und kräftemäßig überlegen, weswegen man ihr zumeist hilflos gegenüber stand, wenn sie die Anweisungen völlig ignorierte. Aufgrund dieser Auffälligkeiten erhielt Frau Fassbender auch im Heim zunächst eine Dauermedikation (September 1980 Pipamperon: 1-1-1 Tbl. Bedarfsarznei: 15 Tr. Haloperidol, die drei- bis fünfmal wöchentlich zusätzlich gegeben wurde).

Frau Fassbender war aufgrund ihres eigenwilligen und »störenden« Verhaltens bei fast allen Mitarbeiterinnen sehr unbeliebt. Dies änderte sich erst, als im April 1981 eine unausgebildete Halbtagskraft großes Interesse zeigte, eine »Patenschaft« zu übernehmen und eine Einzelarbeit durchzuführen. Dieser ging zunächst die Erstellung einer Ausgangslage voraus, deren Angaben im wesentlichen auf beschreibenden Verhaltensbeobachtungen und Reflexionen im Mitarbeiterteam unter Berücksichtigung des S/P=P-A-C nach Günzburg basieren.

*Ausgangslage April 1981*

*Erscheinungsbild im psychosozialen Bereich:* Kein Blickkontakt, weicht körperlichen Berührungen aus, schreit, wenn sich Mitarbeiterinnen ihr nähern; weicht bei Ansprache aus, indem sie sich abwendet mit »oh nee, oh nee« oder Wünsche wie »Apfelsine essen«, »Papa soll kommen«, »Mama soll kommen« ständig laut wiederholte; kein Kontakt zu Mitbewohnerinnen; zerreißt Kleider, wirft Kleidungsstücke in unbeobachteten Momenten in Müllsäcke; langanhaltendes Schreien tagsüber, neigt dazu, übermäßig viel zu essen; weigert sich, an Aktivitäten wie zum Beispiel Spaziergängen teilzunehmen; isoliert sich von anderen, indem sie tagein, tagaus an ein- und derselben Stelle im Tagesraum steht, hin- und herwippt und dabei ein Kartenspiel in der Hand hält; befolgt keine Anweisung des Personals; zeigt häufig wechselnde Emotionen (lacht und weint in ein- und derselben Situation), äußert ihre Emotionen stereotyp und setzt sie oft situationsinadäquat ein.

*Erscheinungsbild im körperlichen Bereich und in der Motorik:* Wippt ständig hin und her; Zehengang, Fächerbewegungen mit den Fingern; schaukelt mit dem Oberkörper beim Sitzen; dreht sich im Kreis; verzerrt ihr Gesicht und schaut oft in die obere Ecken des Raumes; steife Körperhaltung, starre Mimik; hat einen kräftigen Körperbau, zeigt übermäßigen Krafteinsatz bei einfachen Tätigkeiten wie beim An- oder Ausziehen.

*Kognitives Verhalten und Sprache:* Echolalie, äußert sich mit stereotypen Kurzsätzen wie »Papa soll kommen«, die sie ohne Bezug auf die gegebene Situation mehrfach hintereinander (oft über 45 Minuten lang) ausruft; beobachtet aufmerksam ihre Umgebung; scheint Anforderungen oder Fragen zu verstehen, beantwortet sie jedoch nicht und befolgt auch keine Anweisungen des Personals; kennt Mitarbeiterinnen oder Bewohnerinnen mit Namen, die sie öfter tagsüber laut ausruft; ist örtlich und zeitlich orientiert, kennt beispielsweise genau den zeitlichen Rahmen des Tagesablaufs.

*Selbstständiges Verhalten, Interessen und Kompetenzen:* Regelt sich allein, kann sich allein an- und ausziehen, wenn auch diese Tätigkeiten von ihr nur selten ausgeführt werden; ißt allein mit einem Löffel; benötigt beim Waschen und Baden kontrollierende Hilfe; bedient in unbeobachteten Momenten selbstständig einen im Tagesraum befindlichen Plattenspieler; holt gelegentlich ohne Aufforderung morgens früh zum Baden ihre eigenen Schuhe wie auch Pantoffeln anderer Bewohnerinnen; holt gelegentlich eigene Kleidungsstücke zum Anziehen aus den Regalen; hört gerne Musik, indem sie sich wippend oder schaukelnd dem musikalischen Rhythmus anpasst; hält tagsüber ständig ein Kartenspiel in der Hand, welches sie nur zu den Mahlzeiten oder beim Baden beiseite legt; beschäftigt sich nicht mit Spielmaterial.

*Geschichte der Einzelförderung*

Der Beginn einer vertrauensvollen Beziehung als Ausgangspunkt und Grundlage für eine individualbasale Arbeit – wie überhaupt für eine tragfähige Alltangsbegleitung – lässt sich bekanntlich nicht erzwingen. Zumeist beruht er auf spontanen Sympathiebeziehungen zwischen einem oder mehreren MitarbeiterInnen und den Betroffenen. Frau Fassbender ist dafür ein typisches Beispiel. Unsere Mitarbeiterin, die die »Patenschaft« übernahm, schilderte den Beginn ihrer Beziehung in anschaulicher Weise:

»Üblicherweise wurden die Behinderten damals in zwei Schichten gebadet, danach erhielten alle immer Frühstück. Frau Fassbender war in der ersten Schicht. Während die zweite Schicht (insbesondere schwerstgeistig- und körperbehinderte beziehungsweise bettlägerige Frauen) gebadet wurde, stand sie zumeist im Tagesraum und brüllte fortwährend: ›Obst essen, Obst essen‹; einer plötzlichen Eingebung folgend, ging ich zu Frau Fassbender und forderte sie auf, sich selbst eine Apfelsine in der Küche zu holen. Hierzu schloß ich ihr die Küchentür auf. Frau Fassbender, die bisher fast nie ihren Platz im Tagesraum verlassen hatte, folgte dieser Aufforderung und holte sich eine Apfelsine aus der Küche, die sie sich dann an ihrem Stehplatz im Tagesraum mit den Fingern schälte und aß. Die Schalen brachte sie dann von sich aus in einen Papierkorb. Anschließend nahm sie sich wieder ihr Kartenspiel, welches sie zuvor beiseite gelegt hatte und wippte lächelnd auf ihrem Stammplatz im Tagesraum hin und her. Plötzlich ging sie ›schnurstracks‹ auf mich zu, als ich gerade wieder eine andere Bewohnerin baden wollte, umarmte mich und drückte mich fest mit den Worten: ›Lieb haben‹.«

Dieses Erlebnis war für beide der Stein des Anstoßes. Für die Mitarbeiterin war klar, dass sie zu Frau Fassbender eine herzliche Beziehung aufbauen konnte und dass sie sie mit Essen aus ihren Stereotypien herausholen beziehungsweise die Selbststimulationen unterbrechen konnte. Für Frau Fassbender war offenbar jemand da, der auf ihre Wünsche, die sie durch lautes Schreien ständig äußerte, positiv reagierte und den sie gerne mochte.

In den nachfolgenden Wochen handelte die Mitarbeiterin noch mehrmals auf ähnliche Weise, wodurch sich die Sympathien verdichteten. Die

Helferin ging auch tagsüber auf Wünsche von Frau Fassbender ein, indem sie mit ihr zusammen in einem Schlafsaal Musik hörte. Ausgangspunkte der pädagogisch-therapeutischen Arbeit waren somit die Bedürfnislage von Frau Fassbender und ihre positiven Botschaften.

Da Frau Fassbender zum damaligen Zeitpunkt tagsüber noch keineswegs leiser und nach wie vor in ihrem Verhalten sehr eigenwillig war, äußerten sich die meisten Mitarbeiterinnen der Station gegenüber dieser Patenschaft zunächst ziemlich skeptisch. Die Mitarbeiterin ließ sich jedoch von diesen Bedenken ihrer Kolleginnen nicht beirren und ging den zuvor im Team vereinbarten Weg.[99] An eine Reduktion der sedierenden Arznei dachte zu dem Zeitpunkt noch niemand (Mai 1981: Clopenthixol: 25-25-50 mg, Prothipendyl: 80-80-160 mg).

Durch die Zuwendung, denen ein deutliches Maß an Empathie und Authentizität zugrunde lag, wurde Frau Fassbender ihrer Bezugsperson gegenüber allmählich immer offener, indem sie beispielsweise Körperberührungen für kurze Momente zuließ. So fand die Mitarbeiterin immer häufiger während des Musikhörens Gelegenheit, Frau Fassbender in den Arm zu nehmen, sie zu streicheln oder zu drücken. Wenn es sich bei diesen Körperkontakten auch nur um Augenblicke handelte, hatten sie doch zur Folge, dass Frau Fassbender nicht nur der Mitarbeiterin gegenüber offener und zugänglicher wurde, sondern sie auch für einfache Aufgabenstellungen zugänglich war. Die Mitarbeiterin versuchte Frau Fassbender an kleine Handreichungen im Rahmen der alltäglichen Hausarbeiten auf der Station heranzuführen. Wir gingen davon aus, dass Frau Fassbender über entsprechende Ressourcen verfügte, die bislang mehr oder weniger brach lagen und in der Vergangenheit allenfalls während der zweijährigen Schulzeit zur Geltung gekommen waren. Gelegentliche freiwillige Aktionen, wie Kleidungsstücke und Schuhe für andere Bewohner zu holen, deuteten darauf hin, dass das vermutete Potential an Fähigkeiten bloß auf geeignete Weise pädagogisch geweckt werden musste. Durch die Patenschaft wurden hierzu sehr günstige Voraussetzungen geschaffen. Die Mitarbeiterin versuchte Frau Fassbender immer häufiger an alltäglichen Arbeiten zu beteiligen, indem sie zum Beispiel aufforderte Kleidungsstücke zu holen, Schmutzwäsche in die Wäschekörbe zu bringen, Schmutzsäcke in den Keller zu tragen oder mit ihr Geschirr abzuräumen, Tische abzuwischen sowie den Essenswagen in die Küche zu schieben. Frau Fassbender fand in zunehmendem Maße Interesse an diesen Tätigkeiten und führte gerne zusammen mit ihrer Patin die genannten Arbeiten aus. In aller Regel erhielt sie als Belohnung einen Apfel oder eine Apfelsine, ferner wurde sie immer wieder von der Mitarbeiterin für ihre Hilfe gelobt. Soziale und materielle Verstärker waren in dieser Phase sehr wichtige Momente der Entwicklungsförderung.

Dies wird auch an jenen Versuchen recht deutlich, die auf eine systematische Öffnung nach außen zielten. Die Mitarbeiterin erinnert sich noch gut daran, wie sie das erste Mal versuchte, Frau Fassbender aus der Station in eine angrenzende Parkanlage zum Spazierengehen zu locken. Etwa 20 Meter von der Station entfernt gibt es eine Vogelvoliere, welche die Mitarbeiterin auf die Idee brachte, mit Frau Fassbender aus der Küche der Station altes Brot zu holen, um die Vögel im Käfig damit zu füttern. Sie gab Frau Fassbender das Brot in die Hand, und diese war bereit mitzugehen. Als sie jedoch das Haus gerade verlassen hatte, aß sie plötzlich sämtliches Brot auf und ging unmittelbar zurück zur Station. Damit war der Versuch gescheitert. Eine Woche später bemühte sich die Mitarbeiterin erneut, zusammen mit Frau Fassbender hinauszugehen. Diesmal gab sie ihr wieder altes Brot, hielt jedoch selbst einen Apfel in der Hand. Mit dem Hinweis, dass Frau Fassbender den Apfel bekommen und essen dürfte, wenn sie den Vögeln Brotkrumen gebe, gelang es der Mitarbeiterin, zusammen mit Frau Fassbender bis zur Vogelvoliere zu gehen. Dieses »Spielchen« wiederholte sich in den nachfolgenden Wochen noch dreimal.

Die entscheidende Öffnung nach außen gelang, als Frau Fassbender im Mai 1981 ihrer Mitarbeiterin gegenüber den Wunsch äußerte, »Spitztüteneis« zu essen. Die Mitarbeiterin griff dieses Bedürfnis auf und ging mit ihr hinaus zu einem Café auf dem Klinikgelände. Dort durfte Frau Fassbender ihr Eis selbst aussuchen, was zur Folge hatte, dass sie vier Portionen Eis aß und darüber hinaus mehrere Stücke Kuchen. Von der Mitarbeiterin wurde berichtet, dass sie bei diesem Gang ins Café Ängste gehabt habe, weil sie nicht wusste, wie Frau Fassbender in einer ihr völlig neuen Umgebung reagieren würde. So hatte sie damit gerechnet, dass Frau Fassbender womöglich im Café gleichermaßen wie auf der Station viel schrie, nicht bereit war, sich zu setzen oder aber – und dies war die größte Befürchtung – nach dem Verzehr der Speisen keine Anzeichen mehr machen würde, das Café zu verlassen und zurück zur Station zu gehen. Glücklicherweise verhielt sich Frau Fassbender jedoch im Café recht ruhig, und die Mitarbeiterin hatte keine Schwierigkeiten, nach etwa einer Stunde mit ihr zurück zur Station zu gehen.

In den nachfolgenden Monaten erfolgten nun zahlreiche Cafébesuche wie auch Einkäufe, bei denen sich Frau Fassbender unter Begleitung der Mitarbeiterin Eis oder Obst kaufen durfte. Gegen Ende des Jahres war Frau

Fassbender bereit, auch ohne materielle Belohnungen zusammen mit der Mitarbeiterin auf dem Klinikgelände spazieren zu gehen.

Aufgrund dieser erfolgreichen Arbeit wurde im Zeitraum von Juli 1981 bis Februar 1982 die sedierende Arznei behutsam reduziert und umgestellt; Juni/Juli 1981: Copenthixol 25-25-25 mg; Prothipendyl 40-40-80 mg; Oktober 1981: Clopenthixol 25-0-25 mg; Prothipendyl 40-0-80 mg; Februar 1982: Clopenthixol 25-0-25 mg; Levomepromazin 50-0-50 mg. Die letztgenannte Dosierung wurde bis September 1983 beibehalten. Denn trotz der Einzelhilfe war Frau Fassbender weiterhin zeitweise tagsüber wie auch nachts recht laut, und ihr langanhaltendes Schreien war oftmals für alle unmittelbaren Umkreispersonen schwer auszuhalten. Im Unterschied zu früher ließ sie sich jedoch immer häufiger durch Musikhören im Schlafsaal beruhigen. Ferner gelang es, die Stereotypien bei Frau Fassbender durch Beteiligung an Hausarbeiten auf der Station zu durchbrechen oder einzugrenzen. Frau Fassbender war beispielsweise in zunehmendem Maße bereit, nicht nur zusammen mit ihrer Bezugsperson, sondern auch mit anderen Mitarbeiterinnen die Tische zu decken, abzuräumen, Tische abzuwischen, Waschbecken zu säubern, im Badezimmer aufzuräumen, Wäsche zusammenzufalten oder Butterbrote für andere Bewohner zu schmieren.

Zwischenzeitlich war zu Beginn des Jahres 1982 die Frauenstation mit 25 Bewohnerinnen in zwei Gruppen mit je zwölf Personen unterteilt worden. Die Aufteilung in Gruppen führte zugleich zu verbesserten Rahmenbedingungen. So wurde auf der ehemaligen Station eine mit Matrazen, Decken, Kissen, Aktivierungsmitteln und dergleichen einfach ausgestattete Spiel- und Entspannungszone – heute würde man von einer Snoezelecke sprechen – eingerichtet, um kommunikative und körperbezogene Prozesse mit den Bewohnerinnen zu intensivieren. Diese Möglichkeit wurde von unserer Mitarbeiterin oft genutzt, die sich von nun an immer wieder mit Frau Fassbender in diesen Bereich begab, basale Kommunikations- und Aktivitätsangebote machte und bemüht war, die Körper- und Zeichensprache zu dialogisieren. Wenngleich kein wechselhafter Austauschprozess von Körperzeichen stattfand, doch fand das gemeinsame Musikhören bei Frau Fassbender großen Anklang, was sie gelegentlich durch ein kurzzeitiges freudiges Drücken und spontanes »Küsschen geben« zum Ausdruck brachte.

Spätestens seit dieser Zeit war Frau Fassbender in ihrem Verhalten angepasster und selbstständiger geworden, sie zog sich jetzt regelmäßig allein an- und aus, ohne dazu entsprechend aufgefordert zu werden. Sie wusch sich allein am Waschbecken und benötigte nur noch wenig Hilfe beim Abtrocknen. Überdies ließ sie sich inzwischen gerne die Haare waschen und aufdrehen, was zuvor für sie immer ein Greuel gewesen war. Ebenso zeigte sie jetzt auch Interesse an Aktivitäten im ästhetischen Bereich, so tanzte sie häufig mit der Mitarbeiterin zur Musik, nahm am Singkreis teil, fädelte gerne Perlen auf und malte mit Wachsmalkreiden oder Fingerfarben Bilder, denen allerdings viel Stereotypes anhaftete: Frau Fassbender malte immer kreisförmige, ringelartige Gebilde.

Ab April des Jahres (1982) arbeitete die Mitarbeiterin zusammen mit einem Laienhelfer drei Monate lang in einer abteilungsbezogenen Tagesstätte an vier Wochentagen für sechs Stunden täglich. Bei der Tagesstätte handelte es sich um eine ehemalige Mitarbeiter-Wohnbaracke, die vier Räume umfasste: Küche, Bad, Wohnzimmer und Mehrzweckraum für pädagogische Aktivitäten. Ziel dieser Tagesstättenarbeit war es, bei vier schwerstgeistig- und mehrfachbehinderten Bewohnerinnen durch eine breite Palette an pädagogischen Angeboten aus dem ästhetischen Bereich sowie durch lebenspraktisches Tun (hauswirtschaftliche Arbeiten) Interessen zu wecken und sinnvolle Beschäftigungsmöglichkeiten herauszufinden.

Bei Frau Fassbender, die an der Tagesstätte teilnahm, wurden spezifische Schwerpunkte gesetzt. So sollte sie lernen, den Weg von der Gruppe zur Tagesstätte allein zu gehen und alleine in einem dem Klinikgelände nahegelegenen Lebensmittelgeschäft einzukaufen. Außerdem sollten ihre Fähigkeiten im Zusammenhang mit Küchenarbeiten (Spülen, Abtrocknen, Geschirr selbstständig holen und Tisch decken) und andere Haushaltstätigkeiten (Staubsaugen, Blumengießen) erprobt werden.

Frau Fassbender lernte innerhalb von zwei Monaten, sämtliche dieser Aufgaben selbstständig zu bewältigen, ihre Mitarbeiterin berichtete, dass sie sehr ordnungsgemäß und exakt die Küchenarbeiten erledigte. Aufgrund dieser positiven Erfahrungen waren wir überzeugt, dass Frau Fassbender auf Dauer eine geeignete Hausgehilfin in der Wohngruppe sein könnte, wenn es nicht nur ihrer »Patin«, sondern auch den anderen Mitarbeiterinnen gelänge, sie für die entsprechenden Arbeiten zu motivieren.

Um eine Öffnung auch anderen Personen gegenüber zu erreichen, versuchte die Bezugsmitarbeiterin, Frau Fassbender soviel wie möglich an Gemeinschaftsaktivitäten zu beteiligen. Auch bezog sie ihre Kolleginnen gelegentlich in die pädagogisch-therapeutische Arbeit mit ein. Auf diese Weise wurde Frau Fassbender allmählich auch anderen Mitarbeiterinnen gegenüber offener und hilfsbereiter.

Einige der in der Tagesstätte erprobten Tätigkeiten wurden nach Beendigung dieser Maßnahme über ein Jahr lang in der Wohngruppe weitergeführt. Zum Beispiel spülte Frau Fassbender nun täglich das Mittagsgeschirr sämtlicher MitbewohnerInnen, wobei bewusst auf die Spülmaschine der Gruppe verzichtet wurde, um möglichst viele sinnvoll zu beschäftigen und zu aktivieren. Das tägliche Spülen sowie andere Aufgaben wie Tisch decken, Abräumen, Abwischen oder Wäsche zusammenfalten galten als ausgezeichnete pädagogische Betätigungsfelder, durch die einzelne Bewohnerinnen und Bewohner einen wichtigen Schritt in Richtung Verfügung und Kontrolle über ihre eigenen Lebensumstände unternahmen.

Von Oktober 1983 bis Juni 1984 nahm Frau Fassbender erneut an einem Tagesstättenprogramm teil, welches Studenten der Heil- und Sonderpädagogik zweimal wöchentlich anboten. Während dieses Zeitraumes stabilisierte sie sich immer mehr in ihrem positiven Verhalten; Situationen, in denen sie als »führungsresistent« galt, konnten inzwischen von den meisten Mitarbeiterinnen pädagogisch bewältigt werden. Oftmals genügte es, mit knapper, prägnanter Ansprache und entsprechenden Hinweisgesten – Zeigen auf gemeinte Dinge, Blicken auf bestimmte Objekte – Frau Fassbender zu einem sozial erwünschten Verhalten hinzuführen.

Bei langanhaltendem lautem Schreien war in der Gruppe die Regelung getroffen worden, Frau Fassbender bis zum Zeitpunkt ihrer Beruhigung in ihrem Schlafraum zu isolieren (time-out). In der Regel dauerte es nur wenige Minuten, bis Frau Fassbender ihr Schreien aufgab. Gelegentlich nahmen ihr die Mitarbeiterinnen auch das Kartenspiel bis zum Zeitpunkt der Verhaltensänderung ab. Diese Sanktionen hatten insgesamt nur einem begrenzten Erfolg. Auch der Versuch, das Schreien von Frau Fassbender zu ignorieren, erwies sich als nicht praktikabel, weil niemand das »penetrante Kreischen« lange aushalten konnte und infolgedessen nicht konsequent genug ignoriert wurde. Überdies gab es Bewohner, die Frau Fassbender ausschimpften, wenn sie schrie, und damit ihr Verhalten eher verstärkten. Günstiger schien es zu sein, Frau Fassbender über modifizierte Formen eines Festhaltens[100] zu beruhigen. Zum Beispiel nahm die Mitarbeiterin Frau Fassbender an die Hand, zog sich mit ihr in ihr Zimmer zurück und versuchte, sie bei ruhiger Begleitmusik über Körpersprache zu beruhigen. Daneben war das Gruppenpersonal bemüht, Frau Fassbender so viel wie möglich sowohl mit Hausarbeiten als auch mit Aktivitäten aus dem ästhetischen Bereich zu beschäftigen, da ihr lang anhaltendes Schreien nicht nur Ausdruck eines psychischen Unwohlseins, sondern oft auch ein Zeichen von Langeweile war. 1985 wurde von den

Mitarbeiterinnen berichtet, dass Frau Fassbender sich bereits bei bloßem Händehalten, In-den-Arm-Nehmen oder leichtem Streicheln über die Haare entspannte.

Als die Verhaltensauffälligkeiten noch weiter abnahmen, ergab sich bereits im August des Jahres 1984 die Möglichkeit, Frau Fassbender in der heiminternen Werkstatt zwei Stunden täglich zu beschäftigen. Von Anfang an benötigte sie keine Begleitung auf dem Weg zur Werkstatt – ein Zeichen dafür, wie erfolgreich die durch ihre Bezugsperson eingeleitete und durch die Tagesstätte intensivierte Öffnung nach außen gewesen war.

Aufgrund dieser erfreulichen Entwicklung wurde in den letzten drei Monaten des Jahres 1984 erneut ein behutsam angelegtes Ausschleichen der Neuroleptika ins Auge gefaßt, was dazu führte, dass Frau Fassbender seit Januar 1985 bis Ende des Berichtszeitraumes nur noch das notwendige Antiepileptikum erhielt.

Mittlerweile war sie bei den meisten Mitarbeiterinnen recht beliebt und ihre enge Beziehung zu ihrer Patin hatte sich überflüssig gemacht. Frau Fassbender ging jetzt von sich aus auf andere Mitarbeiterinnen zu und galt auch nicht mehr als führungsresistent. Überdies hatte das Schreien erheblich nachgelassen, und es gab Tage, an denen sie sich für ihr Kartenspiel gar nicht mehr interessierte. Von Seiten des Personals war man bemüht, eine noch stärkere Öffnung nach außen zu erreichen, indem Frau Fassbender beispielsweise einmal wöchentlich in eine Disco mitgenommen wurde. Außerdem wurde 1985 mit ihr ein Verselbstständigungsprogramm durchgeführt, um ihr ein eigenständiges Einkaufen sowie einen selbstständigen Besuch des Cafes und Sozialzentrums im Klinik- und Heimgelände zu ermöglichen. Ein wesentlicher Bestandteil dieses Konzeptes war die Herstellung eines Sortiments an Bildkarten mit Etiketten oder Motiven von Nahrungsmitteln, die in dem klinikeigenen Lebensmittelgeschäft beziehungsweise im Café gekauft werden konnten. Wollte Frau Fassbender zum Beispiel ins Café gehen, so wählte sie sich jeweils ein Getränk und ein bestimmtes Stück Kuchen aus dem Sortiment an Bildkarten aus, ging mit den ausgesuchten Karten dann ins Café und erhielt das Gewünschte. Die Karten dienten als Orientierungshilfe, sich außerhalb ihrer Wohngruppe adäquat zurecht zu finden. Ohne Bildkarten war Frau Fassbender bislang überfordert gewesen, vor Ort aus dem vielfältigen Warenangebot eine Auswahl zu treffen und diese zu verbalisieren. Ziel künftiger Arbeit sollte es sein, sie mit einem einfachen Umgang von Geld vertraut zu machen.

### Evaluation und Reflexion der Einzelarbeit

Im Folgenden wollen wir nun eine Evaluation und Reflexion unserer Kasuistiken vornehmen, indem wir allgemeine Grundsätze der Empowerment-Philosophie und spezielle Aspekte der Arbeit mit schwerstbehinderten Menschen zu einer »einheitlichen« Gestalt zusammenfassen. Dass dabei einige Differenzierungen eingeebnet werden, ist nicht zu vermeiden.

*Zu den allgemeinen Grundsätzen der Empowerment-Philosophie*
Ausgangspunkt unserer Einzelarbeit – und das belegen alle Kasuistiken – ist die *unbedingte Wertschätzung des anderen als Person* (THEUNISSEN 1997b, 94). Diese ethische Maxime der »personalen« Annahme und Akzeptanz des anderen hat für die konkrete Arbeit mit schwerstbehinderten Menschen eine fundamentale Bedeutung: »Der Andere wird nicht bloß wahrgenommen, sondern er wird als Partner angenommen. Und das heißt, er bestätigt ihn in seinem Sein.« (KLEIN 1995, 703) Eine solche Bestätigung muss nicht unbedingt eine Billigung des Verhaltens des anderen bedeuten, wohl aber verlangt sie eine unbedingte Bejahung des anderen als Person und Respekt vor seinem »So-Sein«. Vor diesem Hintergrund wird auf Etikettierungen oder Attribuierungen weitgehend verzichtet,[101] denn die Orientierung an Zuordnungen zu bestimmten Störungsbildern wird nur selten dem »vollen Menschsein« (PORTMANN) gerecht. Stattdessen werden Situations- und Verhaltensbeschreibungen fokussiert und mit dem Bemühen verknüpft, den Anderen möglichst unvoreingenommen und »offen« in seiner Personalität und Potentialität wahrzunehmen. Dazu bedarf es eines *optimistischen Menschenbildes*, das von dem *Vertrauen in die prinzipielle Lern- und Entwicklungsfähigkeit* des anderen getragen ist und davon ausgeht, dass der Einzelne Ressourcen besitzt, sich trotz Hospitalisierung zu regenerieren und zu einer für ihn sinnerfüllten, persönlichkeitsfördernden und passenden Selbstgestaltung und Lebensbewältigung zu finden.

Diese Zuversicht geht Hand in Hand mit dem Versuch, versandete, blockierte und aktuelle Interessen, Menschenstärken und Kompetenzen aufzuspüren, um Anknüpfungspunkte für die Praxis zu finden, zum Beispiel in Herrn Jonas' Spaß am Ballspiel oder an Frau Fassbenders Wunsch »Obst essen«. Diese *Spurensuche nach Stärken und Interessen* dokumentiert den Paradigmenwechsel von der traditionellen Heilpädagogik hin zum Empowerment. Individuelle Schwächen, Defizite, Hilflosigkeiten oder Lebensunfähigkeiten spielen in der jeweiligen Konzeptentwicklung eine völlig untergeordnete Rolle.

Bezugspunkt dieser konsequent *subjektzentrierten Vorgehensweise* ist ein offenes Curriculum, das den Konzeptrahmen absteckt und Raum lässt für gemeinsame Erkundungen, kreatives Tun, Experimente, Spontaneität, Originalität, Selbstaktualisierung, Individualität, Selbstgestaltung und Autonomie. Grundsätzlich waren die Mitarbeiterinnen und Mitarbeiter bestrebt, die Lebenszukunft mit den Betroffenen in einem kooperativen Zusammenhang zu erschließen, wobei der gemeinsamen Formulierung von Lebenszielen in Anbetracht der sprachlichen Verständigungsschwierigkeiten Grenzen gesetzt waren. Insofern musste im Einzelfalle eine divinatorisch geprägte Lebensstilplanung durch die jeweilige Vertrauensperson vorgenommen werden. Ihre Vorschläge wurden jeweils im Rahmen von Teamsitzungen thematisiert und abgestimmt. Durch *Richt- und Handlungsziele,* die von jedem Einzelnen aus (subjektzentriert), mit ihm gemeinsam (kooperativ) und für ihn (antizipatorisch) erschlossen und formuliert werden, sowie den impliziten *Verzicht auf eng gestrickte Förderpläne* sollen eine Verdinglichung, Verplanung und Normierung des anderen durch heilpädagogische Einzelhilfe vermieden und das Recht auf den eigenen Lebensweg und die eigene Zeit respektiert werden.

Diesem Grundsatz der Empowerment-Philosophie, dem Anderen seinen Weg und seine Zeitperspektive zu lassen (HERRIGER 1997, 78), wird in allen Beispielen weithin entsprochen, weshalb die dokumentierten Empowerment-Prozesse weniger linear denn kurvenreich, ergebnisoffen oder gar mit Rückfällen verlaufen wie bei Frau Bode.[102] Überdies lassen sich bekanntlich Empowerment-Prozesse »nicht in zeitlich eng gefasste Hilfefahrpläne einspannen; sie bedürfen langer Zeitperspektiven und verweigern sich damit weitgehend dem Diktat einer engen Zeitkalkulation« (ebd., 78). So war es zum Beispiel Herr Jonas, der seinen Rhythmus, den Zeitpunkt der Ballspiele auf Bauchlage, die für seine selbstständige Fortbewegung entscheidend waren, bestimmte. Dass es überhaupt zu diesem Verselbstständigungsprozess kam, war zu Beginn der Einzelarbeit nicht abzusehen. Dies gilt im übrigen auch für die umweltbezogene Autonomieentwicklung von Frau Fassbender. Die *Respektierung des eigenen Lebenspfads* ist eine wichtige Konstituante eines Empowerment-Curriculums, die sich freilich nicht im Unverbindlichen verlieren darf. Das wäre ein pädagogisches »laisser-faire«, uns aber geht es um assistierende Hilfen, so zum Beispiel um signifikantes, selbstbestimmtes Lernen durch *facilitatorische Assistenz*, was durch die latenten Evokationen beim Ballspielen mit Herrn Jonas besonders deutlich wird.

Bei Frau Fassbender kommen auch *strukturierte Lern- und Entwicklungs-*

*hilfen* zum Tragen, durch die spezifische Verhaltensweisen, Fertigkeiten und Handlungskompetenzen systematisch angebahnt und entfaltet werden. Diese Angebote stehen nicht im Widerspruch zu einem offenen Empowerment-Konzept, da die an die lernzielorientierte Assistenz angelegten Kriterien (individueller Wunsch, Interessenlage, kein Förderzwang; Berücksichtigung der subjektiven Befindlichkeit, Alltags- und Sinnbezug, individuelle Lebensbedeutsamkeit) berücksichtigt werden. Außerdem sind die strukturierten, lernzielorientierten Hilfen ebenso wie die offenen Angebote *nach vorne gerichtet,* indem sie die *Lebenszukunft* der einzelnen antizipatorisch in Augenschein nehmen[103] und ein *Mehr an Entscheidungs- und Handlungsautonomie* ermöglichen. Dass dabei das individuelle Unterstützungsmanagement mit der Erschließung und Nutzung *sozialer Ressourcen* einhergeht, zeigt vor allem die Arbeit mit Frau Fassbender, die nun eigenständig zu ihrer Arbeitsstätte geht und auch gelernt hat, sich im Cafe selbst etwas zu bestellen. Dieses Beispiel kann geradezu paradigmatisch für eine *lebensweltbezogene Behindertenarbeit* betrachtet werden, die durch eine geschickte Verschaltung individueller und sozialer Ressourcen nicht nur Verhaltensprobleme[104] abbauen konnte, sondern auch neue Lebensperspektiven eröffnete. Und »darum geht es dem Empowerment-Programm: Ausgehend von hier und jetzt erschließbaren Ressourcen den Klienten neue Möglichkeitsräume zu eröffnen, in denen sie die eigenen Fähigkeiten zur Selbstorganisation entdecken, Vertrauen in die eigenen Kräfte gewinnen und damit neue Territorien von Unabhängigkeit erobern können« (HERRIGER 1997, 81).

Natürlich darf aus alldem nicht auf Ignoranz der individuellen Problemlage oder spezifischen Verhaltensauffälligkeiten geschlossen werden. Das Empowerment-Konzept würde zu kurz greifen, wenn es im Vertrauen auf selbstheilende Lebenskräfte die durch defizitäre oder destruktive Sozialisation, institutionelle Gewalt und Hospitalisierung beförderten Identitätsprobleme, Leidenserfahrungen oder Verletzungen ausblenden würde. Auch wäre es ein Missverständnis, wenn die Akzeptanz des Eigen-Sinns der Respekt vor dem eigenen Lebensweg und vor unkonvetionellen Lebensentwürfen als ein einfaches Hinnehmen des Verhaltens des anderen ausgelegt würden. Die Pluralität von Lebensstilen sollte akzeptiert und befördert werden, darf aber nicht als uneingeschänkte Autonomieentfaltung ins Antisoziale umschlagen. So war zum Beispiel das penetrante, langanhaltende Schreien oder Kreischen von Frau Fassbender für die Mitarbeiter und Mitbewohner schwer auszuhalten; und ebenso wenig konnte man die fremdaggressiven Tendenzen von Frau Bode gutheißen oder sich damit abfinden. Hier wurde versucht, durch *intervenierende Maßnahmen* Verhaltensänderungen zu bewirken. Durch die Verschränkung spezifischer Sanktionen, verhaltenstherapeutisch geprägter Settings oder auch verhaltensmodifikatorischer Interventionen in einem auf Emanzipation hin angelegten, dialogisch-kommunikativ fundierten Einzelhilfekonzept glaubte man die Formen und Mittel der intervenierenden Assistenz rechtfertigen zu können, da sie nicht prinzipiell gegen die betroffene Person, ihre Autonomiebedürfnisse und Entwicklungschancen gerichtet waren, sondern nicht mehr als eine eng umschriebene Grenzsetzung von Verhalten in bestimmten Situationen bedeuteten.[104] Dass die Sanktionen wenig erfolgreich waren, hat mit diesem konzeptionellen Grundzug im Prinzip nichts zu tun, die Gründe für das Scheitern dürften eher in der mangelnden Reflexion der bisherigen Maßnahmen zu suchen sein, in dem unzureichenden Versuch, die Auffälligkeiten positiv zu konnotieren, in Abstimmungs- und Kooperationsschwierigkeiten sowie in dem Alltagsproblem, Absprachen konsequent einzuhalten.

Diese knappen Ausführungen sollen an dieser Stelle genügen – in der Hoffnung, dass allgemeine Empowermentaspekte in den dokumentierten Beispielen sichtbar geworden sind. Um die individuellen Leidenserfahrungen und Ausgangslagen schwerstbehinderter Menschen stärker zu beleuchten, bietet es sich an, die allgemeinen Grundsätze durch spezifische Gesichtspunkte zu ergänzen. Vor dem Hintergrund unserer Beispiele wollen wir drei Leitprinzipien herausstellen.

## Zu speziellen Aspekten der Einzelarbeit

### Zur kommunikativen Vorgehensweise

Ein grundlegender Bestandteil unserer Einzelarbeit ist der Versuch, mit jedem einzelnen Bewohner in eine emotional fundierte positive Beziehung zu treten und seinen Bedürfnissen nach Kommunikation oder Sozialkontakt zu entsprechen. Bei diesem pädagogischen Bemühen, welches wir in bezug auf M. Buber als ein »*Werden in der Begegnung*« (Simon) begreifen, handelt es sich noch nicht um eine Entwicklungsförderung im engeren Sinne, vielmehr sollen personale Begegnungsprozesse angebahnt werden. Mitmenschliche Zuwendung, Ansprache und Anteilnahme schaffen die Voraussetzungen, durch die Vertrauen und Zutrauen geweckt, Ängste abgebaut und positive Gefühle erschlossen werden können. Erst dadurch wird der Weg für eine Öffnung gegenüber der dinglichen Welt geebnet, werden Prozesse sachlicher Begegnung und aktiven Handelns evoziert und angeregt. Aus unseren Kasuistiken lässt sich schlussfolgern, dass im Prinzip nur vor dem Hintergrund eines kommunikativen Verhältnisses eine erfolgreiche emanzipationsfördernde Arbeit realisiert werden kann.

Um zu einer »*Hinwendung zum Du*« (Faber) anzustiften, muss jeder einzelne in seiner Subjektivität (Einzigartigkeit) und subjektiven Befindlichkeit erschlossen werden, was ein hohes Maß an »verstehender« Empathie verlangt – am besten auf der Grundlage des eingangs referierten Prinzips des reflektierten Nacherlebens. Dafür stehen alle Anfangsprozesse. Während in der Arbeit mit Frau Bode und Herrn Jonas, deren Ausgangslagen in starkem Maße durch Leidenserfahrungen und Verletzungen, gekennzeichnet sind, Formen basaler Kommunikation und körperorientierter Arbeitsweisen dominieren, werden in der Arbeit mit Frau Fassbender die kommunikativen Bezüge stärker über Sprache, ästhetische Mittel und aktives Handeln im Sinne einer Freisetzung des »Urhebertriebes« (Buber) hergestellt und gefestigt. Bemerkenswert sind die Formen eines empathischen Verstehens im Sinne einer »*unterirdischen Dialogik*« (Buber) in der Arbeit mit Frau Fassbender, deren Vertrauensperson ihre Verlassenheitsgefühle, die sich hinter der verzögerten Echolalie »Papa soll kommen« verbargen, aufzugreifen und in konkrete Handlungen zu überführen verstand.

Überdies ist demselben Beispiel zu entnehmen, dass ein »Ich-Du-Verhältnis« als Form einer »unmittelbaren Begegnung« nicht permanent möglich ist, was aber bleibt, ist die Chance, »*augenblickhafte Begegnungen*« zu realisieren (Buber). Dieser Gesichtspunkt ist insofern bedeutsam, als er den Blick für eine realoptimistische Einschätzung der Möglichkeiten eröffnet, im Rahmen der alltäglichen Arbeit personale Begegnungsprozesse anzubahnen. Die Chance, einen positiven kommunikativen Bezug als latenten Hintergrund der Alltagsbegleitung spürbar werden zu lassen, wird in mehreren Beispielen als beziehungsstabilisierende Komponente genutzt. Besonders kommt der Wechsel von »Aktualität und Latenz der Begegnung« (Buber) in unserem letzten Bericht zum Ausdruck, wo die Mitarbeiterin durch Evokationen und augenblickhafte Begegnungen zu einer subjektiv bedeutsamen, aktiven Beteiligung am Alltagsgeschehen und damit zu Kontrolle und Verfügung über die eigenen Lebensumstände anstiften kann.

Zur Anbahnung und Entfaltung tragfähiger Begegnungsprozesse bieten sich – wie alle Beispiele zeigen – Formen einer Bezugsassistenz (Patenschaften) an, die freilich auf Sympathiebeziehungen beruhen müssen und nicht pädagogisch verordnet werden können. Insofern hängt es stets vom Interesse, Engagement und von der Einstellung und inneren Bereitschaft jedes einzelnen Helfers ab, ob er sich auf eine Patenschaft einlässt. Zweck der *Bezugsassistenz* ist es, dialogische Beziehungen herzustellen, auf deren Grundlage eine gezielte subjektzentrierte Einzelarbeit aufbauen kann. Solche Patenschaften können sich – wie unser erstes und letztes Beispiel deutlich zeigen – auf Dauer überflüssig machen. Das entspricht der Idee des »pädagogischen Bezugs« (Nohl), der so angelegt sein sollte, dass der Einzelne von der dialogischen Begegnung über Prozesse des sozialen Lernens (Außenorientierung) zu sogenannten Ich-Wir-Beziehungen (Weltbegegnung) gelangen kann. Diese Entwicklungslinie ist für die Förderung sozialer und gesellschaftlicher Integration von zentraler Bedeutung.

### Zur ganzheitlich-integrativen Vorgehensweise

Unser erster Bericht über Herrn Jonas ist ein hervorragendes Beispiel dafür, wie über einen »ganzheitlich«[106] orientierten Ansatz einer *ästhetischen Praxis* Lern- und Entwicklungsprozesse in Gang gesetzt und entfaltet werden können. Bei Herrn Jonas liegt die Vermutung nahe, dass er jahrzehntelang unter der psychiatrischen Anstaltspraxis zu leiden hatte. Aus Erzählungen von ehemaligen und älteren Mitarbeitern wussten wir beispielsweise, dass er bei den alltäglichen Pflege- und Badeprozessen oftmals wenig einfühlsam und unpersönlich behandelt worden war. Seine Angst drückte sich in der Verklammerung der Arme und in der Mimik aus. Weitere Folgen waren Verspannungen im muskulären Bereich und Störungen im Atemrhythmus (vor Furcht den Atem anhalten). Häufig werden solche »negativen Erfahrungen auch auf Situationen übertragen, in denen keine oder nur geringe Bedrohung vorhanden ist. Angemessenes Ausdrucks-, Aggressions- und Fluchtverhalten wird damit nicht mehr möglich. Stattdessen werden [...] Vermeidungs- oder Vorsorgereaktionen ausgebildet, Ängstlichkeit, Unsicherheit, überschießende, destruktive Aggressivität oder manipulatives Verhalten« (PETZOLD 1977, 271). Da Herr Jonas bereits bei leichter Körperberührung Abwehrverhalten zeigte und ängstlich reagierte, war es ganz entscheidend, an diesem »Mustern der Sicherung« (Petzold) durch *körperbezogenes, beziehungsstiftendes Arbeiten* anzuknüpfen, bevor eine gezielte Entwicklungsförderung ins Auge gefasst werden konnte. Anfangs verhielt sich Herr Jonas bei dieser Form der basalen Kommunikation (auch MALL 1984; 1990) recht zurückhaltend und abwartend, aber schon bald spürte er, dass seine Ängste unnötig waren. Damit wurde auch die Tendenz zur Generalisierung gestoppt, was als ein wichtiger Schritt in Richtung auf ein angemessenes Ausdrucksverhalten in Gefahrensituationen wie aber auch auf eine adäquate Realitätsbewältigung

ist. Ein geradezu typisches Beispiel für die Behinderung komplexer Lernprozesse durch die Vernachlässigung des emotionalen Faktors in Verbindung mit Körperreaktionen liefert uns in diesem Bericht die Arbeit der
Gymnastiklehrerin, der es weder um eine verstehende Problemsicht noch
um eine ganzheitliche Praxis zu tun war. Im Prinzip bestätigen auch das
körperorienterte und basale Arbeiten mit Frau Bode oder die Einzelarbeit
mit Frau Fassbender, dass sich isoliert durchgeführte Therapien bei institutionalisierten Menschen mit geistiger Behinderung häufig als nutzlos
erweisen (HURLEY 1989). »Dies scheint vor allem dadurch bedingt, dass
Menschen mit geistiger Behinderung in vielen Fällen einer kontinuierli-
chen und nahen Betreuung und Begleitung bedürfen und somit von diesen Personen abhängen« (WEBER 1997, 89f.).

Die auf die Einheit des Individuums ausgerichte Einzelhilfe führt uns
im Falle von Herrn Jonas zu einem weiteren Aspekt, den wir im Rahmen
einer individualisierten Konzeptentwicklung als wesentlich erachten. Fühl-
barer Hintergrund der Ballspiele, die wir unter einer *bewegungsaktivierenden
Förderung* fassen, ist die Idee des »*ästhetischen Spiels*« (Schiller), welches
sensorische, emotionale, motorische, kognitive und soziale Entwicklungs-
dimensionen »harmonisch« miteinander vereint, so dass das betreffende
Individuum mit sich selbst identisch werden kann.[107] Unter »ästhetischem
Spiel« verstehen wir somit in Orientierung an SCHILLER (1795) eine phi-
losophisch-anthropologische Handlungskategorie, die auf Selbstverwirklichung zielt und nicht nur eine lust- oder phantasiebetonte Tätigkeit, sondern auch geistvolles, erkenntnisvermittelndes Tun impliziert, an dem ein
»Übungswert« (PIAGET 1974, 128ff; 1975b, 151ff.) festgemacht werden
kann. So kam es uns darauf an, das therapeutische Potential des alltäglichen Ballspielens zu nutzen, um die Mobilität im Oberkörperbereich, die
Auge-Hand-Koordination, die Handgeschicklichkeit sowie das Bewegungs-
vermögens auszubilden bzw. zu verbessern. Zugleich entsprechen die Ballspiele auf Bauchlage auch einer organ- und muskelbeanspruchenden
Konditionsübung. Sowohl durch Unterstützung des eigenständigen
Robbens als auch durch das Arrangement von Lernsituationen mit stark
motivationalem Aufforderungscharakter wie es die veränderbaren Wand-
regale mit Freizeitspielen und Beschäftigungsmaterialien enthielten, wurde Herr Jonas zur Bewegung und zum Umgang mit seinem Körper
veranlasst. Dadurch wurden nicht nur Beziehungen seines Körpers zu
Raum und Zeit hergestellt, sondern zugleich konnte auch ein wichtiges
Stück an Bewegungssicherheit und Handlungsautonomie erobert werden.
Indem die bewegungsaktivierenden Spiele als »interplay« (Petzold) im

Rahmen eines autonomieranregenden, entwicklungsfördernden Lern- und Erfahrungsfeldes konzipiert waren, vollzog sich dieser eher strukturierte Part der Förderung weder als eine verhaltenssteuernde heilpädagogische Übungsbehandlung, noch als ein einseitiges Leistungstraining; vielmehr wurden die Übungsspiele von Herrn Jonas als zweckfreie, lustvolle Betätigung erlebt, weil sie sich an seinen Bedürfnissen und Interessen sowie an seiner subjektiven Befindlichkeit orientierten und als Emanzipationshilfe dem Leitziel der allgemeinen Persönlichkeitsentfaltung verpflichtet waren. Herr Jonas konnte somit in ganzheitlich-spielerischer Weise seinen Körper und dessen Bewegungsmöglichkeiten erfahren. Unzulässig wäre es, diesen Ansatz, der Aspekte oder Modellrudimente aus der neueren Psychomotorik, Motopädagogik, heilpädagogischen Rhythmik und Spieltherapie in sich vereint,[108] als bloße Spielerei abzutun. Immer wurde der funktionelle Wert der Ballspiele subjektzentriert-antizipatorisch reflektiert und zwar so: Wofür sollte Herr Jonas lernen, die Arme zu strecken oder hochzuheben? Um sich später das Unterhemd besser über den Kopf ziehen zu können. Außerdem war es uns stets um ein ganzheitliches Lernen durch facilitatorische Assistenz zu tun, so sollten die Ballspiele nicht nur zur Verbesserung der Motorik beitragen, sondern zugleich auch kognitive, psychische und soziale Prozesse befördern, also Erfolgserlebnisse vermitteln, das Selbstvertrauen stärken, Interaktionen anregen etc.

Der Verknüpfung unterschiedlicher Angebote und Elemente aus verschiedenen Arbeitsformen und Programmen mit ästhetischer Relevanz zu einem ganzheitlich-integrativen *Breitbandkonzept* begegnen wir auch in den anderen Beispielen. Sie dokumentieren jeweils *individualisierte Curricula* und stehen für eine aus der Betroffenen-Perspektive entwickelten Praxis; und gerade darin unterscheiden sie sich von vielen anderen Konzepten im Dunst von traditioneller Heilpädagogik oder Therapie.

*Zur entwicklungsorientierten Vorgehensweise*

Ausgehend vom Grundsatz der prinzipiellen lebenslangen Lern- und Entwicklungsfähigkeit des Menschen spielt das Leitprinzip der entwicklungsorientierten Förderung in der Arbeit mit schwerstbehinderten Erwachsenen oder älteren Personen eine gewichtige Rolle (THEUNISSEN 1993, 38ff.; 1996b).

Folgt man der einschlägigen Literatur, so ist anzunehmen, dass sich geistig schwerst behinderte Erwachsene in der Regel auf einem sehr frühen kindlichen Entwicklungsniveau, in der *sensomotorischen Phase* befinden (INHELDER 1969, 273; ROBINSON & ROBINSON 1965, 357). Allerdings wäre es unzulässig, ja ein Kunstfehler, geistig schwerst behinderten Personen als nichtbehinderte Kleinkinder, die sich auf der sensomotorischen Entwicklungsstufe befinden, zu betrachten und zu behandeln. Zum Beispiel verläuft bei Menschen mit geistiger Behinderung die Entwicklung in weitaus stärkerem Maße als bei nichtbehinderten Kleinkindern nicht in jeder Verhaltensdimension parallel (ebd., 358). So stellen wir immer wieder fest, dass sich bei einer Person, die wir als geistig schwerst behindert bezeichnen, die eine oder andere Entwicklungsdimension auf einem niedrigeren bzw. höheren Niveau bewegt. Extreme Unterschiede in einzelnen Entwicklungsbereichen, sogenannte *Entwicklungsdiskrepanzen*, lassen sich oft bei hospitalisierten Menschen mit geistiger Behinderung und autistischer Symptomatik wie Frau Fassbender beobachten. Sie hat zum Beispiel ausgeprägte Stärken im alltagspraktischen Bereich, verfügt aber nur über eine sehr rudimentäre Sprache. Oftmals liegen spezifische Kompetenzen auf einem höheren Entwicklungsniveau als das aktuelle Verhalten zunächst vermuten lässt. »Je mehr die soziale Umgebung als unfreundlich erlebt wird, um so weniger entwickelt man eigene Aktivitäten und um so mehr begibt man sich [...] in die Abhängigkeit von Anderen« (LEHR 1972, 247f.).

Hinzu kommt, dass die lebensgeschichtlichen Erfahrungen und Ereignisse mit einem *normalen Alterungsprozess* einhergehen (LEHR 1972, 36). Diesbezüglich ist natürlich der Gesundheitszustand zu beachten (KREBS 1998). Folgt man den Ausführungen GAEDTs (1980, 35 ff.), so scheinen bei schwerstbehinderten Erwachsenen, die in Institutionen leben, *größere gesundheitliche Risiken* als bei anderen Behindertengruppen zu bestehen. Zum Beispiel sind sie stärker infektionsgefährdet, darüber hinaus leiden sie häufiger an pathologischem Übergewicht, zu hohem Blutdruck, latentem oder auch manifestem Eisenmangel (möglicherweise durch mangelndes Einspeicheln bei Ernährung mit Breikost), an Hauterkrankungen, chronischen Mittelohrentzündungen, Obstipation, Gebißschäden und Rachitis. Derartige Gesundheitsprobleme können – so GAEDT (1980, 41) – als entwicklungs- und lernhemmend aufgefasst werden.

Im Gegensatz zu nichtbehinderten Kleinkindern haben wir es bei schwerstbehinderten Menschen nicht selten auch mit *motorischen Störungen* im Sinne einer Cerebralparese (Spastik, Athetose) zu tun, die die Aktivitäten und den Aktionsradius mitunter stark reduzieren. Werden die Betroffenen bettlägerig oder im Bett gehalten, so können weitere gesundheitliche Störungen wie Inaktivitätsatrophie der Muskeln, orthostatische Hypotonie (Schwindel und/oder Kollaps beim Aufstehen), Obstipation,

Thrombose oder urologische Erkrankungen die Folge sein. An dieser Stelle seien auch die sogenannten Glasknochen erwähnt. Ursächliche Faktoren können hier Bettlägerigkeit und Vitamin-D-Mangel sein. Die Knochenbrüche verheilen oft in Fehlstellung, was zu neuen Körperbehinderungen führt. Ferner sollten normale Alterserscheinungen, beispielsweise physische Veränderungen (Beugen der Wirbelsäule, starre Gesichtszüge, langsamere Gesamtgestik, Muskelschwäche, Altersparkinsonismus und Osteoporose), nicht ungenannt bleiben, die uns ebenfalls nicht nihilistisch stimmen, sondern zu einer angemessenen entwicklungsorientierten Praxis aus der Betroffenen-Perspektive veranlassen sollten.

Vor diesem Hintergrund wird sichtbar, dass ein genaues Studium der Lebensgeschichte, das mit der Erfassung der aktuellen Lernchreode (Kösel), Lernbasis und Handlungskompetenz verschaltet werden muss, unentbehrlich ist, um ein passendes Angebot für die »Zone der nächsten Entwicklung« (Wygotski) zu finden. Hierzu wurde in unseren Beispielen neben Verhaltensbeobachtungen auf Entwicklungsprofile zurückgegriffen, die angesichts des Fehlens geeigneter Verfahren für die Arbeit mit schwerstbehinderten Erwachsenen zum Teil aus der Früh- oder Kinderdiagnostik stammen. In Anbetracht der Problematik solcher Verfahren bemühten wir uns grundsätzlich um eine *qualitative Erfassung der Zone der aktuellen Entwicklung* (hierzu GOTTSCHALDT 1954, 3 ff., 14). Wie wir dabei vorgegangen sind, soll zunächst in Ergänzung zu unseren Kasuistiken an zwei kleinen Ausschnitten aus einer *Alltagssituation* verdeutlicht werden.

Herr Wenner (39 Jahre, Cerebralparese, spricht nicht, geistig schwerst behindert) konnte seit einigen Wochen durch seine Wohngruppe robben. Bei seinen Ausflügen entdeckte er eines Tages einen roten Wachsmalstift unter einem Tisch. Er packte ihn mit der rechten Faust und kritzelte cirka 4 Minuten lang mit weitausladenden Bewegungen Fußboden und Wand voll. Während des Malens zeigte er einen zufriedenen, freudigen Gesichtsausdruck. Eine übliche Reaktion der Mitarbeiter wäre gewesen: Stift abnehmen, ausschimpfen, in den Sessel setzen und über die verursachte Zusatzarbeit stöhnen. Stattdessen befestigten die Mitarbeiter in seinem Zimmer an der Wand ein langes Stück Tapetenrolle und ermunterten ihn, darauf weiter zu malen. Herr Wenner wurde gelobt, dass er einen Wachsmalstift gefunden hatte und gleichzeitig darauf hingewiesen, nicht Fußboden oder Wand zu bekritzeln.

Dieses Beispiel enthält jene Momente, die für eine entwicklungsorientierte Förderung bedeutsam sind: Ausgangspunkt der pädagogischen Arbeit waren die Interessen, die Bedürfnislage sowie die »Zone der aktuellen Leistung« von Herrn Wenner, zum Beispiel die Fähigkeit, Oberkörper aufzurichten, sich auf einen Arm abzustützen, Blickkontakt zu einem Objekt herzustellen, zielgerichtete Greifbewegungen zu vollziehen sowie sensomotorische, grobmotorisch gelagerte Aktivitäten aus Freude am Tun heraus auszuführen, wobei die Sache, mit der gemalt wurde, kein Problem war, »sondern [...] einfach als Gelegenheit zur Handlung diente« (PIAGET 1975 b, 125). So wurde die Tapetenrolle an der Wand nach und nach höher angesetzt, damit Herr Wenner sich immer mehr mit seinem Oberkörper strecken musste; außerdem wurde er zum großflächigen Farbschmieren angeregt, um später auf Knien in aufrechter Haltung beidhändig und großflächig malen zu können. Somit wurde aus dem sensomotorischen Übungsspiel, das »im wesentlichen Assimilation ist« (ebd., 117), ein *ästhetisches Spiel,* welches ein Malen aus Vergnügen ist, aber zugleich Anpassungsleistungen und Anstrengungen (akkommodatorische Züge) befördert.

Unser zweiter Situationsausschnitt zeigt auf, dass Lernen in der Zone der nächsten Entwicklung nicht nur im Spiel, sondern auch im Rahmen *häuslicher Alltagsarbeit* stattfinden kann: Frau Fassbender hatte die Angewohnheit, nach Spaziergängen in der Wohngruppe Hausschuhe zu tragen. Das selbstständige Wechseln und Wegräumen der Schuhe hatte man ihr beigebracht. Beim abendlichen Zubettgehen kam sie häufig mit einem penetranten und lauten »Helfen, ja« auf ihre Mitarbeiterinnen zu. Dieser Wunsch wurde aufgegegriffen, indem man ihr die Aufgabe übertrug, mehreren schwerstmehrfachbehinderten Mitbewohnerinnen beim Ausziehen der Schuhe behilflich zu sein, die Schuhe ordnungsgemäß an ihren Platz zu stellen und zwei Frauen die Bettschuhe anzuziehen.

Auch diese Ausführungen machen deutlich, wie wichtig eine empathisch-verstehende und »ganzheitliche Betrachtung von Handlungssequenzen unter Berücksichtigung des situativen Rahmens« (MOOG 1985, 16) ist. Bei einer bloßen Anwendung einer sensomotorischen Entwicklungsskala wären wichtige Informationen zu den Interessen, Stärken und Handlungskompetenzen von Frau Fassbender verloren gegangen. Durch das Erkennen und Aufgreifen der positiven Botschaften und aktuellen Fähigkeiten konnte sowohl die oft kreischend artikulierte Echolalie »Helfen, ja«, die für alle Umkreispersonen belastend war, abgebaut werden als auch gleichzeitig der Wunsch zu helfen in sozial wertvolle Arbeitsprozesse überführt werden.

Dass durch eine *Orientierung an den Gesetzmäßigkeiten und am Verlauf der menschlichen Entwicklung* über kleinste Lernschritte kontinuierlich neue Verhaltensmuster aufgebaut oder verkümmerte Fähigkeiten wieder entfaltet werden können, geht aus unserem ersten Beispiel deutlich hervor, wo die Förderung auf dem Boden und nicht in Sitzhöhe stattfand. Bei Herrn Jonas lässt sich ein Verlauf von Rückenlage auf Bauchlage, über Arm abstützen und Kopf heben in Bauchlage bis hin zum Robben nachzeichnen. Wegen der starken Kontrakturen in den Beinen war es ihm nicht möglich, in den Vierfüßlerstand zu kommen. Er entwickelte aber genug Kraft in den Armen, um sich selbstständig zum Sitzen auf einen Stuhl hochzuziehen.

Befördernd für entwicklungsorientiertes Lernen zur Gewinnung von mehr Handlungsautonomie ist auch das Prinzip der »*gemäßigten Neuartigkeit*« (GINSBURG & OPPER), welches besagt, dass Angebote und Materialien weder unter- noch überfordern, weder allzu bekannt, noch völlig neu sein sollten. Deshalb wurden zum Beispiel in der Arbeit mit Herrn Jonas unterschiedliche Bälle – weiche und harte, große und kleine, schwere und leichte – niveauspezisch eingesetzt. Freilich lässt sich dieses Prinzip nur dann wirksam realisieren, wenn sich der jeweilige Assistent über die Lernchreode, Interessenlage und subjektive Befindlichkeit des Einzelnen im klaren ist. Zudem spielen bei hospitalisierten schwerstbehinderten Erwachsenen Bedürfnisse nach Kommunikation, Anerkennung, Sicherheit, Geborgenheit und psychisch-physischem Wohlbefinden eine herausragende Rolle, weswegen entwicklungsorientiertes Lernen stets vor dem Hintergrund personaler Begegnungsprozesse zu konzipieren ist.

### Zur Medizinischen Betreuung

Abschließend sei noch gesagt, dass viele hospitalisierte Erwachsene mit schwerer geistiger Behinderung jahre- oder jahrzehntelang mit Neuroleptika behandelt wurden so wie Herr Jonas, Frau Bode und Frau Fassbender. Bei der Gabe sedierender Arznei hatte man zumeist nur an den sozial erwünschten Effekt gedacht und weniger auf Nebenwirkungen geachtet. Die bekanntesten *Begleiterscheinungen von Neuroleptika* sind:

- *Extrapyramidalstörungen*: z. B. Parkinson-Syndrom mit Tremor (Zittern) oder Rigor (Starre), Akinesie (Bewegungsarmut), Akathisie (Sitzunruhe), Frühdyskinesien wie Zungen-, Schlund- oder Blickkrämpfe, Verkrampfungen der Kiefermuskulatur, Grimassieren, Schmatzbewegungen, Ballismus (Schleuderbewegung), Dysarthrie (verwaschene Sprache), Spätdyskinesien (unheilbare motorische Unruhe nach hoher langdauernder Neuroleptikagabe);
- *vegetative Begleiteffekte*: zum Beispiel Akkomodationsstörungen (Störungen des Nahsehens), Mundtrockenheit, Obstipation, Speichelfluss,

Schwindel, Herzklopfen, Kopfschmerzen, Kreislaufstörungen unter Umständen bis zur Bettlägerigkeit;

- *somatische Symptome:* zum Beispiel cerebrale Krampfanfälle, Störungen der Leberfunktion, starke Gewichtszunahme;
- *psychische Nebenwirkungen:* beispielsweise Konzentrationsstörungen, Verschlechterung der Merkfähigkeit, Antriebs- und Interessenverarmung, Gehemmtheit, Störungen der Vitalgefühle, depressive Verstimmungen, Ängstlichkeit, Müdigkeit wie auch Schlafstörungen (hierzu zusammenfassend FINZEN 1998, 241ff.; HAASE 1982, 143 ff.; LINGG & THEUNISSEN 1997, 176ff.; WEBER 1997, 99ff.).

Auf der Basis einer engen Kooperation zwischen Pädagogik und Medizin – und nicht eine»pädagogische Nachgeordnetheit«, wie es sich WARNKE und REMSCHMIDT (1993, 408) anscheinend wünschen – konnte innnerhalb von sechs Jahren bei den meisten der Betroffenen (wie in unseren Beispielen) auf eine Behandlung mit Psychopharmaka (mit Ausnahme von Antiepileptika) verzichtet werden (THEUNISSEN 1997h, 148). Vor dem Hintergrund dieser Erfahrungen sind wir davon überzeugt, dass selbst hospitalisierte Menschen mit schwerer geistiger Behinderung in der Regel keine dauerhafte Therapie mit Psychopharmaka, insbesondere mit Beruhigungsmitteln benötigen, wenn eine angemessene Alltagsbegleitung und psychosoziale Hilfen gewährleistet werden.

Wenngleich diese Konzeption pädagogisch angelegt war, ging sie mit einer *medizinischen Begleitung und Supervision* Hand in Hand. Die ärztlichen Aufgaben (hierzu auch KREBS 1998) bezogen sich im wesentlichen auf eine ganzheitliche allgemein-medizinische und präventiv-ärztliche Betreuung der Bewohner und auf eine intensive Schulung der pflegerisch und medizinisch-psychiatrisch unerfahrenen pädagogischen Mitarbeitern.[109] Als Beratung und Begleitung bei der Anschaffung rehabilitationsmedizinischer Geräte und Hilfsmittel waren medizinische Aufgaben genauso unentbehrlich wie bei dem Abbau der Psychopharmaka. Diese enge Zusammenarbeit – und nicht »pädagogische Nachgeordnetheit«, wie es sich WARNKE und REMSCHMIDT (1993, 408) anscheinend wünschen – zwischen Pädagogik und Medizin[110] war für das körperlich-gesundheitliche Wohl(-befinden) der einzelnen Bewohner und Bewohnerinnen förderlich, dessen besondere Bedeutung (salutogenetische Wirkung) für gelingende Autonomieprozesse, psychische Gesundheit und Formen individueller Persönlichkeitsentfaltung und Lebensgestaltung leicht übersehen wird (hierzu auch GAEDT 1996).

*Lebensräume und Lebensperspektiven zehn Jahre später*

In der ersten Hälfte des Jahres 1998 bot sich für mich eine günstige Gelegenheit, meine alte Stätte des Wirkens, das Heilpädagogische Heim Langenfeld, noch einmal aufzusuchen und eine Nachuntersuchung durchzuführen.[111] Im Mittelpunkt dieses Projektes stand die Frage, was aus den Bewohnerinnen und Bewohnern, deren Entwicklungsförderung ich in den Jahren 1980/81 bis 1987/88 angeregt, konsultativ begleitet und dokumentiert hatte (hierzu auch THEUNISSEN 1997h), zehn Jahre später geworden ist, unter welchen Bedingungen die Betroffenen heute leben, welche Lebensziele im Mittelpunkt stehen und welche Zukunftsperspektiven sie haben.

*Frau Diesing*

Frau Diesing ist heute 71 Jahre alt und lebt seit etwa neun Jahren in einer Seniorengruppe mit 17 Bewohnerinnen und Bewohnern in einem älteren Pavilliongebäude im Heimgelände. Ob der damalige Wechsel von einer kleineren häuslich gestalteten Heimgruppe in ein größeres Wohnmilieu in ihrem Sinne war, ließ sich nicht eruieren. Über krisenhafte oder besondere psychische Reaktionen auf diesen Wechsel wird nichts berichtet, wenngleich es vereinzelt Hinweise auf stärkere Rückzugstendenzen gibt. Von Seiten des Heims wird angestrebt, die Gruppengröße in absehbarer Zeit zu verkleinern bzw. zu halbieren; außerdem sollen auf Dauer neue Räumlichkeiten genutzt werden. Der Personalschlüssel der Gruppe beträgt zur Zeit 1:3 (zzgl. 1 ZDL u. 1 Hausangestellte). In ihrer Wohngruppe teilt sie sich mit einer Mitbewohnerin ein nach ihren Vorstellungen und Bedürfnissen gestaltetes Zimmer. Bis 1992 besuchte Frau Diesing regelmäßig die heiminterne Arbeits- und Beschäftigungsstätte, wo sie im kreativen Bereich tätig war. Ihre Lieblingsbeschäftigungen waren bildnerisches Gestalten, Bastel- und Knüpfarbeiten. Seit 1992 befindet sie sich im Ruhestand und »genießt« – so eine Aktennotiz – »ihr ›Rentenalter‹«.

Den Aufzeichnungen und Entwicklungsberichten ist zu entnehmen, dass insgesamt gesehen das von mir für die 80er Jahre dokumentierte Kompetenzniveau im Prinzip erhalten werden konnte. Immer wieder wird sie in der ersten Hälfte der 90er Jahre von ihren Mitarbeiterinnen und Mitarbeitern als eine aktive Bewohnerin beschrieben, die nicht nur großes Interesse an gruppenbezogenen Aktivitäten (Ausflügen; Freizeitmaßnahmen; Tanzen) habe, sondern sich auch an Hausarbeiten gerne beteilige (z.B. Kartoffel schälen, Gemüse waschen, mit Mitarbeitern einkaufen gehen). Ferner gilt sie trotz ihres hohen Alters bis heute in den

Verrichtungen des alltäglichen Lebens (Pflege- und Körperhygiene, An- und Ausziehen, Bett beziehen etc.) als selbstständig. 1993 ist sie in dem Zusammenhang von ihren Mitarbeiterinnen und Mitarbeitern als »fit« und auch »sehr gesprächig« erlebt worden. In all den anderen Jahren wird sie dagegen eher als eine stille, in sich gekehrte Frau beschrieben, die sich nur selten sprachlich äußere und sich weniger in der Gruppengemeinschaft denn alleine in ihrem Zimmer aufhalte. Eine verbale Veständigung sei aber grundsätzlich möglich, und sie würde bis heute ihre Wünsche nennen, wenn es zum Beispiel um Geld für einen Cafebesuch oder Einkauf von Süßigkeiten, Kaffee oder dergleichen ginge. Von depressiven Störungen, die bei älteren Menschen nicht selten zu beobachten sind, könne insofern nicht die Rede sein. Nach wie vor gehe Frau Diesing tagsüber gerne in das nahegelegene Heim-Cafe, wo sie sich am liebsten Kaffee, Kuchen und Süßigkeiten bestelle. Überdies beteilige sie sich in ihrer Wohngruppe gerne an Bastelarbeiten und würde oftmals auch unaufgefordert Bilder malen. Schon seit mehreren Jahren nimmt sie zweimal wöchentlich an einem Altentreff teil und besuche einmal wöchentlich die Tanztherapie, was ihr sehr zusagen würde. Zu den Mitarbeiterinnen und Mitarbeitern bestehe ein »gutes Verhältnis«, zu ihren Mitbewohnerinnen und Mitbewohnern habe sie dagegen wenig Kontakt, wenngleich es in der Gruppe einen jüngeren Mann gebe, mit dem sie gelegentlich kommunizieren würde.

Ein Problem, unter dem sie nach eigenen Aussagen erheblich leidet, ist ein ausgeprägter Tremor, der sie bei der Ausführung vieler Tätigkeiten, die sie bislang immer gut beherrscht hatte wie Kaffee einschänken und Brot schmieren, stark behindert. Entsprechende Koordinationsschwierigkeiten hätten in letzter Zeit zugenommen, weshalb sie inzwischen spezielle Hilfen bekomme, zum Beispiel eine Schnabeltasse. An Arznei erhält Frau Diesing seit geraumer Zeit Tiaprid (1/2-0-1/2); Clopenthixol (0-0-12,5 mg) und Biperiden [retard] (1-0-0). Durch Tiaprid und Biperiden sollen die Dyskinesien und parkinosoiden Störungen abgeschwächt werden, das niedrig dosierte Clopenthixol soll affektiv-entspannend wie auch antipsychotisch wirken, wobei gesagt werden muss, dass das psychosoziale Erscheinungsbild von Frau Diesing während der letzten zehn Jahre weithin positiv beschrieben wurde. Eindeutige Hinweise auf schizophrene oder Verwirrtheitszustände waren nicht festzustellen. Was meine persönliche Einschätzung betrifft, so kann ich vor dem Hintergrund meiner Beobachtungen und aus der Begegnung mit Frau Diesing nachvollziehen, dass sie sich in der Seniorengruppe häufiger als in den 80er Jahren zurückzieht, weil die gesamte Architektur und Raumgestaltung eher einen stationären

Charakter denn eine häuslich-wohnliche Atmosphäre ausstrahlt. Auch nehmen im Vergleich zu den beiden vorausgegangenen Wohngruppen klinisch-pflegerisch orientierte Dienst- und Versorgungsleistungen einen breiteren Raum ein, was unter anderem mit der Größe und Zusammensetzung der Seniorengruppe zusammenhängt. Anscheinend hat aber Frau Diesing im Rahmen dieser veränderten Lebensbedingungen einen für ihr Selbst noch akzeptablen Lebensstil gefunden, der ihr ein gewisses Maß an sinnerfüllter Autonomie ermöglicht.

### Frau Bode und Frau Fassbender

Sowohl Frau Bode als auch Frau Fassbender sind heute über 50 Jahre alt. Beide leben mittlerweile zusammen mit zwei weiteren schwerstbehinderten Frauen und drei schwerstbehinderten Männern in einer cirka 35 km vom Heim entfernten Außenwohngruppe (AWG). Dabei handelt es sich um eine Doppelhaushälfte eines gemeindeintegrierten Wohnhauses, das vom Träger, dem Landschaftsverband Rheinland, gekauft wurde. Die Gruppe besteht seit 1991 und das Verhältnis zu den Nachbarn wird als gut beschrieben. Während Frau Bode von Anfang an in der AWG lebt, ist Frau Fassbender erst vor etwa einem halben Jahr zugezogen.[112] Der Personalschlüssel der AWG beträgt 1:1,16 und entspricht damit Empfehlungen und internationalen Standards für vergleichbare Gruppen (WEDEKIND u.a. 1994, 268f.; DALFERTH 1998, 249; NEUBAUER 1999; DIETER 1999).

Während Frau Fassbender ein Einzelzimmer hat, teilt sich Frau Bode ihr Zimmer mit einer ihr schon viele Jahre vertrauten Mitbewohnerin. Die Mitarbeiterinnen der Gruppe berichteten mir, dass die Zimmergestaltungen grundsätzlich zusammen mit den Betroffenen durchgeführt werden. Überhaupt spiele der kooperative Aspekt im Gruppenkonzept eine wichtige Rolle. Die AWG verstehe sich nach den Worten ihrer Mitarbeiterinnen als eine »autonome Gruppe«, die sich völlig selbstversorge, eine selbstbestimmte Tagesgestaltung verwirkliche und eben »ein Leben so normal wie möglich« (Nirje) lebe. Dies ist mir als Besucher der Gruppe besonders angenehm aufgefallen. Erlebt und geschätzt habe ich eine entspannte und gemütliche Atmosphäre – so wie sie sich vermutlich viele Menschen ihren Lebensalltag vorstellen und zu gestalten versuchen. Diese Gemütlichkeit, verstärkt durch eine bedürfnisorientierte, stimulierende, aber nicht aufdringliche Wohnraumgestaltung, wird vor allem von Frau Bode geschätzt, die gerne auf einem »Knautschsessel« im Wohnzimmer liegt und als aufmerksame Beobachterin das Alltagsleben genießt. Wenngleich sie bei der alltäglichen Pflege zum Teil praktische Assistenz benötigt und diesbezüglich in den vergangenen Jahren keine weiteren Fortschritte gemacht hat, würden wir ihr nicht gerecht, wenn wir ihre Gesamtentwicklung als »stagnierend« bezeichnen würden. Denn es lassen sich bei ihr Momente beobachten, welche – wie es die psychologische Altersforschung formuliert – auf eine »Wandelbarkeit des Verhaltens« (OESTERREICH 1975,15) hinweisen, die sich im Zuge des Älterwerdens als eine »qualitative Umstrukturierung [...] in der Weise auswirken (kann, G.T.), dass partielle Anteile aus dem intellektuellen und emotionalen Bereich verändert sind oder auch eine Reduktion erfahren, während andere erhalten bleiben oder sich sogar im Sinne einer Steigerung der Fähigkeiten bemerkbar machen« (ebd., 96). Dies gilt zum Beispiel für Frau Bodes Stärke, den Alltag zu genießen und dies über eine faszinierende Mimik auch anderen mitteilen zu können, für ihre herzlich-humoreske Art zu kommunizieren und Bedürfnisse zu äußern oder auch Unmut und Unzufriedenheit.

Was sich aus der Perspektive der Mitarbeiter dagegen als Problem darstellt, ist ihre Skoliose, die sich im Zuge des Älterwerdens stärker ausgeprägt habe und ständige Krankengymnastik erforderlich mache. So sei inzwischen ein Sitzen auf einem normalen Stuhl nicht mehr möglich, weshalb sie einen ihrer Körperbehinderung angepassten Spezialstuhl erhalten habe. Ferner könne sie auch nur noch an kurzen Spaziergängen teilnehmen, da das Laufen für sie sehr anstrengend und bei längeren Strecken mit Schmerzen verbunden sei. Um ein gewisses Maß an Beweglichkeit beizubehalten, gehen die Mitarbeiterinnen mit Frau Bode häufig schwimmen, außerdem nimmt sie regelmäßig an einem therapeutisch orientierten Reitangebot teil. Ihre körperliche Beeinträchtigung sei jedenfalls kein Grund, sie auf Dauer in eine andere, behindertengerechter ausgestattete Gruppe zu verlegen. Frau Bode fühle sich in ihrer jetzigen Gruppe ausgesprochen wohl, und daher solle sie auch solange wie möglich in der AWG wohnen dürfen.[113]

Bei Frau Fassbender, die erst seit einigen Monaten in der AWG lebt, stellt sich diese Frage nicht. Sie hat sich in der neuen Gruppe gut eingelebt. In dem Zusammenhang wurde von Seiten der Mitarbeiter berichtet, dass die neue Gruppe den Wünschen und Bedürfnissen von Frau Fassbender entsprechen würde und daher in ihrem Sinne sei. Eine autonome Entscheidung von Frau Fassbender über die Wahl ihrer Wohngruppe sei zwar nicht möglich gewesen, dennoch hätte sie die Vorschläge eines Gruppenwechsels sowie die entsprechenden Vorbereitungen weithin positiv aufgenommen, da ihr unter anderem die Bewohnerinnen und Bewohner der AWG von früher her bekannt gewesen seien. Recht schnell habe sie auch ihr neues

Zimmer angenommen und schon kurze Zeit nach dem Wechsel geäußert, dass sie nicht mehr zurück wolle.

Frau Fassbender gilt als eine ausgesprochen aufmerksame, aktive und selbstständige Bewohnerin, die von dem entspannten und angenehmen Gruppenklima sehr profitieren würde und einen für sie relativ autonomen Lebensstil gefunden habe, sowohl was die Auswahl ihrer Kleidung und ihrer Speisen als auch die Gestaltung ihres Tages und ihres Alltags betreffe. Auch entspanne und beruhige sich, indem sie alte, ihr vertraute Schlager und Volkslieder höre, wenn ihr dannach sei. Besondere Stärken und auch implizite Interessen zeige sie im Bereich der alltäglichen Hausarbeiten. Sie habe sich rasch im Haushalt der Gruppe orientieren können und würde zahlreiche Tätigkeiten eigenständig und verantwortlich ausführen (Tisch decken und abräumen, Spülmaschine ausräumen, Wäsche falten, aufräumen u. dgl.). Ferner beteilige sie sich stets an der alltäglichen Zubereitung der Mahlzeiten und den entsprechenden Einkäufen. Darüber hinaus bestünde eine enge Beziehung zu einer Mitbewohnerin, der sie beim Aus- und Anziehen behilflich sei.

Ein hoher Grad an Aktivität wird auch für die Jahre zuvor dokumentiert, wenngleich die damit verknüpften Kompetenzen erst in der neuen Gruppe aufgrund ihrer autonomen und häuslichen Struktur zur Entfaltung kommen. Ihre frühere heiminterne Wohngruppe mit acht schwerstbehinderten Bewohnerinnen und Bewohner war zwar auch schon relativ häuslich gestaltet, allerdings wurde hier noch – was der Gepflogenheit entsprach – auf zentrale Versorgungsleistungen zurückgegriffen, so dass die Möglichkeiten zu mehr Handlungsautonomie geringer waren. Allerdings war Frau Fassbender bis zu ihrem Gruppenwechsel in der heiminternen Arbeits- und Beschäftigungsstätte tätig gewesen und hatte all die Jahre immer wieder in ihrer Freizeit das schon in den 80er Jahren erwähnte Heim-Cafe und Lebensmittelgeschäft selbstständig aufgesucht und auch kleinere Einkäufe getätigt. Dieser autonome Wirkungskreis ist vorerst mit dem Gruppenwechsel weggefallen. Bot das Heim- und Klinikgelände einen relativ geschützten und insbesondere verkehrssicheren Ort zum Leben, so ist Frau Fassbender in ihrem jetzigen Umfeld mit normalen Anforderungen und Aufgaben konfrontiert, die neue Lern- und Aneignungsprozesse verlangen, zum Beispiel eine sichere Orientierung im Straßenverkehr. Daher wäre das Risiko der Fremdgefährdung zu groß, würde Frau Fassbender ihr Wohnhaus alleine für einen Stadteinkauf oder Spaziergang verlassen. In dieser Hinsicht könnte eine Einschränkung ihres Freiheitsgrades behauptet werden, ließe sich die neue Lebenslage nicht als eine pädagogische Herausforderung für weitere Schritte in Richtung eines Mehr an Lebensautonomie betrachten und aufbereiten. Dazu zählt auch das langfristig angelegte Ziel, Frau Fassbender zunächst über Heimarbeit und stundenweise in die örtliche Werkstatt für Behinderte zu integrieren. Diesbezüglich hatte es unter den alten Heimbedingungen schon einmal einen Versuch gegeben, der jedoch am Widerstand von Frau Fassbender gescheitert war. Sie weigerte sich früh morgens das Haus zu verlassen bzw. in den Bus zu steigen und wollte offensichtlich den vertrauten Arbeitsplatz im Heimgelände, den sie selbstständig zu Fuß erreichen kann, nicht aufgeben.

Bis heute erhält Frau Fassbender Besuch von ihrem Vater, der sie in der Regel alle sechs Wochen zur Übernachtung mit nach Hause nimmt. Vor einigen Jahren ist ihre Mutter gestorben, was nach Ausssagen der Mitarbeiterinnen Frau Fassbender zunächst sehr belastet habe. So sei sie in eine psychische Krise geraten, die sie durch episodische Erregungszustände in Form ihres lauten Schreiens und Kreischens in Verbindung mit ihren spezifischen Autismen (Echolalie, Kreisdrehen, Gestikulieren, etc.) ausdrückte. Mittlerweile habe sich dieses Verhalten jedoch weitgehend wieder gelegt; überdies akzeptiere sie immer häufiger Nähe und ließe sich recht gut über Musikhören in ihrem Zimmer beruhigen. Da das Verhältnis zu ihren Mitarbeiterinnen gut sei, werde auch in Bezug auf ihre Verhaltensprobleme eine günstige Entwicklung erwartet. Allerdings erhält Frau Fassbender seit etwa 1992 neben einem (notwendigen) Antiepileptikum (Primidon Tab.: 1 1/2-0-2) wieder verschiedene Psychopharmaka (z. Z.: Clobazam 10 mg: 1 1/2-1-1/2 und Perphenazin Tr.: 30-30-30). Fachlich lässt sich die Vergabe der Beruhigungsmittel, auf die wir in den 80er Jahren erfolgreich verzichten konnten, nicht überzeugend begründen, da weder eine psychotische Erkrankung noch schwere Angstzustände vorliegen. Dagegen ist die Gefahr unerwünschter Wirkungen nicht auszuschließen. Von Seiten der Mitarbeiterinnen in der AWG wurde im Gespräch signalisiert, dass langfristig wieder ein Abbau der sedierenden Arznei angestrebt werde. Wenngleich die erneute Medikation mit den oben genannten episodischen Erregungszuständen begründet wurde, sollte sie eher als ein soziales Problem betrachtet werden, das dem Denken und den Gepflogenheiten der alten Psychiatrie entspricht. Erwähnenswert ist, dass sich in erster Linie die älteren Mitarbeiterinnen, die noch die Psychiatrie-Zeiten erlebt hatten, die Sedierung wünschten, zumal Anfang der 90er Jahre zwei weitere laute Bewohnerinnen aufgenommen werden mussten. Dadurch war die allgemeine Lautstärke in der Gruppe für mehrere Mitarbeiterinnen und Bewohnerinnen unerträglich geworden, weshalb der Versuch einer gewissen Ruhigstellung geboten schien. Ferner waren zuvor einige pädagogisch engagierte Mitarbeiter sowie die bislang zuständige Ärztin ausgeschieden, so dass seitdem auch ein gewisses Maß an sozialpsychiatrischer Assistenz und systemischer Konsultation für das Mitarbeiterteam weggefallen war.

Sieht man einmal von diesem Rückschritt ab, so möchte ich dennoch alles in allem die derzeitigen Lebensverhältnisse und -perspektiven sowohl von Frau Fassbender als auch von Frau Bode positiv beurteilen. In dem Zusammenhang hat mir die AWG mit ihren Angeboten und Möglichkeiten für die Betroffenen erneut deutlich vor Augen geführt, dass gemeindeintegrierte, häusliche Wohnformen, wie ich sie hier anskizziert habe, selbst für ehemals psychiatrisch fehlplazierte Menschen mit schwerer geistiger Behinderung sinnvoll und entwicklungsbereichernd sind. Daher sollten derlei Wohnangebote die Regel sein und nicht im Vergleich zu Wohnheimen oder Anstalten als Ausnahme oder Sonderform gelten , so wie es fast alle Kostenträger und die traditionelle Behindertenhilfe nach wie vor in Deutschland sehen. Dies entspricht im übrigen auch internationalen Entwicklungen und der Betroffenenperspektive (INCLUSION INTERNATIONAL 1998), denen der Landschaftsverband Rheinland – vorbildlich und beispielhaft für »deutsche Verhältnisse« – mit seinem gegenwärtigen Deinstitutionalisierungs- und Dezentralisierungskonzept Rechnung zu tragen versucht.[114]

### Herr Jonas

Die Kerngruppe, in der Herr Jonas Anfang der 80er Jahre lebt, hat sich bis heute kaum verändert. Auch personell gibt es mit der Gruppenleitung und zwei Mitarbeiterinen ein gewisses Maß an Kontinuität. Der Personalschlüssel hat sich mit 1:1,4 (zzgl. 1 ZDL u. 1 Hausangestellte) im Vergleich zu früher geringfügig verändert.

Nach Auffassung der Mitarbeiter sowie nach eigenen Beobachtungen hat sich Herr Jonas, der heute über 50 Jahre alt ist, in dem zuletzt von mir beschriebenen Verhalten nicht nur stabilisiert, sondern sich in seiner Persönlichkeit noch weiter entfaltet. So isst er heute zum Beispiel mit Messer und Gabel und fährt innerhalb seiner Wohnung und in der heiminternen Förderstätte geschickt mit seinem Rollstuhl herum. Zwar würde er gelegentlich einnässen und einkoten, dies aber sei keine Form von Unselbstständigkeit, sondern in erster Linie ein sozial-kommunikatives und motivationales Mittel, dass Herrn Jonas gezielt einsetze, um Interessen oder Wünsche durchzusetzen oder auch Launen und Emotionen wie Eifersucht und Unlust kundzutun. Bemerkenswert finde ich in dem Zusammenhang Aufzeichnungen zu Beginn der 90er Jahre, die Herrn Jonas als einen aufgeschlossenen, kontaktfreudigen, mit sich selbst zufriedenen, umgänglichen und freundlichen Bewohner beschreiben, der nicht im herkömmlichen Sinne als pflegebedürftig zu betrachten sei. Natürlich sind – bedingt durch seine körperliche Behinderung – bis heute partielle Formen einer praktischen Assistenz erforderlich, doch wird dieses Maß an notwendiger Pflege zu Recht nicht überbewertet. Von Seiten der Mitarbeiterinnen und Mitarbeiter wurde mir berichtet, dass Herr Jonas seine räumliche Umwelt inzwischen noch intensiver erfahren, miterleben und begreifen würde; auch würde er von sich aus Kontakte zu seinen Mitbewohnern und zum Personal knüpfen, Wünsche äußern und sprachlich kommunizieren. Kleine und einfach strukturierte Gespräche seien mit ihm gut möglich, wenngleich er dabei nicht selten stereotype Elemente miteinfließen ließe, »die jedoch als angenehm, positiv und auch als lebendig in Gegenseitigkeit« erfahren werden. Dies konnte ich auch in der persönlichen Begegnung mit Herrn Jonas erfahren.

Obwohl wir uns über viele Jahre nicht mehr gesehen hatten, hatte er mich bei meinem ersten Besuch sofort wiedererkannt und dies mit großer Freude und Nennung meines Vornamens kundgetan. Ausgehend von einigen üblichen Begrüßungsfragen – Wie geht es dir? Was machst du? Hast du Lust, mir das mal vorzumachen? Zeig mir mal dein Zimmer, deinen Arbeitsplatz! – entwickelten sich einfach strukturierte Gespräche, in denen er sich mit kurzen Antworten äußerte. Insgesamt hatte ich den Eindruck, dass ihm die Unterhaltungen sichtlich gefielen. Natürlich war er auch daran interessiert, mit mir gemeinsam etwas zu tun und mir seine Arbeit in der Förderstätte zu zeigen. Dort legt er an Wochentagen drei Stunden lang Kinderpuzzle oder fügt Zahlen in eine Puzzleuhr ein, obwohl er Zahlen nicht lesen kann. Auf den ersten Blick wirken derlei Angebote insbesondere für Erwachsene infantilisierend und sinnlos – und in der Tat sollte man auch älter werdende Personen mit schwerer geistiger und mehrfacher Behinderung unbedingt zu einem sinnerfüllten Tun anregen, wozu sich zum Beispiel ästhetische Aktivitäten (bildnerisches Gestalten, Theaterspiel) oder auch hauswirtschaftliche Tätigkeiten (Kochen und Backen in der Gruppe) eignen. Doch kommt der regelmäßigen Aktivierung durch Puzzlelegen ein Trainingseffekt zu, der sich bei Herrn Jonas auf seine Handgeschicklichkeit und auf die Auge-Hand-Koordination günstig auszuwirken scheint. Dadurch bleibe er nämlich – so eine Mitarbeiterin – »feinmotorisch mobil« und könne auch gut mit Messer und Gabel essen.

Abschließend sei erwähnt, dass Herr Jonas vor kurzem mit seinen übrigen Bewohnern in einen eigens für schwerstbehinderte Menschen konzipierten Neubau außerhalb des Heim- und Klinikgeländes umgezogen ist. Alle Bewohner der Gruppe haben nun ein eigenes Zimmer, so dass in noch stärkerem Maße als bisher eine subjektzentrierte und lebensweltbezogene Behindertenarbeit verwirklicht werden kann. Zum Beispiel findet morgens und abends sowie an den Wochenenden eine Selbstverpflegung in der Gruppe statt. Hierzu erhält die Gruppe monatlich ein entsprechendes Beköstigungsgeld. Ein zukünftiger Schwerpunkt wird nicht zuletzt aufgrund des Alters und der Schwere der Behinderung einiger Mitbewohner die Pflege basaler Individualinteressen sowie die Unterstützung einer sinnerfüllten Lebens- und Alltagsgestaltung sein, um ein Leben so normal wie möglich abzusichern.

# Empowerment in der Gruppenarbeit

Im Folgenden haben wir zwei aktuelle Beispiele herausgegriffen, die sich auf Empowerment in der Gruppenarbeit mit geistig schwerst- und mehrfachbehinderten Menschen beziehen. Wenngleich beide Projekte für sich alleine stehen und Musterbeispiele darstellen, zum einen geht es um ein Theaterprojekt und zum anderen um eine Selbstvertretungsgruppe, sind sie im Gebäude des institutionellen Lebens eingelagert. Insofern sollten sie als Bausteine eines Gesamtkonzeptes einer lebensweltbezogenen Behindertenarbeit betrachtet werden. Wie wir noch sehen werden, stiftet die Gruppenarbeit nicht nur zu sozialen Empowerment-Prozessen an, sondern beide Projekte tragen auch explizit zur individuellen Entwicklungsförderung bei. Überdies bieten sie wertvolle Anregungen und Anknüpfungspunkte für die (wohngruppenbezogene) Alltagsbegleitung und Einzelhilfe. Hierzu ist freilich ein Dialog und gegenseitiger Erfahrungsaustausch notwendig, um ein (konkurrierendes) Nebeneinander von Angeboten und Hilfen zu vermeiden.

## *»Wir spielen Theater«*

Theaterspiele oder -projekte mit geistig behinderten Menschen sind im Prinzip nichts Neues. Schon seit langem scheint es in Anstalten, Heimen oder auch Schulen für geistig Behinderte Gepflogenheit zu sein, zu bestimmten Anlässen wie Jahres- oder Weihnachtsfeiern ein Theaterstück mit behinderten Personen aufzuführen. Nicht selten handelt es sich dabei um bekannte Märchen oder Geschichten, die von professionellen Helfern so vereinfacht und aufbereitet werden, dass sie von den behinderten Menschen richtig gespielt und vorgeführt werden können. Dieser traditionellen, in der heilpädagogischen Arbeit mit geistig behinderten Menschen noch weit verbreiteten »Produktorientierung« (THEUNISSEN 1984) liegen in der Regel viele Proben mit einem mühseligen Eintrainieren von Handlungen und Ausdrucksformen zugrunde. Manchmal wirken die Proben wie eine Dressur oder Disziplinierung des Körpers, der Bewegung, Gestik, Mimik und Sprache, da ja die Geschichte möglichst in der bekannten Fassung wiedergegeben werden soll. Indem man versucht, die Darsteller mit geistiger Behinderung so weit wie möglich an das Niveau nichtbehinderter Spieler heranzuführen, soll eine größtmögliche Annäherung an die Normalität erreicht werden. Dies veranlasst viele Betrachter von Märchen oder Geschichten, die von geistig behinderten Menschen aufgeführt werden, zu einem unausgesprochenen, latenten Vergleich mit der Schauspielkunst nichtbehinderter Personen. In der Regel wird die Wertschätzung, Anerkennung oder Würdigung des Auftritts der behinderten Menschen zum Ausdruck gebracht, denn wer würde sich schon trauen, eine Aufführung von geistig behinderten Menschen zu kritisieren? Ob der geäußerte Beifall tatsächlich echt ist, oder ob es sich um eine durch Mitleid gestützte Wohlgefälligkeit handelt, sei einmal dahingestellt – bei einer Orientierung am normalen Theaterspiel dürften Darsteller mit geistiger Behinderung wohl eher schlechter als nichtbehinderte Schauspieler abschneiden. Worauf es uns aber ankommt, ist, dass dieses Vergleichen und Erleben erst die Produktorientierung einer Theaterarbeit im herkömmlichen Sinn befördert; es findet genau das statt, was »*niemals sein dürfte: ein Vorführen der Defizite*« (HÖHNE 1997, 235). Das traditionelle Theaterspielen mit geistig behinderten Menschen ist somit »genau das Gegenteil von dem, was Theater mit Behinderten sein sollte« (ebd., 247): ein Medium und Forum der Kreativität, der Phantasie, Spontaneität, Improvisation, Originalität und Authentizität, kurzum ein Vehikel des Empowerment.

Was bedeutet dies nun konkret? Für SACK (1997, 243, 245) ist es insbesondere die »befreiende Wirkung des improvisierten Theaterspiels«, die Empowerment befördern kann; und für HÖHNE (1997, 247) sind es die avantgardistischen Implikationen, die Verheißungsvolles in der Theaterarbeit mit geistig behinderten Menschen versprechen: Das Avantgardistische des Theaters liegt in seiner Verweigerung konventioneller, akademisch-intellektueller und rationaler Maßstäbe zugunsten der Fokussierung »authentischer Kunstäußerung, die nicht von der besonderen Person zu trennen ist« (auch THEUNISSEN 1998b). Gerade dieser Fokus fordert zum Umdenken heraus – gelten doch Menschen mit geistiger Behinderung in ihren ästhetischen Ausdrucksformen, Bewegungen, Darstellungs- oder Erlebensweisen im avantgardistischen Sinne als originell, kreativ, einmalig, eben authentisch: »Ihre Phantasie ist häufig dadaistisch und nicht intellektuell« (HÖHNE 1997, 214). Damit gilt jeder als kompetent, und es wird jeder in seinem So-Sein, in seinem Eigensinn sowie in seiner Potentialität ernst genommen. Von daher verbietet es sich, den individuellen Ausdruck aus Sachzwängen heraus – um ein bestimmtes Stück spielen zu können – glätten, umbiegen oder gar disziplinieren zu wollen. Entscheidend ist es, an der Authentizität des Verhaltens und Erlebens anzuknüpfen und das, was die Betroffenen in ihrer Mimik, Gestik, ihren Daseinsformen und Verhaltensweisen als Originalität zum Ausdruck bringen und was sie dementsprechend gut können, aufzugreifen, herauszuheben und weiterzuentwickeln, so dass sie Anerkennung für das bekommen, was sie als kompetente Personen auszeichnet.

> »Unsere Spieler (mit geistiger Behinderung, d. A.) besitzen die besondere Fähigkeit, für Vorgänge, die sie selbst niemals rational erklären können, symbolische Ausdrucksformen, Metaphern zu finden. Es ist notwendig, den Blick hierfür zu schärfen, auch Nicht-Verständliches erst einmal wirken zu lassen. Häufig erschließen sich die Bedeutungen hinterher.« (ebd., 246)

In diesem Sinne braucht Theaterarbeit mit geistig behinderten Menschen »keine Rechtfertigung. Sie ist zweckfrei, ohne Ergebniszwang, spielerisch und überschreitet die Grenzen und Tabus der Alltäglichkeit, damit werden neue Perspektiven eröffnet« (ebd. 240, 249). Gelingt es in der Theaterarbeit, die Authentizität, die individuellen Stärken und kreativen, häufig im Verborgenen schlummernden Potentiale der Betroffenen herauszuarbeiten und hervorkommen zu lassen, »sind sie unschlagbar und einmalig« (ebd., 247). Und genau das ist »Empowerment durch Theaterarbeit« (Sack).

Im folgenden soll nun über ein Theaterprojekt des Heilpädagogischen Wohnheims der Lebenshilfe Halle (hierzu ASSMANN 1997; HOFFMANN 1998) berichtet werden.[115] Hospitalisierte Menschen mit schwerer geistiger und mehrfacher Behinderung spielen hier Theater. Das ist eher selten der Fall – führen doch gerade Menschen mit schwerer geistiger Behinderung in Heimen oder Anstalten häufig ein Schattendasein, was künstlerische Darbietungen betrifft. Überdies wird ihnen nach wie vor Kreativität, Phantasie oder darstellerische Spielfähigkeit weithin abgesprochen. Anders dagegen in dem von uns beschriebenen Projekt: Ihm lag die Überlegung einiger engagierter Mitarbeiter zugrunde, potentiell interessierten Bewohnerinnen und Bewohnern ein neues ästhetisches Betätigungsfeld im Sinne des Empowerment zu eröffnen. Mittlerweile zählt die Theaterarbeit zu einer festen Größe in der Angebotspalette unseres Hauses.[116]

Das Ensemble umfasst acht Teilnehmer, zwei Frauen und sechs Männer, die von drei Assistenten begleitet werden. Alle Mitglieder des Ensembles gelten nicht nur als geistig schwerst- und mehrfachbehindert, sondern auch als »werkstattunfähig«.[117] Überdies haben wir es mit Personen zu tun, deren Mehrfachbehinderung sich auch in einem herausfordernden Verhalten dokumentiert und Mitarbeiter im Alltag immer wieder vor Fragen stellt.

Stellvertretend für alle Ensemblemitglieder möchten wir an dieser Stelle nun Herrn Rosei vorstellen. Herr Rosei gilt als familiengelöst und verbrachte seine Kindheit und Jugend in einer Kinder- und Jugendpsychiatrie unter Bedingungen einer »totalen Institution« (Goffman). Bei Einzug in das heilpädagogische Wohnheim wurde er als stark motorisch unruhig sowie als distanzlos beschrieben und bezeichnet. Sein Bedürfnis, unentwegt im Mittelpunkt stehen zu wollen, wurde von den Mitarbeitern als sozial unangemessen erlebt und bewertet. Frustrationen machte er zum Beispiel stets mit unberechenbaren körperlichen Angriffen Luft. Geduld und Verständnis der Bezugspersonen waren oftmals bis aufs Äußerste ausgereizt. Daher musste ein neuer Weg beschritten werden, um ihm bewusst zu machen, dass er als Person respektiert und wertgeschätzt wird, seine Handlungen könnten dagegen häufig nicht akzeptiert werden können. Herrn Rosei's starker Wille und sein Bedürfnis, sich fortwährend in den Mittelpunkt zu stellen, prädestinierten seine Person geradezu für dieses Projekt.

*Vorüberlegungen*

Wir begaben uns mutig in einen Prozess, der für uns neu, ausgesprochen spannend und verheißungsvoll war, dessen Ausgang wir aber nicht kannten. Keiner von uns Mitarbeitern hatte Erfahrung auf dem Gebiete des darstellenden Spiels. Diese Offenheit hielt die Spannung und die experimentelle Form setzte zusätzliche Motivation frei. Für uns Mitarbeiter stand im Vorfeld die Überlegung, wie ein Angebot für hospitalisierte Menschen mit schwerer geistiger Behinderung aussehen muss, wenn man den zukünftigen Darstellern nicht nur Statistenrollen zuweisen will. Jeder Teilnehmer sollte sich authentisch und kompetent produzieren können. Besonders dienlich waren hierzu die im Vorfeld durch Beobachtungen, gemeinsames Tun und Erleben sowie durch eine Rehistorisierung der Lebensgeschichte erkannten Interessen, Kompetenzen und Stärken, die jeder – unabhängig von einer langen Hospitalisierung oder Schwere der intellektuellen Beeinträchtigung – besitzt. Es war zu überlegen, wie persönliche Fähigkeiten und Potentiale, individuelle Eigenheiten und kreative Ausdrucksformen im Spiel identitätsstiftend und persönlichkeitsbildend nutzbar gemacht werden könnten.

Lern- und Erfahrungsprozesse wurden auf beiden Seiten in Gang gebracht, sowohl bei den Darstellern als auch bei den professionellen Helfern. Auf Seiten der Darsteller waren die authentischen und originellen Angebote zur Mitwirkung und -gestaltung besonders wertvoll. Jeder Einzelne erfuhr Aufwertung und Wertschätzung; und das Bewusstsein, Einfluss nehmen zu können, stärkten Selbstvertrauen, Selbstbewusstsein und Identität. Für uns Mitarbeiter war der Prozess des Aufgreifens, der Unterstützung und der Findung von Ausdrucksmöglichkeiten sehr lehrreich. In diesem produktiven Klima entwickelte sich sehr schnell ein Wir-Gefühl. Das Bewusstsein des Mitgestalten- und (Mit-)Beeinflussen-Könnens setzte bei allen Darstellern Phantasie und Kreativität frei. Herrn Rosei's Kontaktfreude und Aufgeschlossenheit wirkte dabei als gutes Beispiel und motivierte die anderen Ensemblemitglieder. So teilte er sich über eine ausgeprägte Mimik und Gestik mit, welche er sich selbst angeeignet oder übernommen hatte. Diese Fähigkeit stimulierte und motivierte als Angebot und Übermittlungshilfe die anderen Beteiligten.

### Das erste eigene Theaterstück

Unser erstes Theaterstück hieß »Frühlingsfeuer«. Ein Mitarbeiter schrieb das Stück sozusagen den Ensemblemitgliedern auf den Leib. Dabei handelte es sich nicht um eine eng gestrickte Spielvorgabe, sondern um einen offenen Spielrahmen, der Raum ließ für Improvisationen, Veränderungen und Vorschläge durch die Betroffenen. Jeder übernahm eine Rolle, die er aufgrund seiner einzigartigen Ausdrucksform, physischen Voraussetzungen, individuellen Interessen, Kompetenzen und Stärken ausfüllen konnte. Im Stück kamen starke Männer, eine schöne Göttin, Dorfbewohner und ein Liebespaar vor.

Wir mussten davon ausgehen, dass die Darsteller keine Vorstellung von dem besaßen, was es heißt nicht Konsument, sondern Produzent zu sein. So waren wir um Anschaulichkeit bei der Erarbeitung der einzelnen Szenen bemüht. Der Schwerpunkt der ersten Proben lag auf spielerischen Übungen, die helfen sollten, Hemmungen und starre Verhaltensmuster zu überwinden, Spielfreude zu wecken sowie zu Kreativität und Originalität anzustiften.

Ferner wurden von uns Kontakte zu einem hiesigen Theater geknüpft. Dessen Künstler fanden das Projekt so interessant, dass sie uns eine

Theaterpädagogin zur Seite stellten und die ersten Proben mit inhaltlichen Ratschlägen und Tipps zur Unterstützung der individuellen Ausdrucksformen und Spielkompetenzen begleiteten. Durch ihre Assistenz wie auch durch die Konstanz der Proben entwickelte sich bei den Darstellern allmählich ein Spiel mit »Ernstcharakter«. Jede einzelne Person wurde mit ihrem originellen Ausdrucks- und Spielverhalten ernstgenommen, akzeptiert und konnte sich dementsprechend auch als wichtig und kompetent erleben. Dieser Gewinn an Zutrauen und Erleben von Kompetenz kann gerade in Bezug auf Menschen mit herausfordernden Verhaltensweisen nicht hoch genug eingeschätzt werden. Zugleich kam es zu einem sozialen Lernen. Jeder Einzelne musste lernen, zwischen Durchsetzung und Aktualisierung individueller Spielstärken und der Bereitschaft zur Zurücknahme und Akzeptanz von Mitspielern ein Balance zu finden. Außerdem lernten die einzelnen im Verlauf der Probenarbeit, auch Meinungen anderer gelten zu lassen, kompromissbereit zu sein, sich auf andere einzustellen und zu kooperieren.

### Vorgehensweise

Das Ziel des Projekts war nicht vordergründig Wissen zu vermitteln, sondern durch Spiel den Teilnehmern Wirklichkeiten zu bieten, die ihre Begabungen und Stärken zur Entfaltung bringen. Sie lernten, die Welt mit allen Sinnen zu erfahren und sich als Teil dieser Welt in ihrer gesamten Vielfalt zu begreifen.[118]

Für unsere Spieler ist Anschaulichkeit in der Informationsvermittlung von besonderer Bedeutung. Insofern stellte sich die Vermittlung abstrakter Inhalte als ausgesprochen schwierig dar. So sind wir bei der Stückerarbeitung von schon Bekanntem ausgegangen und versuchten, über Kommunikation und den bewussten Einsatz nichtsprachlicher Zeichen – Mimik, Gestik, Körpersprache – Vorstellungsvermögen zu entwickeln. Unsere Aufgabe bestand darin, den Spielern so zu assistieren, dass ein ästhetisches Produkt entstand, das ihren Interessen, Vorstellungen und Fähigkeiten entsprach. Dazu mussten die Helfer ein Gespür für den Ausdruck und die Möglichkeiten der Spieler entwickeln, in der Lage sein, sie spielfördernd aufzugreifen und zu unterstützen »anstatt selbst der Motor des Spielprozesses sein zu wollen« (SACK (1997), 241). Insofern war es wichtig, sich zurücknehmen zu können, aber auch an richtiger Stelle Hilfestellungen zu leisten, zu ermutigen und über Vormachen und Mitmachen zum Nachmachen anzustiften.

Die Rollenverteilung erfolgte unter Mitsprache der Darsteller nach Fähigkeiten der einzelnen Personen. So konnte der Spielraum offen gehalten werden, um auf Befindlichkeiten der einzelnen zu reagieren. Im Rahmen dieser *subjektzentrierten Erarbeitung eines Stückes* (Theunissen) lernten die Darsteller erstaunlich schnell ihre eigenen Ausdrucksmöglichkeiten zu nutzen:

Die »starken Männer« zeigten ihre Kraft mit der Gesamtheit des Körpers. Sie bauten sich in unmittelbarer Nähe des Publikums auf, so dass die körperliche Wirkung noch verstärkt wurde. Mit scheinbar riesigen, ungelenken Schritten protzten sie mit ihrer Kraft. Herr Rosei übernahm die Rolle eines solchen starken Mannes. Seinen ungehemmten Bewegungsdrang konnte er so einsetzen, wie es gerade gefordert und erwünscht war; seine Körpersprache füllte die Rolle somit perfekt aus. Dieser Einsatz wurde von den Assistenten bejaht und unterstützt. Die Anerkennung seiner Spielleistungen wirkte sich auch auf sein Verhalten außerhalb des Projekts günstig aus.

Die »Dorfbewohner« zeigten fleißiges und alltägliches Tun, auf einem Dorfplatz ist immer etwas los. Der Dorfälteste gibt Sicherheit mit fester Stimme und hält beschützend seine Arme über das unsichere, gefährdete Volk.

Das »Liebespaar« bildete eine körperliche Einheit, wirkte ruhig und harmonisch. Sie hielten sich an den Händen und wirkten liebevoll und beruhigend aufeinander ein durch Körperhaltung und -richtung. Bei Zunahme der äußeren Gefahr innerhalb der Spielhandlung wurde ihre Körpersprache eindeutiger. Zuwendung, Umklammerung, aber keine Resignation vermittelte sich den Zuschauern. Das Vertrauen in die Kraft der Liebe und Gemeinsamkeit wurde von diesem Paar verkörpert.

Immer selbstverständlicher wurde die Einbindung von Körpersprache in das verbale Geschehen, so dass bestimmte Bewegungen zum Signal für den Handlungsablauf wurden. Beim Probieren, Variieren und Weiterentwickeln entstanden spontane Einfälle, die das Spiel bereicherten und die allen Beteiligten Spaß und Freude machten.

### Die Aufführung

Besonders motivierend und spannungssteigernd stellte sich die Tatsache dar, dass wir die Möglichkeit erhielten, in einem öffentlichen Theater unser Stück aufzuführen. Für unsere Darsteller bedeutete es, die besondere Atmosphäre einer Spielstätte aufzunehmen und erfahren zu können. Neue Raumerfahrungen, neue Perspektiven wurden für die Ensemblemitglieder eröffnet. Die Besuche und die durchgeführten Proben in der Spielstätte

Theater ergaben für alle neue tiefe Eindrücke. Von einer Bühne zu schauen, diese andere Blickrichtung, besaß eine ganz eigene Wirkung. Mit allen Sinnen wurde die prickelnde Atmosphäre des Theaters erfahren. Optische und akustische Reize gaben Signale, welche für den Fortgang des Spiels bedeutsam wurden. Außerordentliche Freude bereitete ein Tag im Fundus des Theaters. Alle Darsteller durften in der Requisite stöbern, sich Kleidung aussuchen, sich verkleiden und somit in die Rolle eines Fremden oder Neuen schlüpfen. Herr Rosei erlebte diese Stunden mit überschäumender Begeisterung. Er konnte sich produzieren, ausprobieren und suchte Bestätigung bei seinen Begleitern, die er vorbehaltlos erhielt. Auch der ganz eigene Geruch im Theater entwickelte Spannung und Gänsehaut-Gefühl. Je näher der Termin der Aufführung kam, um so spannender und auch gereizter wurden die Proben. Videoaufnahmen unterstützten die Probenarbeit. Sie wurden sowohl während der Proben als auch im nachhinein betrachtet und ausgewertet. Diese Reflexion war für die Darsteller hilfreich und zur Verfeinerung des Spiels nützlich. Des weiteren wurden Plakate selbst entworfen und hergestellt. Das Bewusstsein für den besonderen Tag der öffentlichen Aufführung steigerte sich.

Das öffentliche Interesse war außerordentlich groß. Das Haus war ausverkauft. Das Publikum war gekommen, um uns zu sehen. Wie ist das, wenn sich der Vorhang öffnet und viele Augenpaare erwartungsvoll auf uns schauen?

Die verantwortlichen Mitarbeiter schirmten die Darsteller ab, um die positive Grundstimmung zu erhalten. Plötzlich verlosch das Licht auf der Bühne und im Zuschauerraum. Die Musik, ein tragendes Element im Spiel, setzte ein und der Vorhang öffnete sich – dies war das einschneidendste Moment für alle. Welche Erleichterung, als das Spiel einsetzte, die Darsteller konzentriert und hochmotiviert ihre Rollen und Aktionen aufnahmen. Uns war klar, dass unvorhersehbare Wirkungen und Ereignisse auch panische Reaktionen auslösen könnten. Doch diese Aufführung war erfolgreich und alle nachfolgenden auch.

### Resümee

Die Kreativität der Betroffenen, die wir erleben konnten, deutete darauf hin, welches Lernpotential vorhanden ist. Heute ist das Angebot »Wir spielen Theater« fest eingebunden in die Aktivitäten unseres Hauses. Mittlerweile wird das dritte Stück erarbeitet.

Die Mitglieder des Ensembles sind sich ihrer exklusiven Stellung, ihres Statuses bewusst. Zeitlich orientiert und selbstbewusst nehmen sie die Arbeit der Proben wahr. Bemerkenswert ist, dass sich nicht nur kognitive Fähigkeiten wie Merkfähigkeit, Wiedererkennen oder Assoziationen ausgebildet und erweitert haben und heute die Szenenproben erleichtern. Die größten Fortschritte hat jeder Einzelne des Ensembles in seiner Persönlichkeitsentwicklung gemacht. Jeder ist sich seiner eigenen Stärken bewusst geworden, hat eigene Kräfte (wieder-)entdeckt, Selbstvertrauen und neues Selbstwertgefühl gewonnen sowie auch soziale Fähigkeiten entwickelt. Herr Rosei nutzt heute für »Theaterspiel« ein körpersprachliches Zeichen, mit dem er diese Aktivität einfordert oder sich immer wieder im Wochenverlauf erkundigt, ob und wann diese Aktivität stattfindet. Die konstante Struktur dieses Angebots sowie die Akzeptanz seiner ausgeprägten Individualität versetzen ihn heute in die Lage, sich selbst anzunehmen. Er kann sich darauf verlassen, dass er mitentscheiden kann und zu seinen Wünschen befragt wird. Er akzeptiert eindeutiger seine Leistungsgrenzen, da er sich seiner Stärken bewusst geworden ist. Er zeigt sich im Alltag sozialer und hat mehr Verständnis, wenn sich zum Beispiel ein Mitarbeiter längere Zeit anderen Mitbewohnern intensiv widmet. Außerdem kann man ihn in letzter Zeit vereinzelt bei Rollenspielen beobachten, er spielt von sich auch Telefonieren oder Kellnern. Denkbar wäre, ihm in Zukunft Rollen anzubieten, in denen er seinen Stress abreagieren kann.

Wir waren angetreten mit der Überlegung gemeinsam spielen, Freude und Spaß an der Gemeinsamkeit empfinden zu wollen. Unser Theaterprojekt sehen wir Mitarbeiter als Baustein zur innovativen Lebensbewältigung von Menschen, die als hospitalisiert und schwerstbehindert gelten und die tagtäglich von der Gesellschaft gehalten sind, ihre Kompetenzen unter Beweis zu stellen. Kunst aber kennt keine Rechtfertigung (Höhne). So gibt es keinen krönenden Abschluss des Projektes, sondern eine hoffentlich unendliche Fortsetzung des Empowerment durch Theater mit vielen Höhepunkten.

### Eine Selbstvertretungsgruppe macht mobil[119]

Jahrhundertelang wurden Menschen mit einer geistigen Behinderung das Recht auf und die Fähigkeit zu Mit- und Selbstbestimmung abgesprochen. Sie wurden bestenfalls versorgt und weitgehend fremdbestimmt. Erst seit einigen Jahren lassen sich im Gefolge der vor allem von körperbehinderten und sinnesgeschädigten Menschen initiierten Selbsthilfebewegungen (Independent Living Movement) Entwicklungen erkennen, die deutlich machen, dass auch Menschen mit intellektuellen Einschränkungen fähig und bereit sind, Selbstbestimmung für sich in Anspruch zu nehmen (vgl. auch Kap. V).

Entscheidend für eine gelungene Umsetzung der Empowerment-Philosphie ist jedoch, dass auch jene Menschen einbezogen werden, die als geistig schwerst- und mehrfachbehindert gelten, also »individuals who cannot speak, eat, or dress themselves without assistance« (MILLER & KEYS 1996, 317). Um alle Menschen mit geistiger Behinderung erreichen zu können, bedarf es einer konzeptionellen Verfeinerung und Vertiefung des anskizzierten Empowerment-Konzepts, das in erster Linie von Personen angeregt worden ist, die für sich selber sprechen können.

Mit dem Beispiel einer Selbstvertretungsgruppe stehen also die Möglichkeiten einer Empowermentarbeit mit geistig schwer und schwerstbehinderten Menschen auf dem Prüfstand.

### Erste Schritte

Die Selbstvertretungsgruppe des Heilpädagogischen Wohnheimes der Lebenshilfe Halle entstand im Frühjahr (1997) auf Initiative der Leiterin der Einrichtung, Milly Assmann. Ziel der Selbstvertretungsgruppe ist es, Bewohner und Bewohnerinnen zu befähigen, langfristig selbst ihre Interessen zu vertreten und dadurch den jetzt noch amtierenden Heimfürsprecher abzulösen. Zur Zeit leben im Heilpädagogischen Wohnheim 48 Erwachsene mit schwerer geistiger und Mehrfachbehinderung, von denen die meisten bis 1995 in einer psychiatrischen Pflegestation eines Altenpflegeheimes, in der Kinderpsychiatrie oder in einem Kinderwohnheim untergebracht waren. Bei einem Großteil von ihnen sind Verhaltensauffälligkeiten wie auto- und fremdaggressives oder apathisches Verhalten zu konstatieren, die vor allem auf die jahrelange Hospitalisierung zurückzuführen sind (ASSMANN 1997; HOFFMANN 1998, 141ff.). Alle Bewohner galten jahrelang weitgehend als „förderungsunfähig", und auch jetzt besucht erst ein Bewohner die WfB. Dennoch oder gerade deshalb sollte der Versuch unternommen werden, sie zu befähigen mehr für sich selbst zu sprechen und mitentscheiden zu können.

Die gegründete Selbstvertretungsgruppe besteht aus vier Bewohnern, die sich wöchentlich für eineinhalb Stunden außerhalb ihrer Wohngruppe treffen. Sie werden von zwei Studenten und einer Wissenschaftlichen Mitarbeiterin der Martin-Luther-Universität Halle begleitet und unterstützt.

Am Anfang stand das gegenseitige Kennenlernen auf der Grundlage von Gesprächen (die verbale Verständigung ist in unterschiedlichem Maß möglich) und spielerische Aktivitäten. So wurde beispielsweise über Lieblingsspeisen und -getränke gesprochen, über Lieblingsfarben, bevorzugte Kleidung und Musik etc. Dabei ließ sich feststellen, dass zum einen sehr konkrete Vorstellungen existierten und geäußert wurden, und dass zum anderen ein Prozess des Nachdenkens über individuelle Wünsche und Bedürfnisse begann. Anfangs fiel es den meisten nicht leicht, wirklich bei sich zu bleiben, von sich zu erzählen. Oft wurde auch das, was der Vorredner gesagt hatte als eigene Meinung wiedergegeben bzw. nachgesprochen. Wichtig war uns jedoch vor allem, dass jeder der Beteiligten die Möglichkeit bekam, etwas zu sagen und dass ihm das Gefühl vermittelt wurde, dies sei erwünscht und erhalte auch die Aufmerksamkeit der anderen.

Darüber hinaus boten ästhetische Aktivitäten Möglichkeiten der Selbsterfahrung. So wurden unter der Hauptfrage »Wer bin ich?« lebensgroße Körperbilder gestaltet und mit subjektiv bedeutsamen Inhalten gefüllt. Dazu wurden unter den Fragestellungen, was gefällt mir, was mache ich gern, was wünsche ich mir, was esse ich gern, was hätte ich gern in meinem Zimmer etc. Bilder und Fotos ausgeschnitten und aufgeklebt. Von Bedeutung waren dabei vor allem die begleitende Kommunikation und Interaktion, durch die Entscheidungen provoziert und Begründungen für diese gesucht und gefunden wurden.

Außerdem versuchten die Assistenten von Anfang an mit den Betroffenen darüber ins Gespräch zu kommen, was Selbst- und Mitbestimmung bzw. Selbstvertretung bedeuten kann und wie sie sich konkret im Alltag zeigt. Dabei ließ sich feststellen, dass in dem Wohnheim bereits viel Wert auf eine möglichst selbstbestimmte Lebensgestaltung gelegt wird. So können die Bewohner und Bewohnerinnen weitgehend selbst- bzw. mitentscheiden, was sie anziehen möchten, wie sie ihre Freizeit gestalten und wer sie wann in ihrem Zimmer beziehungsweise in der Wohngruppe besuchen kann.

Die Regelmäßigkeit der Treffen schuf eine zeitliche Orientierung und trug zur Herausbildung einer gewissen Gruppenidentität bei. So ist es zum Beispiel für einige Bewohner immer wieder wichtig, bestätigt zu bekommen, dass die Assistenten auch in der nächsten Woche wieder da sein werden. Sie fragen mittlerweile auch nach, weshalb jemand nicht da ist.

Die Treffen sind jeweils ähnlich strukturiert. Begonnen wird in der Regel mit einer Einstiegsphase, in der jeder erzählen kann, wie es ihm in der letzten Woche ergangen ist, was er für positve und negative Erlebnisse hatte, was ihn besonders bewegt und gefallen hat. Auch Schwierigkeiten und Konflikte mit Mitarbeitern und Mitarbeiterinnen oder Mitbewohnern und

Mitbewohnerinnen werden thematisiert, sofern sie von den Bewohnern angesprochen werden. Dabei ist es wichtig, dass die Bewohner die Sicherheit haben, dass das, was sie innerhalb der Gruppe äußern, nicht von den Assistenten nach außen getragen wird, so dass auch Probleme sowie Gefühle wie Wut und Ohnmacht angesprochen und besprochen werden können. Wichtig ist ein hohes Maß an Einfühlungsvermögen, Variabilität und ein flexibles Vorgehen, um die Bewohner dort abzuholen, wo sie sich gerade befinden, und dies kann von Woche zu Woche sehr unterschiedlich sein. Dazu gehört auch, dass nach der Anfangsrunde gefragt wird, was wir heute machen wollen. So besteht für die Bewohner immer die Möglichkeit, ihre Wünsche, Anliegen und Vorstellungen zu äußern. Diese werden aufgegriffen und auf ihre Realisierbarkeit hin befragt, wozu gegebenenfalls auch eine Konsensfindung erforderlich ist oder bei entsprechendem Vorbereitungsaufwand eine Verschiebung auf einen späteren Zeitpunkt erfolgen muss. Bedeutsam ist jedoch, dass der Einzelne weiß und erfährt, dass er sich einbringen kann, dass es legitim ist, Bedürfnisse zu haben und zu äußern, dass seine Wünsche und Vorstellungen gehört werden und Berücksichtigung finden, ja dass er sich selbst, in dem, was in der Gruppe stattfindet, wiederfinden und identifizieren kann. Durch langjährige Hospitalisierung und Fremdbestimmung fällt es den Bewohnern jedoch häufig schwer, eigene Wünsche und Bedürfnisse wahrzunehmen und zu artikulieren. Deshalb machen die Assistenten Angebote, wenn keine eigenen Gestaltungsvorstellungen geäußert werden. Dabei handelt es sich insbesondere um Übungen zur Körperwahrnehmung mit Bällen und Luftballons, um Massagen und Entspannungsübungen sowie um kreative Angebote wie Malen oder Fotografieren. In diesem Zusammenhang soll das Spektrum möglicher Aktivitäten auch über den Rahmen der Selbstvertretungsgruppe hinaus erweitert werden, denn oftmals fehlt es den Bewohnern an eigenen Ideen zur Freizeitgestaltung. Spaziergänge und Cafébesuche tragen zur Erkundung der näheren Umgebung sowie zum Kennenlernen der unmittelbaren Infrastruktur bei, die genutzt werden kann, um eigene Bedürfnisse zu befriedigen. Insofern ist es auch ein Ziel der Selbstvertretungsgruppe, Wünsche entwickeln zu helfen, Anregungen und Hilfestellung bei der Artikulation eigener Bedürfnisse zu geben.

Mit der Zeit entwickelten die Mitglieder der Selbstvertretungsgruppe Vertrauen und Sicherheit und es fiel ihnen leichter, konkrete Vorstellungen und Wünsche einzubringen. Zum einen wurde dabei auf Bekanntes bzw. in der gemeinsamen Arbeit Kennengelerntes zurückgegriffen (z.B. Ballspiele, Ausschneiden, Malen, Spaziergang), zum anderen werden völlig neue Ideen eingebracht und verwirklicht. So hat beispielsweise ein Bewohner den Vorschlag gemacht, eine Veranstaltung in der Innenstadt zu besuchen, von der er am Morgen im Radio gehört hatte. Ein anderer wollte sich für sein Zimmer eine Pflanze kaufen und sie gemeinsam mit den anderen aussuchen. Hier zeigt sich, dass ein intensives Beschäftigen mit den eigenen Wünschen, Vorstellungen, Ideen dazu beitragen kann, der erlernten Bedürfnislosigkeit entgegenzuwirken.

Die Selbsterfahrungsgruppe entwickelte darüber hinaus eine eigene Gruppenidentität und ein besonderes Zusammengehörigkeitsgefühl. Während des Krankenhausaufenthaltes eines Teilnehmers schlugen die anderen vor, ihn zu besuchen. Die Gruppenidentität zeigte sich aber auch in der Darstellung nach außen. Um den anderen Mitbewohnerinnen und Mitbewohnern deutlich zu machen, was in ihrer Gruppe geschieht, wurde mit Hilfe von Fotos ein gemeinsames Wandbild gestaltet, auf dem sich die Mitglieder der Selbstvertretungsgruppe mit ihren Ansichten darüber, was Selbstbestimmung und Selbstvertretung für sie bedeutet und was sie an Aktivitäten unternehmen, vorstellten. Diese Transparenz ist es wichtig, damit auch die anderen Bewohnerinnen und Bewohner eine Gelegenheit bekommen, sich selbst mit ihren Vorstellungen und Ideen in den Lebensalltag einzubringen. Dies wiederum setzt die Bereitschaft der Mitarbeiter und Mitarbeiterinnen voraus, Selbstbestimmung anzuregen, zuzulassen und zu fördern. So ist es einem Bewohner gelungen, aus dem Wunsch heraus, Lesen und Schreiben zu lernen, die Organisation eines diesbezüglichen Bildungskurses anzuregen, von dem auch andere Bewohner und Bewohnerinnen der Einrichtung profitieren können.

Vor kurzem trafen sich alle Selbstvertretungsgruppen geistig behinderter Menschen, die in der Stadt Halle leben, um sich über ihre Erfahrungen und Aktivitäten auszutauschen. Dabei wurde deutlich, dass es je nach Schwere der geistigen Behinderung unterschiedliche Möglichkeiten und Ansätze gibt, Selbst- und Mitbestimmung sowie Selbstvertretung anzuregen und zu realisieren. Dementsprechend unterscheiden sich auch die assistierenden Aufgaben der professionellen Helfer.[120] Gemeinsam sind ihnen jedoch die oben beschriebenen Grundsätze der Empowerment-Philosophie. Darüber hinaus wird es durch solche Treffen nicht nur möglich, einander kennenzulernen, sondern auch eine entsprechende Vernetzungsstruktur aufzubauen, um so über den Rahmen der eigenen Gruppe hinaus tätig zu werden sowie voneinander zu lernen. Außerdem bieten sie den Betroffenen einen Rahmen, ihre Interessen und Anliegen in einem größeren Zusammenhang zu formulieren.

*Resümee*

Die Selbstvertretungsgruppe ist ein wichter Bestandteil des Empowerment-Prozesses. Entscheidend ist jedoch, dass nicht nur die vier Bewohner davon profitieren, sondern dass der Gedanke des Empowerment in der gesamten Einrichtung verbreitet und umgesetzt wird. Dies bedeutet unter anderem, dass die jeweils individuellen Wünsche in Bezug auf Speisen, Kleidung, Möbel, Raumgestaltung, Freundschaften, Freizeitgestaltung etc. respektiert und so weit wie möglich umgesetzt werden. Es heißt auch, Eigenaktivität freizusetzen und zu unterstützen, auf übermäßige Förderung zu verzichten, offene Lernprozesse und Ganzheitlichkeit zu befördern und Freiräume zur selbstbestimmten und aktiven Erkundung der eigenen Lebenswelt zu schaffen. Darüber hinaus sind Wahlmöglichkeiten anzubieten und eine größtmögliche Beteiligung am Alltagsleben zu gewährleisten. Nicht zuletzt sind der Privatbereich und die Rechte der Einzelnen zu sichern.

Empowerment in der Arbeit mit ehemals hospitalisierten Menschen, die als geistig schwer behindert gelten, bedarf der Befähigkeit zu sozialer Selbstbestimmung. Aufgrund kognitiver, sensorischer, motorischer, emotionaler und kommunikativer Beeinträchtigungen sowie der erfahrenen unsozialen Lebensbedingungen sind viele kleine Schritte auf der Basis eines kommunikations-, situations- und entwicklungsorientierten Ansatzes notwendig, um Entscheidungs- und Handlungsautonomie (wieder) aufzubauen. Gerade bei schwerst behinderten Menschen ist es entscheidend, bereits kleinste Anzeichen einer Willensbekundung oder Bedürfnisäußerung zu erahnen, aufzugreifen und zu nutzen, um erlernte Hilflosigkeit zu minimieren und Realitätskontrolle und Verfügung über die eigenen Lebensumstände zu maximieren. Dies haben wir im Rahmen der Selbstvertretungsgruppe versucht. Wichtig war für jede Bewohnerin und jeden Bewohner das Gefühl, ich habe auch etwas zu sagen und das, was ich sage, ist wichtig und wird beachtet. Über die bloße Willensäußerung hinaus wurden Eigenaktivitäten angeregt und durch das Anbieten von Wahlmöglichkeiten die Entscheidungsfähigkeit gefördert. Dazu gehörte auch das Erleben und Erfahren der eigenen Kompetenzen, um zu spüren, ich kann mehr, als ich mir bisher selbst oder als man mir bisher zugetraut hat.

Von Beginn an versuchten wir den Bewohnern das Gefühl zu vermitteln, dass sie so, wie sie sind, akzeptiert werden, dass sie sich uns gegenüber nicht besonders nett und angepasst verhalten müssen, etwa aus Angst, aus der Gruppe ausgeschlossen zu werden. Sie sollten, gerade auch hier das Recht haben, über Misserlebnisse, Wut und Ärger zu erzählen.

Insgesamt betrachtet lassen sich – dies bestätigen auch Wahrnehmungen und Mitteilungen der Mitarbeiter und Mitarbeiterinnen – bei jedem der vier Bewohner Kompetenzerweiterungen feststellen, die sich nicht allein, aber auch auf die Mitwirkung in der Selbstvertretungsgruppe zurückführen lassen. So treten die Bewohner innerhalb der Selbstvertretungsgruppe und in ihrer Wohngruppe selbstbewusster auf, äußern stärker ihre Wünsche und Bedürfnisse, können einander besser zuhören und ausreden lassen und gehen in ihren Äußerungen aufeinander ein etc. Dies wurde beispielsweise deutlich, als darüber gesprochen wurde, wie sie zukünftig gerne wohnen würden. Da wurden Wünsche geäußert nach einem Einzelzimmer mit selbst ausgewähltem Möbeln, nach einem Hund, einer Badewanne oder einem eigenen Fernseher.

Bei all diesen empowermentgestützten Fortschritten im Alltag geistig schwer behinderter Menschen sollen an dieser Stelle aber auch aufgetretene Schwierigkeiten nicht verschwiegen werden. Nachdem wir uns in mehreren Stunden mit dem Begriff »Selbstbestimmung« auseinandergesetzt hatten, war ein Bewohner der Meinung, nun alles selbst bestimmen und entscheiden zu können. Dies führte dazu, dass er sich Wohngruppenaktivitäten sowie den An- und Aufforderungen der Mitarbeitern und Mitarbeiterinnen verweigerte. Dieses Problem konnte jedoch durch differenzierte Einzelgespräche mit dem Bewohner wie auch mit den Mitarbeiterinnen und Mitarbeitern der Wohngruppe geklärt werden. Letztendlich trug dieser Konflikt selbst dazu bei, dass sich die Mitarbeiterinnen und Mitarbeiter verstärkt mit dem Thema Selbstbefähigung auseinandersetzten, so dass auch auf dieser Ebene Empowerment-Prozesse angestoßen wurden. Ein Empowerment der Bewohner und Bewohnerinnen erfordert gleichzeitig ein Empowerment des Personals und auch eine andere Arbeitsauffassung und -organisation als wir sie bisher im Rahmen einer Versorgungsinstitution kennen. Der Verwirklichung sozialer Autonomie in einer Institution sind immer durch personelle, materielle und finanzielle Grenzen gesetzt. Entscheidend ist deshalb, dass zwischen den Interessen des Einzelnen, der Gruppe, des Personals und des Trägers ein möglichst ausgewogenes Verhältnis hergestellt wird. Zum einen ist es unabdingbar, den Einzelnen sein Selbstvertrauen und Selbstwertgefühl zu stärken sowie ihn zu befähigen, seine Interessen zu vertreten. Zum anderen ist es notwendig, ihn in die Lage zu versetzen, Empathie, eine sozial angemessene Durchsetzungsfähigkeit sowie kooperative Verhaltensweisen zu entwickeln. Zugleich müssen aber auch desintegrierende, entwicklungshemmende Rahmenbedingungen aufgehoben werden, da eine auf Selbsttätigkeit und Emanzipation hin angelegte Praxis nur unter Verhältnissen gedeihen kann, die Autonomie zulassen. Mitarbeiterinnen und Mitarbeitern, denen es gelingt, Empowerment-Prozesse für sich zu erschließen, tragen dazu bei, dass dies auch den Bewohnerinnen und Bewohnern gelingen kann.

Mit der Selbstvertretungsgruppe befinden wir uns erst am Anfang dieses Weges. Noch dient sie vor allem der Selbsterfahrung und Entwicklung ihrer Mitglieder. Immer häufiger sollen jedoch auch die anderen Bewohnerinnen und Bewohner der Einrichtung mit ihren Wünschen und Bedürfnissen mit berücksichtigt werden. Doch um die Wünsche und Bedürfnisse anderer Menschen wahrnehmen, respektieren und vertreten zu können, bedarf es zunächst diesbezüglicher Erfahrungen mit den eigenen Bedürfnissen.

## Evaluation und Reflexion der Gruppenarbeit

Wenngleich sich die beiden vorausgegangenen Beispiele in ihrer Zielsetzung unterscheiden, lassen sich gemeinsame Momente herausstellen, die für eine am Empowerment-Konzept orientierte Behindertenarbeit typisch sind: *Abkehr von einer Defizitorientierung*, bei der geistig behinderte Menschen vorrangig im Lichte von Schwächen oder Inkompetenz wahrgenommen und nicht selten in eine »pathologische Ecke« gedrängt werden, und *Hinwendung zu Kompetenzen und einem »Stärkenmodell«*, wie es von WEICK et al. (1989), RAPP (1992) und SALEEBEY (1992) mit Blick auf Empowerment als Wegweiser für »assistierende Hilfen« herausgestellt worden ist. Ein solcher Ansatz schreibt allen Menschen, so auch Personen, die eine Verwahrpsychiatrie hinter sich haben, Selbstaktualisierungskräfte (Rogers) und Potentiale, eine Vielzahl von Talenten, Fähigkeiten, Fertigkeiten wie auch Sehnsüchten zu (Weick): außerdem würdigt er positive Eigenschaften, Ausdrucksformen und Botschaften, deren Präsenz er für physisch-psychisches Wohlbefinden wertzuschätzen versteht. Wohlwissend, dass Menschen nicht durch Konzentration auf ihre Defizite oder Probleme wachsen, sondern dadurch eher in ihrem Selbstvertrauen geschwächt werden, will er durch die (An-)Erkennung und Entwicklung von Stärken ein Vehikel für gelingende Persönlichkeitsentwicklung sein. WEICK (1992, 24) nennt diesbezüglich drei Annahmen, die das Stärkenmodell anleiten:

1. »daß jede Person eine innere Kraft besitzt, die als ›Lebenskraft‹, ›Fähigkeit zur Lebenstransformation«, ›Lebensenergie‹, ›Spiritualität‹, ›regenerative oder heilende Kraft‹ bezeichnet werden kann« ...;

2. »daß diese Kraft ... eine kraftvolle Ressource von Wissen ist, die personale und soziale Transformation anleiten kann« ...;

3. »daß Menschen in ihrem Handeln immer dann, wenn ihre positiven Fähigkeiten unterstützt werden, auf ihre Stärken zurückgreifen«.

Grundlegend für diese Stärkenorientierung sind ein uneingeschränktes (pädagogisches) Vertrauen in individuelle Ressourcen, Respekt vor dem Eigen-Sinn, dem So-Sein und Lebensstil, der unkonventionell, originell sein kann sowie die *Zuversicht, dass durch eine Stärken-Performance produktive Kräfte für soziale Belange,* ein Gespür von Gemeinschaftssinn, soziale Sensibilität, Verständnis für andere sowie Formen einer Kooperation und eines sozialen Miteinanders *freigesetzt werden.* Diese Grundannahmen der Empowerment-Philosophie schließen assistierende Hilfen in Form von *facilitatorischer Begleitung* und »*kooperativer Exploration*« (DE JONG & MILLER 1995, 729) zur Entdeckung individueller Stärken ud Kompetenzen sowie der Ressource »Gruppe« (im Sinne von »gemeinsam sind wir stark«) keineswegs aus. Solche Hilfen gewinnen insbesondere dort an Bedeutung, wo wir es mit Menschen zu tun haben, die noch nicht selbst ihre Möglichkeiten der Stärken-Performance erschlossen haben. Das gilt weithin für alle an den beiden Gruppenprojekten teilnehmenden behinderten Personen.

Da nahezu jeder unter Bedingungen einer »totalen Institution« (Goffman), vor allem unter Geringschätzung des Selbst- bzw. Personwertes und unter Fremdbestimmung zu leiden hatte, war die Manifestation chronifizierter Hilflosigkeitserfahrungen und erlernter Bedürfnislosigkeit nicht ausgeblieben, so dass ein *Empowerment im transitiven Sinne* statthaben mußte. Aufgabe der Assistenz war es, verborgene oder verschüttete Stärken und Kompetenzen sowie Potentiale ausfindig zu machen, zur Aktualisierung und Gestaltung dieser Kräfte anzustoßen und zu ermutigen, zur Entdeckung eigener und gemeinsamer Stärken und Interessen anzustiften, zur Bewußtwerdung und Artikulation von individuellen und kollektiven Bedürfnissen und Wünschen anzuregen sowie facettenreiche Selbstdarstellungsprozesse zu unterstützen und zu fördern. In beiden Gruppen vollzog sich dabei ein Prozess von der *subjektzentrierten Vorgehensweise* (z.B. Anknüpfungspunkt individuelle Ausdrucksformen, Selbstpräsentation; individuelle Interessen und lernen, eigene Wünsche zu artikulieren) hin zu einer *konsultativen und sozial integrierenden Arbeitsform.* Ging es im ersten Beispiel um eine kollaborative Aneignung eines ästhetischen Produkts vor dem Hintergrund einer Selbstdarstellung in sozialer Bezogenheit und Abstimmung, standen im zweiten Beispiel individuelle Wünsche und Ziele im Vordergrund, die im Austausch und in der Auseinandersetzung mit anderen auf ihre Realisierbarkeit sozial reflektiert werden mussten. Auch hierbei waren Investitionen zum Aufbau der Ressource »Gruppe« (einschließlich sozialer Lernprozesse) notwendig, um ein positives Gruppenklima, um Gemeinschaftlichkeit (Wir-Gefühl) und Gruppenidentität als Fundament für eine »konzentrierte Empowerment-Aktion« herzustellen.

# Anhang

# Anmerkungen

1   Eine kritische Auseinandersetzung mit dem Begriff der geistigen
    Behinderung können wir hier aus Platzgründen nicht leisten. Verweisen
    möchten wir daher auf aktuelle einschlägige Schriften (SPECK 1993;
    HOLTZ 1994; THEUNISSEN 1997a; GOLL 1998).

2   Auf den Ansatz des »Verstehens«, auf die positive Konnotation auffälli-
    ger Verhaltensweisen und auf die Bewältigungs-, Kompetenz- und
    Stärkenperspektive werden wir in Kapitel V und VI ausführlich
    eingehen.

3   Entsprechende Beispiele werden im Kapitel VI vorgestellt.

4   Aus Platzmangel können wir auf diese Ansätze nicht näher eingehen.
    Verweisen möchten wir hierzu auf einschlägige Literatur zur Geschich-
    te der Heilpädagogik und des »Idiotenanstaltswesens« (JOSEF 1967;
    MEYER 1973; MÖCKEL 1988; KASPAR 1980; BRADL 1991; STÖRMER
    1991; THEUNISSEN 1996c; MÖCKEL/ADAM/ADAM 1997).

5   So wurde allmählich zwischen Körperbehinderung, verschiedenen
    Sinnesschädigungen, Verhaltensauffälligkeit, Verwahrlosung und
    geistiger Behinderung klar unterschieden. Was die geistige Behinde-
    rung betrifft, so wurde dieses Phänomen eher – wie heute im
    angloamerikanischen Sprachraum – weit gefasst und mit unterschiedli-
    chen Begriffen (Schwachsinn, Blödsinn, Idiotie) charakterisiert, die in
    der Folgezeit sowohl als Parallelbezeichnungen als auch als Oberbegrif-
    fe verwendet wurden. Das stiftet bis heute Verwirrung und befördert
    nicht selten Missverständnisse. So war z.B. um 1900 Idiotie weithin ein
    Oberbegriff für ein Verständnis von geistiger Behinderung unter IQ 75;
    dementsprechend wurden Einrichtungen für geistig Behinderte als
    »Idiotenanstalten« bezeichnet. »Idiotie« wird heute in den meisten
    psychiatrischen Oligophrenie-Konzepten enger gefasst (IQ unter 30).
    Der Begriff des »Schwachsinns« wurde seit Beginn unseres Jahrhun-
    derts eher auf den Personenkreis bezogen, der heute als »lernbehin-

dert« gilt. Die Bezeichnungen »bildungsfähige Idioten«,
»Schwachsinnge« oder »Geistesschwache« waren in dem Falle nicht
selten Synonyme für »Hilfsschüler« oder »Lernbehinderte«, Begriffe wie
»bildungsunfähige Iditoten«, »Vollidioten«, »stark Geistesschwache«
oder »unheilbar Blödsinnige« standen dagegen mehr für »geistig
Behinderte« (im heutigen, engeren Sinne [IQ unter 50]).

6 Beide Ansätze werden unter besonderer Berücksichtigung der ästhetischen Praxis in der Heilpädagogik in THEUNISSEN 1996c gewürdigt.

7 Eine solche Kombination galt im übrigen auch für viele (Groß-)
Anstalten, so hieß z.B. die 1859 gegründete Behinderteneinrichtung
Hephata in Mönchengladbach »Ev. Bildungs- und Pflegeanstalt« (siehe
hierzu auch KASPAR 1980; STÖRMER 1991).

8 Dies lässt sich anhand von Akten (»Krankengeschichten«) eindeutig
belegen (hierzu auch KLEINE 1962, 102; GAERTNER 1983, 15).

9 Diese Auffassung war bis weit in die Nachkriegszeit hinein sowohl in
der BRD als auch in der DDR unstrittig. So definierten z.b. Psychiater
in der DDR »Idiotie als [...] hochgradiger intellektueller und
entwicklungsmäßiger Tiefstand mit Fehlen sprachlicher, motorischer
und sozialer Leistungen. Absolute Pflegebedürftigkeit« (LEMKE/
RENNERT 1994, 273; auch SPÄTE/THOM/WEISE 1982, 137). Dieser
Position hatte sich die Rehabilitations- oder Sonderpädagogik in der
DDR mit der Etikettierung der Betroffenen als die »schulbildungs- und
förderungsunfähigen Intelligenzgeschädigten« bis zum Zeitpunkt der
»Wende« weithin angeschlossen (ESSBACH 1985, 15, 19, 73; auch
THEUNISSEN/GARLIPP 1996b; METZLER/WACHTEL/WACKER (1997, 13,
21). Noch 1987 gingen BAUDISCH und Mitarbeiter von der klassischen
Oligophrenie-Nomenklatur aus, indem sie Imbezillität »als schwerer
Grad des Schwachsinns, der eine bestimmte, pädagogisch stimulierte
Förderung noch zulässt und erlaubt«, und Idiotie als »völlige Bildungs-
unfähigkeit, so dass organisierte Versorgung der Betroffenen auch in
Bezug auf einfache, reflektorisch verankerte Körperfunktionen gewährt
werden muss« (27), definierten.

10 Bemerkenswert ist an der Stelle ein Vergleich der älteren und neueren
Abhandlungen über »geistige Behinderung und psychische Krankheit«
von TÖLLE, der heute die orthodoxe Position weithin verworfen und
sich zeitgemäßen Auffassungen angeschlossen hat; unter anderem
schreibt er: »Die Annahme, es gäbe eine eigene Krankheitsgruppe
schizophrener Psychosen bei geistiger Behinderung (sog. Pfropf-
Schizophrenien), ließ sich nicht halten« (1996, 316).

11  Die Problematik »stupider Betätigung« hatten übrigens schon einige
    »Väter« der Psychiatrie, z.B. GRIESINGER (zit. n. JANZ/HILLERS 1971,
    128), zum Thema gemacht: »Der Mensch, auch der sogenannte
    Geisteskranke, ist keine lebendige Maschine, deren Funktion mit
    Befriedigung von Essen oder Trinken und kahler mechanischer Arbeit
    abgetan wäre, er hat Sinne, er hat ein Herz. Wohl ist bei vielen psy-
    chisch Gestörten der Geist in Nacht versunken, das Gemüt erloschen,
    der Wille gebrochen, aber bei anderen sind diese Regungen noch
    vorhanden, wenn auch oft nur als unter der Asche glimmende Funken.
    Es sind kostbare Funken! Die Seelenkräfte der menschlichen Natur,
    die gesunden Gemütsregungen, müssen an diesem Kranken gehegt
    und gepflegt werden, müssen zur Geltung kommen und sich betätigen
    können«. REILS »Curmethode« (1803), die mit den Anfängen der
    Beschäftigungs- und Kunsttherapie in Verbindung gebracht wird
    (DOMMA 1990), hat hier ihren Stellenwert. Freilich war dieses exklusive
    Angebot für Menschen mit geistiger Behinderung »im engeren Sinne«
    (in Form von »Imbezillität und Idiotie«) nicht vorgesehen – galten sie
    doch im Unterschied zu den »Schwachsinnigen« (KRAEPLIN), gemeint
    waren hier Menschen mit »Debilität«, als »Nullen« (GRIESINGER) und
    »unbrauchbar«.

12  Heutzutage hat man die damit verknüpfte Problematik weithin erkannt
    (DOMMA 1990). Nicht selten begegnen wir mittlerweile einer Auflocke-
    rung der klinischen Beschäftigungstherapie durch Angebote aus dem
    kunsttherapeutischen Bereich, der ästhetische Prozesse und basale
    Erfahrungen, Momente der »Offenheit«, der ästhetischen Sache,
    Kreativität, Spontaneität und Orginalität, freies bildnerisches Gestalten
    u. dgl. fokussiert. Nur ein solches Breitbandkonzept (THEUNISSEN
    1997b; 1997d) kann für die »beschäftigungstherapeutische« Arbeit mit
    geistig (schwer) behinderten Menschen überhaupt als tragfähig gelten.

13  Die Kategorie der »Isolation« (JANTZEN) bezieht sich auf das Zusam-
    menspiel biologisch-physischer, psychischer und sozialer Faktoren in
    einem reziproken Prozess. Hirnschädigungen können zum Beispiel
    Auslöser für isolierende Lebensbedingungen sein, wenn die gegebenen
    Umweltstrukturen mit dem individuellen System inkompatibel sind,
    und ebenso können institutionelle Bedingungen Isolation befördern,
    wenn sie für die individuelle Lern- und Entwicklungsbasis »unpassend«
    sind.

14  Dabei geht es uns nicht etwa um eine pädagogisch motivierte Abrech-
    nung mit der Psychiatrie, sondern vielmehr um den Versuch, wider-

sprüchliche Tendenzen innerhalb dieser Disziplin aufzuzeigen, um Fehlentwicklungen zu vermeiden (Kap. III) und eine zeitgemäße Behindertenarbeit sicherstellen zu können. Die folgenden Zitate stammen jeweils aus bekannten Lehr- und Handbüchern sowie aus einführenden Schriften zur Psychiatrie, wobei die neuesten Auflagen berücksichtigt wurden.

15 In den Neuen Ländern zu Beginn der 90er Jahre

16 Die neuere Tendenz, »Intelligenzminderung« in die Kategorie der »psychischen und Verhaltensstörungen« einzureihen (ICD-10; DILLING u.a. 1992, 15f.), ist ähnlich gelagert und daher ebenfalls untauglich.

17 Dies gilt auch für WARNKE und REMSCHMIDT (1993), die von der »Behandlung geistiger Behinderungen« sprechen, die Rolle des Arztes priorisieren und ein pädagogisches Aufgabenspektrum der Medizin nachordnen.

18 Einen ähnlichen (optimistisch gelagerten) Standpunkt vertreten auch GELDER u.a. (1996, 727) in ihrem Handbuch »Psychiatrie«: »Few of them (gemeint sind Menschen mit schwerster geistiger Behinderung) learn to care for themselves completely. Some eventually achieve some simple speech and social behavior.«

19 In Westfalen-Lippe wurde allerdings nur im Landeskrankenhaus Lengerich (MOSER 1996) und Gütersloh (DÖRNER 1988) konsequent enthospitalisiert und deinstitutionalisiert.

20 Das wurde soeben auch von DÖRNER 1998 für die ehemaligen »Langzeitpatienten« mit geistiger Behinderung im LKH Gütersloh, von BÖHNING 1998 für Bewohner der Außenwohnungen des »Schloß Hoym« in Sachsen-Anhalt, einer (psychiatrischen) Pflege- und Verwahranstalt zu früheren und DDR-Zeiten, und von DALFERTH 1998 für ehemalige Psychiatriepatienten mit schwerer geistiger Behinderung, die heute in Außenwohngruppen der Dr. Loew'schen Einrichtungen in Bayern leben, bestätigt.

21 Wichtige Bausteine und Funktionsbereiche eines solchen *Verbundsystems* (THEUNISSEN 1997 a, 98f.) sind: Differenzierte Wohnangebote, familienentlastende Dienste und Hilfen, pädagogische Frühförderstellen, vorschulische integrative Tagesstätten, Schule für geistig Behinderte (mit mobilen Lehrkräften für schulische Integration), differenzierte Arbeits-, Bildungs- und Freizeitangebote, tagesstrukturierende Angebote für ältere Menschen mit geistiger Behinderung, spezielle Fachdienste (als ambulante *und* mobile Hilfe) und Öffentlichkeitsarbeit.

22  Damit sind vor dem Hintergrund der schwedischen Gesetzgebung
    Einrichtungen gemeint, die mehr als 40 Plätze aufweisen. Dies ist eine
    in den westlichen Industrieländern weit verbreitete Position. Eine
    genaue Definition gibt es hierzulande allerdings nicht. Insofern folgt
    die Bundesvereinigung Lebenshilfe internationalen Entwicklungen, der
    Betroffenen-Sicht und fachlichen Erkenntnissen, wenn sie sich in
    ihrem Grundsatzprogramm für kleine Wohnformen mit max. 24
    Plätzen ausspricht. Diese Position sollte freilich nicht als Entwertung
    großer Heime missverstanden werden, in denen mitunter vorbildliche
    Arbeit geleistet wird (hierzu auch GAEDT 1981; THEUNISSEN/HOFFMANN
    1998). So wie es aus der Perspektive Betroffener »gute« und »schlechte«
    Großeinrichtungen gibt, können auch kleine Häuser »gut« oder
    »schlecht« sein. Das sollte bei aller Reformfreudigkeit nicht in Verges-
    senheit geraten.

23  Häufig spricht man auch von »therapeutischen«, »soziotherapeutischen«
    oder »sozialpädagogischen« Wohngruppen (z.B. Saarland; Vorarlberg).

24  Anstelle therapeutischer Wohngruppen werden nicht selten auch
    spezielle Stationen (mit ca. 12 Plätzen; insbesondere für Krisen-
    intervention) für geistig behinderte Menschen mit »Dual-diagnosis« in
    psychiatrischen Kliniken diskutiert und präferiert (z.B. Bayern).

25  Entsprechende Bestrebungen und Beispiele werden im »Rechtsdienst
    der Lebenshilfe« (3/1997 u. 1/1998, 21ff.) dokumentiert.

26  Einzelne öffentliche Träger von Behinderteneinrichtungen haben
    diesbezüglich bereits Fakten geschaffen: »so z.B. der Landschaftsver-
    band Westfalen-Lippe mit der Einrichtung von Pflege- und
    Förderzentren und der Landeswohlfahrtsverband (Württemberg-
    Hohenzollern, G.T.) mit seinen beiden Einrichtungen in Ulm und
    Ellwangen« (DHG 1997, 2; auch NEUE PRAXIS 1/1998). Außerdem
    spielen Pflegeheime im Rahmen der Enthospitalisierung in Bayern eine
    prominente Rolle. Zum einen wurden kürzlich an den meisten
    Bezirkskrankenhäusern die Langzeitbereiche mit chronisch kranken
    und auch geistig behinderten Menschen in Pflegeheime umgewandelt.
    Zum anderen stellt sich die Enthospitalisierung in Bayern zum großen
    Teil als eine »Überführung« ehemals psychiatrisierter geistig behinder-
    ter Menschen in Pflegeheime privater Anbieter dar (STRASSMEIER/
    LINDMEIER 1997). Enthospitalisierung erweist sich damit als bloße
    »Umhospitalisierung« (HOFFMANN 1998) – ein eklatanter Etiketten-
    schwindel! Dies gilt im übrigen auch für andere Ausgliederungs-
    projekte, wie sie im Saarland, Baden-Württemberg und insbesondere

auch in den Neuen Ländern zu verzeichnen sind, wo z.B. Krankenhausgesellschaften oder private Pflegeheimbetreiber mit klinisch geprägten Heimkonzepten als »Billiganbieter« auf den Markt drängen. Natürlich darf diese kritische Anmerkung nicht als ein »Persilschein« für die Einrichtungen der Behindertenhilfe missverstanden werden. Auch unter dem Dach der Behindertenhilfe (Verbändewohlfahrt) stoßen wir auf das Problem der »Umhospitalisierung« (THEUNISSEN 1998a). Und dies hängt nicht nur mit der Größe der Einrichtungen, sondern auch mit den Begleitumständen zusammen (Träger- philosophie und -interessen; Finanzierung durch Kostenträger; Einstellung und Engagement von Mitarbeitern; Lage der Einrichtung; bauliche Gegebenheiten).

27  Bekanntlich sind die Pflegekassen bereit, 10% des nach § 93 Abs. 2 BSHG ausgehandelten Pflegesatzes, maximal 500 DM monatlich, für pflegebedürftige Menschen, die in Einrichtungen der Behindertenhilfe leben, zu zahlen. Mit diesem Betrag »ist der Anteil der Pflegekasse am pflegerischen Aufwand pauschal abgegolten« (HESSE-SCHILLER 1996, 49). Einige Sozialhilfeträger wie auch die Wohlfahrts- und Behindertenverbände halten dagegen eine höhere Pauschale (20%) für angemessen (LACHWITZ 1998, 12.; auch »Rechtsdienst der Lebenshilfe« 3/1997, 92f.,109).

28  So behauptet zum Beispiel das Bundesministerium für Gesundheit, dass ein behinderter Mensch, »der fast ausschließlich oder weit überwiegend pflegerischer Hilfe bedarf«, in einer zugelassenen Pflege- einrichtung »aufgrund ihres Fachpersonals, den baulichen Gegebenhei- ten und ihrer Konzeption [...] sachgerecht« untergebracht sei (zit. n. »Rechtsdienst der Lebenshilfe« 3/1997, 94). Diese Auffassung ignoriert sowohl fachwissenschaftliche Erkenntnisse als auch »die jahrzehntelan- ge bewährte Arbeit in Behinderteneinrichtungen« (Stellungnahme ... 1997, 104) mit hochgradig pflegebedürftigen behinderten Menschen. Völlig fachfremd ist überdies die in jüngster Zeit von Sozialhilfeträgern »geforderte Klassifizierung geistig behinderter Meneschen danach, ob Förderung bzw. heilpädagogische Betreuung oder der ›pflegerische Bedarf‹ im Vordergrund stehe, was dann merkwürdigerweise noch der Medizinische Dienst der Krankenkassen (MDK) zu entscheiden hätte« (DHG 1997, 3).

29  In den letzten Jahren wurde an einigen Universitäten der Studiengang »Pflegewissenschaft« eingeführt. Dieser soll einen »eigenständigen

pflegewissenschaftlichen Gegenstandsbereich« umreißen. »Dabei geht es vor allem darum, jenen inhaltlichen und methodischen Zugang zu identifizieren, welcher die Pflege von anderen Handlungssystemen im Gesundheits- und Sozialwesen – insbesondere ärztlichen, physio-, psycho- und sozialtherapeutischen, aber auch gesundheitspädagogischen und sozialfürsorgerischen Ansätzen – spezifisch unterscheidet« (ROBERT-BOSCH-STIFTUNG1996, 1). Inhaltliche Schwerpunkte sind: Pflegeforschung, Pflegepädagogik und Pflegemanagement. Im Mittelpunkt der Pflegeforschung steht die Entwicklung und Evaluation neuer Pflegetheorien in ihrer konsequenten Loslösung von der klassischen medizinisch-therapeutischen Orientierung. In dem Zusammenhang wird es von Bedeutung sein, in welchem Maß diese neue Disziplin in der Lage ist, den von ihr formulierten vielfältigen Ansprüchen an Pflege in ihren theoretischen Grundaussagen auf handlungspraktischer Ebene gerecht zu werden. Postuliert wird ein »ganzheitlicher« Pflegeansatz, der über eine Grund- und Behandlungspflege hinaus Konzepte einer »Beziehungspflege«, einer subjektzentrierten, bedürfnisorientierten Pflege, »Aktivitäten des alltäglichen Lebens« sowie »Hilfe zur Selbsthilfe« berücksichtigen soll (JUCHLI 1991; GROND 1992; 1993, 257; TREBERT 1993; MISCHO-KELLING/WITTNEBEN 1995; ARETS u.a. 1996; FAWCETT 1996; WATSON 1996). Diese Konzeption kommt ohne Zweifel dem heilpädagogischen Verständnis von Pflege im Sinne einer aktivierenden oder Förderpflege sehr nahe, wobei augenfällige Gemeinsamkeiten bei der »Basalen Krankenpflege« (BIENSTEIN/FRÖHLICH 1994a; b) zu erkennen sind, die heilpädagogische und pflegerische Kompetenzen in gelungener Weise miteinander verschränkt. Vor dem Hintergrund spricht nichts gegen eine Zusammenarbeit von fortschrittlichen Kräften in der Pflegewissenschaft, Behindertenpädagogik und Sozialpsychiatrie.

30  Wie die künftige Entwicklung (Qualität) von Pflegeheimen in Anbetracht »rigider Finanzierungsvorschriften« durch die Pflegekassen aussehen wird, wissen wir nicht. Darüber hinaus wehren sich anscheinend einige Heimbetreiber – auch im Bereich der Wohlfahrtsverbände – gegen »mehr Transparenz – zum Schaden der Versicherten« (HAUCH-FLECK 1997). Der Verdacht, dass dadurch Missstände in Pflege- und Altenheimen verdeckt werden sollen, ist nicht von der Hand zu weisen. Die Realität in vielen Pflege- und Altenheimen berechtigt zu einem gewissen Maß an Skepsis. Insofern ist eine Qualitätskontrolle (was im übrigen auch für Behinderteneinrichtungen gilt) prinzipiell sinnvoll

(KLICPERA/GASTEIGER-KLICPERA 1997, 270ff.). Ob dabei die Kriterien,
die die Pflegekassen anlegen, zum Vorteil betroffener Menschen
gereichen, ist angesichts der Vernachlässigung der »kommunikativen
Beziehungsebene« eine andere Frage. Für die Arbeit mit geistig
behinderten Menschen sind sie auf jeden Fall völlig unbrauchbar, da
Betroffene selbst bei hohem Pflegebedarf keine »Pflegefälle« sind.
Wichtig ist überdies grundsätzlich eine Kontrolle und Bewertung
durch die Betroffenen (ggf. unter Mithilfe von Vertrauenspersonen), da
Lebensqualität letztlich nur individuell erschlossen werden kann (ebd.,
274f.; GROMANN 1998).

31  Das Recht auf Wohnen bezieht sich auf die Respektierung elementarer
Wohnbedürfnisse, zum Beispiel auf den Wunsch nach Geborgenheit
und atmosphärischer Wärme; auf das Bedürfnis nach Kommunikation,
Zuwendung, Wertschätzung, Vertrautheit und Beständigkeit; auf die
Sehnsucht nach Raum für kreative Selbstverwirklichung; auf den
Wunsch nach einem Ort der Intimität und Respektierung eines
Eigenterritoriums; auf das Bedürfnis, mitbestimmen zu können in
Dingen, die das individuelle und gemeinsame Wohnen betreffen; auf
das Bedürfnis, auf die Gestaltung und Prozesse der Lebenswelt aktiv
Einfluss nehmen zu können; auf den Wunsch größtmöglicher Lebens-
autonomie u.a.m.

32  Im Unterschied dazu behauptet das Bundesministerium für Gesundheit, dass die Pflege in einer Pflegeeinrichtung als »aktivierende Pflege«
erbracht werde (zit. in »Rechtsdienst der Lebenshilfe« 3/1997, 95).
Unseres Erachtens klaffen hier Anspruch und Wirklichkeit auseinander
(hierzu auch ADOLPH/GÖRRES (1997)).

33  JUCHLI (1991, 41f.) führt hierzu aus:»Die menschlichen Bedürfnisse
sind in einer hierarchischen und entwicklungsgemäßen Weise aufeinan-
der bezogen, in der Reihenfolge der Stärke und Priorität [...]:
Physiologische Bedürfnisse
Bedürfnis nach Sicherheit
Bedürfnis nach Zugehörigkeit und Liebe
Bedürfnis nach Wertschätzung
Bedürfnis nach Selbstaktualisierung
Bedürfnis zu wissen und zu verstehen
Bedürfnis nach Transzendenz.«
Die Problematik eines solchen Hierarchisierungsentwurfs besteht
darin, dass Bedürfniszusammenhänge, zirkuläre und reziproke Prozesse
weithin ausgeblendet werden. Hierarchisierte Bedürfnismodelle sollten

durch kreisförmige Netzwerke ersetzt werden, die Wechselbeziehungen und Verknüpfungen sichtbar werden lassen. Denn nur das entspricht der Realität menschlicher Bedürfnisse.

34 Handlungspraktisch – aus der Sicht von MitarbeiterInnen buchstabiert – bedeutet dies: Zunächst geht es immer um die Sicherung »körperlicher« Grundbedürfnisse, um Grund- und Behandlungspflege, und wenn dann noch Zeit bleibt, können wir uns den subjektiven Interessen nach Selbstbestimmung oder Selbstverwirklichung annehmen.

35 Ausgeschlossen davon werden vom Bundesministerium für Gesundheit »Altenpflegeeinrichtungen« (zit. n. »Rechtsdienst der Lebenshilfe« 3/ 1997, 94).

36 Ob in diesem Zusammenhang auch »Kompromisse« denkbar sind, bleibt abzuwarten. So soll zum Beispiel bei den Dr. Loew'schen Einrichtungen in Bayern (DALFERTH 1998) im Rahmen der Umwandlung einiger Wohnhäuser zu Pflegeheimen gemäß der Pflegeversicherung eine Vereinbarung mit dem Sozialhilfeträger getroffen werden, die durch »ergänzende« Gelder und Leistungen die Priorisierung der behindertenpädagogischen Arbeit und »Eingliederungshilfe« weiter fortschreiben und sichern soll. In dem Falle sollen alle Betroffenen weiterhin »Eingliederungshilfe« erhalten. Für den Sozialhilfeträger bedeutet diese Umwandlung eine starke Entlastung, und daher sei er bestrebt, sich im Interesse geistig schwer und mehrfachbehinderter Menschen zu engagieren. Die Pflegekassen seien ihrerseits bereit, die behindertenpädagogische Priorität zu akzeptieren. Dadurch, dass die Dr. Loew'schen Einrichtungen ein dezentrales, regionales Wohnverbundsystem bilden und anbieten, kommt es vor dem Hintergrund dieser Vereinbarung nicht zu einer Konzentration geistig schwerstbehinderter Menschen in einer größeren Einrichtung. Anders, ja geradezu als gefährlich müssen demgegenüber Vereinbarungen zwischen großen, konservativen Komplexeinrichtungen mit unzureichenden dezentralen Wohnangeboten, Pflegekassen und Sozialhilfeträger beurteilt werden. In einer Region mit einer Großeinrichtung, die sowohl Wohngruppen als auch Pflegeabteilungen im Sinne der Pflegeversicherung unterhält, werden es zukünftig andere Träger der Behindertenhilfe, die kleine dezentrale Wohnformen als Alternative zur Anstalt als »Ort zum Leben« favorisieren, schwer haben, ein differenziertes Wohnen für *alle* Menschen mit geistiger Behinderung anzubieten. Denn es ist anzunehmen, dass die Sozialhilfeträger die Pflegeplätze in den Großeinrichtungen für Menschen mit schwerer

Behinderung (hohem Pflegebedarf) »nutzen« werden. Und dementsprechend werden sich Großheime womöglich auch anbieten. Gerade
das aber führt zu einer noch stärkeren Konzentration schwerst- und
mehrfachbehinderter Personen in Komplexeinrichtungen und zu
einem gemeindeintegrierten Wohnen ausschließlich für Menschen mit
leichter geistiger Behinderung. Damit ist der Weg zu einer »Zwei-
Klassen-Versorgung« geebnet. Geistig schwerstbehinderten Menschen
und Personen mit »schwierigem Verhalten« wird im Endeffekt ein
gemeindenahes Wohnen verwehrt, und sie werden, wie es in Deutschland derzeit typisch zu sein scheint, weiterhin selektiert, separiert und
gesellschaftlich isoliert. Die Umsetzung einer »regionalen Pflichtversorgung« für Kommunen rückt damit in weite Ferne. Denn eine Massie-
rung pflegebedürftiger geistig behinderter Menschen in Komplexeinrichtungen, die ihre Angebote als regional ausgerichtet definieren,
entspricht nicht dem, was üblicherweise unter regionale Hilfe verstanden wird; nämlich differenzierte, dezentrale und gemeindeintegrierte
residentielle Dienste und Systeme für *alle* Menschen mit geistiger
Behinderung. Richtig und sinnvoll wäre es, wenn im Rahmen dieses
Systems der Eingliederungshilfe anstelle der Maximal-Pauschale von
500 DM (§ 43a SGB XI) die personenbezogenen Pflegestufensätze je
nach Pflegebedürftigkeit des Einzelnen (bei Pflegestufe III 2.800 DM
monatlich, § 43 Abs. 2 SGB XI) von der Pflegeversicherung zur
Entlastung der Sozialhilfe gezahlt würden. Im übrigen – und das kann
nicht hoch genug eingeschätzt werden – verstößt jede Bestrebung,
Wohneinrichtungen der Behindertenhilfe in Pflegeheime oder
Pflegeabteilungen umzuwandeln, gegen die Entschließung des
Deutschen Bundestages vom 02.04.1998 (Rechtsdienst der LEBENS-
HILFE 2/1998, 61ff.).

37   Die wissenschaftliche Vorgehensweise kann als »pragmatisch-eklektizis-
tisch« bezeichnet werden. Ihr liegt ein Vorverständnis zugrunde, das in
der »kritisch-konstruktiven Erziehungswissenschaft« (KLAFKI) verortet
ist. In dem Sinne sind ideologiekritische Reflexion, (soziale) Verantwortung, Offenheit, Kreativität, plurale Orientierung und reflexives
Engagement im Interesse Betroffener wesentliche Leitlinien unserer
Vorgehensweise. Einem ideologisch-dogmatischen Beharren auf
Theorie- und Methodenmonismus wird damit unmissverständlich eine
Absage erteilt (auch FEYERABEND 1980; 1984). Die Ideologiekritik
bezieht sich auf die Frage nach der Geprägtheit des Bewusstseins
durch gesellschaftliche Mächte und deren Interessen.

38 Dieser Vorwurf trifft eher »Hobbes, vielleicht auch Locke. [...] Für
Kant ist Freiheit ›Autonomie‹, und das heißt ›Selbstgesetzgebung‹ oder
›Selbstbindung‹. Und Selbstgesetzgebung heißt, dass nur diejenigen
meiner normativ gehaltvollen Maximen gültig sind, die sich aus der
Perspektive eines jeden als brauchbar und akzeptabel erweisen würden
[...] Freilich ist Kants Autonomievorstellung in ihrem virtuellen
Charakter und in ihrer Verbindung mit der Idee eines reinen ›guten
Willens‹ zu idealistisch« (BRUNKHORST 1996, 24).

39 Der Vollständigkeit halber sei erwähnt, dass aus WELSCHS Diagnose der
Anästhetisierung keineswegs ein Plädoyer für eine »Ästhetisierung des
Lebens« abgeleitet werden darf, die als »Oberflächenverschönerung«
ebenfalls zu verwerfen ist. Ästhetisierung und Anästhetisierung
erscheinen als »Doppelfigur« und können sowohl positive als auch
negative Wirkungen erzeugen.

40 Dieses Programm hat in der Heilpädagogik durchaus Tradition. So
begegnen wir schon bei GEORGENS und DEINHARDT (1858; 1861;
1863), den sog. Vätern der Heilpädagogik, einer »ästhetischen Erziehung« SCHILLER'scher Provenienz, die bis heute als aktuell gilt (hierzu
insbesondere THEUNISSEN 1993b). Leider war der Einfluss der Autoren
auf die Entwicklung der Heilpädagogik gering, galt doch ihr Konzept
in einer Zeit, in der Formen einer Zwangserziehung, Anpassung und
Disziplinierung durch militaristischen Drill, Dressur, Arbeit und Gebet
dominierten, geradezu als revolutionär und »exotisch«.

41 Der Ausdruck »postmodern« bezieht sich auf eine *Geisteshaltung,* die zu
den Kursgewinnern auf dem sozialphilosophischen Ideen- und
Konzeptmarkt des späten 20. Jahrhunderts zählt. Allzu oft wird der
Begriff aber missverstanden, indem er einen Zeitabschnitt, eine
Epoche nach der Moderne, bezeichnen soll. Das aber ist mit dem
Ausdruck »Postmoderne« nicht gemeint. »Die Postmoderne situiert
sich weder nach der Moderne noch gegen sie« (LYOTARD zit. n. WELSCH
1991, 82). Als eine »unkonventionelle« basisdemokratische Einstellung
(ebd., 182) war sie schon immer in der Moderne vorhanden, »nur
verborgen« (LYOTARD zit. n. ebd., 82; auch WELSCH 1993, 35). Angesichts der Missverständlichkeit gibt es inzwischen Tendenzen, den
Begriff der Postmoderne zu vermeiden und durch Topoi wie »Bejahung
von Pluralität« und »Leben im Plural« zu ersetzen (auch FISCHER 1993,
12; WELSCH 1993; 1996).

42 Unter dem Begriff der Tiefenökologie fassen wir unterschiedliche
Bewegungen zusammen, die von fundamentalen Positionen und

radikalen gesellschaftsverändernden Programmen bis hin zu reformerischen Absichten unter bestehenden Herrschaftsverhältnisssen reichen (DEVALL 1997). Trotz dieser deutlichen Richtungsverschiedenheit ist es allen Positionen explizit um Wertschätzung, Erhalt und Schutz von (nicht-menschlicher) Natur zu tun. Dabei wird zumeist eine Veränderung der Einstellung zur Natur in Verbindung mit einer Neubestimmung des Umgangs mit der Natur zum Programm erklärt (auch BÖHME 1993).

43 Daher kann auch nicht von einer »Wertneutralität« in der hier umrissenen postmodernen Theorie die Rede sein, da Individualrechte *und* demokratische Grundprinzipien nicht außer Kraft gesetzt sind.

44 Zum Beispiel aus dem Lager der Sonderpädagogik THÜMMEL/THEIS-SCHOLZ (1995), die die Chancen des »postmodernen Paradigmas« völlig verkennen (hierzu auch DANFORTH 1997).

45 Für eine Wertschätzung pluraler Lebensformen ist dieser Bezugspunkt allerdings nur eine Seite der Medaille. Denn ebenso wichtig ist die *»Ehrfurcht vor der Natur«* (PORTMANN), deren Vielfalt es verantwortlich zu schützen gilt. Dieser Aspekt kommt in der postmodernen Gerechtigkeitstheorie (LYOTARD) tatsächlich zu kurz.

46 WELSCH (1993, 42) weist darauf hin, dass das postmoderne Gesellschaftsverständnis – die Anerkennung von Pluralität – »unverkennbar auf der Inanspruchnahme (und intensiven Auslegung) der Menschen- und Grundrechte« basiert. Dies sei die konsensuale Basis der modernen Demokratie, und damit seien die Menschen- und Grundrechte »eben im Kern Rechte zum Dissens. Sie beziehen sich auf die Legitimität des Andersseins [...] Postmodern – unter Bedingungen verstärkter Pluralität – gilt es gerade diesen *Dissensakzent* verstärkt wahrzunehmen und glasklar zur Geltung zu bringen« (ebd.).
Der sozialphilosophische Streit um Konsens oder Dissens im Diskurs bezieht sich somit vor allem auf die Frage, wie diese Idee der Gerechtigkeit im Einzelfall *und* im Kontext mit anderen Diskurssystemen eingelöst werden kann, ohne dabei dekretierend in andere Wertsphären einzugreifen. Letztlich geht es um »die Frage des Umgangs miteinander« (SPECK 1996a, 132), insbesondere um die Sprache, »die man miteinander führt« (ebd.). Denn ein Sachverhalt kann unterschiedlich wahrgenommen, ausgelegt und dargestellt werden. Daher spielt auch die Diskussion um »Sprachspiele«, »Sprachverfassung«, »Satz-Regelsysteme« oder »Sprechhandlungen« in LYOTARDS Konzeption des »Widerstreits« eine so prominente Rolle (auch WELSCH 1991, 256ff.).

47 An dieser Stelle sei erwähnt, dass eine Gleichschaltung von Individualismus und Postmoderne zu kurz greift, weshalb STARKs Gegenüberstellung von Postmoderne und Kommunitarismus (1996) als schief-
gewichtig und damit unzulässig betrachtet werden muss. Denn ETZIONI
(1972; 1975) hat zum Beispiel seinen Kommunitarismus-Entwurf
unter postmoderner Perspektive bzw. für eine postmoderne Gesellschaft entwickelt. Ebenso ist eine Gegenüberstellung von Liberalismus
und Kommunitarismus (GRÖSCHKE 1995) problematisch, wenn
zwischen einem libertären (egoistisch geprägten) Individualismus und
einer liberalen Sozialtheorie im Sinne einer Demokratie unzureichend
differenziert wird (hierzu TÖNNIES 1996; BRUNKHORST 1996, 27).

48 Ergänzend ist anzumerken, dass auch im Kommunitarismus ökologische Themen (Naturausbeutung und -gefährdung) eine untergeordnete Rolle spielen, so dass von dieser Richtung aus keine weitreichenden
Impulse für eine biozentrische Verantwortungsethik erwartet werden
können.

49 Darauf hat kürzlich auch SPECK (1997a, 72) hingewiesen, der im
Anschluss an eine kurze Diskussion über Autonomie, Individualismus
und Kommunitarismus schreibt: »Die Zeit der subjektiven Monologe
zur eigenen Selbstverwirklichung dürfte ebenso vorbei sein, wie
ideologische und fundamentalistische Zwangseinheitsversuche auf die
Dauer keine Chancen haben. Wir werden nur die Welt und die Zukunft
haben, die wir in wirklicher Gemeinsamkeit und Kooperation zustan-
debringen. Nur über Kooperation lässt sich Leben menschenwürdig
führen. Wirklich kooperieren können nur autonome, d.h. selbstverantwortliche Systeme.«

50 Empowerment kann umschrieben werden mit »Selbst-Ermächtigung«,
»Selbst-Befähigung«, »Selbst-Bemächtigung« und bedeutet, sich eigener
Stärken oder Kräfte bewusst zu werden und diese zu nutzen. Der
Begriff steht für eine »neue Philosophie« im Bereich der Sozialen
Arbeit, zugleich wird er aber auch als neues Paradigma, Programm
oder Konzept verwendet; außerdem wird er als Leitgedanke oder
Leitziel im transitiven und reflexiven Sinne benutzt (sich selbst
befähigen und ermächtigen; aber auch jemanden zur Selbst-Ermächtigung oder Emanzipation befähigen [to empower]). Der Begriffsanteil
»power« bezieht sich zum einen auf »politische Macht«, zum anderen
wird er auch mit »Stärke«, »Kompetenz« und »Alltagsvermögen« in
Verbindung gebracht, so dass mikro- und makrosystemische Ebenen
erfasst werden. Die o.g. Auslegung von Empowerment als »Paradigma«

ist vor dem Hintergrund unserer Postmoderne-Diskussion zweifelsohne riskant, weil sich damit der Verdacht einer neuen »großen Erzählung« aufdrängt. Völlig unzulässig wäre es, Empowerment als einen »wahren« Wegbereiter neuen Denkens und Handelns auszuweisen (so auch RAPPAPORT 1985). Vielmehr sollten wir Empowerment auf der Basis des von DANFORTH (1997, 101) anskizzierten Postmodernismus »als einen Modus kritischer Wachsamkeit verstehen«, der dafür Sorge trägt, dass keine Methode der Realitätsbeschreibung sowie kein Handlungsansatz »universale Privilegien über Alternativen erhält. Alle Beschreibungen werden als begrenzt und unvollständig angesehen, eingeschränkt und geprägt durch die linguistischen und soziohistorischen Kontexte, aus denen heraus die Personen reden und schreiben. Sie werden als abhängig von dem soziokulturellen Kontext, der Sprachgemeinschaft des Redners, dessen paradigmatische Position und die historische Situation, in der die Repräsentation stattfindet, verstanden« (ebd., 101; übersetzt vom Verfasser). In dem Sinne sollten wir Empowerment als eine »pluralistische, kommunikative Arena« (100) begreifen, in der eine Menge kleiner, nicht verallgemeinerter Geschichten der verschiedensten Teilnehmer am Projekt »Behindertenarbeit« erzählt werden können (RAPPAPORT 1985, 261f.).

51   Unter den modernen Selbsthilfe-Bewegungen fassen wir an dieser Stelle Zusammenschlüsse von Menschen mit gleichgelagerten Interessen, die sich als eine emanzipatorische Gegenströmung zu den etablierten Selbsthilfe-Verbänden (Dachorganisationen) verstehen, denen nicht selten ein verbürokratisiertes Funktionärswesen, eine Entfremdung des Vorstandes von der Mitgliederschaft, ein übermäßiges Betreuungsdenken, eine Priorisierung von Eigen- d.h. Verbandsinteressen, eine Entmündigung Betroffener durch Verbandsfunktionäre wie auch eine (innovationshemmende) Verstrickung mit politischen Mächten nachgesagt werden. Charakteristisch für moderne Selbsthilfe-Zusammenschlüsse sind z.B. die sog. Krüppel- oder Behindertenbewegung, der Club Behinderter und ihre Freunde, Elternbewegungen wie »Gemeinsames Leben«, »Eltern gegen Aussonderung« oder die Interessenvertretung »Selbstbestimmt leben« (CLOERKES 1997, 56ff.). Wenngleich ihr politischer Einfluss gegenüber den etablierten Dachorganisationen (Verbändewohlfahrt) im deutschsprachigen Raum noch relativ gering ist, da sie im Unterschied zu den mächtigen Verbänden nicht als ernstzunehmender Gesprächspartner für soziale Fragen akzeptiert werden (ebd., 58), gehen die »integrative Wende« und damit

Fortschritte in der Behindertenarbeit, Heilpädagogik und Bildungspolitik weithin auf ihr Konto.

52  In dem Zusammenhang möchte ich auch auf Tagungen oder Fachveranstaltungen aufmerksam machen, die sich in jüngster Zeit explizit dem Thema des Empowerment in der Heilpädagogik und Behindertenhilfe angenommen haben (z.b. Fachtagung der Lebenshilfe Salzburg, Oktober 1995; Veranstaltungen des Berufsverbandes der Heilpädagogen (BHP) Januar 1997 in Berlin und Mai 1998 in Celle; Fachtagung der Diakonischen Akademie Juni 1997 in Stuttgart; Festveranstaltung der Fachschule für Heilerziehungspflege der Rotenburger Anstalten, Oktober 1997; div. Fachveranstaltungen in Magdeburg, Halle und München 1996 u. 1997; Fachtagung der Lebenshilfe Vorarlberg und des Psychiatrischen Krankenhauses Rankweil/Vorarlberg Mai 1998).

53  Dies gilt z. B. auch für eine (programmatische) Auslegung des Begriffs »Empowerment« im Sinne einer Aufforderung bzw. eines Aufrufs zur (grenzenlosen) Ausbeutung und/oder Beherrrschung von Natur (menschliche Ermächtigung gegenüber der Natur). Damit wäre Empowerment einer biozentrischen Verantwortungsethik völlig abträglich.

54  Die Kritik am »Wohlfahrtskartell« gilt im übrigen auch für private Anbieter residentieller Dienste, denen es nicht selten auf Kosten von Qualität (nach dem Motto »billig statt bedürfnisbezogen«) in erster Linie um Profit zu tun ist. Hinzu kommt, dass auch zwischen sozialen Privatkonzernen und Politik zum Teil enge Verbindungen bestehen.

55  Dies gilt z.B. auch für die Auslegung von Empowerment als ein Konzept »konservativer Modernisierung«, welches auf die Umgestaltung sozialpolitischer Rahmenbedingungen hinausläuft – auf eine »drastische Zurücknahme von staatlicher Verantwortung für soziale Bedürfnisse und Notlagen, die Stärkung hochgradig wettbewerbsorientierter Mobilitätsstrukturen und die Popularisierung von Denkweisen, die bei Lichte betrachtet nichts anderes sind, als sozialdarwinistisch« (MAY 1997, 372).

56  An dieser Stelle korrespondiert das Empowerment-Konzept mit soziologischen Auslegungen des Integrations-Paradigmas (Integration als Vervollständigung einer Einheit im Sinne einer »Verbindung einer Vielheit von einzelnen Personen oder Gruppen zu einer gesellschaftlichen Einheit«; abgeleitet aus dem lateinischen »integratio« [CLOERKES 1997, 189]).

57 Freilich gibt es nicht »die« Empowerment-Philosophie. Vielmehr
handelt es sich um Überlegungen, die sich aus der Analyse und
kritischen Reflexion verschiedener Empowerment-Entwürfe aus
sozialphilosophischer Sicht ergeben haben (insbesondere RAPPAPORT/
SWIFT/HESS 1984; RAPPAPORT 1985; 1987; GIROUX & MC'LAREN 1989;
ZIMMERMAN 1990; PRILLETENKSKY 1991; KEUPP 1992; YEO 1993;
HERRIGER 1991; 1996a; 1997; STARK 1996) und die wir für eine
tragfähige Konzeptentwicklung zusammengetragen und aufbereitet
haben. Damit wird zugleich der von uns vertretene
Empowermentansatz in Form einer »kleinen Geschichte« für die Arbeit
mit schwerstbehinderten Menschen anskizziert.

58 Dies gilt vor allem für PORTMANNS Beschreibung der »Selbstdarstellung« als ästhetische Ausdrucksweise im zweckfreien Spiel, als basale
Eigenschaft und als Eigenwert des Personseins (hierzu THEUNISSEN
1997b, 65f.; 87). Daher können das empathisch-verstehende Aufspüren, Wahrnehmen und Erkennen individueller Selbstdarstellung sowie
das Anstiften zu ästhetischer Tätigkeit, ästhetischer Erfahrung und
ästhetischem Erleben in der Arbeit mit geistig schwerst- und mehrfachbehinderten Menschen nicht hoch genug eingeschätzt werden (ebd.,
134ff.; auch 1997d; 1994a).

59 Dabei handelt es sich um eine allgemeine gesellschaftliche Erscheinung, der wir auch in der Behindertenarbeit begegnen. So haben viele
Repräsentanten der (deutschen) Geistigbehindertenpädagogik erst seit
kurzem die Selbstbestimmung als »neues« Paradigma für die Arbeit mit
geistig behinderten Menschen »entdeckt« (vgl. den Tagungsbericht
»Selbstbestimmung« der LEBENSHILFE 1996; auch HOFMANN &
KLINGMÜLLER 1994; BRADL & STEINHART 1996; HÄHNER u.a. 1997;
GOLL & GOLL 1998) – und das im Vergleich zur Emanzipationsdebatte
in der Allgemeinen Pädagogik (MOLLENHAUER 1968; V.HENTIG 1968;
KLAFKI 1971; 1976; 1985; KERSTIENS 1974) etwa 30 Jahre später. Dies
wird leider nur selten zur Kenntnis genommen. Positiv sollte aber
gesehen werden, dass es sich hierbei um einen Emanzipationsprozess
der Geistigbehindertenpädagogik handelt; erstens um eine Loslösung
und Befreiung von dem »psychiatrisch-medizinischen Denkmodell«,
welches jahrzehntelang die Richtung des Faches bestimmt und
kontrolliert hatte; zweitens um eine Befreiung von der diakonisch-
caritativen »Erblast« im Behindertenwesen, der Versorgungs- und
Behütungspraxis in »geschützten« Räumen eines zumeist klinisch
organisierten und kontrollierten Anstaltsbetriebs; drittens um eine

Überwindung der jahrelangen Fixierung des Faches auf eine »Sonderschulpädagogik«, die den außerschulischen Arbeitsbereich (z.B. Erwachsenenbildung; Arbeit und Wohnen; gesellschaftliche Integration) weitgehend ignoriert hatte. Vor dem Hintergrund zeichnet sich inzwischen ein neues Selbstverständnis der Fachrichtung ab, die sich heute unmissverständlich als »Zweig der Allgemeinen Pädagogik« (GEORGENS & DEINHARDT), als Gesellschafts- und Erziehungswissenschaft und nicht etwa als Heil-Hilfsdiziplin der Medizin, als »angewandte Psychiatrie« oder als Nebenfach klinischer Psychologie begreift (hierzu auch THEUNISSEN 1992, 21; THEUNISSEN & PLAUTE 1995, 39; THEUNISSEN 1997a). Kritisch muss allerdings gesehen werden, dass der Begriff der Selbstbestimmung in der Geistigbehindertenpädagogik zu einem Schlagwort geworden ist. Neben einem unreflektierten Begriffsverständnis begegnen wir auf handlungspraktischer Ebene nicht selten der Tendenz, das Kind mit dem Bade auszuschütten, nämlich unter dem Deckmantel von Selbstbestimmung einer »laisser-faire Praxis« in Verbindung mit einer »Jobmentalität« das Wort zu reden.

60 Das Identitätskonzept, auf das wir uns hierbei stützen, ist ein sozialwissenschaftlich orientiertes Modell, das in der Theorie des »Symbolischen Interaktionismus« angelegt ist (GOFFMAN 1967, 10, 72ff.; MEAD 1972; KRAPMANN 1972; auch THEUNISSEN 1992, 49ff.; THIMM 1994, 57; REUTHER-DOMMER/DOMMER 1997, 15ff.). Im Unterschied zur ursprünglichen Fassung, die sich weithin nur auf menschliche Interaktionen bezieht, sollte jedoch auch der ökologische Aspekt als identitätskonstituierendes Moment mit berücksichtigt werden (BECK 1996; BÖHME 1993).

61 Genau dies ist der Grund, weshalb eine Gleichsetzung von Selbstbestimmung und Empowerment, wie es mitunter in der Fachdiskussion anklingt (z.B. auch bei THIMM 1997, 222), unzulässig ist. Und folgerichtig greift auch der insbesondere von der LEBENSHILFE angeregte Versuch zu kurz, Selbstbestimmung als »neues« Paradigma der Geistigbehindertenpädagogik auszuweisen. Freilich ist Selbstbestimmung ein wichtiges Leitmotiv, allerdings wird ein darauf abgestimmtes pädagogisches Konzept erst im Vereine mit anderen, nämlich sozialen Bezugswerten tragfähig. Gerade das aber verspricht der Empowermentansatz zu leisten, weshalb er dem bloßen Selbstbestimmungspostulat überlegen ist.
Hinzu kommt, dass bei Selbstbestimmung nur an (geistig) behinderte Menschen gedacht wird, während Empowerment für alle Menschen in

gesellschaftlich marginaler Position gilt, und dazu zählen zum Beispiel auch *Eltern behinderter Kinder* (hierzu insbesondere DUNST/TRIVETTE 1987; DUNST/TRIVETTE/LAPOINTE 1992; WEISS 1987; 1991; BÖHM 1992; BÖHM/WEISS 1993; THEUNISSEN/GARLIPP 1996a; THEUNISSEN/ HOFFMANN 1997, 342; THEUNISSEN 1998d; 1998e). Insofern ist der Empowermentansatz wesentlich breiter angelegt und steht nicht wie das Selbstbestimmungspostulat in der augenfälligen Gefahr, soziale Randgruppen (hier: Menschen mit geistiger Behinderung und ihre Eltern) zu spalten sowie gesellschaftspolitische Zusammenhänge auszublenden. Empowerment dient *allen* Menschen mit gleichartigen oder ähnlichen Betroffenheiten, Anliegen, Interessen und Fragen (z.B. Abbau von Benachteiligung, Diskriminierung oder Ausgrenzung bei Behinderung; gesellschaftliche Integration; bedürfnisorientierte und bedarfsgerechte Hilfen; Abbau von administrativer Bevormundung und Fremdbestimmung durch Stärkung der Rechte- und Betroffenen-perspektive).

62  Eine (notwendige) Korrespondenz zwischen einer emanzipatorisch-kritischen Pädagogik und dem Empowermentansatz als wegweisendes Konzept der Postmoderne wird vor allem in der angloamerikanischen Pädagogikliteratur eingefordert, perspektivisch für die Praxis aufberei-tet und diskutiert (GIROUX/MC'LAREN 1989; GIROUX/SIMON 1989). Übereinstimmend richtet sich die Kritik gegen eine zunehmend neokonservative Erziehungs-, Bildungs- und Kulturpolitik, die die kommerzielle Technologisierung (Anästhetisierung) von Kultur und Gesellschaft durch elektronische Massenmedien und Informations-technologien glorifiziere (MC'LAREN 1988). Daher sei »postmodernism of resistence« (GIROUX 1988, 13) angesagt, was letztlich bedeute, eine kritische Pädagogik in eine »Pädagogik der Hoffnung« (MC' LAREN 1988, 71) zu transformieren, d. h., eine Vision zu entwickeln, die eine plurale, demokratische und populär-öffentliche Kultur anzuregen vermag (FREIRE/GIROUX 1989, VIII; GIROUX 1991). GROSSBERG (1989, 114) ist zuzustimmen, wenn er folgerichtig dafür eintritt, eine Emanzipationspädagogik durch eine postmoderne Perspektive sinnvoll zu ergänzen. Von einem Ende der »kritischen Pädagogik« im Zeichen der Postmoderne kann daher nicht die Rede sein. Wohl aber geht es um eine Neubestimmung der Praxis – und hier hat das Empowerment-Konzept seinen Platz.

63  So gab es nur wenige (vereinzelte) Stimmen im Lager der Heilpädago-gik, die überhaupt Bedenken gegenüber der Medizinierung des Faches

(hierzu auch BLEIDICK 1974) artikuliert und sich gegen das implizite Dogma der Bildungsunfähigkeit geistig (schwer) behinderter Menschen gewandt hatten (z.b. HANSELMANN [1976] oder auch MOOR [1965], deren Einwände jedoch blass geblieben sind).

64 Dies bestätigt auch METZLER (1997b, 411) vor dem Hintergrund einer großangelegten repräsentativen Studie: »So zeigt sich etwa im Bereich der Förderung gerade in Einrichtungen für geistig behinderte Menschen, dass die Ziele dieser Förderung nicht miteinander verhandelt werden. Als Beispiel dafür berichtet ein jüngerer Heimbewohner, dass er sich gerne in der Stadt orientieren möchte, um auch einmal selbstständig ausgehen zu können. Das Förderprogramm der Betreuer sieht indessen eine Schulung lebenspraktischer Fähigkeiten in der Selbstpflege vor.«

65 Ähnlich äußert sich in diesem Sinne auch SPECK (1997b, 22f.): »Die Fachleute haben es nicht mit abhängigen Größen zu tun, sondern [...] mit autonomen Systemen und mit einem ganzen Geflecht solcher Systeme. Die Folgerung kann nur lauten: Man kann nicht einfach Weisungen erteilen und sich absolut setzen, sondern muss jeden anderen in seiner Eigen-Identität und seiner Verantwortlichkeit, wie er sie sieht, zu verstehen suchen und zu achten [...] Erziehung ist vom Erziehungssubjekt abhängig, und auch jegliche Heilungsversuche von außen her sind auf die Selbstheilungskräfte des Patienten und seines Organismus angewiesen.«

66 Um Missverständnissen vorzubeugen, sei an dieser Stelle erwähnt, dass unser Förderverständnis im Sinne von Empowerment Konzepte wie etwa verhaltensmodifikatorische Programme nicht prinzipiell ausschließt (hierzu auch BÄCHTHOLD 1990, 32; PARKER 1994, 79f., 84, 88), wenn die subjektive Relevanz im Hinblick auf Gewinnung von (mehr) Autonomie und Handlungskompetenz gegeben ist und sichergestellt werden kann. Das Ziel einer größtmöglichen Verselbstständigung – wie es oftmals von außen her gesetzt wird – ist unseres Erachtens nur dann legitim, wenn es vom Betroffenen bejaht wird und primär *seiner* Interessenlage und Lebensautonomie dient. Häufig – und dagegen richtet sich zu Recht die Kritik – werden Verselbstständigungsprogramme nicht um des Betroffenen willen, sondern nur aus einem Träger- oder institutionellen Eigeninteresse heraus aufgelegt, um z.B. Personal zu entlasten oder einzusparen. Damit aber werden Förderziele auf den Kopf gestellt.

67 Dies galt u.a. für das unsrige Konzept einer »subjektzentrierten«

Förderung (THEUNISSEN 1989a; 1994a; 1994b), dem es seinerzeit schon auf der Basis eines »offenen Curriculums« um Selbst-Befähigung und Selbst-Ermächtigung zu tun war (hierzu die Praxisbeispiele in Kap. VI). Ferner hatte bereits in der Konzeption von GROMANN/ RICHTER (1989) die Selbst- und Mitbestimmung hospitalisierter Menschen mit geistiger, mehrfacher und seelischer Behinderung bei der Gestaltung des Lebensmilieus, des Eigenlebens sowie im Alltag einen bedeutsamen Stellenwert. Im Unterschied zu Deutschland wurden in den skandinavischen Ländern Selbstbestimmungs- und Mitbestimmungsmöglichkeiten der Betroffenen von vornherein stärker mit dem Normalisierungsprinzip verschränkt, was z.b. an der SIVUS-Methode (WALUJO/MALMSTRÖM 1996) deutlich wird, die als ein methodisches Werkzeug für Empowerment im Arbeitsalltag gelten kann. Der Grundgedanke dieser gruppenbezogenen Methode ist die Beteiligung geistig behinderter Menschen an der Planung, Organisation, Durchführung und Auswertung von Aktivitäten, um zu mehr Selbstständigkeit und Selbstvertrauen, zu einem Zusammengehörigkeitsgefühl, zu sozialem Handeln wie auch zu einem Wachstum einer »autonomen Gruppe« anzuregen.

68 Bemerkenswert ist, dass sich die Großeinrichtungen zunächst gegen den Normalisierungsgedanken gewandt hatten, da sie Omnipotenz-, Kontroll- und Autoritätsverlust in der Behindertenhilfe befürchteten. Als Institutionen gesellschaftlich einflussreicher Mächte (Kirche, Verbändewohlfahrt) hatten sie zumeist leichtes Spiel, dies für die bundesdeutschen Verhältnisse zu verhindern.

69 Allerdings nimmt das Interesse für Selbstvertretungs- oder Selbstbestimmungsgruppen stetig zu, was insbesondere spezifischen Initiativen durch U. NIEHOFF (Bundesvereinigung Lebenshilfe e.V.) und S. GÖBEL (1995) zu verdanken ist.

70 Tatsächlich sind Um- oder Neuorientierungen für Einrichtungen in der Behindertenhilfe angesagt, z. B. im Hinblick auf Interessen ihrer »Kunden« und insbesondere – was sich viele Betroffene wünschen (SIMONS u.a. 1991; LODGE 1994, 145)- auf ein gemeindeintegriertes Wohnen. Eine Großeinrichtung, die sich dementsprechend zu reformieren versucht, Betroffene durch eine Selbstvertretungsgruppe zu Wort kommen lässt und eine Deinstitutionalisierung anstrebt, ist die Ev. Stiftung Hephata in Mönchengladbach. Ebenso aufgeschlossen zeigt sich auch die Behinderteneinrichtung »Schloß Hoym« in Sachsen-Anhalt. Insofern gibt es Beispiele (es ließen sich freilich noch andere

Einrichtungen nennen), die aufzeigen, dass die Betroffenensicht sehr wohl auch positiv aufgenommen werden kann.

71 Die vielbeschworene Dienstleistungsorientierung trägt z.z. auf handlungspraktischer Ebene noch ein Janusgesicht, da nicht selten Angebote eines Einrichtungsträgers im Vordergrund stehen, die an adressatenspezifischen Vorstellungen vorbeigehen. Dies geschieht, wenn das »gleichzeitige Zusammenwirken« von Anbieter und Nutzer »als wesentliches strukturierendes Moment für eine Dienstleistung« (MAY 1997, 373) ausgeblendet wird. Andererseits haben z.z. noch viele Träger der Behindertenhilfe in bestimmten Regionen eine Monopolstellung, die sie sich durch Absprache und Aufgabenteilung mit anderen Anbietern aus der Wohlfahrtspflege zu sichern versuchen.

72 Da es sich hierbei um erster Linie um alltags- oder lebenspraktische Hilfen handelt (bei der Körperpflege; Haushaltsführung u. dgl.) und weniger um eine Beziehungsgestaltung zur Unterstützung von Kommunikation, möchten wir in Anbetracht der noch folgenden Ausführungen diese Form der assistierenden Hilfe als »*pragmatische Assistenz*« bezeichnen und den Ausdruck »persönliche Assistenz« als Oberbegriff verwenden.

73 Diese von uns hier favorisierte Bezeichnung korrespondiert nicht mit der von KEUPP (1992, 244) zu Recht kritisierten »advokatorischen Expertenorientierung«.

74 In dem Zusammenhang kann ein Rückgriff auf den »Kompetenzdialog« (HERRIGER 1997) als methodisches Instrument des Empowerment hilfreich sein.

75 Als ein Paradigma einer förderlichen Lernwelt wird in dem Zusammenhang häufig das Konzept der »vorbereiteten Umgebung« (MONTESSORI) genannt (SCHULZ-BENESCH 1962, 12, 31ff.). Dass von diesem Konzept stimulierende Anregungen zur Entfaltung von Eigenaktivität ausgehen können, wollen wir nicht in Abrede stellen. Allerdings haften dem Montessori-Konzept Probleme an, die möglicherweise auch auf Missverständnissen beruhen. Dies gilt insbesondere für den Rückgriff auf die »vorbereitete Umgebung« im Rahmen der »heilpädagogischen Übungsbehandlung« (OY/SAGI 1995; auch GRÖSCHKE 1989) – dem wohl wichtigsten methodischen Instrument der traditionellen Heilpädagogik. Nicht selten kommt es vor, dass z.B. einem geistig behinderten Erwachsenen, der im bildnerischen Gestalten durch eine »heilpädagogische Übungsbehandlung« gefördert werden soll, alle dazu notwendigen Utensilien »vorgesetzt« werden.

Dadurch aber bleiben wichtige Planungs-, Entscheidungs- und Kontrollmöglichkeiten für den behinderten Menschen aus, die für mehr Lebensautonomie und Handlungskompetenz von zentraler Bedeutung sind. Denn was nutzt es dem Betroffenen, wenn er einen korrekten Umgang mit dem Pinsel und einfache bildnerische Ausdrucksformen erlernt hat, nicht aber in seiner freien Zeit selbstbestimmt auf diese Kompetenzen (Malen) zurückgreifen kann, weil er mit der selbständigen Durchführung entsprechender Aktivitäten überfordert und damit in Abhängigkeit von Anderen geblieben ist, die ihm die Utensilien bereitstellen müssen. Vor- und Nachbereitungsphasen einer Aktivität müssen also mit in ein Arrangement von Lernsituationen aufgenommen werden, wenn Einzelne zu mehr Autonomie angeregt (empowered) werden sollen. Dies nicht begriffen zu haben, ist ein Fehler vieler heilpädagogisch oder therapeutisch Tätiger.

76 »Das gleiche gilt im Prinzip auch für die verschiedensten Therapieansätze: Sie sind umso wirksamer und werden umso eher in ihrem Zweck vom Kinde angenommen und umgesetzt, je mehr sie seinen individuellen Eigeninteressen entsprechen und autonomes (intrinsisches) Lernen aufbauen« (Speck 1997b, 24).

77 Hierzu zählt auch die Offerte von *Wahlmöglichkeiten* angesichts der Erfahrung, dass viele Betroffene Schwierigkeiten haben, Entscheidungen zu treffen, Wünsche zu äußern oder Dinge auszuwählen.

78 Dies gilt insbesondere auch für die Erweiterung der Kommunikationsmöglichkeiten, für den Erwerb »alternativer« Mitteilungsformen oder den Umgang mit Kommunikationshilfen. Bekanntlich haben sehr viele Menschen mit geistiger Behinderung (nach Adam [1996, 4] ca. 80%) Schwierigkeiten, mittels Lautsprache adäquat zu kommunizieren, was nicht selten zu Verständigungsproblemen, Missverständnissen oder Fehldeutungen seitens der Bezugspersonen führt und psychosoziale Belastungen zur Folge hat. Durch eine gezielte Kommunikationsförderung auf der Grundlage des Konzepts der »*Unterstützten Kommunikation*« (Kristen 1994) kann dem häufig entgegengewirkt werden; und es kann der Einzelne befähigt werden, seine Bedürfnisse, Wünsche, Interessen, Gefühle oder Befindlichkeiten im Sinne von Empowerment angemessen zu äußern (Parker 1994; Speake/John 1994, 119, 123). Insofern betrachten wir den Ansatz der »Unterstützten Kommunikation«, der als ein multimodales System körpereigene Kommunikationsformen, Kommunikationsmöglichkeiten über Bilder,

Fotos, Piktogramme oder Symboltafeln wie auch ein Kommunizieren mit elektronischen Mitteln umfasst (hierzu auch FRANZKOWIAK 1994; ADAM 1996; ZIEMEN u.a. 1998), als ein wichtiges autonomieförderndes Konzept im Sinne des Empowerment.

79  Die folgenden Ausführungen beziehen sich in erster Linie auf den Bereich des institutionellen Wohnens. Viele Aspekte gelten aber ebenso für die schulische Heil- oder Sonderpädagogik wie auch für die Erwachsenenbildung und den Bereich der Arbeit, Freizeit oder tagesstrukturierenden Angebote für Menschen mit lern-, geistiger, schwerer oder auch seelischer Behinderung. Insofern werden zugleich allgemeine Grundzüge einer zeitgemäßen Behindertenarbeit (Heilpädagogik) offeriert.

80  Um Redundanzen zu vermeiden, haben wir diesen Abschnitt knapp gehalten. Eine ausführlichere Beschreibung bieten die Schriften »Abgeschoben, isoliert, vergessen« (THEUNISSEN 1994a) und »Pädagogik bei geistiger Behinderung und Verhaltensauffälligkeiten« (THEUNISSEN 1997a, 112ff.).

81  Mit Blick auf Verhaltensauffälligkeiten haben wir an anderer Stelle noch einen zusätzlichen Bereich aufgeführt (THEUNISSEN 1997 a, 114f.), der sich auf *psychosoziale Hilfen* (z.b. Lebensberatung) bezieht.

82  Als Beispiel für eine Verknüpfung im Sinne des Empowerment möchten wir das von URBAN 1997 beschriebene Konzept eines »selbstbestimmten Wohnens« kurz in den Blick nehmen. Auf der *individuellen Ebene* sollen z.b. (hospitalisierte) Menschen mit geistiger Behinderung als »KundInnen« befähigt werden, »die für sie wichtigen Dinge selbständig zu regeln« (65). *Institutionell* versteht sich das Konzept als Alternative zu traditionellen Wohnsystemen (Heimen, Anstalten), indem »normale« Wohnungen gesucht und genutzt werden. *Sozialpolitisch* gilt es durch Öffentlichkeitsarbeit, Aufklärung und Fachlichkeit für den Ansatz ambulanter Hilfen zu einem autonomen Wohnen »so normal wie möglich« zu werben, um vor allem in der Politik und Sozialverwaltung Zuspruch und Unterstützung zu finden. Zu kurz kommt allerdings die *Gruppenebene*, bei der es nicht nur um Bildung von Wohngemeinschaften geht, sondern auch um Unterstützung von Interessen- oder Selbstvertretungsgruppen. Das Anstiften zu solchen Zusammenschlüssen (Netzwerkarbeit) ist wichtig, um der Gefahr der Isolation und Vereinsamung in der eigenen Wohnung vorzubeugen. Außerdem sollte auch Angehörigenarbeit mit in den Blick genommen werden.

83 Einen synoptischen Überblick dieser Verfahren – basale Kommunikation, sensorische Integration, Psychomotorik, integrierte Körpertherapie etc. – bietet unsere Schrift »Pädagogik bei geistiger Behinderung und Verhaltensauffälligkeiten« (THEUNISSEN 1997 a).

84 Davon abgesehen gibt es freilich auch dauerhaft notwendige oder partielle Hilfeleistungen im Lebensalltag, auf die aus sozialer Verantwortung dem Anderen gegenüber nicht verzichtet werden kann. Solche Unterstützungsformen ordnen wir aber nicht der Einzelarbeit zu, sondern wir betrachten sie als (originäre) Aufgaben einer allgemeinen Alltagsbegleitung (Wohngruppenarbeit).

85 Die Arbeiten von WILLIAMS & SHOULTZ (1982), CLARE (1990) und WINUP (1994) zeigen auf, wie solche Gruppen im Detail aufgebaut, unterstützt und wirksam werden können. Wesentliche Bestimmungsmomente für Self-advocacy sind die Suche nach Ideen und das Festlegen von Themen und Zielen (»was wir wollen«), die Erstellung eines »personal profile« der einzelnen Teilnehmer (um vorhandene und zu erlernende Kompetenzen im Hinblick auf die gewünschten Themen abzuschätzen), die Verteilung von Rollen, Ämtern und Aufgaben, das Erarbeiten sowie das Erlernen von sozialen Regeln und spezifischen Self-advocacy-skills, die Festlegung von Handlungsfeldern (z.B. fundraising [Spendensammeln] zur Durchführung von Freizeitmaßnahmen) sowie die Planung (plan), Durchführung (do) und Evaluation (review) von Projekten oder Aktivitäten. Für den deutschsprachigen Raum hat GÖBEL (1995) ein entsprechendes Empowerment-Curriculum vorgestellt.

86 In dem Zusammenhang möchten wir auf unsere eingangs geführte Diskussion über Konsens oder Dissens im Diskurs (HABERMAS versus LYOTARD) sowie auf WELSCHS Anregungen verweisen.

87 Diese Aussage gilt im übrigen auch für die Arbeit mit anderen behinderten Menschen. Wünschenswert und erstrebenswert ist es, wenn in dem Zusammenhang nicht einzig und allein die professionellen Helfer den Rahmen für institutionelle Veränderungen abstecken, sondern dass die Betroffenen selbst sich in Fragen zur Institution und Organisation einmischen, einen institutionellen Veränderungsbedarf formulieren und sich entsprechend engagieren, z.B. über Self-advocacy-Gruppen.

88 Integration wird im Empowerment-Konzept als ein grundlegendes Menschenrecht betrachtet, welches (im Unterschied zur Aussonderung) nicht zur Disposition gestellt bzw. verhandelt werden kann. Das ist *keine* totalitäre Position, da die »libertäre Ethik« (YEO), die »anti-

totalitäre« Wertebasis von Empowerment (Selbstbestimmung, Chancengleichheit, demokratische Partizipation) Bezugspunkt ist. Ein »Leben im Plural« (WELSCH) setzt daher Integration voraus und kann nur auf dem Boden von Integration wachsen.

89 Dieser Abschnitt ist eine überarbeitete und erweiterte Fassung einer gleichgelagerten Abhandlung in THEUNISSEN 1998 c, 78ff.

90 An der Stelle sei erwähnt, dass der hier beschriebene Ansatz einer »verstehenden Diagnostik« im Unterschied zu JETTER (1994, 297) nicht nur eine Haltung oder Zielsetzung diagnostisch tätiger Fachleute, sondern zugleich auch eine Methode zur Wegfindung einer am Empowerment-Konzept orientierten Behindertenarbeit kennzeichnen soll. Außerdem unterscheidet sich unser Ansatz einerseits von Konzepten einer »verstehenden« medizinisch-psychiatrischen Diagnostik, die Störungen oder Verhaltensauffälligkeiten in erster Linie als Audruck eines Defekts, klinischen Syndroms oder einer Hirnschädigung zu »verstehen« versuchen, ohne dabei die reziproken und dynamischen Zusammenhänge (Wechselbeziehungen) zwischen Individuum und Umwelt, Persönlichkeitsentwicklung und Lebenssituation, zu beachten. Andererseits handelt es sich auch nicht um einen »typisierenden« hermeneutischen Zugang philosophischer Prägung, wie er zu Beginn unseres Jahrhunderts in der sog. Deutschen Charakterkunde zum »Verständnis« von »Psychopathien« (Charakterstörungen) angewandt wurde (ANGLEITNER/BORKENAU 1985).

91 Indem sich diese Arbeiten durch eine »seriöse« Vorgehensweise auszeichnen, unterscheiden sie sich zugleich von vielen anderen (ähnlich gelagerten) Schriften, die unter dem Schlagwort »Kunsttherapie« einen Dilettantismus in Bezug auf »verstehende Bildanalysen« dokumentieren und damit letztlich eine diagnostisch-therapeutische Scharlatanerie befördern (kritisch hierzu auch RICHTER 1984; THEUNISSEN 1998e).

92 So wählt zum Beispiel JANTZEN (1996b; 1998) den Weg einer neuropsychologischen Rekonstruktion auf der Grundlage des Konzepts der Syndromanalyse von LURIJA (dargestellt in JANTZEN 1994); GAEDT und Mitarbeiter (1987; 1990; 1994), denen es ebenfalls um eine »verstehende« Problemsicht zu tun ist, stützen sich bei ihren Verhaltensanalysen und Interpretationen auf psychoanalytische Konzepte.

93 Für JANTZEN (1998, 59) sind dabei Gedanken oder Fragen wie »›Mir wäre es nicht anders gegangen!‹ und ›Ich weiß nicht, ob ich es besser oder schlechter gemacht hätte!?‹« Schlüssel des Verstehens.

94 Auf diese Gefahr macht auch JANTZEN (1998, 59f.) aufmerksam: »Mit

dem Verständnis taucht gleichzeitig nicht nur die Erkenntnis auf, dass ich in einer vergleichbaren Situation in der gleichen Lage sein könnte, wie der oder die Andere, sondern auch der ungeheure Schrecken, wie ich denn solche Situationen von Schmerz, Isolierung, Verweigerung von Bindung, fehlender Nähe hätte selbst durchstehen können. Erst recht tritt dieser Schrecken in den Vordergrund, wenn ich mit Geschichten von schwerer Gewalt konfrontiert bin«.

95 Genauere Informationen über die Mutter sowie über die Erziehung fehlen seitdem. Angeblich sei die Mutter (auch) später eine Psychiatriepatientin gewesen.

96 Aktuelle Informationen über die Konzeption, Entwicklung und Perspektiven der HPH bieten die Arbeiten von WEDEKIND u.a. (1994) und BRADL (1996).

97 Ursprünglich sprachen wir in dem Zusammenhang von Beispielen einer »heilpädagogischen Betreuung und Förderung« (THEUNISSEN 1987a; 1989a; 1994b). Daher dürfte es manche Leserinnen oder Leser zunächst verwundern, dass wir heute die Berichte im Kontext des Empowerment darstellen. Dass dies keineswegs ein Widerspruch ist, hängt damit zusammen, dass es uns schon damals in scharfer Abgrenzung zur traditionellen Heilpädagogik (repräsentiert durch OY/SAGI 1975/1995; MEINERTZ/KAUSEN 1975) um eine emanzipatorische Behindertenpädagogik auf der Basis eines konsequent subjektzentrierten Ansatzes und »offener« Curricula zu tun war. Die Grundzüge dieser Konzeption haben bis heute nichts an Aktualität eingebüßt (THEUNISSEN 1997a) und können – wie die Reflexion der Beispiele noch zeigen wird – auch für eine Empowerment-Praxis als konstitutiv betrachtet werden.

98 Die Arbeit entsprach hier z.T. dem Konzept der »Basalen Kommunikation« (MALL 1985) in Verbindung mit »Basaler Stimulation« (FRÖHLICH 1985) und »Sensorischer Integration« (DZIKOWSKI & VOGEL 1988).

99 Das Einzelhilfe-Konzept war zuvor im Rahmen von Teambesprechungen geplant worden.

100 Entsprechende Interventionsformen haben wir in THEUNISSEN (1997 a, 120 ff.) beschrieben und kritisch bewertet.

101 Das galt freilich nicht für eine Differentialdiagnostik, um organische Ursachen auszuschließen oder spezifische Auffälligkeiten zu erfassen (z.B. »frühkindlicher Autismus« bei Frau Fassbender, den wir biographisch nachweisen konnten). Der Verzicht auf eine Differentialdiagnostik wäre ein Kunstfehler und könnte zu falschen

Schlussfolgerungen für pädagogische oder therapeutische Konzepte führen.

102 Allein an dieser Stelle merken wir, wie wichtig Gruppenbesprechungen sind, um die Entwicklungsverläufe sorgfältig dokumentieren, reflektieren und aufbereiten zu können. Die Arbeit mit den Bezugspersonen (regelmäßige Teamsitzungen mit »Fallbesprechungen«) war in allen Beispielen grundlegender Bestandteil der Einzelhilfe.

103 Grundsätzlich waren die Mitarbeiterinnen und Mitarbeiter bestrebt, die Lebenszukunft mit den Betroffenen in einem kooperativen Zusammenhang zu erschließen, wobei der gemeinsamen Formulierung von Lebenszielen in Anbetracht der sprachlichen Verständigungsschwierigkeiten Grenzen gesetzt waren. Insofern musste im Einzelfalle eine divinatorisch geprägte Lebensstilplanung durch die jeweilige Vertrauensperson vorgenommen werden. Ihre Vorschläge wurden jeweils im Rahmen von Teamsitzungen thematisiert und auch abgestimmt.

104 In dem Zusammenhang möchten wir auf unseren Beitrag »Lebensweltorientierte Interventionen bei hospitalisierten älteren Menschen mit geistiger Behinderung« (THEUNISSEN 1997 h, 146ff,) verweisen, der Abbau von Verhaltensauffälligkeiten über einen Untersuchungszeitraum von sechs Jahren zusammenfaßt.

105 Ähnlich argumentiert auch WEBER (1997, 81): Verhaltenstherapeutisch geprägte Interventionen sollten nur im Rahmen eines umfassenden Betreuungs- und Behandlungskonzepts erfolgen, da »die Anwendung solcher harten Bestrafungsverfahren heute kaum noch im Zusammenhang mit theoretisch begründeten verhaltenstherapeutischen Überlegungen stehen. Vielmehr erscheinen solche Praktiken im Betreuungsalltag durch mangelnde Qualifikation, Inkompetenz und professionell gelernter Hilflosigkeit bedingt. Der professionell vertretbare Rückgriff auf Bestrafungsverfahren sollte heute nur nach dem Prinzip der ›least restrictive alternative‹ erfolgen« (ebd., 80).

106 Der von uns benutzte Begriff des »Ganzheitlichen« bezieht sich auf ein Verständnis vom »Menschen als ein Leib-Seele-Geist-Subjekt in einem sozialen und physikalischen (ökologischen) Umfeld« (PETZOLD/BERGER 1977, 452). Insofern gelten biologische Vorgänge, Wahrnehmung, Bewegung, Gefühle, Gedächtnis und Sprache im Menschen »untrennbar« miteinander verbunden.

107 Die Theorie des »ästhetischen Spiels« als handlungsbestimmendes Prinzip für die Arbeit mit schwerstbehinderten Menschen haben wir in

unserer Schrift »Basale Anthropologie und ästhetische Erziehung« (THEUNISSEN 1997b, 108ff., 146ff.) ausführlich beschrieben.

108 Einen synoptischen Überblick dieser Verfahren bietet unsere Schrift »Pädagogik bei geistiger Behinderung und Verhaltensauffälligkeiten« (THEUNISSEN (1997 a).

109 In dem Zusammenhang darf nie vergessen werden, dass sich körperliche Beschwerden auch in Verhaltensauffälligkeiten oder einem seelischen Leiden ausdrücken können (Autoaggression als Reaktion auf Kopfschmerzen, Mittelohrentzündung...).

110 Mein besonderer Dank gilt an dieser Stelle meiner Frau HANNA ROSAHL-THEUNISSEN, die als zuständige Abteilungsärztin eine ausgezeichnete Arbeit geleistet hatte.

111 Bedanken möchte ich mich bei allen ehemaligen KollegInnen und neuen MitarbeiterInnen im HPH Langenfeld, die die Nachbereitung unterstützt haben. Die folgenden Ausführungen basieren auf Hospitationen, nichtteilnehmenden und teilnehmenden Beobachtungen, Auswertungen von Aufzeichnungen aus den vergangenen 10 Jahren und Gesprächen mit Mitarbeiterinnen, Mitarbeitern und den Betroffenen, soweit dies im Einzelfalle möglich war.

112 Dies im Austausch mit Herrn Z., beschrieben in LINGG/THEUNISSEN (1997, 65ff.). Herr Z. konnte insbesondere aufgrund unkontrollierter nächtlicher »Ausflüge« sowie aufgrund von massiven (auto-)aggressiven Verhaltensweisen und »Führungsproblemen« außerhalb des Hauses nicht in der Außenwohngruppe, die nachts mit einer »Schlafbereitschaft« personell abgedeckt wird, gehalten werden.

113 Im Zusammenhang mit diesem Thema wird derzeit ein Konzept eines »heimeigenen ambulanten Pflegedienstes« diskutiert, das zusätzliche bedarfsbezogene Pflegedienstleistungen und praktische Assistenz insbesondere für die Außenwohngruppen des Heims vorsieht, um auch langfristig – vor allem mit Blick auf älter werdende Bewohner – »normale« gemeindeintegrierte Lebensräume sichern zu können.

114 Dabei handelt es sich um die Umsetzung eines (fachlich sinnvollen) politischen Beschlusses, dass sich die Heime durch systematische Deinstitutionalisierung auf Dauer überflüssig machen sollen (auch THEUNISSEN 1994b, 47ff.; BRADL 1996a, 139ff). Daher werden zur Zeit intensiv Außenwohnungen durch Anmieten, Kauf oder Neubau von gemeindeintegrierten Wohnhäusern geschaffen. Dabei besteht allerdings die neue Vorgabe, dass eine AWG acht Wohnplätze nicht unterschreiten darf. In den vergangenen Jahren konnten dagegen AWG mit

unterschiedlichsten Größen gebildet werden. Trotzdem gibt es momentan in Deutschland kaum vergleichbare Entwicklungen und Realisierungen einer zeitgemäßen Behindertenpolitik. Im Gegenteil: Vielerorts ist ein konservatives Roll-Back zu beobachten, das durch die Pflegeversicherung Auftrieb erhalten hat und traditionelle Heimsysteme präferiert. Anders sieht es dagegen im benachbarten Ausland, zum Beispiel in Schweden (WALLNER 1987; DALFERTH 1999) und in Österreich aus, wo kleine Wohnformen tatsächlich die Regel sind (hierzu ausführlich NEUBAUER 1999).

115 Die folgenden Ausführungen stammen von MILLY ASSMANN.

116 Besonders bedanken möchten wir uns hier bei Frau ANNETT BIRKER, Herrn KLAUS-DIETER KILIAN und Herrn MICHAEL KRÜGER, die dieses Projekt auf den Weg gebracht haben und es bis heute mit Engagement, Spielfreude und Witz begleiten.

117 Unsererseits wird diese Etikettierung abgelehnt. Überdies ist sie fachlich betrachtet höchst umstritten (THEUNISSEN (1997a, 72f.). Leider besteht jedoch für institutionalisierte Erwachsene mit schwerer geistiger und mehrfacher Behinderung im Land Sachsen-Anhalt keine Möglichkeit außerhalb einer Wohneinrichtung, z.b. in einer WfB oder Tagesförderstätte, beschäftigt zu werden.

118 Theaterarbeit begreifen wir als Teil einer *ästhetischen Praxis,* die insbesondere mit Blick auf schwerstbehinderte Menschen *basal geprägt* sein muss (THEUNISSEN (1997 b; 1997 d; 1998 b).

119 Die folgenden Ausführungen stammen von CLAUDIA HOFFMANN, die seit April 1997 die Selbstvertretungsgruppe des Heilpädagogischen Wohnheims »Fohlenweg« der LEBENSHILFE Halle assistierend begleitet.

120 Hier THEUNISSEN zu die Ausführungen in diesem Buch über Assistenz bei Menschen mit geistiger Behinderung (Kap. IV).

# Literatur

ADAM, H. (1996): Mit Gebärden und Bildsymbolen kommunizieren, Würzburg.

ADOLPH, H.; GÖRRES, S. (1997): Umsetzungsbarrieren im Wissenstransfer innovativer Pflegekonzepte. In: *Zeitschrift für Gerontologie und Geriatrie*, 2, S. 100-108.

ADORNO, T. (1970): Erziehung zur Mündigkeit, Frankfurt.

ANDREASEN, N.C.; BLACK, D.W. (1993): Lehrbuch Psychiatrie, Weinheim.

ANGLEITNER; A; BORKENAU, P. (1985): Deutsche Charakterkunde. In: HERRMANN, T.; LANTERMANN, E.D. (Hg.): Persönlichkeitspsychologie, München.

ANSTÖTZ, CH. (1987): Grundriß der Geistigbehindertenpädagogik, Berlin.

ARETS, J. u.a. (1996): Professionelle Pflege. Bd. 1: Theoretische und praktische Grundlagen. Bocholt.

ARNS, W.; JOCHHEIM, K.-A.; REMSCHMIDT, H. (1978): Neurologie und Psychiatrie für Krankenpflegeberufe. Stuttgart .

ASSMANN, M. (1997): Von der Verwahrung zum Wohnen. Ästhetik als Lebenshilfe für Menschen mit schwerer geistiger Behinderung – eine Galerie von Ein- und Ausdrücken. In: THEUNISSEN, G. (Hg.) a.a.O.

ATTFIELD, R. (1997): Biozentrismus, moralischer Status und moralische Signifikanz. In: BIRNBACHER, D. (Hg.): Ökophilosophie. Stuttgart.

AUCOUTURIER, B.; LAPIERRE, A. (1982): Bruno. Bericht über eine psychomotorische Therapie bei einem zerebral geschädigten Kind. München. Basel.

BACH, H. (1981): Grundlegungsprobleme der Geistigbehindertenpädagogik. Bd. I. Geistigbehinderte: Begriff, Personenkreis, theoretische Ansätze. Hagen.

BÄCHTHOLD, A. (1990): Gedanken zur Gestaltung der Lebenssituation geistig behinderter Menchen. In: BÖKER, W.; BRENNER, H.-D. (Hg.): Geistig behinderte in psychiatrischen Kliniken, Bern u.a.

BACHMANN, W. (1986): Das unselige Erbe des Christentums. Die Wechselbälge, Institut für Heil- und Sonderpädagogik. Gießen.

BADELT, I. (1984): Selbsterfahrungsgruppen geistig behinderter Erwachsener. In: *Geistige Behinderung*, 4, S. 243-254.

BADELT, I. (:1994) Gesprächspsychotherapie mit geistig behinderten Menschen. In: LOTZ; W.; KOCH, U.; STAHL, B. (Hg.): Psychotherapeutische Behandlung bei Menschen mit geistiger Behinderung. Bern u.a.

BALTZER: Provinzial Heil- und Pflegeanstalten. In: HORTON, DR. (Hg.): a.a.O.

BANK-MIKKELSEN, N.E. (1982): Das dänische Verständnis von Normalisierung und seine Umsetzung in ein System von Hilfs- und Pflegediensten zur Integration. Hekt. Manuskript, Kopenhagen.

BARBER, M.: Contingency Awareness: Putting Research into the Classroom. In: COUPE-O'KANE, J.; SMITH, B. (eds.) a.a.O.

BARTON, R. (1974; 1997): Hospitalisierungsschäden in psychiatrischen Krankenhäusern. In: FINZEN, A. (Hg.): Hospitalisierungsschäden in psychiatrischen Krankenhäusern. München.

BASAGLIA, F. (1974):Was ist Psychiatrie? Frankfurt.

BASAGLIA, F. (Hg.) (1981): Die negierte Institution oder die Gemeinschaft der Ausgeschlossenen. Frankfurt.

BATH, H. (1974): Emanzipation als Erziehungsziel? Bad Heilbrunn.

BAUDISCH, W.; BRÖSEL, B.; SAMSKI, C.S. (1987): Hilfsschulpädagogik. Berlin.

BECK, U. (1986): Risikogesellschaft. Frankfurt.

BECK, U.; BECK-GERNSHEIM, E. (Hg.) (1994): Riskante Freiheiten. Frankfurt.

BECKER, H.; LANGOSCH, I. (1995): Produktivität und Menschlichkeit. Stuttgart.

BELLAH, R. u.a. (1987): Gewohnheiten des Herzens - Individualismus und Gemeinsinn. Köln.

BERNER, H. (1984): Behindertenpädagogik und Faschismus. Teil I. In: *Behindertenpädagogik*, 23, S. 306-332.

BERNER, H. (1985): Behindertenpädagogik und Faschismus. Teil II. In: *Behindertenpädagogik*, 24, S. 2-37.

BIENWALD, W. (Hg) (1992): Betreuungsrecht: Gesetz zur Reform des Rechts der Vormundschaft und Pflegschaft für Volljährige. Bielefeld.

BIENSTEIN, CH.; FRÖHLICH, A. (Hg.) (1994 a): Bewusstlos – Eine Herausforderung für Angehörige, Pflegende und Ärzte. Düsseldorf.

BIENSTEIN, CH.; FRÖHLICH, A. (Hg.) (1994 b): Basale Stimulation in der Pflege. Düsseldorf.

BINDING, K.; HOCHE, A. (1920): Die Freigabe der Vernichtung lebensunwerten Lebens. Leipzig.

BIRNBACHER, D. (1997): »Natur« als Maßstab menschlichen Handelns. In: BIRNBACHER, D. (Hg.): Ökophilosophie, Stuttgart.

BLASIUS, D. (1980): Der verwaltete Wahnsinn. Eine Sozialgeschichte des Irrenhauses. Hamburg.

BLATT, B. (1974): Fegfeuer. In: KUGEL, B.; WOLFENSBERGER, W. (Hg.): Geistig Behinderte – Eingliederung oder Bewahrung? Stuttgart.

BLEIDICK, U. (1974): Pädagogik der Behinderten. Berlin.

BLEULER, E. (1949): Lehrbuch der Psychiatrie. 8. Auflage, Zürich.

BLEULER, E. (1979): Lehrbuch der Psychiatrie. 14. überarbeitete Auflage. Berlin, Göttingen, Heidelberg.

BOBZIEN, M. (1993): Kontrolle über das eigene Leben gewinnen – Empowerment als professionelles Konzept in der Selbsthilfeunterstützung. In: Blätter der Wohlfahrtspflege, 2, S. 46-49.

BOBZIEN, M.; STARK, W. (1991): Empowerment als Konzept psychosozialer Arbeit und als Förderung von Selbstorganisation. In: BALKE, K.; THIEL, W. (Hg.): Jenseits des Helfens – Professionelle unterstützen Selbsthilfegruppen. Freiburg.

BÖHM, I. (1992): Gemeinsam(e) Kräfte entdecken. Empowerment in der Frühförderung. In: Frühförderung interdisziplinär, S. 170-178.

BÖHM, I.; WEISS, H. (1993): Gemeinsam Kräfte entdecken. In: Blätter der Wohlfahrtspflege, 2, S. 55-58.

BÖHME, G. (1993): Perspektiven einer ökologisch orientierten Naturphilosophie. In: FISCHER, H.R.; RETZER, A.; SCHWEITZER, J. (Hg.): Das Ende der großen Entwürfe. Frankfurt/M.

BÖHNING, E. (1998): Wohnen heißt zuhause sein. Eine Studie zur Erfassung von Lebenszufriedenheit. In: THEUNISSEN, G. (Hg.): a.a.O.

BOHNSACK, H. (1991): Einführung in die Psychiatrie. Stuttgart.

BONDY, C. u.a. (1969): Die Testbatterie für geistig behinderte Kinder. Weinheim.

BONSMANN, D. (1996): Landarmenwesen und Landesfürsorgewesen. In: HORTON, DR. (Hg.) a.a.O.

BÖRNER, R. (1996): Selbstbestimmt leben für mein Kind – wie soll das gehen? In: Lebenshilfe (Hg.): a.a.O.

BRADL, CH. (1991): Anfänge der Anstaltsfürsorge für Menschen mit geistiger Behinderung (»Idiotenanstaltswesen«), Frankfurt.

BRADL, CH. (1996 a): Selbstbestimmung – strukturelle Grenzen in Heim. In: Lebenshilfe (Hg.): a.a.O.

BRADL, CH. (1996 b):. Vom Heim zur Assistenz. In: BRADL, CH.; STEINHARDT, I. (Hg.): a.a.O.

BRADL, CH.; STEINHARDT, I. (Hg.) (1996): Mehr Selbstbestimmung durch Enthospitalisierung. Bonn.

BRAUNMÜHL, I. V. (1975): Antipädagogik. Studien zur Abschaffung der Erziehung. Weinheim, Basel.

BREZINKA, W. (1972): Die Pädagogik der neuen Linken. Stuttgart.

BRÖCHER, J. (1997): Lebenswelt und Didaktik. Unterricht mit verhaltensauffälligen Jugendlichen. Heidelberg.

BRONFENBRENNER, U. (1981): Die Ökologie der menschlichen Entwicklung. Stuttgart.

BRUNGER, (1921) Mitteilungen über die 17. Konferenz des Vereins für Erziehung, Unterricht und Pflege Geistesschwacher. In: *Zeitschrift für Erziehung, Unterricht und Pflege Geistesschwacher*, , S. 104-108.

BRUNKHORST, H. (1996): Demokratie als Solidarität unter Fremden. In: *Aus Politik und Zeitgeschichte*, 36, S. 21-28.

BUBER, M. (1954): Zwiesprache. In: BUBER, M.: Die Schriften über das dialogische Prinzip, Heidelberg.

BUBER, M. (1962): Ich und Du. In: Schriften zur Philosophie, Werke Bd. I. München.

BUBER, M. (1965): Nachlese. Heidelberg.

BUBER, M. (1969): Reden über Erziehung. Heidelberg.

BUCHKA, M.; HACKENBERG, I. (1987): Das Burn-out Syndrom bei Mitarbeitern in der Behindertenhilfe, Dortmund.

BYERS, R. (1994): Teaching as Dialogue: Teaching Approaches and Learning Styles in Schools for Pupils with Learning Difficulties. In: COUPE-O'KANE, J.; SMITH, B. (eds.): a.a.O.

CARITAS (1933): Sterilisierung in Deutschland, 13, S. 347-351.

CATTERMOLLE, M. u.a. (1988): Life in a mental handicap hospital: the view from the inside. In: *Mental Handicap*, 16, S. 136-139.

CIOMPI, L (1982): Affektlogik – über die Struktur der Psyche und ihre Entwicklung. Stuttgart.

CLARE, M. (1990): Developing Self Advocacy Skills With People With Disabilities and Learning Difficulties. London.

CLOERKES, G. (1997): Soziologie der Behinderten. Heidelberg.

COUPE–O'KANE, J.; PORTER, J.; TAYLOR, A. (1994): Meaningful Content and Contexts for Learning. In: COUPE-O'CANE, J.; SMITH, B. (eds.): a.a.O.

COUPE-O'CANE, J.; SMITH, B. (eds.) (1994): Taking control. Enabling People with Learning Difficulties. London.

CREWS, W.D. u.a. (1994): Dual Diagnosis. In: *American Journal on Mental Retardation*, 6, S. 724-731.

CROME, A.; MOSER, G. (1996): Auf dem Weg zur Pflichtversorgung. In: BRADL, CH.; STEINHART, I. (Hg.): Mehr Selbstbestimmung durch Enthospitalisierung. Bonn.

DALFERTH, M. (1998 d): Modell einer Integration von geistig schwerst- und mehrfachbehinderten Menschen aus der Psychiatrie in die Gemeinde. In: THEUNISSEN, G. (Hg.) a.a.O.

DANFORTH, S. (1997): On what Basis Hope? Modern Progress and Postmodern Possibilities. In: *Mental Retardation*, 2, S. 93-106.

DANNEMANN, A. (1911 a): Schwachsinnigenfürsorge in Deutschland in der neuesten Zeit. In: Enzyklopädisches Handbuch der Heilpädagogik. Halle.

DANNEMANN, A. (1911 b): Schwachsinn, kurze Symptomathologie. In: Enzyklopädisches Handbuch der Heilpädagogik. Halle

DANNEMANN, A. (1907): Über die porenkephalische Form der zerebralen Kinderlähmung. In: SOMMER, R. (Hg.): a.a.O.

DAY, K. (1993): Psychische Störungen und geistige Behinderung – sind spezielle psychiatrische Dienste notwendig? In: GAEDT, H.H. u.a. (Hg.): a.a.O.

DAY, K. (1997): Dienste für Menschen mit geistiger Behinderung und psychischen Störungen: Versorgungsstrukturen in Großbritannien. In: WEBER, G. (Hg.): Psychische Störungen bei älteren Menschen mit geistiger Behinderung. Bern u.a.

DE JONG, P.; MILLER, S.D. (1995): How to interview for client strengths. In: *Social Work*, 6, S. 729-736.

DEGKWITZ, R. (1982): Oligophrenien. In: DEGKWITZ, R.; HOFFMANN, S.O.; KINDT, H. (Hg.): Psychisch krank – Einführung in die Psychiatrie für das klinische Studium. München.

DEVALL, B. (1997): Die tiefenökologische Bewegung. In: BIRNBACHER, D. (Hg.): Öko-Philosophie, Stuttgart.

DHG (Deutsche Heilpädagogische Gesellschaft) (1997): Abgrenzung der Eingliederungshilfe für Behinderte von Leistungen der Pflegeversicherung: Recht auf soziale Eingliederung für Menschen mit geistiger Behinderung sichern, unveröfftl. Positionspapier, Bremen.

DIETER, M. (1999): Von der Psychiatrie in die Gemeinde. Zum Stand der Enthospitalisierung in der Schweiz. In: LINGG, A.; THEUNISSEN, G. (Hg.): a.a.O.

DILLING, H. u.a. (Hg.) (1992): Internationale Klassifikation psychischer Störungen ICD-10, Bern u.a.

DILTHEY, W. (1894): Ideen über eine beschreibende und zergliedernde Psychologie, Leipzig.

DISSELHOFF, J. (1857): Die gegenwärtige Lage der Cretinen, Blödsinnigen und Idioten in den christlichen Ländern. Bonn.

DÖRNER, K. (1967): Nationalsozialismus und Lebensvernichtung. In: *Vierteljahreszeitschrift f. Zeitgeschichte.* Stuttgart.

DÖRNER, K. (1969): Bürger und Irre. Frankfurt.

DÖRNER, K. (1988): Tödliches Mitleid. Gütersloh.

DÖRNER, K. (1998): Enthospitalisierung aus sozialpsychiatrischer Sicht – dargestellt am Beispiel des Landeskrankenhauses Gütersloh. In: THEUNISSEN, G. (Hg.): a.a.O.

DÖRNER, K.; PLOG, U. (1985; 1996): Irren ist menschlich. Lehrbuch der Psychiatrie. Bonn.

DOMAN, G. (1980): Was können Sie für Ihr hirnverletztes Kind tun? Freiburg.

DOMMA, W. (1990): Kunsttherapie und Beschäftigungstherapie, Köln.

DOSEN, A. (1990): Psychische en gedragsstoornissen bij zwackzinnigen, Amsterdam.

DOSEN, A. (1993): Diagnostische und therapeutische Probleme. In: GAEDT, CH. u.a. (Hg.): a.a.O.

DOSEN, A. (1997): Psychische Gesundheit bei älteren Menschen mit geistiger Behinderung: Neuere Entwicklungen und Problembereiche. In: WEBER, G. (Hg.): Psychische Störungen bei älteren Menschen mit geistiger Behinderung, Bern u.a.

DUBIEL, H. (1994): Ungewißheit und Politik, Frankfurt.

DUNST, C.; TRIVETTE, C. (1987): Enabling and empowering families: Conceptual and intervention issues. In: *School Psychology Review*, 16, S. 443-456.

DUNST, C.; TRIVETTE, C.; LAPOINTE, N. (1992): Toward clarification of the meaning and key elements of empowerment. In: *Family Sciene Review*, 5, S. 111-130.

DYBWAD, G.; Bersani, H. (eds.) (1996): New Voices. Self-advocacy by People with Disabilities, Cambridge.

DZIKOWSKI, S.; VOGEL, C. (1988): Störungen der sensorischen Integration bei autistischen Kindern, Weinheim.

EBERT, D. (1995): Psychiatrie systematisch, Lorch.

EGGERT, D. (1995): Individuelle Betrachtung ersetzt die »Oligophrenie-Diagnose«. Von der Klassifikation von Menschen mit geistiger Behinderung zur Einzelfallbeschreibung in der Diagnostik. Hoymer Reihe, Heft 3, Hoym (Selbstdruck).

ELLIS, N.R. (1982) u.a.: Learning, Memory and Transfer in Profoundly, Severely and Moderately Mentally Retarded Persons. In: *Am Journal of Mental Deficiency*, 2, 186-196.

Empfehlung des Diakonischen Werkes der Evangelischen Kirche in Deutschland zur Hilfe für Menschen mit geistiger Behinderung. Hg.: Verband evangelischer Einrichtungen für geistig und seelisch Behinderte e.V., Stuttgart 1983.

ERHARDT, H. (1965): Euthanasie und Vernichtung »lebensunwerten Lebens«. Stuttgart.

ESSBACH, S. u.a. (1985): Rehabilitationspädagogik für schulbildungsunfähige förderungsfähige Intelligenzgeschädigte, Berlin.

ETZIONI, A. (1972): Continuity and Discontinuity in the Contemporary Crisis of Meanings. In: *Journal of Aesthetic Education*, 6, , No. 1-2, S. 147-159.

ETZIONI, A. (1975): Die aktive Gesellschaft, Opladen.

ETZIONI, A. (1994a): Jenseits des Egoismus-Prinzip, Stuttgart.

ETZIONI, A. (1994): Gemeinwohl, Nachbarschaft, Kommunitarismus. In: *Psychologie Heute*, 8, S. 22-26.

FABER, W. (1974): Martin Buber über Erziehung. In: GERNER, B. (Hg.): Martin Buber, Pädagogische Interpretation zu seinem Werk, München.

FAWCETT, J. (1996): Pflegemodelle im Überblick, Bern.

FEYERABEND, P. (1975): Wider den Methodenzwang, Frankfurt.

FEYERABEND, P. (1980): Erkenntnis für freie Menschen, Frankfurt.

FEYERABEND, P. (1984): Wissenschaft als Kunst, Frankfurt.

FINK, F. (1987): Berufliche Anforderungen bewältigen – eigene Identität bewahren. In: Identität in der Krise? Tagungsbericht. Hg. v. Verband kath. Einrichtungen für Körperbehinderte, Freiburg.

FINZEN, A. (1998): Medikamentenbehandlung bei psychischen Störungen. Bonn.

FINZEN, A. (1985): Das Ende der Anstalt. Bonn.

FINZEN, A.; SCHÄDLE-DEININGER, H. (1979): »Unter elenden menschenunwürdigen Verhältnissen« – Die Psychiatrie-Enquete. Rehburg-Loccum.

FISCHER, H.R. (1993): Zum Ende der großen Entwürfe. In: FISCHER, H.R.; RETZER, A.; SCHWEITZER, J. (Hg.): Das Ende der großen Entwürfe, Frankfurt.

FLEHMIG, I. (Hg.) (1973): Der Denver Suchtest. Deutsche Standardisierung. Harburg.

FLETCHER, R. (1993): Die Betreuung von Menschen mit geistiger Behinderung und psychischen Störungen in den USA. In: GAEDT, CH. u.a. (Hg.): a.a.O.

FLETCHER, R.; MENOLASCINO, F. (eds.) (1989): Mental retardation and mental illness. Lexington.

FLYNN, M.; WARD, L. (1991): »We can change the future«: Self citizen advocacy. In: SEGAL, S.; VARMA, V. (Eds.): Prospects for People with Learning Difficulties. London.

FRANK, W. (1993): Kurzlehrbuch Psychiatrie. Neckarsulm, Stuttgart.

FRANK, W. (Hg.) (1994): PflegeVG: Textausgabe des Sozialgesetzbuches, Elftes Buch (SGB XI), Soziale Pflegeversicherung, mit einer systematischen Einführung, Neuwied.

FRANZKOWIAK, T. (1994): Verständigung mit graphischen Symbolen. In: BRAUN, U.: Unterstützte Kommunikation, Düsseldorf.

FREIRE, P.; GIROUX, H.A. (1989): Pedagogy, Popular Culture, and Public Life: An Introduction. In: GIROUX, H.A.; SIMON, R.I. (eds.): a.a.O.

FRÖHLICH, A. (1992): Basale Stimulation. Düsseldorf.

FROMM, E. (1976): Haben oder Sein. Stuttgart.

FROSTIG, M. (1975): Bewegungserziehung. München.

FROSTIG-PROGRAMM; v. REINARZT, A. u. E. (Hg.) (1977): Visuelle Wahrnehmungsförderung. Dortmund.

GAEDT, CH. (1980): Die gegenwärtige Situation, besondere Probleme und Entwicklungen in der stationären Versorgung geistig Behinderter außerhalb der psychiatrischen Krankenversorgung – aus Sicht des Arztes. In: Aktion Psychisch Kranke (Hg.): Probleme der Versorgung erwachsener geistig Behinderter. Köln.

GAEDT, CH. (1981): Einrichtung für Ausgeschlossene oder »Ein Ort zum Leben«, Überlegungen zur Betreuung Geistigbehinderter. In: Jahrbuch für kritische Medizin, Bd. 7, Berlin.

GAEDT, CH. (1985): Grenzen der Normalisierung. In: WACKER, E.; NEUMANN, J. (Hg.): Geistige Behinderung und soziales Leben, Frankf.

GAEDT, CH. (Hg.) (1987 a): Psychotherapie bei geistig Behinderten, Neuerkeröder Beiträge 3, Sickte (Selbstverlag der Anstalt)

GAEDT, CH. (1987b): Normalisierung. Neuerkeröder Beiträge 2, Sickte (Selbstverlag der Anstalt).

GAEDT, CH. (Hg.) (1990): Selbstentwertung und depressive Inszenierung bei Menschen mit geistiger Behinderung, Neuerkeröder Beiträge 6, Sickte (Selbstverlag der Anstalt).

GAEDT, CH. u.a. (Hg.) (1993): Psychisch krank und geistig behindert. Dortmund.

GAEDT, CH. (1994): Aspekte eines psychoanalytisch orientierten Konzeptes zur Diagnostik und Therapie von psychischen Störungen bei Menschen mit geistiger Behinderung. In: LOTZ, W.; KOCH, U.; STAHL, W. (Hg.): Psychotherapeutische Behandlung geistig behinderter Menschen, Bern.

GAEDT, CH.: Autonomie und Partizipation von Menschen in Großeinrichtungen. In: Lebenshilfe (Hg.): a.a.O.

GAEDT, CH. (1996): Medizinische Hilfen. In: Lebenshilfe (Hg.): Wenn Verhalten auffällt. Eine Arbeitshilfe zum Wohnen von Menschen mit geistiger Behinderung. Marburg.

GAERTNER, I. (1983): Die Heilpädagogischen Heime des Landschaftsverbandes Rheinland – Geschichte, Konzeption, Perspektiven. In: *Geistige Behinderung*, 2, S. 130-136.

GARRIES, R.; HAZINSKI, L.; HOLLENWEGER, I. (1992): Der Effekt von sozialen Trainingsprogrammen auf den Erwerb interaktioneller Kompetenzen bei geistig behinderten Erwachsenen. In: *Heilpädagogische Forschung*, 18, 3, S. 143-151.

GASTAGER, S. (1973): Schwachsinn und Gesellschaft: Fallstudien aus sozialpsychologischer Sicht. Wien.

GELDER, M. u.a. (1996): Oxford textbook of Psychiatrie, Oxford.

GEORGENS, J. (Hg.) (1858): Medizinisch-pädagogisches Jahrbuch der Levana für das Jahr 1858. Wien.

GEORGENS, J.; DEINHARDT, H. (1861; 1863): Die Heilpädagogik mit besonderer Berücksichtigung der Idiotie und der Idiotenanstalten. Bd. I, Leipzig 1861. Neudruck des 1. Bd., Gießen 1979; Bd. II, Leipzig.

GERHARDT, J.P. (1922): Schwachsinnigenbildung und Fürsorgewesen. In: Enzyklopädisches Handbuch der Heilpädagogik. Halle.

GINSBURG, H.; OPPER, S. (1975): Piagets Theorie der geistigen Entwicklung. Stuttgart.

GIROUX, H.A. (1988): Postmodernism and the Discourse of Educational Criticism. In: *Journal of Education*, 3, S. 5-30.

GIROUX, H.A. (1991): Liberal Arts Education and the Struggle for Public Life: Dreaming about Democracy. In: *Themenzentrierte Interaktion*, 1, S. 5-15.

GIROUX, H.A.; MC'LAREN, P.L. (eds.) (1989): Critical Pedagogy, the State, and Cultural Struggle (SUNY Series in Teacher Empowerment and School Reform), Albany, New York.

GIROUX, H.A.; SIMON, R.I. (eds.) (1989): Popular Culture, Schooling, and Everyday Life, Granby.

GÖBEL, S. (1997):»Wir vertreten uns selbst« – Ein Arbeitsbuch, Kassel (bifos Eigenverlag).

GOFFMAN, E. (1967): Stigma – Über die Techniken der Bewältigung beschädigter Identität. Frankfurt.

GOFFMAN, E. (1972): Asyle – Über die soziale Situation psychischer Patienten und anderer Insassen. Frankfurt.

GOFFMAN, E. (1973): Interaktion: Spaß am Spiel. Rollendistanz. München.

GOLL, H. (1993): Heilpädagogische Musiktherapie, Frankfurt.

GOLL, H. (1994): Vom Defizitkatalog zum Kompetenzinventar. In: HOFMANN, T.; KLINGMÜLLER, B. (Hg.): a.a.O.

GOLL, J. (1998): Neuere Ansätze zum Verständnis von geistiger Behinderung. In: GOLL, H.; GOLL, J. (Hg.): Selbstbestimmung und Integration als Lebensziel. Hammersbach.

GOTTSCHALDT, K. (1954): Der Aufbau des kindlichen Handelns. Leipzig.

GOULDNER, A.W. (1974): Die westliche Soziologie in der Krise. Reinbek.

GRAF, H. (1983): Betrifft: Überführung von Kranken. Kranken- und Irrenpflege in der Zeit des Nationalsozialismus. In: Dokumentation: Aus- und Fortbildung. Beilage zur *Deutschen Krankenpflegezeitschrift*, 5.

GRIESINGER, W. (1861): Die Pathologie und Therapie der psychischen Krankheiten. Stuttgart.

GRIESINGER, W. (1872): Gesammelte Abhandlungen. Bd. I, Berlin.

GRÖSCHKE, D. (1989): Praxiskonzepte der Heilpädagogik, München.

GRÖSCHKE, D. (1995): Zur Aktualität der Sozialphilosophie für die Heilpädagogik. In: *Vierteljahresschrift für Heilpädagogik und Nachbargebiete*, 4, S. 406-414.

GROMANN, P. (1998): Nutzerkontrolle als Element der Qualitätssicherung für das System der Hilfen für Menschen mit geistiger Behinderung. In: THEUNISSEN, G. (Hg.): a.a.O.

GROMANN-RICHTER, P. (1989): Ich wohne hier! Individuelle Wohnraum-gestaltung für geistig und mehrfach Behinderte. (Innere Mission) Bremen (Selbstverlag).

GROMANN-RICHTER, P. (1991): Was heißt hier Auflösung? Die Schließung der Klinik Kloster Blankenburg, Bonn.

GROND, E. (1992): Die Pflege verwirrter alter Menschen, Freiburg.

GROND, E. (1993): Praxis der psychiatrischen Altenpflege, München.

GROSSBERG, L. (1989): Pedagogy in the Present: Politics, Postmodernity, and the Popular. In: GIROUX, H.A.; SIMON, R.I. (eds.): a.a.O.

GUNSBURG, H.C.: P-A-C, Primäre pädagogische Analyse und Curriculum der Sozialentwicklung für geistig schwerbehinderte Menschen. Form S-P/P-A-C. Hekt. Manuskript o. J. (P-A-C – Herausgabe v. d. Bundes-vereinigung LEBENSHILFE e.V.)

HAASE, J.H. (Hg.) (1982): Therapie mit Psychopharmaka. Stuttgart u.a.

HABERMAS, J. (1985): Die neue Unübersichtlichkeit. Frankfurt.

HABERMAS, J. (1988): Der philosophische Diskurs der Moderne, Frankf.

HAEBERLIN, U. (1996a): Heilpädagogik als wertgeleitete Wissenschaft, Bern.

HAEBERLIN, U. (1996b): Diskussion: Heilpädagogik in der Wendezeit. In: OPP, G.; FREYTAG, A.; BUDNIK, I. (Hg.): Heilpädagogik in der Wende-zeit, Luzern.

HAECKEL, E. (1906): Die Lebenswunder. Leipzig.

HÄFNER, H. (1969): Modellvorstellungen in der Sozialpsychiatrie. Dargestellt am Beispiel einiger psychiatrisch-epidemiologischer Forschungsergebnisse. In: *Psychotherapie, med. Psychologie*, S. 84-114.

HÄHNER, U. (1997a): Von der Verwahrung über die Förderung zur Selbstbestimmung. In: HÄHNER, U. u. a. (Hg.): a.a.O.

HÄHNER, U. (1997b): Überlegungen zur Entwicklung einer Kultur der Begleitung. In: HÄHNER, U. u.a. (Hg.): a.a.O.

HÄHNER, U. u.a. (Hg.) (1997): Vom Betreuer zum Begleiter. Eine Neuorientierung unter dem Paradigma der Selbstbestimmung, Marburg.

HAHN, M. (1979): Überlegungen zu Organisationsvorschlägen für die Förderung schwer geistigbehinderter Kinder. In: HOFMANN, TH. (Hg.): Beiträge zur Geistigbehindertenpädagogik. Rheinstetten.

HAHN, M. (1981): Behinderung als soziale Abhängigkeit, München.

HAHN, M. (1983): Von der Freiheit schwerbehinderter Menschen: anthropologische Fragmente. In: HARTMANN, N. (Hg.): a.a.O.

HAHN, M. (1985): Zum Ausbrennen (Burn-out-Syndrom) im Zusammenleben mit schwerstbehinderten Menschen. In: *Vierteljahresschrift für Heilpädagogik und ihre Nachbargebiete*, 54, S. 142-159.

HAHN, M. (1987): Selbstbestimmmung bei Menschen mit Schwerst- und Mehrfachbehinderungen. In: Bundesverband für Spastischgelähmte und andere Körperbehinderte (Hg.): Pädagogische Förderung schwerstbehinderter Kinder und Jugendlicher, Düsseldorf.

HAMPE, R. (1997): Ästhetische Praxis als integratives Medium im kulturellen Raum. In: THEUNISSEN, G. (Hg.): a.a.O.

HANSELMANN, H. (1930/1976): Einführung in die Heilpädagogik. Zürich u.a.

HARING, C. (1989; 1996): Psychiatrie. Stuttgart.

HARTMANN, N. (Hg.) (1983): Beiträge zur Pädagogik der Schwerstbehinderten. Heidelberg.

HARTMANN, N.; PASSONS, B. (1983): Pädagogik der Schwerstbehinderten. In: HARTMANN, N. (Hg.): a.a.O.

HARTSHORNE, CH. (1974): The Environmental Results of Technology. In: BLACKSTONE, W. T. (ed.): Philosophy and Environmental Crisis, Athens, S. 69-78.

HAUCH, R. (1988): Die gierigen Samariter. In: *Badische Zeitung*, 4. April.

HAUG, K. (1995): Ziele und Wirkungen der Pflegeversicherung. In: *Beiträge zum Recht Sozialer Dienste und Einrichtungen*, 28, S. 1-14.

HELLER, TH. (1925): Grundriß der Heilpädagogik. Leipzig.

HELLMANN, U. (1995): Betreuungsgesetz und gemeindenahes Wohnen. In: Lebenshilfe (Hg.): Wohnen heißt zu Hause sein, Marburg.

HENNICKE, K. (1994): Therapeutische Zugänge zu geistig behinderten Menschen mit psychischen Störungen. In: *Geistige Behinderung*, 33, S. 95-110.

HENNICKE, K.; ROTTHAUS, W. (Hg.) (1993): Psychotherapie und geistig Behinderung, Dortmund.

HENTIG, V. H. (1968): Systemzwang und Selbstbestimmung, Stuttgart.

HERDEGEN, M. (1995): Der neue Diskriminierungsschutz für Behinderte im Grundgesetz. Entstehung und Tragweite des Benachteiligungsverbotes (Art. 3 Abs. 3 Satz 2 GG). Hrsg. v. Beauftragten d. Bundesregierung f.d. Belange der Behinderten Otto Regenspurger, MdB, Bonn.

HERRIGER, N. (1989): Die neuen Kleider der Behindertenarbeit. Ansätze zu einer Politik der Selbstvertretung behinderter Menscchen. In: *Brennpunkte Sozialer Arbeit*, S. 36-46.

HERRIGER, N. (1991): Empowerment, Annäherungen an ein neues Fortschrittsprogramm der sozialen Arbeit. In: *Neue Praxis*, 4, S. 221ff.

HERRIGER, N. (1993): Selbstbestimmt leben, Interessen vertreten, Selbstorganisation fördern. In: *Soziale Arbeit*, 12, S. 414-419.

HERRIGER, N. (1996a): Empowerment und Engagement. In: *Soziale Arbeit*, 9-10, S. 290-301.

HERRIGER, N. (1996b): Kompetenzdialog. Empowerment in der sozialen Einzelhilfe. In: *Soziale Arbeit*, 6, S. 190-195.

HERRIGER, N. (1997): Empowerment in der sozialen Arbeit. Eine Einführung, Stuttgart.

HESSE-SCHILLER, W. (1996): Das Erste Gesetz zur Änderung des Elften Buches Sozialgesetzbuch und anderer Gesetze (1. SGB XI – ÄndG) – Klärungen, Reparaturen, Einschränkungen. In: *Beiträge zum Recht Sozialer Dienste und Einrichtungen*, 34, S. 42-71.

HILDEBRANDT, H.; TROJAN, A. (1990): Neue Brücken-Einrichtungen als Instrument für gesundheits- und gesellschaftspolitische Innovationen. In: TROJAN, A.; HILDEBRANDT, H. (Hg.): Brücken zwischen Bürgern und Behörden, Bonn.

HILS, K. (Hg.) (1971): Therapeutische Faktoren in Werken und Formen. Darmstadt.

HITLER, A. (1942): Mein Kampf. München.

HITZLER, R.; HONER, A. (1994): Bastelexistenz. Über subjektive Konsequenzen der Individualisierung. In: BECK, U.; BECK-GERNSHEIM, E. (Hg.): a.a.O.

HOERSTER, N. (1995): Neugeborene und das Recht auf Leben, Frankfurt.

HOFER, G. (1991): Die geistige Behinderung (Oligophrenie). In: KISKER, K.P. u.a. (Hg.): Psychiatrie, Psychosomatik, Psychotherapie. Stuttgart.

HOFFMANN, C. (1998): Enthospitalisierung oder Umhospitalisierung? – Am Beispiel der neuen Länder. In: THEUNISSEN, G. (Hg.): a.a.O.

HOFMANN, T.; KLINGMÜLLER, B. (Hg.) (1994): Abhängigkeit und Autonomie. Neue Wege in der Geistigbehindertenpädagogik, Berlin.

HOLLINGSHEAD, A.D. und REDLICH, C. (1974): Soziale Schichtung und psychiatrische Erkrankung. In: KEUPP, H. (Hg.): Verhaltensstörungen und Sozialstruktur. München u.a.

HOLTZ, K.-L. (1994): Geistige Behinderung und Soziale Kompetenz, Heidelberg.

HONNETH, A. (Hg.) (1992): Kommunitarismus, Frankfurt.

HORKHEIMER, M. (1968): Kritische Theorie, Bd. I u. II, Frankfurt.

HORTON, D. (Hg.) (1925): Die Rhein. Provinzial-Verwaltung, ihre Entwicklung und ihr heutiger Stand. Düsseldorf.

Höss, H.; Goll, H. (1986): Wege nach draußen. Heidelberg.

Huber, G. (1994): Psychiatrie. Stuttgart.

Hurley, A. (1989): Individual psychotherapy with mentally retarded individuals. In: *Research in developmental disabilities*, 10, S. 261-275.

Hustlisti, S.; Hustlisti, B. (1994): Freizeit geistig behinderter Menschen, unv. Diplomarbeit, FB Heilpädagogik, Kath. Fachhochschule Freiburg.

Illich, I. (1970): Entschulung der Gesellschaft, München.

Inhelder, B. (1969): Le diagnostic du raisonnement ches les debiles mentraux. Neuchatel.

Isserlin, M. (1923): Psychiatrie und Heilpädagogik. In: *Z. f. Kinderforschung*, 28, S. 4-24.

Jacobi, M. (1834): Über die Anlegung und Einrichtung von Irren-Heilanstalten. Berlin.

Jahns, H. (1994): Die Auflösung der Klinik Blankenburg – 5 Jahre Erfahrungen regionaler Versorgung geistig behinderter Menschen in Bremen. In: Haltiner, R.; Egli, J. (Hg.): Dezentrale Betreuung von Menschen mit geistiger Behinderung, Luzern.

Jantzen, W. (1974): Sozialisation und Behinderung. Gießen.

Jantzen, W. (1979): Grundriß einer allgemeinen Psychopathologie und Psychotherapie. Köln.

Jantzen, W. (1980): Geistigbehinderte Menschen und gesellschaftliche Integration. Bern u.a.

Jantzen, W. (1982): Sozialgeschichte des Behindertenbetreuungswesens. München.

Jantzen, W. (1994): Syndromanalyse und romantische Wissenschaft – Perspektiven einer allgemeinen Theorie des Diagnostizierens. In: Jantzen, W. (Hg.): Die neuralen Verstrickungen des Bewusstseins – zur Aktualität von A.R. Lurijas Neuropsychologie, Münster.

Jantzen, W. (1996 a): Enthospitalisierung und institutioneller Kontext: Einrichtungen für Behinderte in der modernen Gesellschaft. In: *Behindertenpädagogik*, 3, S. 258-275.

Jantzen, W. (1996 b): Diagnostik, Dialog und Rehistorisierung. In: Jantzen, W.; Lanwer-Koppelein, W. (Hg.): Diagnostik als Rehistorisierung, Berlin.

Jantzen, W. (1998): Verstehende Diagnostik. In: Theunissen, G. (Hg.): a.a.O.

Janz, H.; Hillers, F. (1971): Grundlagen der psychiatrischen Beschäftigungstherapie. In: Hils, K. (Hg.) a.a.O.

JEGGLE, U. (1983): Zur historischen Bedeutung der Gemeinde. In: BELSCHER, W. u.a. (Hg.): Gemeindepsychologische Perspektiven I, München.

JERVIS, G. (1978): Handbuch der kritischen Psychiatrie, Frankfurt.

JETTER, K. (1986): Wie »alt« sind sie eigentlich? Bleiben sie lebenslang Kinder? In: *Vierteljahresschrift für Heilpädagogik und ihre Nachbargebiete*, 55, S. 130-140.

JETTER, K. (1994): Verstehende Diagnostik. In: *Geistige Behinderung*, 4, S. 297-307.

JONAS, H. (1984): Das Prinzip Verantwortung – Versuch einer Ethik für die technologische Zivilisation, Frankfurt.

JOSEF, K. (1967): Geschichte der Heilpädagogik. In: JUSSEN, H. (Hg.): Handbuch der Heilpädagogik in Schulen und Jugendhilfe. München.

JOST, A. (1895): Das Recht auf den Tod. Göttingen.

JUCHLI, L. (1991): Krankenpflege: Praxis und Theorie der Gesundheitsförderung und Pflege Kranker, Stuttgart.

KANDEL, I. (1996): Selbstbestimmt leben in der Familie – aus der Sicht eines Fachmanns. In: Lebenshilfe (Hg.): a.a.O.

KANT; I. (1964): Werke in 10 Bänden, Bd. 9, Darmstadt.

KANT, I. (1968): Über Pädagogik, Werke Bd. 12, Darmstadt, S. 697-712.

KASPAR, F. (1979): Anstalten. In: Handbuch der Sonderpädagogik, Bd. 5, Pädagogik der Geistigbehinerten. Berlin.

KASPAR, F. (1980): Ein Jahrhundert der Sorge um geistigbehinderte Menschen. Bd. 1, Freiburg.

KEPEL, G. (1996): Allah im Westen. Die Demokratie und die islamische Herausforderung. München.

KERSTIENS, L. (1974): Modelle emanzipatorischer Erziehung, Bad Heilbrunn.

KEUPP, H. (1974): Modellvorstellungen von Verhaltensstörungen, Medizinisches Modell und mögliche Alternativen. In: KRAIKER, L. (Hg.): Handbuch der Verhaltenstherapie. München.

KEUPP; H. (1988): Riskante Chancen. Heidelberg.

KEUPP, H. (1990): Gemeindepsychologie. In: SPECK, O.; MARTIN, K.-R. (Hg.): Sonderpädagogik und Sozialarbeit. Handbuch der Sonderpädagogik, 10, Berlin.

KEUPP, H. (1992): Gesundheitsförderung und psychische Gesundheit: Lebenssouveränität und Empowerment. In: *psychomed*, 4, S. 224-250.

KEUPP, H. (1994): Zerstört Individualisierung die Solidarität? Kommunitarismus und Gemeindepsychologie, unv. Ms., München.

KEUPP, H.; BERGOLD, J.B. (1972 b): Probleme der Macht in der Psycho-
analyse und Verhaltenstherapie. Frankfurt.

KIEFFER, C. (1984): Citizen empowerment. In: RAPPAPORT, J.; SWIFT, C.;
HESS, R. (eds.): Studies in empowerment. New York.

KIPHARD, E.J. (1976): Wie weit ist ein Kind entwickelt? Dortmund.

KIPHARD, E.J. (1979): Motopädagogik. Bd. 1, Dortmund.

KIRMSSE, M. (1911): Zur Geschichte der frühesten Krüppelfürsorge. In:
*Zeitschrift für Krüppelfürsorge*, S. 318.

KIRMSSE, M. (1914): Unsere Anstalten und der Krieg. In: *Zeitschrift für
Behandlung Schwachsinniger*, S. 238-241.

KIRMSSE, M. (1922): Der Schwachsinnige und seine Stellung im Kultur-
leben der Vergangenheit und der Gegenwart. In: *Zeitschrift für die
Behandlung Schwachsinniger*, 42, S. 81-88 u. S. 103-110.

KISS, M. (1994): Bei uns nicht? Zwang und Gewalt in der Betreuung. In:
*Zur Orientierung*, 2, S. 2-5.

KLAFKI, W. (1970 f): (Hg.): Funkkolleg Erziehungswissenschaft, 3 Bde.,
Frankfurt.

KLAFKI, W. (1971): Erziehungswissenschaft als kritisch-konstruktive
Theorie. In: *Zeitschrift für Pädagogik*, 3, S. 351-385.

KLAFKI, W. (1976): Ideologiekritik. In: ROTH, L. (Hg.): Handlexikon zur
Erziehungswissenschaft, München.

KLAFKI, W. (1983): Zur Frage nach der pädagogischen Bedeutung des
sokratischen Gesprächs und neuerer Diskurstheorien. In: HORSTER, D.
u.a. (Hg.): Vernunft, Ethik, Politik. Hannover.

KLAFKI, W. (1985): Neue Studien zur Bildungstheorie und Didaktik.
Weinheim.

KLAFKI, W. (1990): Abschied von der Aufklärung? In: KRÜGER, H.-H.
(Hg.): Abschied von der Aufklärung, Opladen.

KLEE, E. (1985): »Euthanasie« im NS Staat. Frankfurt.

KLEE, E.; Petrich, G. (1990 a): »Alles Kranke ist Last«. ARD-Beitrag.

KLEE, E.; Petrich, G. (1990 b): Euthanasie-Diskussion. SWF-Beitrag,

KLEIN, F. (1983 a): Früherziehung schwerstbehinderter Kinder. In:
FEUSER, G.; OSKAMP, U.; RUMPLER, R. (Hg.): Föderung und schulische
Erziehung schwerstbehinderter Kinder und Jugendlicher. Stuttgart.

KLEIN, F. (1983 b): Frühförderung wie bisher? In: FEUSER, G.; OSKAMP,
U.; RUMPLER, R. (Hg.): Förderung und schulische Erziehung
schwerstbehinderter Kinder und Jugendlicher. Stuttgart.

KLEIN, F. (1995): Begegnung mit schwer- und mehrfachbehinderten
Menschen. In: *Sozialrecht und Praxis*, 11, 697-704.

KLEINBACH, K. (1994): Zur ethischen Begründung einer Praxis der Geistigbehindertenpädagogik, Bad Heilbrunn.

KLEINE, W. (1962 a): 50 Jahre Bedburg-Hau. In: Landschaftsverband Rheinland (LVR) (Hg.): Rheinische Anstaltspsychiatrie. Zeitschrift zum 50 jährigen Bestehen der Rheinischen Landesklinik Bedburg Hau. Köln.

KLEVINGHAUS, J. (1972): Hilfen zum Leben. Zur Geschichte der Sorge für Behinderte. Beiträge zur Diakonie und Sozialhilfe. Bd. I, Bielefeld.

KLICPERA, C.; GASTEIGER-KLICPERA; B. (1997): Qualitätssicherung in den sozialen Diensten für ältere Menschen mit geistiger Behinderung. In: WEBER, G. (Hg.): Psychische Störungen bei älteren Menschen mit geistiger Behinderung, Bern u.a.

KLUGE (1913): Schwachsinn (Idiotie, Imbezillität). In: *Zeitschrift für Krüppelfürsorge*, S. 35-49.

KNUST-POTTER, E. (1993): Erwachsenenbildung – ein Fundament für normalisierte Lebensbedingungen. In: *Erwachsenenbildung und Behinderung*, 4, S. 8-14.

KNUST-POTTER, E. (1994): »We can change the future« – Self-advocacy-Gruppen in Großbritannien. In: HOFMANN; T.; KLINGMÜLLER, B. (Hg.): Abhängigkeit und Autonomie. Berlin.

KNUST-POTTER, E. (1994): Self-advocacy. In: *Geistige Behinderung*, 4, S. 319-330.

KÖNIG, A. (1989): Untersuchung von Einrichtungen der Behindertenhilfe unter dem Aspekt der »Normalisierung«. Unv. Ms., Freiburg.

KÖSEL, E. (1993): Die Modellierung von Lernwelten. Ein Handbuch der subjektiven Didaktik. Elztal-Dallau.

KÖSEL, E. (1997): Subjektive Didaktik – was heißt das? In: *Schweizer Schule*, 6, S. 3-12.

KOFLER, L. (1982): Der Alltag zwischen Eros und Entfremdung, Bochum.

KOFLER, L. (1985): Eros, Ästhetik und Politik, Hamburg

KORNMANN, R. (1985): Der nächste Schritt im Lernprozess. Wie kann ich ihn erkennen und unterstützen? Unv. Vortrag in Langenfeld (Schule für Geistigbehinderte).

KRAEPLIN, E. (1904): Psychiatrie, ein Lehrbuch für Studierende und Ärzte. Bd. I, Allg. Psychiatrie. Leipzig.

KRAPPMANN, L. (1972): Soziologische Dimensionen der Identität, Stuttgart.

KREBS, H. (1980): Aktuelle Probleme geistig behinderter Menschen. In: *Münchener med. Wochenschrift*, 51/52, S. 1849-1854.

KREBS, H. (1988): Sozialmedizinische und sozialpsychiatrische Aspekte zur geistigen Behinderung. In: *Geistige Behinderung*, 3, S. 170-179.

KREBS, H. (1998): Gesundheit und Vorsorge. In: JAKOBSCH, H.; KÖNIG, A.; THEUNISSEN, G. (Hrsg.): Lebensräume – Lebensperspektiven. Ausgewählte Beiträge zur Situation Erwachsener mit geistiger Behinderung. Butzbach-Griedel.

KREUZER, M. (1996): »Behinderte Menschen im Ruhestand«: Biographisches Verstehen als Grundlage humaner Betreuung. In: *Neue Praxis*, 2, S. 168-175.

KRISTEN, U. (1994): Praxisunterstützte Kommunikation, eine Einführung, Düsseldorf.

KRUCKENBERG, P.; FABIAN, A.; HENNING, J. (1994): Der Mythos vom »harten Kern« – Endbericht des Evaluationsprojektes zur Entwicklung der psychiatrischen Versorgungsstruktur in Bremen im Zuge der Auflösung der Klinik Kloster Blankenburg, Universität Bremen.

KULENKAMPF, C. (1980): Die Ausgliederung geistig Behinderter aus der psychiatrischen Krankenhausversorgung. In: Aktion Psychisch Kranke (Hg.): Probleme der Versorgung erwachsener geistig Behinderter. Köln.

KUPFFER, H. (1990): Pädagogik der Postmoderne. Weinheim, Basel.

KUPPE, G. (1998): Enthospitalisierung aus sozialpolitischer Sicht. Am Beispiel des Landes Sachsen-Anhalt. In: THEUNISSEN, G. (Hg.) a.a.O.

KURRLE, B. (1972): Die Bedeutung einer demokratischen Heimstruktur. In: *Sozialpädagogik*, 5, S. 229-239.

KUHSE, H.; SINGER, B. (1993): Muss dieses Kind am Leben bleiben? Das Problem schwerstgeschädigter Neugeborener, Erlangen.

LACHWITZ, K. (1996): Die neue Pflegeversicherung. In: FISCHER, U. u.a. (Hg.): Urbanes Wohnen für Erwachsene mit schwerer geistiger Behinderung, Reutlingen.

LACHWITZ, K. (1998): Recht auf Teilhabe. Eingliederung von Menschen mit Behinderung aus juristischer Sicht. In: *Geistige Behinderung*, 1, S. 7-21.

LÄNGLE, S.: Beschäftigungs- und Arbeitstherapie. In: HILS, K. (Hg.) a.a.O.

LAQUER, L.: Die ärztliche und erziehliche Behandlung von Schwachsinnigen (Debilen und Imbezillen) in Schulen und Anstalten und ihre weitere Versorgung. Teil I und II. In: SOMMER, R. a.a.O.

LAQUER, L. (1907).: Die Bedeutung der Fürsorgeerziehung für die Behandlung und Versorgung von Schwachsinnigen In: SOMMER, R. (Hg.): a.a.O.

L.D.P. (1991): Bericht zur Lage der Psychiatrie in der ehemaligen DDR, Bonn (Drucksache).

LEBENSHILFE (Hg.) (1996): Selbstbestimmung, Marburg.

Lebenshilfe Wien (1995): Individuelle Entwicklungsplanung. In: Die Wiener Lebenshilfe (Hg.): Mitarbeiterhandbuch. Wien.

LEHR, U. (1972): Psychologie des Alterns. Heidelberg.

LEMKE, R.; RENNERT, H. (1974): Neurologie und Psychiatrie, Leipzig.

Lempp, R. (1987): Pädagogik, Heilpädagogik und Kinder- und Jugendpsychiatrie. In: DREHER, W.; HOFMANN, T.; BRADL, CH.: Geistigbehinderte zwischen Pädagogik und Psychiatrie. Bonn.

LEMPP, R. (1990): Wirkungsvollere Jugendhilfe durch Zusammenfassung von Zuständigkeit, Sachverstand und Finanzierung. In: GINTZEL, U.; SCHONE, R. (Hg.): Zwischen Jugendhilfe und Jugendpsychiatrie. Münster.

LEVINAS, E. (1989): Humanismus des anderen Menschen, Hamburg.

LINGG, A. (1995): Adäquates Diagnostizieren und Behandeln psychischer Störungen. In: STRUBEL, W.; WEICHSELGARTNER, H. (Hg.): Behindert und verhaltensauffällig, zur Wirkung von Systemen und Strukturen, Freiburg.

LINGG, A.; THEUNISSEN, G. (1997): Psychische Störungen bei geistig Behinderten, Freiburg.

LINGG, A.; THEUNISSEN, G. (Hg.) (1999): Wohnen und Leben nach der Enthospitalisierung. Bad Heilbrunn (Buch in Vorbereitung).

LITT, TH. (1965): Führen oder Wachsenlassen? Stuttgart.

LODGE, M. a. C.: Promoting Choice and Self Regulation for People with Learning Difficulties. In: COUPE-O'KANE, J.; SMITH, B. (eds.) a.a.O.

LOTZ, W.; KOCH, U.; STAHL, B. (Hg.) (1994): Psychotherapeutische Behandlung bei Menschen mit geistiger Behinderung, Bern u.a.

LOTZ, W.; KOCH, U.; STAHL, B. (1994): Zum Vorkommen psychischer Störungen bei Personen mit geistiger Behinderung. In: LOTZ, W.; KOCH, U.; STAHL, B. (Hg.) a.a.O.

LYOTARD, J.-F. (1989): Der Widerstreit, München.

LYOTARD, J.-F. (1994): Das postmoderne Wissen, Graz, Wien.

LYOTARD, J.-F. (1995): Gespräch mit J.-F. Lyotard. In: REESE-SCHÄFER, W. a.a.O., S. 121-165.

LUTZ, J. (1961): Kinderpsychiatrie. Zürich, Stuttgart.

MAHLKE, W. (1991): Kann die Architektur einen besonderen Beitrag zu einer behinderten Menschen angepassten Wohnform leisten? In: *Wohnen für Menschen mit einer geistigen Behinderung*. Gallneukirchen.

MAHLKE, W.; SCHWARTE, N. (1985): Wohnen als Lebenshilfe. Weinheim.

MALL, W. (1984): Basale Kommunikation – Ein Weg zum Anderen. Zugang finden zu schwer geistig behinderten Menschen. In: *Geistige Behinderung*, 1, S. 1-16.

MALL, W. (1990): Basale Kommunikation, Heidelberg.

MANN, E. (1920): Die Moral der Kraft. Weimar.

MANN, E. (1922): Die Erlösung der Menschheit vom Elend. Weimar.

MARKOWETZ, R. (1996): Körperliche Aktivierung. Ein Förderansatz für Menschen mit schwerer geistiger Behinderung und gravierenden Verhaltensproblemen. In: *Behinderte*, 2, S. 33-56.

MARTIN, J.E. u.a. (1982): Teaching community survival skills to mentally retarded adults. In: *Journal of Special Education*, 3, S. 243ff.

MASLACH, CH.: Das Problem des »Ausbrennens« bei profesionellen Helfern. In: WACKER, E.; NEUMANN, J. (Hg.): a.a.O.

MASLOW, A.H. (1977): Motivation und Persönlichkeit, Olten.

MATSON, J.L.; BARRETT, R.P. (eds.) (1993): Psychopathology in the mentally retarded. Boston u.a.

MATURANA, H.R. (1982, 1985): Erkennen: Die Organisation und Verkörperung von Wirklichkeit, Braunschweig.

MATURANA, H.R.; VARELA, J. (1987): Der Baum der Erkenntnis, Bern u.a.

MC INTYRE, A. (1987): Der Verlust der Tugend. Zur moralischen Krise der Gegenwart, Frankfurt.

MC CONKEY, R. (1994): An Ordinary Life for Special People. In: COUPE-O'KANE, J.; SMITH, B. (eds.): a.a.O.

MC'LAREN, P. (1988): Schooling the Postmodern Body: Critical Pedagogy and The Politics of Enfleshment. In: *Journal of Education*, 3, S. 53-83.

MEAD, G.H. (1972): Geist, Identität und Gesellschaft, Frankfurt.

MEINERTZ, F.; KAUSEN, R. (1975): Heilpädagogik, Bad Heilbrunn.

MEINHOF, M.M. (1935): Was heißt: Minderwertig? In: *Zeit.f. Krüppelfürsorge*, S. 75-79.

MERKENS, L. (1982): Heilpädagogische Schwerpunkte der Erziehung und Bildung Behinderter in historischer Sicht. In: KLEIN, G.; MÖCKEL, A.; THALHAMMER, M. (Hg.): Heilpädagogische Perspektiven in Erziehungsfeldern. Heidelberg.

METZLER, H. (1997a): Möglichkeiten und Grenzen selbstständiger Lebensführung in Wohneinrichtungen der Behindertenhilfe. In: *Neue Praxis*, 5, S. 450-455.

METZLER; H. (1997 b): Hilfebedarf und Selbstbestimmung. In: *Zeitschrift für Heilpädagogik*, 10, S. 406-411.

METZLER, H.; WACHTEL, G.; WACKER, E. (1997): Die Wende in der Behindertenhilfe, Tübingen.

MEYER, D. (1973): Erforschung und Therapie der Oligophrenien in der 1. Hälfte des 19. Jahrhunderts. Berlin.

MEYER-JUNGCLAUSSEN, V. (1985): Geistige Behinderung und Erwachsenenbildung, Berlin.

MICHALKE-HAFFKE, M. (1994): Raumgestaltung zur Förderung behinderter Menschen. In: *Geistige Behinderung*, 3, S. 216-224.

MILES-PAUL, O. (1992): »Wir sind nicht mehr aufzuhalten«. Behinderte auf dem Weg zur Selbsbestimmung, München.

MILLER, A.; KEYS, C. (1996): Awareness, Action, and Collaboration: How the Self-advocacy Movement is Empowering for Persons With Developmental Disabilities. In: *Mental Retardation*, 5, 312-319.

MISCHO-KELLING, M.; WITTNEBEN, K. (Hg.) (1995): Pflegebildung und Pflegetheorien, München.

MITTLER, P.: Zusammenarbeit von Fachleuten und Familien als Fundament für Selbstbestimmung. In: Lebenshilfe (Hg.): a.a.O.

»Mitteilungen« (1920) In: Zeitschrift für die Behandlung Schwachsinniger, S. 110f.

MÖCKEL, A. (1988): Geschichte der Heilpädagogik, Stuttgart.

MÖCKEL, A.; ADAM, H.; ADAM, G. (Hg.) (1997): Quellen zur Erziehung von Kindern mit geistiger Behinderung, Würzburg.

MÖNKEMÖLLER, DR. (1903): Zur Geschichte der Psychiatrie in Hannover. Halle.

MOLLENHAUER; K. (1968): Erziehung und Emanzipation, München.

MÖLLER, H.-J. (1994): Psychiatrie, ein Leitfaden für Klinik und Praxis. Stuttgart.

MÖLLER, H.-J.; LAUX, G.; DEISTER, A. (1996): Psychiatrie, Stuttgart.

MOLNAR, A.; LINQUIST, B. (1990): Verhaltensprobleme in der Schule, Dortmund.

MOOR, P. (1965): Heilpädagogik, Bern.

MOOG, W. (1985): Interaktionsanalyse bei Schwerstbehinderten – Ein Lehrziel in der sonderpädagogischen Lehrerausbildung. Unv. Manuskript, Dortmund.

MOSER, G. (1996): Die Auflösung des Geistig-Behindertenbereichs in Lengerich. In: BRADL, CH.; STEINHART, I. (Hg.): Mehr Selbstbestimmung durch Enthospitalisierung, Bonn.

Moss, S. (1997): Neuere psychodiagnostische Verfahren zur Erfassung psychischer Störungen bei älteren Menschen mit geistiger Behinderung. In: Weber, G. (Hg.): Psychische Störungen bei älteren Menschen mit geistiger Behinderung, Bern. u.a.

Müller, H.B. (1901): Der Handarbeitsunterricht in der Hilfsschule für Schwachbefäbigte zu Leipzig. In: *Blätter zur Knabenhandarbeit* (1899-1901), S. 145-155.

Müller, H.W.; Scheuerle, G. (1962): Rheinische Anstaltspsychiatrie. In: Landschaftsverband Rheinland (LVR), Abteilung Gesundheitspflege (Hg.): Die Rheinische Anstaltspsychiatrie in Vergangenheit, Gegenwart und Zukunft Köln.

Nachbauer, K. (1972): Kollegialsystem und Teamarbeit. In: Schmidle, P.; Junge, H. (Hg.): Gesellschaftliche Aspekte der Heimerziehung, Freiburg.

Naske, R. (1987): Schwachsinn (Oligophrenie). In: Friedmann, A.; Thau, K. (Hg.): Leitfaden der Psychiatrie. Wien.

Neubauer, G. (1999): Enthospitalisierung in Österreich. In: Lingg, A.; Theunissen, G. (Hg.) a.a.O.

Neue Praxis (1988): Die Soziale Selektion beginnt. In: Heft1, 97ff.

Neuhäuser, G. (1990): Klinische Syndrome. In: Steinhausen, H.-C.: Geistige Behinderung, Stuttgart.

Neuhäuser, G. (1995): Geistige Behinderung. In: Faust, V. (Hg.): Psychiatrie, ein Lehrbuch für Klinik, Praxis und Beratung, Stuttgart.

Niehoff, U. (1994): Wege zur Selbstbestimmung. In: *Geistige Behinderung*, 3, S. 186-201.

Niehoff, U. (1997 a): Grundbegriffe selbstbestimmten Lebens, in. Hähner, U. u.a. (Hg.) a.a.O.

Niehoff, U. (1997 b): Einführende Überlegungen zum Handeln der Begleiter. In: Hähner, U. u.a. (Hg.) a.a.O.

Niehoff, U. (1997 c): Von Pflege- und Behandlungsplänen zu individuellen Zukunftsplanungen. In: Hähner, U. u.a. (Hg.)

Nietzsche, F.: Also sprach Zarathustra. Köln o.J.

Nirje, B. (1969): The Normalization Principle and Its Human Management Implications. In: Kugel, B.; Wolfensberger, W. (Hg.): Changing Patterns in Residential Services for the Mentally Retarded. Washington.

Nirje, B. (1972): The right to self-determination. In: Wolfensberger, W.: Normalization. Toronto

Nirje, B. (1974): Das Normalisierungsprinzip und seine Auswirkung in der fürsorgerischen Betreuung. In: KUGEL, B.; WOLFENSBERGER, W. (Hg.): Geistig Behinderte – Eingliederung oder Bewahrung. Stuttgart.

NOHL. H. (1978): Die pädagogische Bewegung in Deutschland und ihre Theorie. Frankfurt.

NOWAK, K. (1984): »Euthanasie« und Sterilisierung im »Dritten Reich«. Göttingen.

OEBECKE (1898): Über das Rheinische Irrenwesen. In: *Allg. Zeitschrift für Psychiatrie*, 55, S. 794-807.

OESTERREICH, K. (1975): Psychiatrie des Alterns. Heidelberg .

O'HANLON, W.H. (1992): History Becomes Her Story: Collaborative Solution-Oriented Therapy of the After-Effects of Sexual Abuse. In: MC'NAMEE, S.; GERGEN, K.J. (eds.): Therapy as social construction, London.

OTTO, M. (1971): Arbeits- und Beschäftigungstherapie in ärztlicher Sicht. In: HILS, K. a.a.O.

OY, C. V.; SAGI, A. (1995): Lehrbuch der heilpädagogischen Übungsbehandlung. Heidelberg.

PAM, A. (1990): A critique of the scientific status of biological psychiatry. *Acta Psychiatrica Scandinavica*, 82, S. 1-35.

PARKER, S. (1994): Taking Control with the Help of the Technical and Vocational Education Initiative and Records of Achievement. In: COUPE-O'KANE, J.; SMITH, B. (eds.) a.a.O.

PETZOLD, H. (1977): Thymopraktik als Verfahren integrativer Therapie. In: PETZOLD, H. (Hg.) a.a.O.

PETZOLD, H.; BERGER, A. (1977): Integrative Bewegungstherapie und Bewegungspädagogik als Behandlungsverfahren für psychiatrische Patienten. In: PETZOLD, H. (Hg.): Die neuen Körpertherapien, Paderborn.

PIAGET, J. (1974): Theorien und Methoden der modernen Erziehung. Frankfurt.

PIAGET, J. (1975 a): Das Erwachen der Intelligenz beim Kinde. Stuttgart.

PIAGET, J. (1975 b): Nachahmung, Spiel und Traum. Stuttgart.

PIAGET, J.; INHELDER, B. (1978): Die Psychologie des Kindes. Frankfurt.

PIPER, H. (1909): Stand und Erfolge des Unterrichts an Idioten und Imbezillen. In: *Zeitschrift für Krüppelfürsorge*, 10, S. 120-127.

PLOETZ, A. (1895): Die Tüchtigkeit unserer Rasse und der Schutz der Schwachen. Berlin.

PORTMANN, A. (1970): Entlässt die Natur den Menschen? München.

PORTMANN, A. (1973): Biologie und Geist, Frankfurt.

PRILLELTENSKY, J. (1994): Empowerment in mainstream psychology. In: *Canadian Psychology*, 4, S. 358-375.

Psychiatrie-Enquete (1975): Bericht über die Lage der Psychiatrie in der Bundesrepublik Deutschland. Zur psychiatrischen und psychotherapeutisch/psychosomatischen Versorgung der Bevölkerung – Unterrichtung durch die Bundesregierung. Drucksache 7/4200, 7/4201. Bonn.

RAPP, C.A. (1992): The strengths perspective of case management with persons suffering from severe mental illness. In: SALEEBEY, D. (ed.), The strenghts perspctive in social work practice. New York.

RAPPAPORT, J. (1985): Ein Plädoyer für die Widersprüchlichkeit: Ein sozialpolitisches Konzept des »Empowerment« anstelle präventiver Ansätze. In: *Verhaltenstherapie und psychosoziale Praxis*, 17, S. 257-278.

RAPPAPORT, J. (1987): Terms of empowerment – Examples of prevention. In: *American Journal of Community Psychology*, 2, S. 121-148.

REESE-SCHÄFER; W. (1995): Lyotard. Zur Einführung, Hamburg.

REESE-SCHÄFER, W. (1996): Die politische Rezeption des kommunitaristischen Denkens in Deutschland. In: *Aus Politik und Zeitgeschichte*, B 36, S. 3-11.

REIL, J.C. 1803: Rhapsodien über die Anwendung der psychischen Curmethode auf Geisteszerrüttung. Halle.

REISS, S. (1993): Assessment of Psychopathology in Persons with Mental Retardation. In: MATSON, J.L.; BARRETT, R.T. (eds.) a. a. O.

RESCHER, N. (1997): Wozu gefährdete Arten retten? In: BIRNBACHER, D. (Hg.): Ökophilosophie, Stuttgart.

REUTHER-DOMMER, CH.; DOMMER, E. (1997): »Ich will Dir erzählen [...]« Geistig behinderte Menschen zwischen Selbst- und Fremdbestimmung, Gießen.

RHEINISCHER PROVINZIALLANDTAG (Hg.) (1880): Die Provinzial Irren-, Blinden- und Taubstummenanstalten in der Rheinprovinz. Düsseldorf.

RICHARZ, F. (1844): Über öffentliche Irrenpflege und die Notwendigkeit ihrer Verbesserung mit besonderer Rücksicht auf die Rheinprovinz. Bonn.

RICHTER, H.-G. (1984): Pädagogische Kunsttherapie. Düsseldorf.

RICHTER, H.-G. (1987): Die Kinderzeichnung, Düsseldorf.

RICHTER, H.-G. (1997 a): Leidensbilder. Psychopathische Werke und nicht-professionelle Bildnerei, Frankfurt u.a.

RICHTER, H.-G. (1997 b): Zur Bildnerei von Menschen mit geistiger Behinderung. In: THEUNISSEN, G. (Hg.) a.a.O.

RICHTER, J. (1980): Schwer mehrfach Behinderte lernen Selbstständigkeit. Bern.

ROBERT-BOSCH-STIFTUNG (Hg.) (1996): Pflegewissenschaft: Grundlegung für Lehre, Forschung und Praxis, Gerlingen.

ROBINSON, N.; ROBINSON, H. (1965): The Mentally Retarded Child. New York.

ROCK, K. (1996): Selbstbestimmung als Herausforderung an die Professionellen. In: *Geistige Behinderung*, 3, S. 223-232.

ROCK, K. (1997): Selbstvertretung von Menschen mit einer geistigen Behinderung – Die angloamerikanische Self-advocacy-Bewegung. In: *Behindertenpädagogik*, 4, S. 354-372.

ROGERS, C. (1972): Die nicht-direktive Beratung, München.

ROGERS, C. (1973): Entwicklung der Persönlichkeit, Stuttgart.

ROGERS, C. (1974): Lernen in Freiheit, München.

ROGERS, C. (1978): Die Kraft des Guten, München.

ROGERS, C. (1981): Der neue Mensch, Stuttgart.

ROJAHN, J.; RABOLD, D.E.; SCHNEIDER; F. (1995): Emotion specificity in Mental Retardation. In: *American Journal on mental retardation*, 99, S. 477-486.

ROJAHN, J.; WEBER, G. (1996): Geistige Behinderung. In: MARGARAF, J. (Hg.): Lehrbuch der Verhaltenstherapie, Bd. 2: Störungen, Glossar. Berlin.

ROLSTON, H. (1997): Können und sollen wir der Natur folgen? In: BIRNBACHER, D. (Hg.): Ökophilosophie, Stuttgart.

RÖPER, P.F. (1976): Das verwaiste Kind in Anstalt und Heim. Göttingen.

ROSAHL-THEUNISSEN, H: (zit. in THEUNISSEN, G. a.a.O. 1989 a)

ROTTHAUS, W. (1993): Menschenbild und psychische Krankheit des geistig Behinderten aus systemischer Sicht. In: HENNICKE, K.; ROTTHAUS, W. (Hg.): Psychotherapie und geistige Behinderung, Dortmund.

RUBINSTEIN, S.L. (1979): Grundlagen der allgemeinen Psychologie. Berlin.

RUDNICK, M. (1985): Behinderte im Nationalsozialismus. Weinheim.

RUDNICK, M. (Hg.) (1990): Aussondern – sterilisieren – liquidieren. Berlin.

SALEEBEY, D. (1992) (ed.): The strenghts perpesctive in social work practice. New York.

SARASON, S.B. u.a. (1960): Anxiety in elementary school children. New York.

SCARBATH, H. (1987): Zwischen Weitsicht und Verbortheit. In: *Pädagogische Beiträge*, 10, S. 37-39.

SCHADEWALDT, H. (1969): Die Einstellung der Gesellschaft zu Behinderten im Laufe der Geschichte. In: Der behinderte Mensch und die Eugenik. Karlsruhe.

SCHALLMAYER, W. (1918): Vererbung und Auslese. Jena.

SCHELLER, B. (1993): Solidarität statt Empowerment. In: *Blätter der Wohlfahrtpflege*, 5, S. 182.

SCHENK, A. (1913): Was soll mit solchen unglücklichen Kindern geschehen, die zu schwach sind, um an dem Unterricht der Hilfsschule mit Erfolg teilnehmen zu können? In: *Die Hilfsschule*, S. 34-37.

SCHIBILSKY, M. (1991): Ist Menschenwürde teilbar? In: PAGE, F.W.; SCHOCH, W. (Hg.): Aus der Geschichte lernen, die Zukunft gemeinsam gestalten, Stuttgart, Freiburg.

SCHILLER, F. (1795): Über die ästhetische Erziehung des Menschen in einer Reihe von Briefen. In: Schillers Sämtliche Werke in zehn Bänden Bd. X, Leipzig o.J.

SCHLEIERMACHER, F.D. (1977): Hermeneutik und Kritik, Frankfurt.

SCHLIENGER, I. (1986): Wider die Routine. Überlegungen zur Situation von schwer mehrfachbehinderten erwachsenen Menschen im Heim. In: BÄCHTOLD, A.; JELTSCH-SCHUDEL, B.; SCHLIENGER, I. (Hg.): Sonderpädagogik, Berlin.

SCHOLZ, L. (1927): Leitfaden für Irrenpflege. Halle.

SCHRÖDER, S. (1983): Historische Skizzen zur Betreuung schwerst- und mehrfachgeschädigter geistigbehinderter Menschen. In: HARTMANN, N. (Hg.) a.a.O.

SCHROETER, R. (1897): Belehrungen für das Wartpersonal an Irrenanstalten. Wiesbaden.

SCHULTE, W.; TÖLLE, R. (1977): Psychiatrie. Berlin, Heidelberg, New York.

SCHULZ-BENESCH, G. (1962): Der Streit um Montessori, Freiburg u.a.

SCHUMACHER, J. (1985): Schwerstbehinderte Menschen verstehen lernen. In: *Geistige Behinderung*, 1, S. 1-20.

SCHÜTZE, F. (1994): Ethnographie und sozialwissenschaftliche Methoden der Feldforschung. In: GRODDECK, N.; SCHUMANN, M. (Hg.): Modernisierung sozialer Arbeit durch Methodenentwicklung und -reflexion, Freiburg.

SCHWARTE, N.; OBERSTE-UFER, R. (1997): Lewo Lebensqualität in Wohnstätten für erwachsene Menschen mit geistiger Behinderung – ein Instrument zur Qualitätsentwicklung, Marburg.

SEBBA, J.; BYERS, R.; ROSE, R. (1995): Redefining the Whole Curriculum for Pupils with Learning Difficulties, London (Fulton).

SEIFERT, M. (1990): Person oder Nicht-Person – das ist nicht die Frage. Vom Zusammenleben mit einem schwerstmehrfachbehinderten Kind. In: *Geistige Behinderung*, 4, S. 261-268.

SEIFERT, M.: Schwere geistige Behinderung und Autonomie – ein Widerspruch? In: Lebenshilfe (Hg.) a.a.O.

SEIFERT, M. (1997): Lebensqualität und Wohnen bei schwerer geistiger Behinderung, Reutlingen.

SELIGMAN, M. (1989): Erlernte Hilflosigkeit, München.

SIMON, F. (1965): Martin Bubr der Erzieher. In: SIMON, F.: Brücken. Gesammelte Aufsätze. Heidelberg.

SIMONS, K.; BOOTH, T.; BOOTH, W. (1991): Speaking Out: user studies and people with learning difficulties. In: *Research, Policy and Planning*, 7, S. 9-17.

SINGER, P. (1994): Praktische Ethik, Stuttgart.

Sivus-Methode. Menschen mit geistiger Behinderung entwickeln sich durch gemeinschaftliches Handeln. Broschüre hrsg. v. Verband evang. Einrichtungen für geistig und seelische Behinderte e.V., Stuttgart 1989.

SMITH, B. (1994): Handing over Control to People with Learning Difficulties. In: COUPE-O'KANE, J.; SMITH, B. (eds.) a.a.O.

SOLGER, K.W.H. (1975): Vorlesung über Ästhetik (1829) und Vier Gespräche über das Schöne (1815). In: RICHTER, H.-G.: Ästhetische Erziehung und moderne Kunst. Düsseldorf.

SOLLIER, R. (1891): Der Idiot und der Imbezille. Hamburg.

SOMMER, R. (1906/1907): Klinik für psychische und nervöse Krankheiten. Bde I u. II. Halle.

SOMMER, R. (1907): Ein Schema zur Untersuchung von Idioten und Imbezillen für Idioten- und Epileptikeranstalten, Hilfsschulen, Zwangserziehungsanstalten und verwandte Einrichtungen. In: SOMMER, R. a.a.O.

SPÄTE, H.; THUM, A.; WEISE, K. (1982): Theorie, Geschichte und aktuelle Tendenzen in der Psychiatrie, Jena.

SPEAKE, B.; JOHN, H. (1989): Increasing the Personal Effectiveness of Adults in the Community. In: COUPE-O'KANE, J.; SMITH, B. (eds.): a.a.O.

SPECK, O. (1979): Geschichte. In: Handbuch der Sonderpädagogik. Bd. 5, Berlin.

SPECK, O. (1982 b): Leben, Lernen, Arbeiten in der Gemeinschaft. In: VIF (Hg.): Behindernde Hilfe oder Selbstbestimmung der Behinderten. München.

SPECK, O. (1987 b): Die Bedeutung des Wohnens und die Realität der Wohnformen für geistig schwerstbehinderte Erwachsene in der Bundesrepublik. In: THEUNISSEN, G. (Hrsg.) a.a.O.

SPECK, O. (1984): Menschen mit geistiger Behinderung und ihre Erziehung, München.

SPECK, O. (1996 a): System Heilpädagogik, München u.a.

SPECK, O. (1996 b): Autonomie als Selbstregulierung und Selbstbindung an moralische Werte. In: Lebenshilfe (Hg.): a.a.O.

SPECK, O. (1997 a): Autonomie in der heilpädagogischen Arbeit. In: Protokoll Fachtagung Heilpädagogik in der Diakonischen Akademie. S. 58-73.

SPECK, O. (1997 b): System Heilpädagogik – ein ökologischer Ansatz. In: *Heilpädagogik*, 5, S. 1-28.

SPRANGER, E. (1950): Lebensformen, Tübingen.

STAFFORD-CLARK, D.; SMITH, A.C. (1991): Psychiatrie. Stuttgart

Stark, W. (1993): Die Menschen stärken. In: *Blätter der Wohlfahrtspflege*, 2, S. 41-44.

STARK, W. (1996): Empowerment, Freiburg.

STEINHAUSEN, H.-C. (1993): Psychische Störungen bei Kindern und Jugendlichen. München.

STÖBER, TH.; ZUTAUTAS-DAMIJONAITIS, R. (1995): Aufbau eines Kriseninterventionsdienstes. In: Lebenshilfe (Hg.): Wohnen heißt zuhause sein – Handbuch für die Praxis gemeindenahen Wohnens von Menschen mit geistiger Behinderung, Marburg.

STRAKERJAHN (1914): Bestrebungen auf dem Gebiete der Eugenik. In: *Zeitschrift für die Behandlung Schwachsinniger*. S. 2-7.

STRASSMEIER, W.; LINDMEIER, B. (1997): Beschreibung der wissenschaftlichen Begleitung »Enthospitalisierung geistig Behinderter aus psychiatrischen Kliniken«, unv. Manuskript, Würzburg.

STROHMAYER, W. (1911): Psychiatrie und Pädagogik. In: Enzyklopädisches Handbuch der Heilpädagogik. Halle.

STROOTHENKE, W. (1940): Erbpflege und Christentum. Leipzig.

STÖRMER, N. (1991): Innere Mission und geistige Behinderung, Münster.

STUTTE, H. (1959): Kinderpsychiatrie und Heilpädagogik. In: Ev. Reichs-Erziehungs-Verband (Hg.): Die Selbstdarstellung des Heilpädagogischen Handelns. Hannover.

Süllwold, L. 1983: Schizophrenie, Stuttgart.

Sydath, W. (1991): Beschäftigungstherapie und Psychiatrie. In: Hils, K. a.a.O.

Szasz, T. (1960): The Myth of Mental Illness. In: *American Psychologist*, 15, S. 113-118.

Szasz, T. (1972): Geisteskrankheit – ein moderner Mythos? Olten.

Taylor, C. (1988): Negative Freiheit? Zur Kritik des neuzeitlichen Individualismus, Frankfurt.

Taylor, C. (1993): Multikulturalismus und die Politik der Anerkennung, Frankfurt.

Taylor, C. (1993): Wieviel Gemeinschaft braucht die Demokratie? *Transit*, 5, S. 5-20.

Taylor, C. (1995): Das Unbehagen an der Moderne, Frankfurt.

Taylor, P.W. (1997): Die Ethik der Achtung für die Natur. In: Birnbacher, D. (Hg.): Ökophilosophie, Stuttgart.

Theunissen, G. (1980): Ästhetische Erziehung bei Verhaltensauffälligkeiten, Bern u.a.

Theunissen, G. (Hg.) (1984): Schüler machen Theater. Unterricht mit schwierigen Schülern, Frankfurt.

Theunissen, G. (1987 a): Der Schule entwachsen – Wege zur Rehabilitation Geistigbehinderter im Erwachsenenalter. Frankfurt

Theunissen, G. (Hg.) (1987 b): Integriertes Leben schwer geistig und mehrfachbehinderter Erwachsener. Symposium-Bericht der SPD-Fraktion im Landschaftsverband Rheinland. Köln.

Theunissen, G. (1988): Aus der Psychiatrie in die Region. Perspektiven der Heilpädagogischen Einrichtungen in Hessen – dargestellt am Beispiel von Herborn. In: *Geistige Behinderung*, 2, S. 124-133.

Theunissen, G. (1989 a): Wege aus der Hospitalisierung. Ästhetische Erziehung mit schwerstbehinderten Menschen. Bonn, (1. Aufl.)

Theunissen, G. (1989 b): Zur Neuen Behindertenfeindlichkeit in der Bundesrepublik Deutschland. In: *Zeitschrift für Heilpädagogik* 10 und In: *Geistige Behinderung*, 4, S. 247-266.

Theunissen, G. (1992): Heilpädagogik und Soziale Arbeit mit verhaltensauffälligen Kindern und Jugendlichen, Freiburg.

Theunissen, G. (1993 a): Heilpädagogik im Umbruch. Über Bildung, Erziehung und Therapie bei geistiger Behinderung. Freiburg.

Theunissen, G. (1993 b): Georgens und Deinhardt wiedergelesen. In: Wichelhaus, B. (Hg.): Kunsttheorie, Kunstpsychologie, Kunsttherapie, Berlin.

THEUNISSEN, G. (1994 a): Abgeschoben, isoliert, vergessen. Frankfurt.

THEUNISSEN, G. (1994 b): Wege aus der Hospitalisierung. Förderung und Integration schwerstbehinderter Menschen, Bonn (3. Aufl.).

THEUNISSEN, G. (1995): Ausgliederung geistig behinderter Menschen aus der Psychiatrie. In: Lebenshilfe (Hg.): Wohnen heißt zu Hause sein, ein Handbuch, Marburg.

THEUNISSEN, G. (1996 a): Gewalt gegen (geistig)behinderte Menschen in Vollzeiteinrichtungen. In: *Behindertenpädagogik*, 3, S. 275-290.

THEUNISSEN, G. (1996 b): Demenz bei älteren Menschen mit geistiger Behinderung: Neue Herausforderung für die Geistigbehindertenpädagogik. In: OPP, G.; PETERANDER, F. (Hg.): Fokus Heilpädagogik, München.

THEUNISSEN, G. (1996 c): Aus der Geschichte lernen. Aktualität und Zeitlosigkeit ästhetischer Erziehung in der Heilpädagogik. In: HELLMANN, M.; ROHRMANN, E. (Hg.): Alltägliche Heilpädagogik und ästhetische Praxis, Heidelberg.

THEUNISSEN, G. (1997 a): Pädagogik bei geistiger Behinderung und Verhaltensauffälligkeiten, Bad Heilbrunn.

THEUNISSEN, G. (1997 b): Basale Anthropologie und ästhetische Erziehung. Eine ethische Orientierungshilfe für ein gemeinsames Leben und Lernen mit behinderten Menschen, Bad Heilbrunn.

THEUNISSEN, G. (1997 c): Empowerment – Paradigmenwechsel in der Behindertenhilfe. In: *Behinderte*, 1, S. 4-8.

THEUNISSEN, G. (Hg.) (1997 d): Kunst, ästhetische Praxis und geistige Behinderung. Bad Heilbrunn.

THEUNISSEN, G. (1997 e): Familie – Behinderung – Ablösung. In: *Heilpädagogik.*, 40, S. 1-9.

THEUNISSEN, G. (1997 f): Empowerment – Wegweiser kritisch-konstruktiver Heilpädagogik. In: *Behindertenpädagogik*, 4, S. 373-390.

THEUNISSEN, G. (1997 g): Selbstbestimmung und Empowerment handlungspraktisch buchstabiert. In: HÄHNER, U. u.a. (Hg.): a.a.O.

THEUNISSEN, G. (1997 h): Lebensweltorientierte Interventionen bei hospitalisierten älteren Menschen mit geistiger Behinderung. In: WEBER, G. (Hg.): Psychische Störungen bei älteren Menschen mit geistiger Behinderung, Bern.

THEUNISSEN, G. (1997 i): Hospitalisiert und vergessen. Über Bildnereien geistig behinderter Erwachsener aus psychiatrischen und heilpädagogischen Langzeiteinrichtungen. In: THEUNISSEN, G. (Hg.): a.a.O.

THEUNISSEN, G. (Hg.) (1998 a): Enthospitalisierung ein Etikettenschwindel? Neue Studien, neue Erkenntnisse und neue Wege in der Behindertenhilfe, Bad Heilbrunn.

THEUNISSEN, G. (1998 b): Empowerment und ästhetische Praxis. In: *Neue Praxis*, 2, S. 136-149.

THEUNISSEN, G. (1998 c): Empowerment und Enthospitalisierung. In: THEUNISSEN, G.: (Hg.) a.a.O.

THEUNISSEN, G. (1998 d): Kooperationsdiskurs ein methodisches Instrument des Empowerment-Konzepts. In: GOLL, H.; GOLL, I.: Selbstbestimmung und Integration als Lebensziel, Hammersbach.

THEUNISSEN, G. (1998 e): Eltern behinderter Kinder als Experten in eigener Sache –Behindertenarbeit in den USA. In: *Zeitschrift für Heilpädagogik*, 3,S. 100-105.

THEUNISSEN, G. (1998 f): Pädagogische Kunsttherapie bei geistiger Behinderung und Verhaltensauffälligkeiten, erscheint als Buchartikel, Halle.

THEUNISSEN, G.; DIETER, M.; NEUBAUER, G. (1999): Lebensweltbezogene Behinderten Arbeit. In: *Behindertenpädagogik*.

THEUNISSEN, G.; GARLIPP, B. (1996 a): Eltern als Experten der Frühförderung, Teil I u. II. In: *Jugendwohl*, 4, S. 152-160, u. 5, S. 200-210.

THEUNISSEN, G.; GARLIPP, B. (1996 b): Zur Rehabilitation geistig behinderter Menschen in der DDR. In: *Zeitschrift für Heilpädagogik*, S. 360-365.

THEUNISSEN, G.; GARLIPP, B. (1998): Kompetente Eltern – vergessen in der Professionalität der Behindertenarbeit, unver. Manuskript.

THEUNISSEN, G.; HOFFMANN, C. (1997): Empowerment – Ein neuer Wegweiser für die Arbeit mit Menschen, die als geistig behindert gelten. In: *Die Neue Sonderschule*, 5, S. 334-346.

THEUNISSEN, G.; HOFFMANN, C. (1998) (a): Von einer Verwahranstalt zu einer reformierten Großeinrichtung. Schloß Hoym im Wandel. In: THEUNISSEN, G. (Hg.): a.a.O.

THEUNISSEN, G.; PLAUTE, W. (1995): Empowerment und Heilpädagogik, Freiburg.

THIMM, W.; DÜRKOP, B.; RUF, S. (1990): Ethische Überlegungen zu humangenetischer Beratung und pränataler Diagnostik. In: *Geistige Behinderung*, 4, S. 361-368.

THIMM, W. (1993): Normalisierung in der Bundesrepublik –Versuch einer Bestandsaufnahme. In: GAEDT, CH. u.a. (Hg.): a.a.O.

THIMM, W. (1994): Leben in Nachbarschaften. Hilfen für Menschen mit Behinderungen, Freiburg.

THOMPSON, T.; GRABOWSKI, J. (Hg.) (1976): Verhaltensmodifikationen bei Geistigbehinderten. München, Basel.

THÜMMEL, I.; THEIS-SCHOLZ, M. (1995): (Sonder-)Pädagogik und Postmoderne. Wider eine Pädagogik der Beliebigkeit. In: *Behindertenpädagogik*, 2, S. 171-177.

TÖLLE, R. (1968, 1996): Psychiatrie. Heidelberg u.a.

TOMM, K. (1992): Weg von der Etikettierung. In: *Beschäftigungstherapie und Rehabilitation*, 5, S. 420-424.

TÖNNIES, S. (1996): Kommunitarismus – diesseits und jenseits des Ozeans In: *Aus Politik und Zeitgeschichte* (Beilage zur Wochenzeitung *Das Parlament*), 36, S. 13-19.

TREBERT, M. (1993): Psychiatrische Altenpflege – ein Praktisches Lehrbuch, Weinheim.

TUINIER, S.; VERHOEVEN, W.M.A. (1993): Psychiatry and mental retardation: Towards a behavioural pharmacological concept. In: *Journal of Intellectual Disability Research*, 1, S. 16-25.

ULBRICH, M. (1921): Die Vererbungsfrage im Krüppeltum. In: *Zeitschrift für Krüppelfürsorge*, S. 130-133.

URBAN, W. (1997): Ambulante Hilfen zum selbstständigen Wohnen für geistig behinderte Erwachsene. In: *Behinderte*, 1, S. 63-69.

VETTER, B. (1995): Psychiatrie. Stuttgart.

VIF (Hg.) (1982): Behindernde Hilfe oder Selbstbestimmung der Behinderten. München.

VIF (Hg.) (1991): Hekt. Dokumentationsmaterial zum »Fall« Brigitte N.«, München.

VOGT, H. (1907): Die mongoloide Idiotie. In: SOMMER, R. a.a.O.

VOSS, R.; WERNING, R. (1989): Systemische Konsultation von Familien mit sozial auffälligen Kindern und Jugendlichen. In: HOHMEIER, J.; MAIR, H. (Hg.): Eltern- und Familienarbeit, Familien zwischen Selbsthilfe und professioneller Hilfe, Freiburg.

WACKER, E. (1994): Qualitätsentwicklung durch Fremdevaluation. In: Diakonische Akademie (Hg.): Qualitätsentwicklung bei knapper werdenden Ressourcen. Berlin.

WACKER, E.; NEUMANN; J. (1985): Geistige Behinderung und soziales Leben. Frankfurt.

WALSH, P.; COYLE, K.; LYNCH, C. (1988): The Partners Project: Community based recreation for adults with mental handicaps. In: *Mental Handicap*, 16, S. 122-125.

WALUJO, S.; MALMSTRÖM, C. (1996): Grundlagen der SIVUS-Methode, München u.a.

WALLNER, T. (1980): Geistige Behinderung und persönliche Integrität. In: *Die Rehabilitation*, 19, S. 160-163.

WALLNER, T. (1987 b): Betreuung geistig behinderter Menschen in Schweden. In: THEUNISSEN, G. (Hg.) a.a.O.

WALTHER, H. (1997): Selbstverantwortung – Selbstbestimmung – Selbstständigkeit. In: HÄHNER, U. u.a. (Hg.) a.a.O.

WALZER, M. (1990): Kritik und Gemeinsinn. Berlin.

WARNKE, A. (1993): Entwicklungspsychopathologie – der Krankheitsbegriff in der Kinder- und Jugendpsychiatrie im Verhältnis zu psychosomatischer Sichtweise.In: *Z. Kinder- und Jugendpsychiatrie*, 21, S. 163-179.

WARNKE, A.; REMSCHMIDT, H. (1993): Behandlung geistiger Behinderungen. In: MÖLLER, H.-J.: Therapie psychiatrischer Erkrankungen. Stuttgart.

WATZLAWICK, P. (Hg.) (1984): Die erfundene Wirklichkeit. München.

WEBER, G. (1997): Therapeutische Interventionen und Maßnahmen: Möglichkeiten und Grenzen. In: WEBER, G. (Hg.): Psychische Störungen bei älteren Menschen mit geistiger Behinderung, Bern u.a.

WEDEKIND, R. u.a. (1994): Wege der Eingliederung geistig behinderter Menschen. Baden-Baden.

WEICK, A. (1989): u.a.: A strengths perspective for social work practise. In: *Social Work*, 7, S. 350-354.

WEICK, A. (1992): Building a strengts perspective for social work. In: SALEEBY, D. (eds.): a.a.O.

WEICK, A.; POPE, L. (1988): Knowing what's best. A new look at self-determination. In: *Social Casework*, 17, S. 10-16.

WEISS, H. (1987): Sozialwissenschaftliche Konzepte im Wirkfeld der Frühförderung. In: *Frühförderung interdisziplinär*, 6, S. 159-169.

WEISS, H. (1991): Familien zwischen Autonomie und »sozial arrangierter Abhängigkeit«. In: *Geistige Behinderung*, 3, S. 196-218.

WEISS, H. (1997): Leben ohne Erwerbsarbeit – Erwachsenenbildung in der Perspektive der Körperbehindertenpädagogik. In: *Behindertenpädagogik*, 4, S. 390-407.

WEITBRECHT, H.J. (1973): Psychiatrie im Grundriß. Heidelberg u.a.

WEITBRECHT, H.J. und GLATZEL, J. (1979): Psychiatrie im Grundriß. Berlin, Heidelberg, New York.

WELSCH, W. (1990): Ästhetisches Denken, Stuttgart.

WELSCH, W. (1991): Unsere postmoderne Moderne, Weinheim.

WELSCH, W. (1993): Topoi der Postmoderne. In: FISCHER, H.R.; RETZER, A.; SCHWEITZER, J. (Hg.): Das Ende der großen Entwürfe. Frankfurt

WELSCH, W. (1996): Grenzgänge der Ästhetik. Stuttgart.

WENDELER, J. (1993): Geistige Behinderung. Pädagogische und psychologische Aufgaben. Weinheim, Basel.

WESTLING, D.; FLOYD, I. (1991): Generalization of community skills: How much training is necessary? In: *Journal of Special Education*, 23, S. 386-406.

WIEHL, DR. (1925): Fürsorge für Geisteskranke, Idioten und Epileptiker. In: HORTON, DR. (Hg.) a.a.O.

WILLIAMS, P.; SCOULTZ, B. (1982): We can speak for ourselves. Self-advocacy by Mentally Handicapped People, London.

WINUP, K. (????): The Role of a Student Committee in Promotion of Independence among School Leavers. In: COUPE-O'KANE, J.; SMITH, B. (eds.) a.a.O.

WOHLFAHRT, R. (1988): Welchen Wohnraum braucht ein schwerstbehinderter Mensch? In: *Zur Orientierung*, 1, S. 19-20.

WOHLHÜTER, H. (1989): Entwicklung der Vollzeiteinrichtung im Netz der Behindertenhilfe. In: *Geistige Behinderung*, 4, S. 295-306.

WOHLHÜTER, H. (1996): Wege zu mehr Selbstbestimmung im Heim. In: Lebenshilfe (Hg.): a.a.O.

WOLFENSBERGER, W. (1972): The Principle of Normalization in Human Services. Toronto.

WOLFENSBERGER, W. (1986): Die Entwicklung des Normalisierungs-gedankens in den USA und in Kanada. In: Lebenshilfe (Hg.): Normalisierung – eine Chance für Menschen mit geistiger Behinderung. Marburg.

WUNDER, M. (1994): Die neue Lebens(un)wertdiskussion und die alten Erlösungshoffnungen. In: DAUB, U.; WUNDER, M. (Hg.): Des Lebens Wert. Zur Diskussion über Euthanasie und Menschenwürde. Freiburg.

WYGOTSKI, L.S. (1972): Denken und Sprechen. Frankfurt.

WYGOTSKI, L.S. (1974): Zur Orientierung auf die Zone der nächsten Entwicklung. In: Psychologische Studientexte – Vorschulerziehung. Berlin.

YEO, M. (1993): Toward an ethic of empowerment for health promotion. In: *Health Promotion International*, 8, S. 225-235.

ZDF: Sendung »Mosaik« (1991) (darin Bericht über »Brigitte N.«).

Zeitschrift für Krüppelfürsorge: Das neue preußische Krüppelfürsorge-gesetz im preußischen Landesverband für Krüppelfürsorge. Heft 1920,154-163.

ZIEGLER, K. (1912): Hilfsschule oder Idiotenanstalt? In: *Die Hilfsschule*, S. 33ff.

ZIEHEN, TH. (1902): Psychiatrie für Ärzte und Studierende bearbeitet. Leipzig.

ZIEHEN, TH. (1915): Die Geisteskrankheiten des Kindesalters, einschließlich des Schwachsinns und der psychopathischen Konstitution. Berlin.

ZIEMEN, K. u.a. (1998): Finden und erfinden von Mitteln wechselseitiger Verständigung. Unterstützte Kommunikation mit nichtsprechenden Menschen. Halle.

ZIGLER, E. (1969): Development Versus Difference Theories of Mental Retardation and the Problem of Motivation. In: Amer. *Journal of Mental Deficiency*, S. 539-556; oder In: ZIGLER, E.; BALLA, D. (eds.): a.a.O.

ZIGLER, E.; BALLA, D. (eds.) (1982): Mental retardation, the developmental-difference controversy. New Jersey.

ZIMMERMAN, M. (1990): Taking aim on empowerment research. In: *American Journal of Community Psychology*, 1, S. 169-177.

ZISFEIN, L.; ROSEN, M. (1984): Effects of a personal adjustment training group counselling program. In: *Mental Retardation* 12, S. 50-53.